Widerspiegelung von ausgewählten Werken der Rawls'schen Gerechtigkeitskonzeption in der Landesverfassung Brandenburg

Europäische Hochschulschriften
Publications Universitaires Européennes
European University Studies

Reihe II
Rechtswissenschaft

Série II Series II
Droit
Law

Bd./Vol. 3946

PETER LANG
Frankfurt am Main · Berlin · Bern · Bruxelles · New York · Oxford · Wien

Susan Förster

Widerspiegelung von ausgewählten Werken der Rawls'schen Gerechtigkeitskonzeption in der Landesverfassung Brandenburg

Dargestellt anhand der sozialen Rechte auf Bildung und Weiterbildung

PETER LANG
Europäischer Verlag der Wissenschaften

Bibliografische Information Der Deutschen Bibliothek
Die Deutsche Bibliothek verzeichnet diese Publikation in der Deutschen Nationalbibliografie; detaillierte bibliografische Daten sind im Internet über <http://dnb.ddb.de> abrufbar.

Zugl.: Potsdam, Univ., Diss., 2003

517
ISSN 0531-7312
ISBN 3-631-51971-0

www.peterlang.de

Vorwort

Ich möchte mich an dieser Stelle besonders bei meiner verehrten Doktormutter, Frau Professor Dr. Carola Schulze, Universität Potsdam, bedanken, welche die Arbeit angeregt und ihre Entstehung in vielfacher Weise gefördert hat. Dank schulde ich des weiteren Herrn Professor Dr. Ralph Jänkel, Universität Potsdam, für die Erstattung des Zweitgutachtens im Promotionsverfahren und Herrn Dr. habil. Jochen Bley, Universität Potsdam.

Darüber hinaus gilt mein spezieller Dank meiner Familie für Ihre unermüdliche Unterstützung.

Potsdam, im Februar 2004 Die Verfasserin

Gliederung

	Abkürzungsverzeichnis	XV
	Literaturverzeichnis	XVII
A.	**Gerechtigkeit und demokratische Verfassungsstaatlichkeit**	
I.	**Die Gerechtigkeitstheorie Rawls als politische Gerechtigkeitskonzeption für die demokratische Verfassungsstaatlichkeit**	**1**
1.	**Die Rolle der Gerechtigkeit**	**1**
1.1.	Die Theorie	1
1.2.	Diskussion	3
2.	**Der Gegenstand der Gerechtigkeit**	**7**
2.1.	Die Theorie	7
2.2.	Diskussion	8
3.	**Der Hauptgegenstand der Theorie der Gerechtigkeit**	**10**
3.1.	Die Theorie	10
3.2.	Diskussion	12
4.	**Die beiden Grundsätze der Gerechtigkeit**	**13**
4.1.	Die Theorie	13
4.2.	Diskussion	15
5.	**Demokratische Gleichheit / Unterschiedsprinzip / faire Chancengleichheit / reine Verfahrensgerechtigkeit**	**16**
6.	**Tendenzen zur Gleichheit / Unterschiedsprinzip**	**17**
6.1.	Die Theorie	17
6.2.	Diskussion	18
7.	**Der Begriff der Freiheit**	**20**
7.1.	Die Theorie	20
7.2.	Diskussion	22
8.	**Einige Hauptargumente für die beiden Grundsätze der Gerechtigkeit**	**22**
9.	**Der Vier – Stufen Gang**	**23**

9.1.	Die Theorie	23
9.2.	Diskussion	25
10.	**Gerechtigkeit zwischen den Generationen**	**27**
10.1.	Die Theorie	27
10.2.	Diskussion	28
II.	**Die schöpferische Anwendung der rawls`schen Gerechtigkeitskonzeption auf die Herausbildung und Entwicklung der demokratischen Verfassungsstaatlichkeit in Brandenburg**	**29**
B.	**Die Entstehung und Entwicklung sozialer Grundrechte im Land Brandenburg als Ausfluß sozialer Gerechtigkeit (erste Stufe)**	
I.	**Das Problem der sozialen Grundrechte**	**33**
1.	**Soziale Grundrechte – historische Aspekte**	**33**
2.	**Sachlich systematische Bezugspunkte für die Idee der sozialen Grundrechte**	**37**
3.	**Freiheitssicherung gegenüber gesellschaftlicher Macht**	**41**
4.	**Soziale Grundrechte und die Abgrenzung zu anderen Begriffen und Rechtsinstituten**	**42**
4.1.	Echte soziale Grundrechte	43
4.2.	Staatszielbestimmungen	46
4.3.	Gesetzgebungsaufträge	47
4.4.	Verfassungsaufträge	48
4.5.	Einrichtungsgarantien	48
4.6.	Programmsätze	50
5.	**Soziale Grundrechte und ihre inhaltliche Aussage**	**51**
5.1.	Definitionsversuch	51
5.2.	Soziale Rechte oder soziale Grundrechte	54
5.3.	Schematische Einteilung der sozialen Grundrechte	54
5.3.1.	Anspruchsobjekt	56
5.3.2.	Anspruchsberechtigter	56
5.3.3.	Anspruchsgegner	56

6.	**Die Befürwortung sozialer Grundrechte in der rawls´schen Gerechtigkeitskonzeption**	**58**
6.1.	Die Rolle der Gerechtigkeit	58
6.2.	Der Gegenstand der Gerechtigkeit	58
6.3.	Die beiden Grundsätze der Gerechtigkeit	59
6.4.	Der Begriff der Freiheit	62
6.5.	Formen der Verankerung sozialer Grundrechte auf Verfassungsebene	63
6.5.1.	Echte soziale Grundrechte	63
6.5.2.	Staatszielbestimmungen	65
6.5.3.	Gesetzgebungsaufträge	65
6.5.4.	Verfassungsaufträge	66
6.5.5.	Einrichtungsgarantien	66
6.5.6.	Programmsätze	67
II.	**Soziale Grundrechte in der Verfassung des Landes Brandenburg (zweite Stufe)**	**68**
1.	**Entstehung der Verfassung des Landes Brandenburg und die Debatte um die sozialen Grundrechte**	**68**
1.1.	Vorparlamentarische Phase	68
1.1.1.	Entwicklung	68
1.1.2.	Inhaltliche Auseinandersetzung	69
1.1.2.1.	Entwurf des Koordiniertenausschusses	70
1.1.2.2.	Entwurf der Regierungsbevollmächtigten	70
1.1.2.3.	Wertung	71
1.2.	Die parlamentarische Phase	72
1.2.1.	Erster Entwurf des nichtparlamentarischen Verfassungsausschusses vom 31. Mai 1991	72
1.2.1.1.	Entwicklung	72
1.2.1.2.	Debatte	74
1.2.1.3.	Inhaltliche Auseinandersetzung	78
1.2.2.	Zweiter Entwurf des nichtparlamentarischen Verfassungsausschusses vom 13. Dezember 1991	79
1.2.2.1.	Entwicklung	79
1.2.2.2.	Debatte	80
1.2.2.3.	Inhaltliche Auseinandersetzung	84
1.2.3.	Erste Lesung im Landtag Brandenburg vom 19. Dezember 1991 zum Entwurf des nichtparlamentarischen Verfassungsausschusses vom 13. Dezember 1991	85
1.2.3.1.	Entwicklung	85
1.2.3.2.	Debatte	86
1.2.3.3.	Inhaltliche Auseinandersetzung	88

1.2.4.	Zweite Lesung im Landtag Brandenburg vom 25. März 1992 zum Entwurf des parlamentarischen Verfassungsausschusses vom 20. März 199	90
1.2.4.1.	Entwicklung	90
1.2.4.2.	Debatte	90
1.2.4.3.	Inhaltliche Auseinandersetzung	93
1.2.5.	Dritte Lesung im Landtag Brandenburg vom 14. April 1992 zum Entwurf des parlamentarischen Verfassungsausschusses vom 09. April 1992	95
1.2.5.1.	Entwicklung	95
1.2.5.2.	Debatte	95
1.2.5.3.	Inhaltliche Auseinandersetzung	96
2.	**Die Entwicklung der Verfassung des Landes Brandenburg im Vergleich mit der rawls´schen Gerechtigkeitskonzeption**	**97**
2.1.	Die Bedeutung der Rechte auf Bildung und Weiterbildung im Vergleich mit den Bestimmungen der vorparlamentarischen Entwürfe	97
2.1.1.	Der Gegenstand der Gerechtigkeit	97
2.1.2.	Tendenzen zur Gleichheit / Unterschiedsprinzip	97
2.1.3.	Der Begriff der Freiheit	98
2.1.4.	Gerechtigkeit zwischen den Generationen	99
2.2.	Die Bedeutung der Rechte auf Bildung und Weiterbildung im Vergleich mit dem ersten Entwurf des nichtparlamentarischen Verfassungsausschusses vom 31. Mai 1991	99
2.2.1.	Der Gegenstand der Gerechtigkeit	99
2.2.2.	Tendenzen zur Gleichheit / Unterschiedsprinzip	100
2.2.3.	Der Begriff der Freiheit	100
2.2.4.	Gerechtigkeit zwischen den Generationen	101
2.3.	Die Bedeutung der Rechte auf Bildung und Weiterbildung im Vergleich mit dem zweiten Entwurf des nichtparlamentarischen Verfassungsausschusses vom 13. Dezember 1991	101
2.4.	Die Bedeutung der Rechte auf Bildung und Weiterbildung im Vergleich mit den Ergebnissen der ersten Lesung im Landtag Brandenburg vom 19. Dezember 1991 zum Entwurf des nichtparlamentarischen Verfassungsausschusses vom 13. Dezember 1991 und dem Entwurf des parlamentarischen Verfassungsausschusses vom 20. März 1992	102
2.4.1.	Der Gegenstand der Gerechtigkeit	102
2.4.2.	Tendenzen zur Gleichheit / Unterschiedsprinzip	103
2.4.3.	Der Begriff der Freiheit	103
2.4.4.	Gerechtigkeit zwischen den Generationen	104

2.5.	Die Bedeutung der Rechte auf Bildung und Weiterbildung im Vergleich mit den Ergebnissen der zweiten Lesung im Landtag Brandenburg am 25. März 1992 zum Entwurf des parlamentarischen Verfassungsausschusses vom 20. März 1992 und dem Entwurf des parlamentarischen Verfassungsausschusses vom 09. April 1992	105
2.5.1.	Der Gegenstand der Gerechtigkeit / Tendenzen zur Gleichheit / Unterschiedsprinzip	105
2.5.2.	Der Begriff der Freiheit	106
2.6.	Die Bedeutung der Rechte auf Bildung und Weiterbildung im Vergleich mit den Ergebnissen der dritten Lesung im Landtag Brandenburg am 14. April 1992 zum Entwurf des parlamentarischen Verfassungsausschusses vom 09. April 1992	106
3.	**Ausgestaltung sozialer Grundrechte in der Landesverfassung**	**107**
3.1.	Grundverständnis der Staatszielbestimmungen	107
3.2.	Entstehungsgeschichte	109
3.3.	Regelungsgehalt und Verbindlichkeit	111
4.	**Exkurs: Auswertung des Verfassungsgebungsprozesses in Brandenburg**	**114**
4.1.	Umbruch der Gesellschaftssysteme / zeitgeschichtliche und historische Erfahrung	114
4.2.	Parteiübergreifende Zusammenarbeit	116
4.3.	Einbeziehung der Bevölkerung / Integrationsgedanke	117
4.4.	Gemeinwohlverständnis	120
III.	**Die Rechte auf Bildung und Weiterbildung als wichtige Arten der sozialen Grundrechte**	**123**
1.	**Das Recht auf Bildung**	**123**
1.1.	Definitionsversuch	123
1.2.	Bildungsbegriff heute	124
1.2.1.	Funktionales Bildungsmodell	125
1.2.2.	Dialektisch – reflexives Bildungsmodell	126
1.2.3.	Dialogisches Bildungsmodell	126
1.3.	Historische Aspekte	127
1.4.	Teilbereiche des Rechts auf Bildung	131
1.4.1.	Das Recht auf Bildung als Zugangsrecht	132
1.4.2.	Das Recht auf Bildung als Minimumrecht	133
1.4.3.	Das Recht auf Bildung als Entfaltungsrecht	133
1.5.	Kodifizierung eines Rechts auf Bildung im internationalen und nationalen Recht	134

1.5.1.	Internationale Abkommen	134
1.5.2.	Grundgesetz	136
1.5.3.	Landesverfassungen	139
1.6.	Das Recht auf Bildung im Rahmen der rawls´schen Gerechtigkeitstheorie	141
1.6.1.	Der Gegenstand der Gerechtigkeit	142
1.6.2.	Tendenzen zur Gleichheit / Unterschiedsprinzip	142
1.6.3.	Der Begriff der Freiheit	144
1.6.4.	Gerechtigkeit zwischen den Generationen	145
1.6.5.	Verankerung eines speziellen Rechts auf Bildung	146
1.6.5.1.	Echtes soziales Grundrecht / Einrichtungsgarantie	146
1.6.5.2.	Zugangsrecht	147
1.6.5.3.	Minimumrecht	147
1.6.5.4.	Entfaltungsrecht	147
1.7.	Das Recht auf Bildung in der Verfassung des Landes Brandenburg	148
1.7.1.	Art. 29 Abs. 1 Bbg Verf. „Jeder hat das Recht auf Bildung."	148
1.7.2.	Art. 29 Abs. 2 Bbg Verf. „Das Land ist verpflichtet, öffentliche Bildungseinrichtungen zu schaffen und berufliche Ausbildungssysteme zu fördern."	150
1.7.3.	Art. 29 Abs. 3 Bbg Verf. „Jeder hat das Recht auf gleichen Zugang zu den öffentlichen Bildungseinrichtungen, unabhängig von seiner wirtschaftlichen und sozialen Lage und seiner politischen Überzeugung. Begabte, sozial Benachteiligte und Menschen mit Behinderungen sind besonders zu fördern."	151
1.8.	Das Brandenburgische Schulgesetz (dritte Stufe)	154
1.8.1.	Entwurf der Landesregierung für ein Gesetz über die Schulen im Land Brandenburg – Bbg SchulG vom 25. Oktober 1995	154
1.8.1.1.	Problem	154
1.8.1.2.	Lösung	155
1.8.1.3.	Begründung	156
1.8.1.4.	Einzelbegründungen	157
1.8.2.	Parlamentarische Debatte	160
1.8.2.1.	Erste Lesung im Landtag Brandenburg vom 08. Dezember 1995 zum Bbg SchulG	160
1.8.2.2.	Ausschußsitzungen	161
1.8.2.3.	Zweite Lesung im Landtag Brandenburg vom 27. März 1996 zum Bbg SchulG	165
1.8.2.4.	Dritte Lesung im Landtag Brandenburg vom 28. März 1996 zum Bbg SchulG	167
1.8.3.	Änderungen zum Bbg SchulG nach dem 12. April 1996	168
1.8.4.	Aufbau der Schule und der Schulstruktur im Bbg SchulG	170
1.8.4.1.	§ 3 Bbg SchulG - Recht auf Bildung	170

1.8.4.2.	§ 15 Bbg SchulG - Innere Organisation nach Bildungsgängen	173
1.8.5.	Das Bbg SchulG im Vergleich mit der rawls`schen Gerechtigkeitskonzeption	177
1.8.5.1.	Gegenstand der Gerechtigkeit	177
1.8.5.2.	Tendenzen zur Gleichheit / Unterschiedsprinzip	178
1.8.5.3.	Begriff der Freiheit	178
1.8.5.4.	Echtes soziales Grundrecht / Einrichtungsgarantie	179
1.8.5.4.1.	Zugangsrecht	179
1.8.5.4.2.	Entfaltungsrecht	180
1.9.	Entscheidung des Landesverfassungsgerichts zum Recht auf Bildung (vierte Stufe)	180
1.10.	Entscheidung des Landesverfassungsgerichts zum Recht auf Bildung im Vergleich mit der Entwicklung der Bbg Verf. und der rawls`schen Gerechtigkeitskonzeption	183
2.	**Das Recht auf Weiterbildung**	**185**
2.1.	Definitionsversuch	185
2.2.	Historische Entwicklung	185
2.3.	Das Recht auf Weiterbildung in der Verfassung des Landes Brandenburg	190
2.3.1.	Einleitung	190
2.3.2.	Art. 33 Abs. 1 Bbg Verf. „Die Weiterbildung von Erwachsenen, ist durch das Land, die Gemeinden und Gemeindeverbände zu fördern. Das Recht auf Errichtung von Weiterbildungseinrichtungen in freier Trägerschaft ist gewährleistet."	190
2.3.3.	Art. 33 Abs. 2 Bbg Verf. „Jeder hat das Recht auf Freistellung zur beruflichen, kulturellen oder politischen Weiterbildung. Das Nähere regelt ein Gesetz."	191
2.4.	Das Recht auf Weiterbildung und seine Ausgestaltung im Bbg WBG (dritte Stufe)	192
2.4.1.	Gesetzesentwürfe der PDS – LL	192
2.4.2.	Erste Lesung im Landtag Brandenburg vom 28. Oktober 1992 zu den Gesetzesentwürfe der PDS – LL	193
2.4.3.	Gesetzesentwurf der Landesregierung	194
2.4.3.1.	Gliederung	194
2.4.3.2.	Begründung des Entwurfs der Landesregierung	195
2.4.3.3.	Erste Lesung im Landtag Brandenburg vom 28. April 1993 zum Gesetzesentwurf der Landesregierung	199
2.4.3.4.	Ausschußsitzungen	201
2.4.3.5.	Zweite Lesung im Landtag Brandenburg vom 24. November 1993 zu den Gesetzesentwürfe der Landesregierung und der Fraktion der PDS – LL	207
2.4.4.	Regelungsinhalte und Regelungsbereiche im Bbg WBG	209
2.4.4.1.	Weiterbildung in der Verfassung des Landes Brandenburg	209

2.4.4.2. Ziele und Regelungsinhalte des Bbg WBG 209
2.4.4.3. Regelungsbereiche des Bbg WBG 210
2.4.5. Das Bbg WBG im Vergleich mit der rawls'schen Gerechtigkeitskonzeption 215
2.5. Entscheidung des Landesverfassungsgerichts zum Recht auf Weiterbildung (vierte Stufe) 217
2.6. Entscheidung des Landesverfassungsgerichts zum Recht auf Weiterbildung im Vergleich mit der Entwicklung der Bbg Verf. und der rawls'schen Gerechtigkeitskonzeption 221

C. Zusammenfassung

I. Befürwortet die Theorie der Gerechtigkeit als Fairneß das Institut der sozialen Grundrechte ? 225

1. Die Rolle der Gerechtigkeit 225

2. Der Gegenstand der Gerechtigkeit 225

3. Die beiden Grundsätze der Gerechtigkeit 225

4. Der Begriff der Freiheit 226

II. Gibt es zwischen den Hauptargumenten für die beiden Grundsätze der Gerechtigkeit als Fairneß und der Herausbildung der brandenburgischen Verfassungsstaatlichkeit Gemeinsamkeiten ? 227

III. Zeigen sich bei der Heranziehung der rawls`schen Gerechtigkeitsgrundsätze als unabhängiger Prüfungsmaßstab Gemeinsamkeiten im Hinblick auf die Umsetzung der sozialen Rechte auf Bildung und Weiterbildung in der Brandenburger Verfassung ? 229

1. Der Gegenstand der Gerechtigkeit 229
1.1. Vorparlamentarische Entwürfe 229

1.2. Erster Vorentwurf des nichtparlamentarischen Verfassungsausschusses 229
1.3. Zweite Lesung im Landtag Brandenburg 229

2. Tendenzen zur Gleichheit / Unterschiedsprinzip 230
2.1. Vorparlamentarische Entwürfe 230
2.2. Erster Vorentwurf des nichtparlamentarischen Verfassungs-

	ausschusses	230
2.3.	Erste Lesung im Landtag Brandenburg	230
3.	**Der Begriff der Freiheit**	**231**
3.1.	Vorparlamentarische Entwürfe	231
3.2.	Erster Vorentwurf des nichtparlamentarischen Verfassungsausschusses	231
3.3.	Erste Lesung im Landtag Brandenburg	231
3.4.	Zweite Lesung im Landtag Brandenburg	232
4.	**Gerechtigkeit zwischen den Generationen**	**232**
4.1.	Vorentwürfe	232
4.2.	Erster Entwurf des nichtparlamentarischen Verfassungsausschusses	232
4.3.	Erste Lesung im Landtag Brandenburg	232
IV.	**Inwieweit wurde durch die Umsetzung der Rechte auf Bildung und Weiterbildung in der Brandenburger Verfassung die soziale Grundstruktur der Gesellschaft beeinflußt ?**	**233**
1.	**Brandenburgisches Schulgesetz**	**233**
1.1.	Der Gegenstand der Gerechtigkeit	233
1.2.	Tendenzen zur Gleichheit	233
1.3.	Der Begriff der Freiheit	233
2.	**Brandenburgisches Weiterbildungsgesetz**	**234**
2.1.	Der Gegenstand der Gerechtigkeit / Tendenzen zur Gleichheit / Unterschiedsprinzip	234
2.2.	Der Begriff der Freiheit	234
3.	**Landesverfassungsgericht / Recht auf Bildung**	**236**
4.	**Landesverfassungsgericht / Recht auf Weiterbildung**	236
V.	**Ergebnis**	**236**

Abkürzungsverzeichnis

AAGSF	Ausschuß für Arbeit, Gesundheit, Soziales und Frauen
ABJS	Ausschuß für Bildung, Jugend und Sport
AHF	Ausschuß für Haushalt und Finanzen
AI	Ausschuß des Inneren
AWMT	Ausschuß für Wirtschaft, Mittelstand und Technologie
Bbg GVBl	Brandenburger Gesetzes- und Verordnungsblätter
Bbg SchulG	Gesetz über die Schulen im Land Brandenburg
Bbg Verf.	Verfassung des Landes Brandenburg
Bbg WBG	Gesetz zur Regelung und Förderung der Weiterbildung im Land Brandenburg
BRD	Bundesrepublik Deutschland
Bü 90	Bündnis 90
CDU	Christlich Demokratische Union
DDR	Deutsche Demokratische Republik
DGB	Deutscher Gewerkschaftsbund
Drs.	Drucksache
F.D.P.	Freie Demokratische Partei
GG	Grundgesetz der Bundesrepublik Deutschland
GVBl	Gesetzes- und Verordnungsblätter
IHK	Industrie- und Handelskammer
LER	Lebensgestaltung – Ethik und Religionskunde

PDS	Partei des Demokratischen Sozialismus
PDS – LL	Partei des Demokratischen Sozialismus – Linke Liste
Pl. Pr.	Plenarprotokoll
RGBl.	Reichsgesetzblatt
Soziale Grundrechte i.e.S	Soziale Grundrechte im engeren Sinne
Soziale Grundrechte i.w.S.	Soziale Grundrechte im weiteren Sinne
SPD	Sozialdemokratische Partei Deutschlands
UA I	Unterausschuß I
UA II	Unterausschuß II
VA I	Nichtparlamentarischer Verfassungsausschuß
VA II	Parlamentarischer Verfassungsausschuß
WRV	Weimarer Reichsverfassung

Weitere Abkürzungen: In: Kirchner, Hildebert / Kastner, Fritz; Abkürzungen für Juristen, Berlin, New York, 1983

Literaturverzeichnis

Abel, Gunther	Die Bedeutung der Lehre von den Einrichtungsgarantien für die Auslegung des Bonner Grundgesetzes, Berlin, 1964
Abelein, Manfred	Recht auf Bildung, Die öffentliche Verwaltung (DÖV), 1967, S. 375 ff.
Alexy, Robert	Theorie der Grundrechte, Baden – Baden, 1984
Anschütz, Gerhard	Die Verfassung des deutschen Reiches vom 11. August 1919, Berlin, 1933
Badura, Peter	Das Prinzip der sozialen Grundrechte und seine Verwirklichung im Recht der Bundesrepublik Deutschland, Der Staat 14, S. 16 ff.
Benstz, Ulrich	§ 3 Bbg SchulG, In: Hanßen, Klaus / Glöde, Harald (Hrsg.), Kommentar zum Brandenburgischen Schulgesetz, Kronach u.a., 2000
Benstz, Uwe / Franke, Dietrich	§ 6 Schulische Bildung, Jugend und Sport, In: Simon, Helmut / Franke, Dietrich / Sachs, Michael (Hrsg.), Handbuch der Verfassung des Landes Brandenburg, Stuttgart, 1994

Benz, Christian	Die Kodifikation der Sozialrechte - Die Positivierung von sozialen Grundrechten im Verfassungsrang, Zürich, 1973
Bericht der Landesregierung nach § 28 Bbg WBG	Weiterbildung für das Land Brandenburg, 1. Bericht der Landesregierung
Bericht der Sachverständigenkommission „Staatszielbestim mungen und Gesetzgebungsaufträge“	Bundesminister des Inneren / Bundesminister der Justiz (Hrsg.), Staatszielbestimmungen – Gesetzgebungsaufträge, Bericht der Sachverständigenkommission, Bonn, 1983
Berlit, Uwe	§ 9 Eigentum, Wirtschaft, Arbeit und soziale Sicherung, In: Simon, Helmut / Franke, Dietrich / Sachs, Michael (Hrsg.), Handbuch der Verfassung des Landes Brandenburg, Stuttgart u.a., 1994
Bleckmann, Albert	Staatsrecht II – Die Grundrechte, Köln u.a., 1989
Böckenförde, Ernst – Wolfgang	Die sozialen Grundrechte im Verfassungsgefüge, S. 7 – 16, In: Böckenförde, Ernst – Wolfgang / Jekewitz, Jürgen / Ramm, Thilo (Hrsg.),Soziale Grundrechte, 5. Rechtspolitische Kon-greß der SPD vom 29. Februar bis 2. März 1980 in Saarbrükken, Dokumentation: Teil 2, Heidelberg, Karlsruhe, 1981
Böckenförde, Ernst – Wolfgang	Staat, Verfassung, Demokratie: Studien zur Verfassungstheorie und zum Verfassungsrecht, Frankfurt a. M., 1991

Böckenförde, Ernst – Wolfgang: Grundrechtstheorie und Grundrechtsinterpretation, Neue Juristische Wochenzeitschrift (NJW), 1974, S. 1529 ff.

Bomsdorf, Eckart: Sitzverteilung und Machtstrukturen in den östlichen Landesparlamenten und im 12. Deutschen Bundestag nach den Wahlen vom 14. Oktober 1990 sowie 2. Dezember 1990, Zeitschrift für Parlamentsfragen (ZParl.), 1991, S. 34 ff.

Borgmann, Klaus / Hermann, Martin: Soziale Grundrechte – Regelungsmodell und Konsequenzen, Juristische Arbeitsblätter (JA), 1992, S. 337 ff.

Brandenburgische Landeszentrale für politische Bildung: Eine Verfassung für unser Land, Potsdam, 1992

Braun, Helga: Grundmodelle der Bildungskonzeption – dialektische – reflexive und dialogische Modelle, In: Timmermann, Heiner (Hrsg.), Bildung in der Europäischen Union, Berlin, 1995

Bräutigam, Otto: Die Verfassung wächst in ständiger Auseinandersetzung mit den politischen Realitäten in denen wir leben, In: Unmittelbare Demokratie, 1998

Brockhaus Enzyklopädie: Zweiter Band, 19. Auflage

Brunner, Georg: Die Problematik der sozialen Grundrechte, Recht und Staat, Heft 404 / 405, Tübingen, 1971

Dahnsdorf, Ralf	Bildung ist Bürgerrecht, Plädoyer für eine aktive Bildungspolitik, Osnabrück, 1965
Daum, Werner	Soziale Grundrechte, Recht der Arbeit (RdA), 1968, S. 81 ff.
Dellmann, Hans Jörg	Zur Problematik eines Grundrechts auf menschenwürdige Umwelt, Die öffentliche Verwaltung (DÖV), 1975, S. 588 ff.
Denninger, Erhard	Vor Art. 1 GG, In: Wassermann, Rudolf (Hrsg.), Kommentar zum Grundgesetz für die Bundesrepublik Deutschland, Band I, Neuwied, 1989
Denninger, Erhard	Staatsrecht II, Reinbeck bei Hamburg, 1979
Diercks, Kerstin	Soziale Grundrechte der neuen Landesverfassungen - Ein Fortschritt in der deutschen Verfassungsentwicklung, Landes und Kommunalverwaltung (LKV), Heft 7, 1996, S. 231 ff.
Diercks, Kerstin	Soziale Grundrechte in der DDR: Bewertung und die verfassungsrechtliche Problematik ihrer Verbürgung im Grundgesetz, Köln, 1993
Dietlein, Johannes	Die Grundrechte in den Verfassungen der neuen Bundesländer, Zugleich ein Beitrag zur Auslegung der Art. 31 und 142 GG, München, 1993

Dietlein, Johannes | Die Lehre von den grundrechtlichen Schutzpflichten,
Berlin, 1992

Dokumentation des Landtags Brandenburg über die Entstehung der Verfassung des Landes Brandenburg | Band I – V,
Potsdam, 1993

Dörfler, Reinhardt | Die Vereinbarkeit sozialer Grundrechte mit dem Grundgesetz der Bundesrepublik Deutschland,
Erlangen, Nürnberg, 1978

Dreier, Horst | Arten und Charakter der Grundrechte,
Vorbemerkungen, S. 57, Rdnr. 42,
In: Dreier Horst (Hrsg.),
Grundgesetz Kommentar, Band 1,
Tübingen, 1996

Dröll, Peter | Die Deutschen Bundesländer und die Europäische Gemeinschaft: Rechte und Pflichten, dargestellt am Beispiel von Umwelt, Bildung und Kultur,
Pfaffenweiler, 1992

Dürig, Günter | Art 3 GG,
In: Maunz, Theodor / Dürig, Günter (Hrsg.),
Grundgesetz Kommentar, Band I,
München, 2000

Faller, Hans Joachim | Bestand und Bedeutung der Grundrechte im Bildungsbereich der Bundesrepublik Deutschland,
Europäische Grundrechte - Zeitschrift (EuGRZ),
1981, S. 611 ff.

Faulstich, Peter — Situation und Perspektive der Weiterbildung in den alten und den neuen Bundesländern, Gewerkschaftliche Bildungspolitik, Heft 11, 1992, S. 262 ff.

Feddersen, Christoph — Die Verfassungsgebung in den neuen Ländern: Grundrechte, Staatsziele, Plebiszite, Die öffentliche Verwaltung (DÖV), 1992, S. 989 ff.

Fischer, Peter Christian — Staatszielbestimmungen in den Verfassungen und Verfassungsentwürfen der neuen Bundesländer, München, 1993

Forsthoff, Ernst — Die Verwaltung als Leistungsträger, Stuttgart, Berlin, 1938

Forsthoff, Ernst — Begriff und Wesen des sozialen Rechtsstaats, In: Forsthoff, Ernst (Hrsg.), Rechtsstaatlichkeit und Sozialstaatlichkeit, Veröffentlichungen der Vereinigung der Deutschen Staatsrechtslehrer (VVDStRl) 12, 1954, S. 8 ff, S. 165 ff., Darmstadt, 1968

Forsthoff, Ernst — Rechtsfragen der leistenden Verwaltung, Stuttgart, 1959

Franke, Dietrich / Kneifel - Haverkamp, Reiner — § 2 Entstehung und wesentliche Strukturmerkmale der Brandenburgischen Landesverfassung, In: Simon, Helmut / Franke, Dietrich / Sachs, Michael (Hrsg.), Handbuch der Verfassung des Landes Brandenburg, Stuttgart u.a., 1994

Franke, Dietrich / Benstz, Ulrich	§ 6 Schulische Bildung, Jugend und Sport, In: Simon, Helmut / Franke, Dietrich / Sachs, Michael (Hrsg.), Handbuch der Verfassung des Landes Brandenburg, Stuttgart u.a., 1994
Franke, Dietrich	Der Entwurf der Brandenburgischen Landesverfassung, In: Stern, Klaus (Hrsg.), Deutsche Wiedervereinigung, Zur Entstehung von Landesverfassungen in den neuen Ländern der Bundesrepublik Deutschland, Band III, S. 1 ff., Köln u.a., 1992
Franz, Günther	Staatsverfassungen, Darmstadt, 1964
Gallwas, Hans - Ullrich	Das Grundrecht auf Ausbildung gemäß Art. 128 Abs. 1 der Bayrischen Verfassung, Bayrische Verwaltungsblätter (BayVBl.), 1976, S. 385 ff.
Geiger, Willi	Vorschlag zu einer Neufassung des Art. 7 GG, In: Festschrift für Gerhard Müller zum 70. Geburtstag, Tübingen, 1970
Gesetzesdokumentation des Landtags Brandenburg zum Gesetz über die Schulen im Land Brandenburg	Landtag Brandenburg
Gesetzesdokumentation des Landtags Brandenburg zur Regelung und Förderung der Weiterbildung	Landtag Brandenburg

Glöde, Harald / Hanßen, Klaus	Vorwort 01, In: Glöde, Harald / Hanßen, Klaus (Hrsg.), Kommentar zum Brandenburgischen Schulgesetz, Kronach u.a., 2000
Grunsky, Nina	Konsens und Konkordanz, Die Entstehung der ostdeutschen Länderverfassungen im Kontrast zur Reform des Grundgesetzes, Baden – Baden, 1998
Gutachten für die Enquete - Kommission, Verfasser: Schröder, Meinhard / Hardt, Thomas / Meves, Nikolaus	Europäische Bildungspolitik und bundesstaatliche Ordnung, Zukünftige Bildungspolitik, Bildung 2000 des 11. Deutschen Bundestages, Bonn, 1991
Häberle, Peter	Die Wesensgehaltsgarantie des Art. 19 Abs. 2 Grundgesetz, zugleich ein Beitrag zum institutionellen Verständnis der Grundrechte und zur Lehre vom Gesetzesvorbehalt, Heidelberg, 1983
Häberle, Peter	Die Verfassungbewegung in den fünf neuen Bundesländern, Jahrbuch des öffentlichen Rechts (JöR) 41, S. 69 ff.
Hart, H. L. A.	Rawls über Freiheit und ihren Vorrang, S. 117 ff., In: Höffe, Ottfried (Hrsg.), John Rawls, Eine Theorie der Gerechtigkeit, Klassiker Auslegen, Band 15, Berlin, 1998

Hartung, Fritz | Die Entwicklung der Menschen- und Bürgerrechte von 1776 bis zur Gegenwart,
5. Auflage, neu herausgegeben von Commichau, Gerhard,
Göttingen, Zürich, 1985

Hastrich, Aloys | Alltag und Recht in der UdSSR im Spiegel der Sowjetpresse,
Köln, 1967

Henke, Wilhelm | Das Ende der Revolution und die Verfassungsgebende Gewalt des Volkes,
Der Staat, 1992, S. 265 ff.

Hernekamp, Karl | Soziale Grundrechte: Arbeit, Bildung, Umweltschutz etc. - Aktuelle Dokumentation –,
Berlin, New York, 1979

Herzog, Roman | Allgemeine Staatslehre,
Frankfurt a. M., 1971

Herzog, Roman | Die Verfassungsentscheidung für die Demokratie,
Art. 20,
In: Maunz, Theodor / Dürig, Günter, u.a. (Hrsg.),
Grundgesetz Kommentar, Band II,
München, 2000

Hesse, Konrad | Die Bedeutung der Grundrechte, § 5 Rdnr. 34,
In: Benda, Ernst / Maihofer, Werner / Vogel, Hans – Jochen (Hrsg.),
Handbuch des Verfassungsrechts der Bundesrepublik Deutschland,
Berlin, New York, 1994

Heymann, Klaus – Dieter / Stein, Ekkehart — Das Recht auf Bildung, dargestellt am Beispiel der Schulbildung,
Archiv der öffentlichen Rechts (AöR) 97, S. 185 ff.

Hinsch, Wilfried — Das Gut der Gerechtigkeit, S. 251 ff.,
In: Höffe, Ottfried, John Rawls, Eine Theorie der Gerechtigkeit,
Klassiker Auslegen, Band 15,
Berlin, 1998

Höffe, Ottfried — Einführung in Rawls` Theorie der Gerechtigkeit, S. 3 ff.,
In: Höffe, Ottfried, John Rawls, Eine Theorie der Gerechtigkeit,
Klassiker Auslegen; Band 15,
Berlin, 1998

Höffe, Ottfried — Zur Gerechtigkeit der Verteilung, S. 169 ff.,
In: Höffe, Ottfried, John Rawls, Eine Theorie der Gerechtigkeit,
Klassiker Auslegen, Band 15,
Berlin, 1998

Huber, Hans — Soziale Verfassungsrechte? (1948),
In: Forsthoff, Ernst (Hrsg.),
Rechtsstaatlichkeit und Sozialstaatlichkeit, S. 1 ff.,
Darmstadt, 1968

Huber, Peter M. — Gedanken zur Verfassung des Freistaats Thüringen,
Thüringischen Verwaltungsblätter (ThürVBl.), 1993, Sonderheft, B 4 – B 14

Ipsen, Hans Peter — Über das Grundgesetz,
Hamburg, 1950

Isensee, Josef / Kirchhof, Paul — Handbuch des Staatsrechts der Bundesrepublik Deutschland, Heidelberg, 2000

Isensee, Josef — Verfassung ohne soziale Grundrechte, Der Staat 19, S. 367 ff.

Iwers, Steffen Johann — Entstehung, Bindungen und Ziele der materiellen Bestimmungen der Landesverfassung Brandenburg, Aachen, 1998

Jach, Frank - Rüdiger — Die Entstehung des Bildungsverfassungsrechts in den neuen Bundesländern, Recht der Jugend und des Bildungswesens, Heft 3, 1992, S. 268 ff.

Jäckel, Hartmut — Parteiverdrossenheit, kein Krisensymptom, In: Haungs, Peter / Jesse, Eckhard (Hrsg.), Parteien in der Krise, Köln, 1987

Jenker, Siegfried — Das Recht auf Bildung als Menschenrecht und seine Realisierung in den beiden deutschen Staaten, Pädagogik und Schule in Ost und West, Heft 4, 1990, S. 233 ff.

Kämpfer, Walter — Bestand und Bedeutung der Grundrechte im Bildungsbereich, Europäische Grundrechte – Zeitschrift (EuGRZ), 1981, S. 721 ff.

Kanter, Wilhelm — Die neuen Landesverfassungen im Lichte der Bundesverfassung, Köln, 1994

Kaufmann, Arthur — Grundprobleme der Rechtsphilosophie - Eine Einführung in das rechtsphilosophische Denken, München, 1994

Kaufmann, Arthur — Wozu Rechtsphilosophie heute?, Frankfurt a. M., 1971

Kersting, Wolfgang — Die Gerechtigkeit zieht die Grenze, und das Gute setzt das Ziel, S. 209 ff., In: Höffe, Wolfgang (Hrsg.), John Rawls, Eine Theorie der Gerechtigkeit, Klassiker Auslegen, Band 15, Berlin, 1998

Kirchhof, Paul — Der allgemeine Gleichheitssatz, § 124, Rdnr. 116, In: Isensee, Josef / Kirchhof, Paul (Hrsg.), Handbuch des Staatsrechts, Band V, Heidelberg, 1992

Klein, Friedrich — Anmerkung VII 2b zu Art. 20, In: von Mangoldt, Hermann / Klein, Friedrich / Starck, Christian (Hrsg.), Das Bonner Grundgesetz, München, 1999

Klein, Hans – H. — Ein Grundrecht auf saubere Umwelt, In: Im Dienst an Recht und Staat, Festschrift für Werner Weber zum 70. Geburtstag, S. 643 ff., Berlin, 1974

Kneifel – Haverkamp, Reiner / Franke, Dietrich — Entstehung und wesentliche Strukturmerkmale der Landesverfassung, In: Simon, Helmut / Franke, Dietrich / Sachs, Michael (Hrsg.), Handbuch der Verfassung des Landes Brandenburg, Stuttgart, 1994

Koller, Peter | Die Grundsätze der Gerechtigkeit, S. 45 ff., In: Höffe, Ottfied (Hrsg.), John Rawls, Eine Theorie der Gerechtigkeit, Klassiker Auslegen, Band 15, Berlin, 1998

Krause, Peter | Die Entwicklung der sozialen Grundrechte, In: Birtsch, Günther (Hrsg.), Grund und Freiheitsrechte im Wandel von Gesellschaft und Geschichte - Beiträge zur Geschichte der Grund- und Freiheitsrechte vom Ausgang des Mittelalters bis zur Revolution von 1848, S. 402 ff. Göttingen, 1981

Kutscha, Martin | Soziale Grundrechte und Staatszielbestimmungen in den neuen Landesverfassungen – Nostalgische Wunschformeln oder justiziables Orientierungsprogramm?, Zeitschrift für Rechtspolitik (ZRP), 1993, S. 339 ff.

Lange, Klaus | Soziale Grundrechte in der deutschen Verfassungsentwicklung und in den derzeitigen Länderverfassungen, In: Böckenförde, Ernst – Wolfgang / Jekewitz, Jürgen / Ramm, Thilo (Hrsg.), Soziale Grundrechte, 5. Rechtspolitische Kongreß der SPD vom 29. Februar bis 2. März 1980 in Saarbrücken, Dokumentation, Teil 2, S. 49 ff., Heidelberg, Karlsruhe, 1981

Lecheler, Helmut | Zu Art. 7, Schulwesen, In. Sachs, Michael (Hrsg.), Grundgesetz, München, 1999

Linde, Jürgen | Der Neubau eines Landes, Staatswissenschaft und Staatspraxis, 1991, S. 282 ff.

Loebenstein, Edwin | Rechtsschutz – Soziale Grundrechte, In: Die Evolution des öffentlichen Rechts, Festschrift für Felix Ermacora, 1974, S. 1 ff.

Lücke, Jörg | Soziale Grundrechte als Staatszielbestimmungen und Gesetzgebungsaufträge, Archiv des öffentlichen Rechts (AöR) 107, 1982, S. 15 ff.

Martens, Wolfgang | Grundrechte im Leistungsstaat, Veröffentlichungen der Vereinigung der Deutschen Staatsrechtslehrer (VVDStRl) 30, 1972, S. 7 ff.

Maunz, Theodor | Der Bildungsanspruch in verfassungsrechtlicher Sicht, Festschrift für Günther Küchenhoff zum 65. Geburtstag am 21.08.1972, In: Hablitzel, Hans / Wollenschläger, Michael (Hrsg.), Recht und Staat, 2. Halbband, S. 605 ff., Berlin, 1972

Maunz, Theodor (Badura, Peter: Zweitbearbeitung 2000) | Ehe und Familie als Gegenstand der Gesetzgebung, Art. 6 Rdnr. 31., In: Maunz, Theodor / Dürig, Günter (Hrsg.), Grundgesetz – Kommentar, Band I, München, 2000

Maunz, Theodor / Zippelius, Reinhold | Deutsches Staatsrecht, München, 1994

Maus, Ingeborg

Der Urzustand, S. 71 ff.,
In: Höffe, Ottfried (Hrsg.), John Rawls, Eine Theorie der Gerechtigkeit,
Klassiker Auslegen, Band 15,
Berlin, 1998

Merten, Detlef

Über Staatsziele,
Die öffentliche Verwaltung (DÖV), 1993, S. 368 ff.

Merten, Detlef

Verfassungspatriotismus und Verfassungsschwärmerei - Betrachtungen eines Politischen,
Verwaltungsarchiv (VerwArch.) 83, 1992, S. 283 ff.

Müller, Jörg Paul

Soziale Grundrechte in der schweizerischen Rechtsordnung, in der europäischen Sozialcharta und den UNO – Menschenrechtspakten, S. 61 ff.,
In: Böckenförde, Ernst Wolfgang / Jekewitz, Jürgen / Ramm, Thilo (Hrsg.),
Soziale Grundrechte, 5. Rechtspolitische Kongreß der SPD vom 29. Februar bis 2. März 1980 in Saarbrücken,
Dokumentation, Teil 2,
Heidelberg, Karlsruhe, 1981

Murswiek, Dietrich

Grundrechte als Teilhaberechte, soziale Grundrechte,
§ 112,
In: Isensee, Josef / Kirchof, Paul (Hrsg.),
Handbuch des Staatsrechts der Bundesrepublik Deutschland, Band 5,
Heidelberg, 2000

von Mutius, Albert / Friedirch, Thomas | Verfassungsentwicklung in den neuen Bundesländern - zwischen Eigenstaatlichkeit und notwendiger Homogenität, Staatswissenschaft und Staatspraxis, 1991, S. 243 ff.

Nebendahl, Matthias | Grundrecht auf Arbeit im marktwirtschaftlichen System, Zeitschrift für Rechtspolitik (ZRP), 1992, S. 257 ff.

Novak, Richard | Das Problem der sozialen Grundrechte, Graz, 1972

Oestreich, Gerhard | Die Idee der Menschenrechte in ihrer geschichtlichen Entwicklung, Berlin, 1963

Oehrling, Klaus | Teil 3 zu § 15 Bbg SchulG, In: Hanßen, Klaus / Glöde, Harald (Hrsg.), Kommentar zum Brandenburgischen Schulgesetz, Kronach u.a., 2000

Pieroth, Bodo / Schlink, Bernhard | Grundrechte – Staatsrecht II, Heidelberg, 2002

Pogge, Thomas | Gleiche Freiheit für alle?, S. 149 ff., In: Höffe, Ottfried (Hrsg), John Rawls, Eine Theorie der Gerechtigkeit, Klassiker Auslegen, Band 15, Berlin, 1998

Pogge, Thomas | John Rawls, München, 1994

Ramm, Thilo

Die sozialen Grundrechte im Verfassungsgefüge,
In: Böckenförde, Ernst – Wolfgang / Jekewitz, Jürgen / Ramm, Thilo (Hrsg.),
Soziale Grundrechte, 5. Rechtspolitische Kongreß der SPD vom 29. Februar bis 2. März 1980 in Saarbrücken
Dokumentation, Teil 2, S. 17 ff.,
Heidelberg, Karlsruhe, 1981

Ramm, Thilo

Bildung, Erziehung und Ausbildung als Gegenstand von Grundrechte, S. 239 ff.,
In: Festschrift für Erwin Stein zum 80. Geburtstag,
Bad Homburg, 1983

Rath, Michael

Die Garantie des Rechts auf Arbeit,
Göttingen, 1974

Rawls, John

Eine Theorie der Gerechtigkeit,
Frankfurt a. M., 1975

Rawls, John

Gerechtigkeit als Fairneß: politisch und nicht metaphysisch,
In: Honneth, Axel (Hrsg.),
Kommunitarismus,
Frankfurt a. M., New York, 1995

Richter, Ingo

Verfassungsrechtliche Grundlagen des Bildungswesens,
In: Enzyklopädie Erziehungswissenschaften,
Band 5, Stuttgart, 1984

Richter, Ingo

Überlegungen zur Kodifizierung von Grundrechten auf Bildung,
In: Böckenförde, Ernst – Wolfgang / Jekewitz, Jürgen / Ramm, Thilo (Hrsg.),
Soziale Grundrechte, 5. Rechtspolitische Kongreß der SPD vom 29. Februar bis 2. März 1980 in Saarbrücken
Dokumentation, Teil 2, S. 119 ff.,
Heidelberg, Karlsruhe, 1981

Riedel, Eibe H.

Theorie der Menschenrechtsstandards - Funktion, Wirkungsweise und Begründung wirtschaftlicher und sozialer Menschenrechte mit exemplarischer Darstellung des Rechts auf Eigentum und Arbeit in verschiedenen Rechtsordnungen,
Berlin, 1986

Riepe, Hilmar

Soziale Grundrechte in den Verfassungen der Länder Brandenburg, Mecklenburg – Vorpommern, Sachsen, Sachsen – Anhalt und Thüringen,
Hamburg, 1996

Rincke, Thomas

Staatszielbestimmungen der Verfassung des Freistaates Sachsen,
Dresden, 1996

Rupp, Hans, Heinrich

Die verfassungsrechtliche Seite des Umweltschutzes,
Juristenzeitung (JZ), 1971, S. 401 ff.

Rux, Johannes

Die Verfassungsdiskussion in den neuen Bundesländern - Vorbild für die Reform des Grundgesetzes?,
Zeitschrift für Parlamentsfragen (ZParl.), 1992, S. 291 ff.

Rux, Johannes

Die Verfassungsentwürfe in den neuen Bundesländern,
Neue Justiz (NJ), Heft 4, 1992, S. 147 ff.

Sachs, Michael

§ 5 Die Grundrechte der Brandenburgischen Landesverfassung,
In: Simon, Helmut / Franke, Dietrich / Sachs, Michael (Hrsg.),
Handbuch der Verfassung des Landes Brandenburg,
Stuttgart u.a., 1994

Sachs, Michael

Zur Verfassung des Landes Brandenburg,
Landes- und Kommunalverwaltung (LKV), Heft 8, 1993, S. 241 ff.

Scarano, Nico

Der Gerechtigkeitssinn, S. 231 ff.,
In: Höffe, Ottfried (Hrsg.), John Rawls, Eine Theorie der Gerechtigkeit,
Klassiker Auslegen, Band 15,
Berlin 1998

Schambeck, Herbert

Grundrechte und Sozialordnung - Gedanken zur Europäischen Sozialcharta,
Berlin, 1969

Scheuner, Ulrich

Grundfragen des modernen Staates,
In: Wandersleb, Hermann (Hrsg.),
Recht, Staat, Wirtschaft, S. 126 ff.,
Düsseldorf, 1951

Scheuner, Ulrich

Staatszielbestimmungen, S. 325 ff.,
In: Festschrift für Ernst Forsthoff zum 70. Geburtstag,
München, 1972

Schlink, Bernhard	Überlegungen zur Kodifizierung von Grundrechten auf Bildung, In: Böckenförde, Ernst – Wolfgang / Jekewitz, Jürgen / Ramm, Thilo (Hrsg.), Soziale Grundrechte, 5. Rechtspolitische Kongreß der SPD vom 29. Februar bis 2. März 1980 in Saarbrücken, Dokumentation Teil 2, S. 129 ff., Heidelberg, Karlsruhe, 1971
Schmitt, Carl	§ 101 Inhalt und Bedeutung des zweiten Hauptteils der Reichsverfassung, In: Anschütz, Gerhard / Thoma, Richard (Hrsg.), Handbuch des deutschen Staatsrechts, Band 2, Tübingen, 1932
Schmitt, Carl	Verfassungslehre, Berlin, 1928
Scholler, Heinrich	Die Grundrechtsdiskussion in der Paulskirche: eine Dokumentation, Darmstadt, 1982
Schöneburg, Karl – Heinz	Verfassungsidentität und Verfassungsgerichtsbarkeit auf Landesebene, In: Macke, Peter (Hrsg.), Im Auftrag des Verfassungsgerichts des Landes Brandenburg aus Anlaß seines 5 jährigen Bestehens, Beiträge zur Verfassung und Verfassungsgerichtsbarkeit auf Landesebene, S. 113 ff., Baden – Baden, 1998

Schöneburg, Karl – Heinz
Der Entwurf einer Verfassung für das Land Brandenburg und der Verfassungsfortschritt in Deutschland, S. 5 ff.,
In: Fraktion der PDS – LL im Landtag Brandenburg (Hrsg.),
Beiträge zur Verfassungsdiskussion im Landtag Brandenburg,
Potsdam, 1991

Schröder, Meinhard unter Mitarbeit von Hardt, Thomas / Meves, Nikolaus / Dröll, Peter
Europäische Bildungspolitik und bundesstaatliche Ordnung, Gutachten für die Enquete – Kommission „Zukünftige Bildungspolitik – Bildung 2000 des 11. Deutschen Bundestages,
Baden – Baden, 1990

Seong – Bang, Hong
Soziale Rechte auf der Verfassungsebene und auf der gesetzlichen Ebene - Unter besonderer Berücksichtigung der sozialen Rechte im Grundgesetz der Bundesrepublik Deutschland, in der Verfassung der Republik Korea und im deutschen Sozialgesetzbuch,
Köln, 1986

Siebert, Horst
Erwachsenenbildung – Alte Bundesländer und Neue Bundesländer,
In: Tippelt, Rudolf (Hrsg.),
Handbuch der Erwachsenenbildung / Weiterbildung,
Opladen, 1994

Simon, Helmut
§ 4 Staatsziele,
In: Simon, Helmut / Franke Dietrich / Sachs, Michael (Hrsg.),
Handbuch der Verfassung des Landes Brandenburg,
Stuttgart, u.a. 1994

Simon, Helmut — Wegweisendes Verfassungsmodell aus Brandenburg,
In: Landtag Brandenburg, PDS – LL (Hrsg.), Beiträge zur Verfassungsdiskussion im Land Brandenburg, S. 24 ff.

Simon, Helmut — Wegweisendes Verfassungsmodell aus Brandenburg,
Neue Justiz (NJ), 1991, S. 427 ff.

Sommermann, Karl – Peter — Staatsziel Umweltschutz mit Gesetzesvorbehalt?,
Deutsches Verwaltungsblatt (DVBl.), 1991, S. 34 ff.

Sprengel, Hans – Jürgen — Das neue Brandenburgische Schulgesetz und die Begabtenförderung, Der Verfassungsauftrag gem. Art. 29 Landesverfassung Brandenburg
MO 4 / 1997, S. 114.

Starck, Christian — Die Grundrechte der Grundgesetzes - Zugleich ein Beitrag zu den Grenzen der Verfassungsauslegung,
Juristische Schulung (JuS), 1981, S. 237 ff.

Starck, Christian — Art. 1 Abs. 3 Rdnr. 156,
In: Klein, Friedrich / v. Mangold, Hermann / Starck, Christian (Hrsg.),
Das Bonner Grundgesetz, Band 1,
München, 1999

Starck, Christian — Verfassungen in den neuen Ländern,
Zeitschrift für Gesetzgebung, Heft 1, 1991, S. 1 ff.

Stein, Ekkehart / Franke, Götz — Staatsrecht,
Tübingen, 2000

v. Stein, Lorenz — Geschichte der sozialen Bewegung in Frankreich von 1789 bis auf unsere Tage, Band 3, München, 1921 (Neudruck: 1959)

Stern, Klaus — Das sozialstaatliche Prinzip, § 21 V 2, In: Stern, Klaus (Hrsg.), Das Staatsrecht der Bundesrepublik Deutschland, Band I, München, 1984

Sterzel, Dieter — Staatsziele und soziale Grundrechte - Zur Steuerfunktion eines Umwelt und soziale Grundrechte, Zeitschrift für Rechtspolitik (ZRP), 1993, S. 13 ff.

Thamm, Claudia — Probleme der verfassungsrechtlichen Positivierung sozialer Grundrechte – eine historisch vergleichende Darstellung, Bielefeld, 1989

Tilch, Horst — Deutsches Rechts – Lexikon, Band 1, München, 1992

Tomandel, Theodor — Der Einbau sozialer Grundrechte in das positive Recht Recht und Staat, Heft 337 / 338, Tübingen, 1967

van der Ven, Frans — Soziale Grundrechte, Übersetzung aus dem niederländischen, Köln, 1963

Vette, Markus — Zur Struktur und Übernahme politischer Verantwortung in der repräsentativen parlamentarischen Demokratie: Erfahrungen und Schlußfolgerungen aus der Arbeit des 1. Brandenburgischen Landtages,
Münster, 1996

Graf Vitzthum, Wolfgang — Auf der Suche nach einer sozio – ökologischen Identität? - Staatszielbestimmungen und soziale Grundrechte in Verfassungsentwürfen der neuen Bundesländer,
Verwaltungsblätter für Baden – Württemberg (VBlBW), 1991, S. 404 – 414

Vogelsang, Klaus — Die Verfassungsentwicklung in den neuen Bundesländern,
Die öffentlicher Verwaltung (DÖV), 1991, S. 1045 ff.

Wassermann, Rudolf — Vom Zuschauer zum Aktivbürger,
Plebiszitäre Elemente in der Gemeindedemokratie,
Recht und Politik, 1992, S. 88ff.

Weber, Werner — Spannungen und Kräfte im westdeutschen Verfassungssystem,
Berlin, 1970

Wildhaber, Luzius — Soziale Grundrechte, S. 371 ff.,
In: Saladin, Peter / Wildhaber, Luzius (Hrsg.),
Der Staat als Aufgabe, Gedenkschrift für Max Imboden,
Basel, Stuttgart, 1972

Wilkes, Florian — John Rawls, Theorie der Gerechtigkeit, und Ronald Dworkin, These der Rechte,
Frankfurt a. M., 1997

Willoweit, Dietmar	Deutsche Verfassungsgeschichte: vom Frankenreich bis zur Teilung Deutschlands, München, 2001
Wipfelder, Hans – Jürgen	Die verfassungsrechtliche Kodifizierung sozialer Grundrechte, Zeitschrift für Rechtspolitik (ZRP), 1986, S. 140 ff.
Wissenschaftliche Dienste Des Deutschen Bundestages (Bearbeiter: Böger)	Zur Diskussion der Aufnahme eines Rechts auf Bildung in die Verfassung, Bonn, 1994
Wu, Hsin – Hua	Soziale Grundrechte in der Verfassung, Tübingen, 1997
Zacher, Hans Ernst	Sozialpolitik und Verfassung im ersten Jahrzehnt der Bundesrepublik, Berlin, 1980
Zielke, Oliver	Das Recht auf Arbeit in der Verfassung, Recht der Arbeit (RdA), 1992, S. 185 ff.
Zöllner, Wolfgang	Arbeitsrecht unter neuen verfassungsrechtlichen Vorgaben?, Zeitschrift für Arbeitsrecht (ZfA), 1991, S. 713 ff.

A. Gerechtigkeit und demokratische Verfassungsstaatlichkeit

I. Die Gerechtigkeitstheorie Rawls als politische Gerechtigkeitskonzeption für die demokratische Verfassungsstaatlichkeit

1. Die Rolle der Gerechtigkeit

1.1. Die Theorie

Für die Gerechtigkeitskonzeption von Rawls ist die Gerechtigkeit die erste Tugend sozialer Institutionen. Das heißt, noch so gut funktionierende oder wohl abgestimmte Gesetze und Institutionen müssen sich an dieser Tugend messen lassen. Stellt sich heraus, daß Institutionen ungerecht sind, müssen sie demnach abgeschafft werden[1]. Dabei verwendet Rawls den Begriff der sozialen Institutionen ausschließlich für die moralische Bewertung von Institutionssystemen. Dies läßt sich damit erklären, daß er Moral in zwei wesentliche Teilbereiche gliedert. Die Gerechtigkeitslehre beurteilt die sozialen Institutionen, welche die Beziehungen und Interaktionen innerhalb eines Sozialsystems strukturieren. Die moralische Bewertung von Handlungen und handelnden Personen innerhalb und außerhalb eines Sozialsystems rechnet Rawls dagegen zur Ethik[2].

Dieser Einteilung folgend, konzentriert sich die Gerechtigkeitslehre darauf, wie man wesentliche Institutionen einer Gesellschaft, d.h. ihre Grundordnung, moralisch bewerten soll. Die Theorie der Gerechtigkeit unterscheidet also deutlich zwischen der Bewertung von Handlungen und der Bewertung von Institutionen. Dabei konzentriert sich Rawls auf die Entwicklung von Gerechtigkeitsgrundsätzen zur Rechtfertigung von Institutionen[3].

Nach der Theorie der Gerechtigkeit ist die Gesellschaft eine Vereinigung zum gegenseitigen Vorteil, welche von Interessenharmonien und Interessenkonflikten geprägt ist. Zum Ausgleich der sich daraus bedingenden Diskrepanz müssen Grundsätze aufgestellt werden, die zwischen den verschiedenen gesellschaftlichen Regelungen zur Güterverteilung einvernehmlich entscheiden. Das sind die Grundsätze der sozialen Gerechtigkeit[4].

Die *wesentlichen gesellschaftlichen Grundgüter* sind hierbei: Grundrechte und Grundfreiheiten, Freizügigkeit und freie Berufswahl, soziale Machtpositionen

---

[1] Rawls, John, Eine Theorie der Gerechtigkeit, S. 19 f.
[2] Pogge, Thomas, John Rawls, S. 36.
[3] Pogge, Thomas, John Rawls, S. 38 f.
[4] Rawls, John, Eine Theorie der Gerechtigkeit, S. 20 f.

und Chancen, wirtschaftliche Aussichten (Eigentum, Einkommen und Besitz) und die sozialen Grundlagen der Selbstachtung[5].

In diesem Sinne wird eine wohlgeordnete Gesellschaft nach der Theorie der Gerechtigkeit von einer gemeinsamen Gerechtigkeitsvorstellung getragen. Das heißt, daß jeder gleiche Gerechtigkeitsgrundsätze anerkennt und auch weiß, daß die anderen Mitglieder der Gesellschaft dies tun, und daß die wichtigsten gesellschaftlichen Institutionen diesen allgemein anerkannten Grundsätzen genügen[6]. Als Gesellschaft gilt dabei eine geschlossene Vereinigung solcher Menschen, die für ihre gegenseitigen Beziehungen Verhaltensregeln anerkennen und sich danach richten[7].

Natürlich ist es unwahrscheinlich, daß die wirklichen Gesellschaften diesen Anforderungen genügen. Dies ist schon aufgrund der mannigfaltigen Gerechtigkeitsvorstellungen der einzelnen Menschen nicht zu erwarten. Aber gerade in der Tatsache, daß jeder Mensch irgendeine Gerechtigkeitsvorstellung hat, sieht Rawls eine Chance für eine einvernehmliche Lösung. Da zumindest jedem Menschen eine Gerechtigkeitsvorstellung zugeschrieben werden kann, bestehe auch die Notwendigkeit zur Anerkennung bestimmter Grundsätze für die Festsetzung der Grundrechte und Grundpflichten und der als gerecht empfundenen Verteilung der Früchte und Lasten der gesellschaftlichen Zusammenarbeit. Danach sollen Institutionen allgemein dann als gerecht empfunden werden, wenn bei der Zuweisung von Grundrechten und Grundpflichten keine willkürlichen Unterscheidungen zwischen den einzelnen Mitgliedern der Gesellschaft gemacht werden und wenn darüber hinaus die Regeln einen sinnvollen Ausgleich zwischen konkurrierenden Ansprüchen zum Wohle des gesellschaftlichen Zusammenlebens herstellen[8].

Rawls schlägt in diesem Zusammenhang drei sogenannte *höherrangige Interessen* vor. *Erstens* das Interesse, überhaupt einen Gerechtigkeitssinn auszubilden. *Zweitens* das Interesse, eine Konzeption des Guten, d.h. einen lebenswerten Lebensplan auszubilden, kritisch zu durchdenken und rational zu verfolgen. *Drittens* das Interesse, bei der Verfolgung der gewählten Konzeption des Guten auch Erfolg zu haben[9]. Die besondere Funktion der Gerechtigkeitsvorstellung liegt dann in der entsprechenden Festlegung von Grundrechten und Grundpflichten sowie in der richtigen Verteilung derselben[10]. Die gewählte Grundordnung soll daran gemessen werden, wie sie es ermöglicht, diese drei Interessen zu verwirk-

[5] Rawls, John, Eine Theorie der Gerechtigkeit, S. 21.
[6] Rawls, John, Eine Theorie der Gerechtigkeit, S. 21.
[7] Wilkes, Florian, John Rawls, Theorie der Gerechtigkeit und Ronald Dworkin, These der Rechte, S. 118.
[8] Rawls, John, Eine Theorie der Gerechtigkeit, S. 21 f.
[9] Pogge, Thomas, John Rawls, S. 56.
[10] Rawls, John, Eine Theorie der Gerechtigkeit, S. 22.

lichen. Dabei versucht die Theorie der Gerechtigkeit als Fairneß, zwischen den konkurrierenden Ansprüchen bei der Festlegung und Verteilung von Grundrechten und Grundpflichten zu vermitteln. Dies zum einen durch die Festlegung der beiden Gerechtigkeitsgrundsätze, die als Richtlinie für die institutionelle Verwirklichung der Werte von Freiheit und Gleichheit dienen und zum anderen dadurch, daß die Bürger der Gesellschaft als freie und gleiche Personen angesehen werden.

1.2. Diskussion

Bemerkenswert ist zunächst, daß es mit der Theorie der Gerechtigkeit gelingt, eine knappe Liste von gesellschaftlichen Grundgütern aufzustellen. Dabei bezieht sich Rawls zunächst auf die schwache Theorie des Guten. Diese wird von ihm ebenfalls als Grundgütertheorie konzipiert. Sie erhebt den Anspruch, eine allgemeingültige Fundamentaltheologie menschlichen Handels zu formulieren. Dabei hilft die Liste der allgemein nützlichen Grundgüter den Interessenvertretern im Urzustand, trotz der Unkenntnis über die eigene Fähigkeits- und Interessensituation eine rationale, am Selbstinteresse orientierte Entscheidung zu treffen[11]. Ein wesentlicher Verdienst von Rawls liegt in der Festlegung dieser gesellschaftlichen Grundgüter. Zum einen weil dadurch die Handlungsfreiheit des Individuums gewährleistet wird. Zum anderen weil kein ständiges Vergleichen und Verrechnen des subjektiven Nutzens aller Beteiligten erforderlich ist. Hierin liege ein wesentlicher Schritt zu einer handhabaren Philosophie[12].

Aber auch Kritik ist bereits an dieser Stelle deutlich zu machen. Zunächst in der Hinsicht, als unterstellt wird, daß Menschen überhaupt eine Gerechtigkeitsvorstellung entwickeln und daß an diese ganz bestimmte Erwartungen geknüpft werden. Darüber hinaus bleibt die Frage offen, welchen Anforderungen eine derartige Gerechtigkeitsvorstellung entsprechen muß. Man kann wohl annehmen, daß diese Gerechtigkeitsvorstellungen willkürliche Unterschiede zwischen den Menschen vermeiden sollen und einen sinnvollen Ausgleich zum Wohle aller, also zum Wohle des gesellschaftlichen Zusammenlebens, beinhalten müssen. Setzt dies aber nicht bereits die Festlegung der Grundsätze bzw. die Bildung der einzelnen Gerechtigkeitsvorstellungen im Urzustand unter dem Schleier des Nichtwissens, welchen Höffe als Selbstüberlistung rationaler Egoisten bezeichnet[13], voraus? Die Argumentation, von irgendeiner Gerechtigkeitsvorstellung des einzelnen Individuums auf die Notwendigkeit der Anerkennung von be-

---

[11] Kersting, Wolfgang, Die Gerechtigkeit zieht die Grenze, und das Gute setzt das Ziel, in: Höffe, Ottfried (Hrsg.), John Rawls, Eine Theorie der Gerechtigkeit, S. 209 ff. (S. 211 f.).

[12] Koller, Peter, Die Grundsätze der Gerechtigkeit, in: Höffe, Ottfried (Hrsg.), John Rawls, Eine Theorie der Gerechtigkeit, S. 45 ff. (S. 45 f.).

[13] Höffe, Ottfried, Einführung in Rawls`Theorie der Gerechtigkeit, in: Höffe, Ottfried (Hrsg.), John Rawls, Eine Theorie der Gerechtigkeit, S. 3 ff. (S. 22).

stimmten Gerechtigkeitsgrundsätzen zu schließen, ist deshalb zumindest fraglich. In diese Richtung geht auch die Argumentation Kaufmanns, der die Theorie Rawls für "plausibel" hält, weil Rawls den Vertragspartnern bestimmte, nämlich seine eigenen, Gerechtigkeitsvorstellungen unterstellt[14].

Die Theorie der Gerechtigkeit versucht zwar, den natürlichen Bedingungen der Gesellschaften entgegenzukommen, indem die im Urzustand aufgestellten idealen Grundsätze entsprechend abschwächt und minimiert werden, sie geht aber von der ideellen Vorstellung aus, daß der einzelne Mensch am Wohle aller interessiert ist. Es wird unterstellt, daß die Menschen in der Lage sind, zum Wohle aller ihren Egoismus zu überwinden. Die verschiedenen Formen des Egoismus sollen durch die Ordnungsfunktion der Gerechtigkeitsgrundsätze, bedingt durch die Voraussetzungen der Allgemeinheit, der universellen Anwendbarkeit, der Öffentlichkeit, der Regelung konkurrierender Ansprüche und der Funktion als letzte Instanz, ausgeschlossen werden[15]. Demnach verletze der individuelle Egoismus die Anforderungen des Prinzips der Allgemeinheit und der universelle Egoismus vermag nicht zwischen konkurrierenden Ansprüchen eine Rangordnung zu bilden[16]. Diese Argumentation greift aber erst bei einer Gesellschaft, die nach den Vorstellungen der Theorie der Gerechtigkeit geformt ist. Denn vorher kann man nicht davon ausgehen, daß alle Gesellschaftsmitglieder zum Wohle der Allgemeinheit auf Vorteile freiwillig verzichten.

Der Ansatz der Theorie der Gerechtigkeit ist dennoch ein anderer. Die Theorie der Gerechtigkeit geht bei ihrer Analyse nämlich nicht von wirklichen politischen Institutionen aus, um diese dann zu idealisieren, sondern sie versucht zunächst eine moralische Klärung des Begriffs der Gerechtigkeit, um daraus zur Konkretisierung in Grundrechts-, Gesellschafts- und Verfassungstheorie zu gelangen[17]. Insofern kommt auch die Auffassung zum Tragen, daß Gerechtigkeit nur am Rande eine Eigenschaft von Personen darstellt. Es geht beim Gerechtigkeitssinn nicht um das moralische Subjekt, sondern allein um die Stabilität einer der Gerechtigkeit verpflichteten Gesellschaft[18]. Der Gerechtigkeitssinn ist dabei das Vermögen, eine öffentliche Gerechtigkeitskonzeption, welche faire Bedingungen sozialer Kooperation festlegt, zu verstehen, sie anzuwenden und ihr ent-

---

[14] Kaufmann, Arthur, Grundprobleme der Rechtsphilosophie, S. 212.
[15] Höffe, Ottfried, Einführung in Rawls`Theorie der Gerechtigkeit, in: Höffe, Ottfried (Hrsg.), John Rawls, Eine Theorie der Gerechtigkeit, S. 3 ff. (S. 20).
[16] Koller, Peter, Die Grundsätze der Gerechtigkeit, Höffe, Ottfried (Hrsg.) John Rawls, Eine Theorie der Gerechtigkeit, S. 45 ff. (S. 64).
[17] Wilkes, Florian, John Rawls, Eine Theorie der Gerechtigkeit und Ronald Dworkin, These der Rechte, S. 126.
[18] Höffe, Ottfried, Einführung in Rawls`Theorie der Gerechtigkeit, in: Höffe, Ottfried (Hrsg.), Eine Theorie der Gerechtigkeit, S. 3 ff. (S. 8).

sprechend zu handeln[19]. Bereits Kant ging davon aus, daß der Vorteil einer gerechtigkeitsbestimmenden Gesellschaft nicht im gelingenden oder glücklichen Leben selbst liegt. Der Staat ist bereits für Kant auf Zwecke der Rechts- und der Freiheitssicherung beschränkt. Diesen Gedanken greift Rawls auf, indem Gegenstand seiner Gerechtigkeit die gesellschaftlichen Grundgüter sind[20]. Das heißt, trotz unterschiedlicher Lebenspläne, stimmen die Vorbedingungen für alle überein. Diese Vorbedingungen bilden die Gerechtigkeitsgrundsätze, die auf der ersten Stufe des Vier-Stufen-Ganges vereinbart werden[21].

Insofern ist wiederum kritisch zu fragen, ob alle von Rawls genannten Grundgüter gesellschaftlich bedingt sind und ob ihr Stellenwert für jedermann gleich ist. Gleiches gilt für die aufgestellten höherrangigen Interessen. Rawls läßt es offen, wieso gerade diese drei Interessen gegenüber allen anderen Interessen bedeutender sind. Insofern kann man anmerken, daß seine Annahme genauso parteiisch ist wie die Annahme des Utilitarismus an einem Grundinteresse der Glückseligkeit. Es ist nicht ganz leicht nachzuvollziehen, warum alle Gesellschaftsmitglieder diese drei Interessen als höherrangig einstufen sollten. Insofern muß aber darauf verwiesen werden, daß Rawls keine Grundordnung entwickelt, die unserer heutigen Interessenverteilung entspricht, sondern er sucht eine Grundordnung, die wir aus heutiger Sicht gutheißen können, die Interessen hervorbringt, die wir gutheißen können und die den von ihr produzierten Interessen angemessen ist. Für die Betrachtung muß man also nicht darauf abstellen, daß die Interessen heutzutage weit verbreitet sind, sondern daß auch diejenigen, denen diese Interessen wenig bedeuten, ihnen mehr Bedeutung beimessen sollten. Auf die Frage, warum sie das tun sollten, beruft sich Rawls zum einen auf die moralische Attraktivität seiner Annahme. Es wird hierfür das Vermögen vorausgesetzt, einen Gerechtigkeitssinn und eine Konzeption des Guten auszubilden. Zum anderen ist er davon überzeugt, daß die ersten beiden Interessen notwendige Voraussetzung für das dritte Interesse sind und sich ihre Akzeptanz aus dem allgemeinen Streben nach Erfolg ergibt. Letztlich sei darauf verwiesen, daß sich auch aus dem Interesse aller an einer stabilen Grundordnung zur Durchsetzung der wie auch immer gearteten Interessen, ebenfalls eine Einsicht bezüglich der Anerkennung der beiden ersten höherrangigen Interessen ergibt. Die allgemeine Anerkennung dieser Interessen würde nämlich die Stabilität der Grundordnung entscheidend fördern[22]. So betont Rawls auch selbst, daß die Hauptaufgabe der Theorie der Gerechtigkeit darin besteht, eine sicherere und

[19] Rawls, John, Gerechtigkeit als Fairneß: politisch und nicht methaphysisch, in: Honneth, Axel (Hrsg.), Kommunitarismus, S. 47 f.
[20] Höffe, Ottfried, Einführung in Rawls`Theorie der Gerechtigkeit, in: Höffe, Ottfried (Hrsg.) John Rawls, Eine Theorie der Gerechtigkeit, S. 3 ff. (S. 9).
[21] Höffe, Ottfried, Einführung in Rawls`Theorie der Gerechtigkeit, in: Höffe, Ottfried (Hrsg.) John Rawls, Eine Theorie der Gerechtigkeit, S. 3 ff. (S. 10).
[22] Pogge, Thomas, John Rawls, S. 58 f.

akzeptablerere Grundlage für Verfassungsgrundsätze, Grundrechte und Grundfreiheiten bereitzustellen, als es der Utilitarismus ermöglicht[23].

Darüber hinaus muß Rawls sich die Frage gefallen lassen, ob, wenn der Schleier der Unwissenheit gelüftet wird und die Gesellschaftsmitglieder ihre eigene Konzeption des Guten und ihre spezielle Position innerhalb der Gesellschaft kennen, diese dann noch immer ausreichend motiviert sind, sich an die Vereinbarung zu halten und die gemeinsamen Institutionen zu unterstützen? Falls nicht, ist die in den gesellschaftlichen Institutionen verkörperte Gerechtigkeit nicht dauerhaft aufrechtzuerhalten. Bezogen auf die moralische Qualität ihrer grundlegenden Institutionen, bliebe die Gesellschaft nicht im Gleichgewicht, sie wäre instabil[24]. Dies steht im engen Zusammenhang mit der Frage nach der Stabilität einer gerechten Gesellschaft, welche zu den klassischen Themen der politischen Philosophie gehört[25]. Ein wesentlicher Faktor für die interne Stabilisierung der Gerechtigkeit einer Gesellschaft stellt nämlich die Bereitschaft ihrer Mitglieder dar, gerechte und soziale Institutionen zu achten und einen Beitrag zu ihrer Einrichtung und Aufrechterhaltung zu leisten. Der Gerechtigkeitssinn ist dabei die Fähigkeit und Bereitschaft, Gerechtigkeitsgrundsätze zu verstehen, zu bejahen und wie kategorische Imperative um ihrer selbst willen im eigenen Verhalten zu achten[26].

Es ist dabei klar herauszustellen, daß ohne die Bereitschaft ihrer Mitglieder zu gerechtem Handeln eine gerechte Gesellschaft nicht dauerhaft bestehen kann, und daß die Gerechtigkeit einer Gesellschaft um so stabiler sein wird, je stärker sie bei ihren Mitgliedern die Entwicklung eines Gerechtigkeitssinnes fördert, der den sie regulierenden Grundsätzen entspricht. Eine Gerechtigkeitskonzeption sollte für Rawls zu ihrer eigenen Unterstützung motivieren, und eine Konzeption, die dies leistet, ist als stabil zu bezeichnen[27]. Deshalb ist eine Gerechtigkeitskonzeption stabiler als eine andere, wenn die öffentliche Anerkennung und Institutionalisierung ihrer Grundsätze in einer Gesellschaft stärker dazu beiträgt, daß deren Mitglieder einen ihr entsprechenden Gerechtigkeitssinn erwerben als die Anerkennung der anderen[28].

---

[23] Rawls, John, Gerechtigkeit als Fairneß: politisch und nicht metaphysisch in: Honneth, Axel (Hrsg.), Kommunitarismus, S. 39.

[24] Scarano, Nico, Der Gerechtigkeitssinn, in: Höffe, Ottfried (Hrsg.), John Rawls, Eine Theorie der Gerechtigkeit, S. 231 ff. (S. 233).

[25] Scarano, Nico, Der Gerechtigkeitssinn, in: Höffe, Ottfried (Hrsg.), John Rawls, Eine Theorie der Gerechtigkeit, S. 231 ff. (S. 233).

[26] Hinsch, Wilfried, Das Gut der Gerechtigkeit, in: Höffe, Ottfried (Hrsg.), John Rawls, Eine Theorie der Gerechtigkeit, S. 251 ff. (S. 254).

[27] Hinsch, Wilfried, Das Gut der Gerechtigkeit, in: Höffe, Ottfried (Hrsg.), John Rawls, Eine Theorie der Gerechtigkeit, S. 251 ff. (S. 254).

[28] Hinsch, Wilfried, Das Gut der Gerechtigkeit, in: Höffe, Ottfried (Hrsg.), John Rawls, Eine Theorie der Gerechtigkeit, S. 251 ff. (S. 255).

Es ist demnach davon auszugehen, daß die Vermeidung willkürlicher Unterschiede bzw. ein Ausgleich konkurrierender Ansprüche zum Wohle aller auch zur Stabilisierung einer Gesellschaftsordnung beiträgt. Was wiederum eine Grundvoraussetzung für eine zukunftsorientierte positive Entwicklung einer Gesellschaft ist.

Wie diese knappen Überlegungen zeigen, kann damit der Wert gerechter gesellschaftlicher Institutionen gar nicht hoch genug eingeschätzt werden. Dabei verfolgt die Theorie der Gerechtigkeit einen interessanten Ansatz. Orientiert man sich beispielsweise an dem Phänomen der Armut in der Gesellschaft, dann bringt Rawls Armut und soziale Benachteiligungen mit sozialen Institutionen in Verbindung. Hierzu muß man berücksichtigen, daß es für jede Gesellschaft verschiedene mögliche Sozialordnungen gibt, in denen die menschliche Zusammenarbeit und die Kontrolle der Produktionsmittel unterschiedlich geregelt sind. Dabei gibt es einige Sozialordnungen, die mehr Armut als andere hervorbringen. Die Verantwortung der einzelnen Gesellschaftsmitglieder liegt nun darin, eine bestimmte Sozialordnung auszuwählen und durchzusetzen. Die moralische Verpflichtung im Hinblick auf die Vermeidbarkeit von Armut liegt also in der Erhaltung oder Durchsetzung einer gerechten Sozialordnung. Dieser Pflicht kann dadurch nachgekommen werden, daß man sich für institutionelle Reformen einsetzt[29].

2. Der Gegenstand der Gerechtigkeit

2.1. Die Theorie

Die Theorie von Rawls beschränkt sich allein auf die Grundsätze der sozialen Gerechtigkeit. Er beschäftigt sich deshalb auch mit der sozialen Grundstruktur der Gesellschaft. Es geht Rawls um die Art und Weise, wie die wichtigsten gesellschaftlichen Institutionen, die Grundrechte und Pflichten und die Früchte der gesellschaftlichen Zusammenarbeit verteilt sind[30]. Gerechtigkeit ist hierbei eine Eigenschaft der Gesellschaft und ihrer Institutionen.

Die Aufgabe der sozialen Gerechtigkeit liegt dann darin, begünstigte Ausgangspositionen Einzelner und dadurch geschaffene Ungleichheiten auszugleichen. An diesem Maßstab sind nach der Theorie der Gerechtigkeit die Verfassung und die Hauptzüge des wirtschaftlichen Systems zu messen. Die soziale Gerechtigkeit eines Gesellschaftsmodells ist diesbezüglich die Bestimmung der Grundrechte und Grundpflichten, der wirtschaftlichen Möglichkeiten und der sozialen Verhältnisse[31]. Der Begriff der sozialen Gerechtigkeit muß nach der Auffassung

---

[29] Pogge, Thomas, John Rawls, S. 41.
[30] Rawls, John, Eine Theorie der Gerechtigkeit, S. 23.
[31] Rawls, John, Eine Theorie der Gerechtigkeit, S. 23 f.

Rawls deshalb einen Maßstab zur Beurteilung der Verteilungseigenschaften der gesellschaftlichen Grundstruktur liefern[32].

Dabei geht die Theorie der Gerechtigkeit davon aus, daß von den für eine Gesellschaft möglichen Grundordnungen diejenige als gerecht akzeptiert wird, welche durch Bürgerrechte und –pflichten, den Zugang zur Erziehung, Kultur und medizinischen Versorgung, die Möglichkeit am Arbeits- und Sozialleben teilzunehmen, die Bereitstellung von Mitteln für den Gütererwerb und Konsum usw. die besten Lebenschancen bietet[33].

2.2. Diskussion

Rawls beschränkt seine Untersuchung von vornherein. Er stellt lediglich einen Gerechtigkeitsbegriff für die Grundstruktur der Gesellschaft auf. Dafür betrachtet er die Gesellschaft als ein geschlossenes System, welches keine Verbindungen zu anderen Gesellschaften aufweist. Das entwickelte Gerechtigkeitskonzept bezieht sich dann auch auf eine wohlgeordnete Gesellschaft. In einer solchen Gesellschaft handelt jeder gerecht und trägt seinen Anteil zur Erhaltung gerechter Institutionen bei[34]. Es wird deutlich, daß Rawls sich auf eine *Grundlagendebatte* konzentriert und zunächst praktische Anwendungsfragen ausklammert[35]. Insofern bezieht sich Rawls von vornherein auf einen zentralen Fall, den er durch sechs Voraussetzungen charakterisiert. *Erstens* soll es sich bei dem maßgeblichen Sozialsystem um eine Gesellschaft handeln, das heißt eine größere Menge von Menschen, die auf einem festen Gebiet über Generationen hinweg zusammenleben. *Zweitens* werden verschiedene Sonderprobleme ausgeklammert. So gibt es in der idealisierten Gesellschaft keine schweren geistigen oder körperlichen Behinderungen. Darüber hinaus gibt es keine Verbrechen und deshalb auch kein Strafsystem. Gerechtigkeitsfragen hinsichtlich zukünftiger Generationen, zu Tieren und zur Natur werden ebenfalls zunächst ausgeblendet. *Drittens* sind genügend Grundgüter vorhanden, so daß soziale Kooperation ein bequemes Überleben aller Gesellschaftsmitglieder ermöglicht. Andererseits soll aber kein Überfluß herrschen. Rawls geht von einer "relativen Knappheit" aus. Des weiteren ist anzunehmen, daß es zur Verteilung der vorhandenen Güter einer Vermittlung der konkurrierenden Ansprüche bedarf. *Viertens* klammert Rawls anfänglich bestimmte Fragen der Gerechtigkeit aus, indem er sich auf die gesellschaftliche Grundordnung konzentriert. Gemeint sind damit die sozialen Institutionen, die einen tiefgreifenden Einfluß auf das Leben aller Gesellschaftsmitglieder haben, wie z.B. die Regelung sexueller Beziehungen, die Ein-

---

[32] Rawls, John, Eine Theorie der Gerechtigkeit, S, 26.

[33] Pogge, Thomas, John Rawls, S. 51.

[34] Rawls, John, Eine Theorie der Gerechtigkeit, S. 24 f.

[35] Höffe, Ottfried, Einführung in Rawls`Theorie der Gerechtigkeit, in: Höffe, Ottfried (Hrsg.), John Rawls, Eine Theorie der Gerechtigkeit, S. 3 ff. (S. 5).

richtung des politischen Systems und die Organisation der Wirtschaft sowie des Rechts-, Erziehungs- und Gesundheitswesens. *Fünftens* soll eine Gerechtigkeitskonzeption erarbeitet werden, durch die sich die optimale Grundordnung für eine Gesellschaft ergibt. Dabei wird die Frage der Überführung einer ungerechten in eine gerechte Gesellschaft nicht betrachtet. *Sechstens* sollen die Anhänger der vertretenen verschiedenen Gesellschaftsordnungen das Gerechtigkeitskonzept der Theorie der Gerechtigkeit moralisch akzeptieren können[36].

Die relevanten Gesellschaften sollen dabei unsere heutigen westlichen Gesellschaften sein, aber so, wie sie wären, wenn sie durch eine der Gerechtigkeitskonzeption gemäße Grundordnung organisiert wären. Es ist natürlich nicht davon auszugehen, daß es eine derart geschlossene und wohlgeordnete Gesellschaft gibt. Die heutigen Gesellschaften haben sich miteinander auseinanderzusetzen, sie beeinflussen einander. Es stellt letztlich auch eine Möglichkeit zur Weiterentwicklung und Verbesserung dar, die eigenen Grundsätze immer wieder zu hinterfragen, um in der Auseinandersetzung mit anderen Gesellschaftsstrukturen eine Verbesserung zu finden.

Es ist Rawls aber zugute zu halten, daß er diesen Mangel durchaus erkennt. Er erhebt von Anfang an nicht den Anspruch, daß der ideale Teil seiner Theorie eins zu eins in die Realität umgesetzt werden kann. Vielmehr geht es ihm zunächst darum, das Bild einer derart beschränkten Gesellschaft unter idealen Bedingungen zu entwerfen, um diese Maßstäbe als Orientierungspunkte für real existierende Gesellschaften zu verwenden. Insofern ist auf eines der rawls´schen Vorbilder, Kant, zu verweisen. Für ihn war die Philosophie zwar für Prinzipien zuständig, aber eben nicht für das konkrete, von Randbedingungen, Erfahrungen und Urteilskraft abhängige Handeln[37]. Auch Kaufmann sieht die Aufgabe der Philosophie in dieser Weise. Zwar sei es nicht der Sinn philosophischer Theorien, die Menschen und ihre Welt in ihrer ganzen Misere zu belassen, sondern es sei sehr wohl ihre Aufgabe, gestaltend und verändernd in die Welt des Gegebenen hinein zu wirken, aber die Theorie ändere nicht durch die Unterwerfung unter die Praxis, sondern gerade dadurch, daß sie Theorie ist und bleibt. Denn jedes hermeneutische Sinnverständnis bringe die Welt in Bewegung. Kein Mensch bleibe derselbe, wenn er sich dem Prozeß des Denkens ausliefert. Ebenso sei ein ausgelegtes, entfaltetes Gesetz ein anderes, als es vorher war[38].

Rawls bleibt insofern hinter der Strömung der Rehabilitierung der praktischen Philosophie und der Hinwendung auch vermehrt zu konkreten Anwendungsfragen zurück. Ausnahmen finden sich allerdings an einigen Punkten, so z.B. bei

---

[36] Pogge, Thomas, John Rawls, S. 49 f.
[37] Höffe, Ottfried, Einführung in Rawls`Theorie der Gerechtigkeit, in: Höffe, Ottfried (Hrsg.), John Rawls, Eine Theorie der Gerechtigkeit, S. 3 ff. (S. 5).
[38] Kaufmann, Arthur, Wozu Rechtsphilosophie heute?, S. 37.

der Problematik des bürgerlichen (zivilen) Ungehorsams oder bei Überlegungen zur Gerechtigkeit zukünftiger Generationen. Andere wesentliche Anwendungsfragen, wie z.B. der Umweltschutz, die Tierethik oder das Völkerrecht bzw. Fragen einer internationalen Rechtsgemeinschaft, klammert Rawls zunächst aus[39]. Er geht bei der Entwicklung der Gerechtigkeit als Fairneß nicht von tatsächlichen politischen Institutionen aus, um diese dann zu idealisieren, sondern er strebt zunächst eine moralische Klärung des Begriffs der Gerechtigkeit an, um daraus zur Konkretisierung in Grundrechts-, Gesellschafts- und Verfassungstheorie zu gelangen[40].

3. Der Hauptgedanke der Theorie der Gerechtigkeit

3.1. Die Theorie

Leitgedanke der Theorie der Gerechtigkeit als Fairneß ist, daß es eine ursprüngliche Übereinkunft gibt, in der die für die gesellschaftliche Grundstruktur wesentlichen Gerechtigkeitsgrundsätze bestimmt werden[41].

Hier zeigt sich deutlich, daß Rawls auf die Grundsätze der klassischen Theorien des Gesellschaftsvertrages zurückgreift. Dabei hebt die Theorie der Gerechtigkeit diese ursprünglichen Vertragstheorien auf eine höhere Abstraktionsstufe, indem alle Einzelheiten der Übereinkunft stufenweise durchkonstruiert werden. Dies soll dazu führen, daß die Gerechtigkeitsgrundsätze aus dem aufgeklärten Selbstinteresse abgeleitet werden. Vorausgesetzt wird allerdings, daß die Vertragsparteien unter bestimmten idealen Bedingungen handeln[42]. Darin liegt der neue Ansatz der Theorie der Gerechtigkeit.

Die Vertragspartner sollen nämlich zunächst unter dem Schleier des Nichtwissens agieren. Das heißt, sie sind in Unkenntnis über ihre physisch - psychischen Eigenschaften und ihre soziale Rolle im wirklichen Leben. Zudem trifft Rawls die Entscheidung, daß sich alle Partner des Vertrags infolge ihrer Unwissenheit über die eigene Position in einer künftigen Ordnung risikoscheu verhalten. Sie wählen deshalb, entsprechend der Maximin - Regel für Entscheidungen unter Unsicherheit, diejenigen Grundsätze, die das eigene Risiko im wirklichen Leben gering halten[43]. Dabei ist der von Rawls vertretene Maximinstandard eine Gesamtbewertung, die allein von der niedrigsten Position ausgeht. Der Ausdruck

---

[39] Höffe, Ottfried, Einführung in Rawl`s Theorie der Gerechtigkeit, in: Höffe, Ottfried, (Hrsg.) John Rawls, Eine Theorie der Gerechtigkeit, S. 3 ff. (S. 5).
[40] Wilkes, Florian, John Rawls, Theorie der Gerechtigkeit und Ronald Dworkin, These der Rechte, S. 126.
[41] John Rawls, Eine Theorie der Gerechtigkeit, S. 28.
[42] Höffe Ottfried, Einführung in Rawl`s Theorie der Gerechtigkeit, in: Höffe, Ottfried (Hrsg.), John Rawls, Eine Theorie der Gerechtigkeit, S. 3 ff. (S. 18).
[43] Kaufmann, Arthur, Grundprobleme der Rechtsphilosophie, S. 216.

"Maximin" steht für "maximum minimorum", das Maximum der Minima oder das höchste Minimum. Es geht um die Errichtung der Grundordnung, welche die beste Mindestausstattung bietet[44].

Bei zu wählenden Grundsätzen muß es sich also um solche handeln, die freie vernünftige Menschen in einer anfänglichen Situation der Gleichheit wählen würden. Diesen Grundsätzen sind dann alle weiteren Vereinbarungen anzupassen. Sie sind sozusagen Maßstab und Bestimmtheitsgrundsatz aller gesellschaftlichen Zusammenarbeit und Regierung. Aus dieser Betrachtungsweise heraus läßt sich der Begriff der Theorie der Gerechtigkeit als Fairneß ableiten[45]. Bei Einhaltung der genannten Voraussetzungen sind die Grundsätze der Gerechtigkeit das Ergebnis einer fairen Übereinkunft oder Verhandlung, da sich alle in der gleichen Ausgangssituation befinden. Niemand ist in der Lage, einzelne Grundsätze zu favorisieren, die ihn allein bevorzugen würden[46].

Als angemessenen Ausgangszustand für diese ursprüngliche Übereinkunft entwickelt Rawls den Urzustand. Im Urzustand, in welchem unter dem Schleier des Nichtwissens verhandelt wird, sind die Menschen vernünftig, und sie haben keine gegeneinander gerichteten Interessen[47]. Dadurch ist gewährleistet, daß die aufzustellenden Grundsätze die Interessen aller bestmöglich berücksichtigen und damit das Höchstmaß an gesellschaftlicher (sozialer) Gerechtigkeit erreicht wird.

Wesentliches Element der Theorie der Gerechtigkeit als Fairneß ist also die Wahl der Gerechtigkeitsgrundsätze im Urzustand[48]. Sie sind für alle spätere Kritik und Veränderung der Institutionen maßgebend. Rawls legt einen Schwerpunkt auf die Herausbildung dieser Grundsätze. Er versucht nachzuweisen, daß sie allein diejenigen sind, die im Urzustand gewählt werden können und die damit die beste Gerechtigkeitsgrundlage einer Gesellschaft sind.

Die entscheidende Frage dabei ist, wie die verschiedenen Grundgüter bewertet werden. Abzustellen ist auf die Interessenvertreter im Urzustand, die im Interesse eines Gesellschaftsmitgliedes entscheiden sollen, dessen Weltanschauung und Interessen sie nicht kennen. Rawls behauptet, die Parteien würden den Grundrechten absoluten Vorrang einräumen. Es ist also immer darauf zu achten, wo sich die bessere Grundgüterausstattung findet. Nur dann, wenn sich keine Unterschiede feststellen lassen, sollen die übrigen Grundgüter den Ausschlag geben[49].

---

[44] Pogge, Thomas, John Rawls, S. 54.
[45] Rawls, John, Eine Theorie der Gerechtigkeit, S. 28.
[46] Rawls, John, Eine Theorie der Gerechtigkeit, S. 29.
[47] Rawls, John, Eine Theorie der Gerechtigkeit, S. 30.
[48] Rawls, John, Eine Theorie der Gerechtigkeit, S. 31 f.
[49] Pogge, Thomas, John Rawls, S. 73.

Rawls meint, daß die Menschen im Urzustand die folgenden zwei Grundsätze wählen würden: einmal die Gleichheit der Grundrechte und Pflichten und zum anderen den Grundsatz, daß soziale und wirtschaftliche Ungleichheiten, wie etwa verschiedener Reichtum und verschiedene Macht, nur dann gerecht sind, wenn sich aus ihnen Vorteile für jedermann, insbesondere für die schwächsten Mitglieder der Gesellschaft ergeben[50].

3.2. Diskussion

Auch an dieser Stelle geben die ideellen Ansätze der Gerechtigkeit als Fairneß Anlaß zur Kritik. Es ist klar, daß der Urzustand, in dem es dann eine Übereinkunft unter dem Schleier des Nichtwissens gibt, den wirklichen Gegebenheiten nicht entspricht. Es ist deshalb zu überlegen, ob nicht ganz bewußt konkrete Anwendungsfragen ausgeklammert werden, um ein bestimmtes, vorgedachtes Ergebnis zu erreichen.

So wird z.B. bemängelt, daß die Maximin - Regel, welche nach Rawls im Urzustand die rationellste Entscheidungsmöglichkeit darstellt, eine äußerst konservative und risikounfreundliche Entscheidungsregelung darstellt. Es sei danach z.B. im Alltag nicht mehr möglich, eine Straße zu überqueren, mit einem Flugzeug zu fliegen oder über eine Brücke zu gehen[51]. Darüber hinaus sei es unklar, woher die Menschen im Urzustand wissen, welche Präferenzen sie als wirkliche Menschen haben werden[52]. So fragt auch Kaufmann, ob es in der heutigen Welt nicht eher ein Risiko ist, kein Risiko einzugehen[53]. Vielmehr muß der Mensch in der pluralistischen Risikogesellschaft unserer Zeit handelnd ausgreifen auf die Welt, ohne sich stets im vorhinein anhand feststellender Normen oder anhand eines fixen Naturbegriffs vergewissern zu können, ob sein Handeln richtig ist, d.h. er muß sich riskant verhalten[54].

Es erscheint aber doch zweifelhaft, ob dieser Ansatz Rawls bei der Entwicklung seiner Theorie leitete, oder ob er bewußt zunächst praktische Anwendungsfragen ausklammerte, da für ihn die Aufgabe der Philosophie eher in der Aufstellung der theoretischen Ansatzpunkte liegt. Deshalb geht die Kritik wohl etwas an dem Anliegen Rawls vorbei, indem bereits die ideellen Voraussetzungen, die zur Herleitung und Begründung der Theorie dienen, auf ganz konkrete Anwendungspunkte bezogen werden. Diesen Schritt will Rawls meiner Ansicht nach erst machen, wenn die Grundsätze bereits feststehen. Er hinterfragt also nicht die

---

[50] Rawls, John, Eine Theorie der Gerechtigkeit, S. 32.

[51] Koller, Peter, Die Grundsätze der Gerechtigkeit, in: Höffe, Ottfried (Hrsg.), John Rawls, Eine Theorie der Gerechtigkeit, S. 45 ff. (S. 67).

[52] Koller, Peter, Die Grundsätze der Gerechtigkeit, in: Höffe, Ottfried (Hrsg.), John Rawls, Eine Theorie der Gerechtigkeit, S. 45 ff. (S. 68).

[53] Kaufmann, Arthur, Grundprobleme der Rechtsphilosophie, S. 212.

[54] Kaufmann, Arthur, Grundprobleme der Rechtsphilosophie, S. 233.

Gerechtigkeitsgrundsätze an sich, sondern die Möglichkeit der Anwendung auf wirkliche Gesellschaften, dann aber auch unter Beachtung konkreter Anwendungsfragen. Zu berücksichtigen ist insoweit, daß Rawls selbst zugibt, daß seine Theorie in bestimmter Weise beschränkt ist und daß der Urzustand wirklichen Maßstäben nicht genügt. Das scheint aber tragbar, da er sämtliche Vereinbarungen ganz systematisch durchspielt und unter diesen idealen Bedingungen nachweist, daß die Grundsätze der Theorie der Gerechtigkeit eine Grundlage für eine ideale Gerechtigkeitsvorstellung bilden. Es gelingt ihm durch sein systematisches Vorgehen zwei ideale Gerechtigkeitsgrundsätze herauszubilden, die als Maßstab für tatsächlich existierende Gesellschaften herangezogen werden können.

4. Die beiden Grundsätze der Gerechtigkeit

4.1. Die Theorie

Wie bereits erwähnt, formuliert Rawls sein Gerechtigkeitskriterium in Form zweier Gerechtigkeitsgrundsätze. Dabei betrifft jeder der beiden Grundsätze einen anderen Teil der Grundordnung. Der *erste Grundsatz* bezieht sich auf die politische Ordnung und auf die Rechtsordnung einer Gesellschaft. Er bezieht sich auf die gesellschaftliche Sphäre, in der die Gesellschaftsmitglieder im engsten Sinne als Bürger agieren. Der *zweite Grundsatz* dagegen betrifft hauptsächlich die Wirtschaftsordnung und soziale Institutionen, wie z.B. das Erziehungs- und Gesundheitswesen. Hier ist also die gesellschaftliche Sphäre gemeint, in welcher die einzelnen Gesellschaftsmitglieder in verschiedenen Rollen, z.B. als Produzenten und Konsumenten, als Arbeitgeber und Arbeitnehmer, Schüler und Lehrer usw. an der physischen und kulturellen Reproduktion ihrer Gesellschaft mitwirken[55]. In diesem Zusammenhang betont Rawls, daß es in der Geschichte des demokratischen Denkens in den letzten zwei Jahrhunderten keine Übereinstimmung darüber gab, wie die grundlegenden Institutionen eines demokratischen Verfassungsstaates gestaltet sein müssen, wenn Grundrechte und Grundfreiheiten von Bürgern als freie und gleiche Personen festgelegt und geschützt und wenn die Ansprüche demokratischer Gleichheit von Bürgern erfüllt werden sollen. Gerechtigkeit als Fairneß versucht durch die Aufstellung der beiden Gerechtigkeitsgrundsätze und durch die Entwicklung eines Standpunktes, von dem aus diese Grundsätze freien und gleichen demokratischen Bürgern angemessener erscheinen als andere, zwischen diesen konkurrierenden Traditionen zu vermitteln[56].

---

[55] Pogge, Thomas, John Rawls, S, 79.

[56] Rawls, John, Gerechtigkeit als Fairneß, politisch und nicht metaphysisch, in: Honneth, Axel (Hrsg.), Kommunitarismus, S. 41.

Zunächst soll an dieser Stelle die abschließende Formulierung der beiden Grundsätze der Theorie der Gerechtigkeit, wie sie im Urzustand gewählt würden, vorgestellt werden:

Erster Grundsatz
Jedermann hat das gleiche Recht auf das umfangreichste Gesamtsystem gleicher Grundfreiheiten, das für alle möglich ist.

Zweiter Grundsatz
Soziale und wirtschaftliche Ungleichheiten müssen folgendermaßen beschaffen sein:

a. sie müssen unter der Einschränkung des gerechten Spargrundsatzes den am wenigsten Begünstigten den größtmöglichen Vorteil bringen,
b. sie müssen mit Ämtern und Positionen verbunden sein, die allen gemäß fairer Chancengleichheit offenstehen.

Erste Vorrangregel (Vorrang der Freiheit)
Die Gerechtigkeitsgrundsätze stehen in lexikalischer Ordnung;
demgemäß können die Grundfreiheiten nur um der Freiheit willen eingeschränkt werden, und zwar in folgenden Fällen:

a. eine weniger umfangreiche Freiheit muß das Gesamtsystem der Freiheiten für alle stärken;
b. eine geringere als gleiche Freiheit muß für die davon Betroffenen annehmbar sein.

Zweite Vorrangregel (Vorrang der Gerechtigkeit vor Leistungsfähigkeit und Lebensstandard)
Der zweite Grundsatz ist dem Grundsatz der Leistungsfähigkeit und Nutzenmaximierung lexikalisch vorgeordnet; die faire Chancengleichheit ist dem Unterschiedsprinzip vorgeordnet, und zwar in folgenden Fällen:

a. eine Chancenungleichheit muß die Chancen der Benachteiligten verbessern
b. eine besondere Sparrate muß insgesamt die Last der von ihr Betroffenen mildern[57].

Die beiden Grundsätze sollen sich, wie bereits erläutert, hauptsächlich auf die Grundstruktur der Gesellschaft beziehen und damit die Zuweisung von Grundrechten und Grundpflichten und die Verteilung wirtschaftlicher Güter bestimmen[58]. Die Grundsätze der Gerechtigkeit regulieren also die grundlegenden In-

[57] Rawls, John, Eine Theorie der Gerechtigkeit, S. 336 f.
[58] Rawls, John, Eine Theorie der Gerechtigkeit, S. 81.

stitutionen der demokratischen Gesellschaft, die diese heute zugleich verwirklichen. Dabei stehen sie in lexikalischer Ordnung. Der erste Grundsatz geht dem zweiten Grundsatz voraus. Danach ist die Verletzung der vom ersten Grundsatz geschützten gleichen Grundfreiheiten nicht durch größere gesellschaftliche oder wirtschaftliche Vorteile gerechtfertigt oder auszugleichen. Die geschützten Freiheiten haben einen Kernanwendungsbereich, innerhalb dessen sie nur beschränkt werden können, wenn sie mit anderen Grundfreiheiten in Konflikt geraten[59].

Rawls geht davon aus, daß die Grundfreiheiten ein Spezialfall einer allgemeinen Gerechtigkeitsvorstellung sind. Alle sozialen Werte wie Freiheit, Chancen, Einkommen, Vermögen und die sozialen Grundlagen der Selbstachtung sind gleichmäßig zu verteilen, soweit nicht eine ungleiche Verteilung jedermann zum Vorteil gereicht. Demnach bestehen Ungerechtigkeiten in Ungleichheiten, die nicht jedermann Nutzen bringen[60].

Die beiden Grundsätze der Gerechtigkeit sind auf Institutionen zu beziehen. Dies hat zur Folge, daß die in den Grundsätzen erwähnten Rechte und Grundfreiheiten diejenigen sind, die von den öffentlichen Regeln der Grundstruktur festgelegt werden. Ob die Menschen frei sind hängt hierdurch davon ab, welche Rechte und Pflichten in den wichtigsten Institutionen festgelegt werden. Freiheit ist sozusagen die Struktur sozialer Formen[61]. Der erste Grundsatz fordert demzufolge, daß die Regeln, welche die Grundfreiheiten festlegen, auf jedermann in gleicher Weise anzuwenden sind und daß dadurch die weitestgehende mögliche Freiheit für alle gewährt wird. Der einzige Grund für eine Einschränkung der Grundfreiheiten ist ihre Unverträglichkeit untereinander[62].

4.2. Diskussion

Rawls entwirft durch die beiden maßgebenden Grundsätze eine konstitutionelle Demokratie, in die Wettbewerbswirtschaft und der Gedanke der Gerechtigkeit eingebaut sind. Der erste Grundsatz betrifft die bürgerlichen und politischen, der zweite Grundsatz die materiellen und nichtmateriellen Interessen. Beide Grundsätze zusammen bilden den freiheitlichen und sozialen Rechtsstaat[63]. Die wichtigste Aufgabe der sozialen Institutionen besteht also darin, den Genuß der durch

[59] Rawls, John, Eine Theorie der Gerechtigkeit, S. 82.
[60] Rawls, John, Eine Theorie der Gerechtigkeit, S. 83.
[61] Rawls, John, Eine Theorie der Gerechtigkeit, S. 84 f.
[62] Rawls, John, Eine Theorie der Gerechtigkeit, S. 85.
[63] Höffe, Ottfried, Einführung in Rawls` Theorie der Gerechtigkeit, in: Höffe, Ottfried (Hrsg.), John Rawls, Eine Theorie der Gerechtigkeit, S. 3 ff. (S. 11).

die Grundsätze festgelegten Freiheiten für alle zu sichern[64]. Darüber hinaus genießt die Gerechtigkeit Vorrang vor Leistungsfähigkeit und Lebensstandard[65].

5. Demokratische Gleichheit / Unterschiedsprinzip / faire Chancengleichheit / reine Verfahrensgerechtigkeit

Bei der Deutung des *ersten Teils des zweiten Grundsatzes* ist folgendes zu beachten. Auszugehen ist von Institutionen, wie sie von der gleichen Freiheit für alle und der fairen Chancengleichheit gefordert werden. Danach sind bessere Aussichten der Begünstigten dann gerecht, wenn sie zur Verbesserung der Aussichten der am wenigsten begünstigten Mitglieder der Gesellschaft beitragen. Daraus folgt, daß die Gesellschaftsordnung nur dann günstigere Aussichten der Bevorzugten einrichten darf, wenn dadurch für die weniger Begünstigten ebenfalls Vorteile entstehen bzw. wenn dies den weniger Begünstigten zum Vorteil gereicht[66]. Nach dem Differenzprinzip müssen demnach soziale und ökonomische Ungleichheiten zum größten Vorteil der am wenigsten begünstigten Gesellschaftsmitglieder führen. Dabei muß man sich an das von Rawls verwendete Anonymitätsprinzip erinnern. Es geht nicht um die Positionen einzelner Personen, also beispielsweise derjenigen, die unter der bestehenden Sozialordnung am schlechtesten gestellt sind. Für ihre Besserstellung würden einzelne Reformen ausreichen. Es geht vielmehr um die Gestaltung der Gesellschaft als Ganzes. Das Differenzprinzip zeichnet diejenige Sozialordnung aus, welche die bestmögliche sozioökonomische Mindestposition hervorbringt, das heißt Institutionen, welche sozioökonomische Ungleichheiten hervorbringen, müssen für die sozioökonomische Mindestposition von größtmöglichem Vorteil sein[67].

Auch auf die Deutung des *zweiten Teils des zweiten Grundsatzes* ist kurz einzugehen. Diesen Teil nennt die Theorie der Gerechtigkeit den liberalen Grundsatz der fairen Chancengleichheit[68]. Das hierbei zu beachtende Problem der Verteilung sieht Rawls als ein Problem der reinen Verfahrensgerechtigkeit. Das Gesellschaftssystem ist folglich so zu gestalten, daß immer nur etwas Gerechtes herauskommen kann[69]. Dies setzt ein gerechtes System von Institutionen und die unparteiische Anwendung dieser Institutionen voraus. Für das anzuwendende Verfahren ist wiederum eine gerechte Gesellschaftsstruktur Voraussetzung. Es muß also eine gerechte Verfassung und gerechte soziale und wirtschaftliche Institutionen geben. Der Grundsatz der liberalen Chancengleichheit hat dabei die

---

[64] Pogge, Thomas, Gleiche Freiheit für alle?, in: Höffe, Ottfried (Hrsg.), John Rawls, Eine Theorie der Gerechtigkeit, S. 149 ff. (S. 150).
[65] Höffe, Ottfried, Zur Gerechtigkeit der Verteilung, in: Höffe, Ottfried (Hrsg.), John Rawls, Eine Theorie der Gerechtigkeit, S. 169 ff. (S. 169).
[66] Rawls, John, Eine Theorie der Gerechtigkeit, S. 95 f.
[67] Pogge, Thomas, John Rawls, S. 80 f.
[68] Rawls, John, Eine Theorie der Gerechtigkeit, S. 105.
[69] Rawls, John, Eine Theorie der Gerechtigkeit, S. 106.

Aufgabe, das System der Zusammenarbeit zu einem der reinen Verfahrensgerechtigkeit zu entwickeln[70].

Die beiden Bedingungen, das Differenzprinzip und die Chancengleichheit, stehen hierbei in lexikalischer Ordnung. Beim Vergleich von verschiedenen Sozialordnungen soll das Differenzprinzip nur dann zur Anwendung kommen, wenn das Prinzip der Chancengleichheit erfüllt ist. Sozialordnungen unterscheiden sich darin, welche Indexungleichheiten, d.h. welches Verteilungsprofil sie produzieren, und wie sie den Zugang zu den besseren Indexpositionen regeln. Dabei bleibt die Bewertung der Indexpositionen dem Differenzprinzip überlassen. Das Chancenprinzip dagegen soll die institutionellen Mechanismen bewerten, durch die der Zugang zu diesen Positionen geregelt ist. In bezug auf diese Mechanismen fordert das Chancenprinzip, daß jeder wenigstens die gleichen gesetzlichen Rechte auf vorteilhafte soziale Positionen hat[71]. Das ist dann die formale Chancengleichheit. Dies allein reicht aber noch nicht aus. Hinzu kommt die Forderung nach fairer Chancengleichheit. Danach müssen Menschen mit gleichen Fähigkeiten und gleicher Bereitschaft, sie einzusetzen, gleiche Erfolgsaussichten haben, und zwar unabhängig von ihrer gesellschaftlichen Stellung[72].

6. Tendenz zur Gleichheit / Unterschiedsprinzip

6.1. Die Theorie

Das Unterschiedsprinzip besagt, daß Ungleichheiten, die unverdient sind, wie z.B. solche der Geburt oder natürliche Begabungen, ausgeglichen werden müssen. Wirkliche Chancengleichheit ist deswegen nur dann gegeben, wenn sich die Gesellschaft mehr um diejenigen kümmert, die mit weniger natürlichen Begabungen oder in unvorteilhafteren gesellschaftlichen Positionen geboren werden. Ziel des Unterschiedsprinzips ist es also, zufällige Unterschiede auszugleichen[73].

Das Unterschiedsprinzip zeichnet sich durch zwei offenkundige Vorteile aus. Zum einen ist die Verteilung der natürlichen Gaben Gemeinschaftssache. Danach sind größere soziale und wirtschaftliche Vorteile, die durch die Komplementarität der entsprechenden Gaben entstehen, aufzuteilen[74]. Zum anderen bringt das Unterschiedsprinzip den Gedanken der Brüderlichkeit ein[75].

---

[70] Rawls, John, Eine Theorie der Gerechtigkeit, S. 108.
[71] Pogge, Thomas, John Rawls, S. 94 f.
[72] Pogge, Thomas, John Rawls, S. 96 f.
[73] Rawls, John, Eine Theorie der Gerechtigkeit, S. 121.
[74] Rawls, John, Eine Theorie der Gerechtigkeit, S. 122 f.
[75] Rawls, John, Eine Theorie der Gerechtigkeit, S. 126 f.

Auf diese Weise sind die Grundsätze der Freiheit, Gleichheit und Brüderlichkeit mit der demokratischen Deutung der beiden Gerechtigkeitsgrundsätze folgendermaßen zusammenzubringen: Der Freiheit entspricht der erste Grundsatz. Der Gleichheit entspricht die Gleichheit im ersten Grundsatz zusammen mit der fairen Chancengleichheit. Der Brüderlichkeit entspricht dann letztlich das Unterschiedsprinzip[76].

6.2. Diskussion

Im wesentlichen sind der erste Grundsatz und der zweite Teil des zweiten Grundsatzes in unseren heutigen westlichen Gesellschaften längst unstrittig und anerkannt. Das ist darauf zurückzuführen, daß die dort geforderten elementaren Grundrechte bereits wesentlicher Bestandteil der modernen demokratischen Verfassungen sind. Gleiches gilt für die Offenheit von Ämtern und Positionen[77].

Kritik an dem Grundsatz der fairen Chancengleichheit wird lediglich insoweit geübt, als offen bleibt, was unter gleicher Befähigung des Einzelnen zu verstehen ist. Dies sind schwer zu definierende und damit praktisch kaum umsetzbare Voraussetzungen[78].

Anders liegt es mit dem Unterschiedsprinzip, welches im ersten Teil des zweiten Grundsatzes zum Ausdruck kommt. Zwar ist die Aufgabe, der sich das Unterschiedsprinzip widmet, der klassischen Philosophie durchaus vertraut. Schon Platon und Aristoteles, in der Neuzeit Smith, Hegel, Marx und Mill, befaßten sich mit solchen Maßstäben für wirtschaftliche Programme. Derartige Maßstäbe sind aber der modernen Philosophie, sieht man von Teilen des Utilitarismus und der kritischen Theorie ab, fremd. Es ist deshalb ein wesentliches Verdienst, daß Rawls sich in die neuere politische Ökonomie (Volkswirtschaftslehre) eingearbeitet hat und bei der Bestimmung des öffentlichen Wohls auf der Grundlage einer Gerechtigkeitsvorstellung deren Begriffe aufgreift, wie etwa öffentliches Gut, externe Wirkung, Schwarzfahrer und Gefangenendilemma[79]. Außerdem sieht man in der Literatur in dem Unterschiedsprinzip einen wegweisenden Beitrag zur Lösung des Problems der Verteilungsgerechtigkeit. Es gelingt dadurch, verschiedene geläufige Rechtfertigungsmuster für soziale Ungerechtigkeiten,

---

[76] Rawls, John, Eine Theorie der Gerechtigkeit, S. 127.

[77] Höffe, Ottfried, Einführung in Rawls` Theorie der Gerechtigkeit, in: Höffe, Ottfried (Hrsg.), John Rawls, Eine Theorie der Gerechtigkeit, S. 3 ff. (S. 12).

[78] Koller, Peter, Die Grundsätze der Gerechtigkeit, in: Höffe Ottfried (Hrsg.), John Rawls, Eine Theorie der Gerechtigkeit, S. 45 ff. (S. 53 f.).

[79] Höffe, Ottfried, Zur Gerechtigkeit der Verteilung, in: Höffe, Ottfried (Hrsg.), John Rawls, Eine Theorie der Gerechtigkeit, S. 169 ff. (S. 169 f.).

wie z.B. das Leistungsprinzip, das Effizienzprinzip und das Bedürfnisprinzip, auf eine gemeinsame Grundlage zu bringen[80].

Trotzdem oder gerade deshalb wirft das Unterschiedsprinzip im Gegensatz zu den anderen Aussagen der Gerechtigkeitsgrundsätze auch größeren Diskussionsbedarf auf. Zwar ist im Hinblick auf die Realisierungsbedingungen der Grundrechte, etwa die Sicherung eines angemessenen Existenzminimums, die Chancengleichheit im Bildungswesen, bei Wohnungs- und Arbeitsmöglichkeiten und im Gesundheitswesen, ein wenig strittiger Anteil an Sozialstaatlichkeit, nämlich sein freiheitlich demokratisch funktionaler Kern zu sehen[81]. Dennoch sieht sich gerade das von Rawls eingeführte Unterschiedsprinzip in vielen Punkten der Kritik ausgesetzt. Dies gilt z.B. für die Forderung, die Schlechtergestellten möglichst gut zu stellen. Ein solcher Staat weist stark bevormundende Züge auf. Darüber hinaus sei die Forderung, daß unverdiente Ungleichheiten zu kompensieren sind, nicht plausibel. Es wird gefragt, ob das Ausgleichsprinzip nicht eine christliche Caritas darstelle, deren Anerkennung die Menschen einander nicht schulden[82].

Kritik wird auch insoweit geübt, als wieder ein Index fehlt, der es ermöglicht, die verschiedenen Arten der Grundfreiheiten zusammenzufassen[83]. Darüber hinaus wird eine Reihe weiterer Fragen aufgeworfen. Wie soll die Identifizierung der am schlechtesten gestellten Mitglieder der Gesellschaft erfolgen? Wann bringt eine soziale Ungerechtigkeit den größtmöglichen Vorteil der schlechter gestellten Gesellschaftsmitglieder? Selbst wenn man für die Frage nach der Zeitspanne zur Bemessung für die Verbesserung der sozialen Position die durchschnittliche Lebenserwartung ansetzt, bleibt offen, wann die soziale Ungleichheit wirklich zur größtmöglichen Verbesserung der Lage der Mindestbegünstigten führt[84].

Bezüglich der Kritik, daß der von Rawls geforderte Staat stark bevormundende Züge aufweise und daß eine christliche Caritas gefordert werde, die weit über das geschuldete Maß hinausgehe, ist zu bemerken, daß nach der Theorie der Gerechtigkeit sich die Gesellschaftsmitglieder den Grundsätzen freiwillig unterwerfen, daß sie die Grundsätze in einem Zustand der Gleichheit gewählt haben und

---

[80] Koller, Peter, Die Grundsätze der Gerechtigkeit, in: Höffe, Ottfried (Hrsg.), John Rawls, Eine Theorie der Gerechtigkeit, S. 45 ff. (S. 52 f.).

[81] Höffe, Ottfried, Einführung in Rawls` Theorie der Gerechtigkeit, in: Höffe, Ottfried (Hrsg.), John Rawls, Eine Theorie der Gerechtigkeit, S. 3 ff. (S. 12 f.).

[82] Höffe, Ottfried, Einführung in Rawls`Theorie der Gerechtigkeit, in: Höffe, Ottfried (Hrsg.), John Rawls, Eine Theorie der Gerechtigkeit, S. 3 ff. (S. 12 f.).

[83] Koller, Peter, Die Grundsätze der Gerechtigkeit, in: Höffe, Ottfried (Hrsg.), John Rawls, Eine Theorie der Gerechtigkeit, S. 45 ff. (S. 59).

[84] Koller, Peter, Die Grundsätze der Gerechtigkeit, in: Höffe, Ottfried (Hrsg.), John Rawls, Eine Theorie der Gerechtigkeit, S. 45 ff. (S. 60).

somit alle Gesellschaftsmitglieder diese freiwillig anerkennen und wissen, daß dies auch die anderen tun. Natürlich liegt auch hier wieder die Beschreibung eines Ideals vor. Aber es geht ja gerade darum, dieses Ideal soweit wie möglich in der Realität umzusetzen und nicht bereits Abstriche zu machen, weil die Realität diesen Anforderungen nicht gerecht wird. Hinsichtlich der anderen Kritikpunkte möchte ich zu bedenken geben, daß diese alle aus Fragen der Anwendbarkeit der Theorie der Gerechtigkeit resultieren. Deshalb ergibt sich diesbezüglich die Gegenfrage, ob darin das grundsätzliche Anliegen Rawls zu sehen ist. Wie bereits ausgeführt, kann die Aufgabe der Philosophie durchaus auf theoretische Fragen beschränkt sein, ohne dadurch einen Mangel zu erfahren. Natürlich muß sich dann die gefundene theoretische Lösung mit der Wirklichkeit auseinandersetzen und für erkannte Defizite Lösungen anbieten. Aber bei der Aufstellung des Ideals kann es durchaus sinnvoll sein, solche speziellen Anwendungsfragen zunächst auszublenden.

7. Der Begriff der Freiheit

7.1. Die Theorie

Der erste Grundsatz bezieht sich insbesondere auf den politischen Teil einer Grundordnung. Die Grundordnung wird danach bewertet, inwieweit sie ihren Teilnehmern bestimmte Grundrechte sichert. Die Liste der Grundfreiheiten orientiert sich dabei stark an westlichen konventionellen Maßstäben. Dieses Grundrechtspaket soll lediglich die wichtigsten Rechte und Freiheiten beinhalten. Zu den *Grundfreiheiten* zählen deshalb *erstens* die politischen Freiheiten, wie Gedankenfreiheit, Freiheit der politischen Rede und der Presse, Versammlungsfreiheit und das Recht zu wählen und öffentliche Ämter zu bekleiden, *zweitens* die Gewissensfreiheit und die Vereinigungsfreiheit, welche die Religionsfreiheit mit einschließt, *drittens* die Freiheit und Unversehrtheit der Person, welche mit der Sklaverei und Leibeigenschaft unvereinbar sind und wozu auch die Freiheit von psychologischer Unterdrückung, körperlicher Mißhandlung und Verstümmelung sowie Freizügigkeit und das Recht auf persönliches Eigentum gehören, letztlich *viertens* das Recht auf Rechtssicherheit oder Rechtsstaatlichkeit, wodurch Schutz vor willkürlicher Festnahme und Haft, sowie das Recht auf ein baldiges Gerichtsverfahren und generell das Recht auf Einhaltung publizierter Verfahrensregeln gegeben ist[85].

Die verfassungsgebende bzw. gesetzgebende Versammlung hat dabei die Aufgabe zu entscheiden, wie die verschiedenen Freiheiten zu bestimmen sind, damit sich das beste System der Gesamtfreiheit ergibt. Dabei ist zu unterscheiden zwischen Regelung und Einschränkung, und es sind die Grundfreiheiten gegenein-

---

[85] Pogge, Thomas, John Rawls, S. 107 f.

ander abzuwägen[86]. Hierbei treten drei Aspekte in den Vordergrund. Zunächst ist zu beachten, inwieweit jeder Person in den Verfassungs- oder Gesetzestexten ihrer Gesellschaft das betreffende Stück Freiheit explizit zugesprochen wird. Des weiteren ist zu fragen, inwieweit sie tatsächlich Zugang zu diesem Stück Freiheit hat, also etwa gegenüber anderen auf Durchsetzung des formal rechtlichen Anspruchs bestehen kann. Letztlich ist der Wert der Freiheit zu bestimmen, den er für die einzelne Person darstellt. Dies hängt entscheidend davon ab, ob die nötigen Mittel zur Verfügung stehen, um diese Freiheit auszunützen. Dabei kommen zwei Möglichkeiten der Verletzung des ersten Grundsatzes in Betracht. Eine ungleiche Freiheit kann entstehen, wenn eine Personengruppe größere Freiheit genießt als eine andere, oder eine Freiheit kann weniger umfangreich ausgestaltet sein als eine andere. Um derartiges zu vermeiden, ist es des weiteren notwendig, daß eine Grundfreiheit des ersten Gerechtigkeitsgrundsatzes nur um der Freiheit willen, also um der selben oder einer gleichrangigen Grundfreiheit bzw. zur Optimierung des ganzen Systems der Freiheiten, einzuschränken ist[87].

Bei der Frage der Einschränkbarkeit muß deutlich unterschieden werden zwischen der Beschränkung und dem Wert der Freiheit. Hierfür spielt die Möglichkeit, von Rechten Gebrauch zu machen, eine wesentliche Rolle. Die Theorie der Gerechtigkeit sieht dadurch den Wert der Freiheit für den einzelnen beeinträchtigt[88]. Um dies zu verstehen, muß man wissen, daß die Theorie der Gerechtigkeit folgendermaßen zwischen der Freiheit und ihrem Wert differenziert. Die Freiheit selbst besteht in dem gesamten System der gleichen bürgerlichen Freiheiten. Der Wert der Freiheit hängt aber von den Fähigkeiten ab, innerhalb dieses Rahmens die möglichen Ziele zu erreichen. Die Freiheit ist als gleiche Freiheit zunächst für alle gleich. Es entsteht deshalb kein Problem des Ausgleichs für geringere Freiheit. Unterschiede gibt es aber in dem Wert der Freiheit. Manche haben mehr Macht, Reichtum oder Bildung als andere. Daher stehen ihnen andere Möglichkeiten offen, innerhalb des gesteckten Rahmens ihre Ziele zu erreichen. Dieser geringere Wert der Freiheit soll seinen Ausgleich in den Regeln des Unterschiedsprinzips finden. Dabei ist nochmals zu betonen, daß ein Ausgleich des geringeren Wertes einer Freiheit etwas anderes ist als ein Ausgleich für ungleiche Freiheit. Das Ziel der sozialen Gerechtigkeit besteht darin, daß anhand der beiden Gerechtigkeitsgrundsätze eine Grundstruktur entsteht, die den Wert des gesamten Systems der Freiheiten, welches für alle das selbe ist, so gestaltet, daß der Nutzen für die am wenigsten Begünstigten möglichst groß ist[89]. Diesen Überlegungen trägt Rawls in seinen neueren Veröffentlichungen Rechnung. Er regt an, dem ersten Grundsatz einen höheren Grundsatz voranzustellen. Dieser soll verlangen, daß die Grundbedürfnisse der Bürger abgedeckt sind, und zwar

[86] Rawls, John, Eine Theorie der Gerechtigkeit, S. 231.
[87] Rawls, John, Eine Theorie der Gerechtigkeit, S. 232.
[88] Rawls, John, Eine Theorie der Gerechtigkeit, S. 232.
[89] Rawls, John, Eine Theorie der Gerechtigkeit, S. 233.

mindestens insoweit, als dies erforderlich ist, um die garantierten Rechte und Freiheiten verstehen und wirksam ausüben zu können[90].

7.2. Diskussion

Anzumerken ist, daß mit der Begründung, daß die Parteien im Urzustand die Grundfreiheiten hinter dem Schleier des Nichtwissens als zur Verfolgung ihrer Ziele unentbehrlich einstufen und damit in ihnen die für die Struktur ihrer Gesellschaft maßgeblichen Faktoren erkennen, die Gefahr besteht, daß das System der Grundfreiheiten sehr eng ausfallen wird. Rawls faßt sie in einer kurzen Liste (die er im Index eine Aufzählung nennt, die aber trotzdem nur als eine Annäherung zu bezeichnen ist) zusammen, spricht aber gleichzeitig auch die Warnung aus, es würde sich bei den Grundfreiheiten nur ganz allgemein gesagt um solche handeln. Die Grundfreiheiten umfassen danach, wie bereits erwähnt, die politische Freiheit, d.h. das Recht zu wählen und öffentliche Ämter zu bekleiden, die Rede- und Versammlungsfreiheit, die Gewissens- und Gedankenfreiheit, die Freiheit der Person sowie das Recht auf persönliches Eigentum und den Schutz gegen willkürliche Festnahme und Haft[91].

8. Einige Hauptargumente für die beiden Grundsätze der Gerechtigkeit

Die Theorie von Rawls geht davon aus, daß die beiden Grundsätze unter den Bedingungen der Öffentlichkeit und der Endgültigkeit gewählt werden. Dies sind nicht nur Voraussetzungen für die inhaltliche Ausarbeitung der Grundsätze, sondern auch für ihre Rechtfertigung. Die Grundsätze bilden demnach eine brauchbare Minimalauffassung der Gerechtigkeit in einer Situation großer Unsicherheit. Hierbei kommt wiederum der Vertragstheorie eine wesentliche Rolle zu. Sie legt die Bedingung der Öffentlichkeit nah und zieht Grenzen für das, was überhaupt beschlossen werden kann[92].

Aus der Vertragstreue und der Bedingung der Öffentlichkeit, welche der menschlichen Selbstachtung entgegenkommt und somit den Wirkungsgrad der gesellschaftlichen Zusammenarbeit erhöht, lassen sich dann zwei Hauptgründe für die Rechtfertigung der beiden Gerechtigkeitsgrundsätze ableiten[93]. Der Punkt der Vertragstreue ergibt sich daraus, daß die ursprüngliche Übereinkunft öffentlich ist und für alle Zukunft gültig sein soll, es gibt eben keine zweite Möglichkeit zur Wahl anderer Grundsätze. Die Theorie der Gerechtigkeit als Fairneß geht davon aus, daß bei dieser einzigen Übereinkunft, die Grundsätze gewählt

[90] Pogge, Thomas, John Rawls, S. 124.
[91] Hart, H.L.A., Rawls über Freiheit und ihren Vorrang, in: Höffe, Ottfried (Hrsg.), John Rawls, Eine Theorie der Gerechtigkeit, S. 117 ff. (S. 124).
[92] Rawls, John, Eine Theorie der Gerechtigkeit, S. 201.
[93] Rawls, John, Eine Theorie der Gerechtigkeit, S. 204.

werden, welche für die eigenen Lebensaussichten bestimmend sind. Die Vertragstreue besagt in diesem Zusammenhang, daß diese Vereinbarung einzuhalten ist, auch wenn die denkbar ungünstigsten Umstände eintreten. Die Parteien sind verpflichtet, sich zu überlegen, ob sie sich unter allen Umständen und in allen gesellschaftlichen Positionen an ihre Abmachung halten können. Hierin zeigt sich ein deutlicher Vorteil der Gerechtigkeitsgrundsätze, die Parteien sind nicht nur in ihren Grundfreiheiten, sondern auch gegen einen Freiheitsverzicht zum Vorteil anderer gesichert[94]. Ein zweites Argument für die aufgestellten Grundsätze ist die Voraussetzung der Öffentlichkeit des Vertragsschlusses. Hierin kommt das Moment der psychologischen Stabilität zum Tragen. Eine Gerechtigkeitsvorstellung ist dann stabil, wenn das allgemeine Wissen, daß sie in dem gesellschaftlichen System verwirklicht ist, zur Bildung des entsprechenden Gerechtigkeitssystems beiträgt. Die Anerkennung des Gesellschaftssystems und der erfüllten Gerechtigkeitsgrundsätze läßt sich durch das psychologische Gesetz erklären, daß die Menschen im allgemeinen das lieben, pflegen und unterstützen, was ihrem Wohl dient. Da das Wohl von jedem gefördert wird, entwickeln alle die Neigung, die aufgestellten Grundsätze zu erhalten[95]. Darüber hinaus kommt die Anerkennung der Grundsätze der menschlichen Selbstachtung entgegen, was wiederum den Wirkungsgrad der gesellschaftlichen Zusammenarbeit erhöht[96]. Letztlich sichert das Argument der Öffentlichkeit, daß, wenn erst einmal das Ziel der Gerechtigkeit als Fairneß erreicht ist, eine öffentlich anerkannte politische Gerechtigkeitskonzeption existiert. Diese stellt dann einen öffentlichen Standpunkt bereit, von dem aus alle Bürger unabhängig voneinander prüfen können, ob ihre politischen und gesellschaftlichen Institutionen gerecht sind[97].

9. Der Vier - Stufen - Gang

9.1. Die Theorie

Zur Vereinfachung der Anwendung der beiden Gerechtigkeitsgrundsätze entwickelt Rawls das System des Vier - Stufen - Ganges[98]. Der Vier-Stufen-Gang soll klarstellen, wie die Gerechtigkeitsgrundsätze auf Institutionen anzuwenden sind[99].

Die *erste Stufe* bildet dabei die bereits erläuterte Festsetzung der Gerechtigkeitsgrundsätze im Urzustand unter dem vollständigen Schleier des Nichtwissens. Dabei wird der Gedanke des Urzustandes eingeführt, um festzustellen, welche

---

[94] Rawls, John, Eine Theorie der Gerechtigkeit, S. 202.
[95] Rawls, John, Eine Theorie der Gerechtigkeit, S. 203.
[96] Rawls, John, Eine Theorie der Gerechtigkeit, S. 204.
[97] Rawls, John, Gerechtigkeit als Fairneß: politisch und nicht metaphysisch, in: Honneth, Axel (Hrsg.), Kommunitarismus, S. 43.
[98] Rawls, John, Eine Theorie der Gerechtigkeit, S. 224.
[99] Rawls, John, Eine Theorie der Gerechtigkeit, S. 223.

traditionelle Gerechtigkeitskonzeption die am besten geeigneten Grundsätze für die Verwirklichung von Freiheit und Gleichheit festlegt, wenn die Gesellschaft als ein System der Kooperation freier und gleicher Personen betrachtet wird[100]. Rawls bezeichnet die Einführung des Urzustandes selbst als Darstellungsmittel. Durch die Idee eines gemeinsamen Konsenses greift Rawls den alten Gedanken eines Gesellschafts- oder Staatsvertrages auf[101]. Er legt aber eine neue wesentliche Voraussetzung fest, indem er die Vertragsparteien unter dem Schleier des Nichtwissens agieren läßt[102]. Der Grund dafür liegt in dem Ausschluß von vorteilhaften Verhandlungspositionen Einzelner. Es sollen die Bedingungen einer fairen Übereinkunft über die Grundsätze politischer Gerechtigkeit zwischen freien und gleichen Personen geschaffen werden[103]. Dieses grundlegende Konstrukt geht deshalb davon aus, daß keine der Vertragsparteien ihre spezifischen Positionen oder Interessenlagen in einer eingerichteten Gesellschaft kennt. Sie müssen ihre Interessen in Unkenntnis ihrer konkreten Stellung vertreten und deshalb die Nutzenmaximierung notwendig unter die Direktive von Grundsätzen stellen, die der Nutzenmaximierung jeder Vertragspartei dienen[104]. Dabei ist auf zwei besonders relevante Punkte hinzuweisen. Erstens liegt für Rawls die Begründung oder Rechtfertigung seiner beiden Grundsätze nicht nur darin, daß sie, wie er behauptet, von den Beteiligten im Urzustand gewählt werden würden, sondern ebenso in der generellen Übereinstimmung dieser Grundsätze mit den alltäglichen, gebührend korrigierten und abgestimmten wohlüberlegten Urteilen[105].

Als *zweite Stufe* folgt die Einberufung der Vertragsparteien zu einer verfassungsgebenden Versammlung. Rawls betrachtet für den Entwurf einer gerechten Verfassung die bereits festgelegten Gerechtigkeitsgrundsätze als unabhängigen Maßstab[106]. Hier muß über die Gerechtigkeit politischer Formen entschieden und eine Verfassung aufgestellt werden. Die Aufgabe der Verfassunggebenden Versammlung besteht darin, gemäß den bereits aufgestellten Grundsätzen, ein System für die verfassungsmäßigen Befugnisse der Regierung und der Grundrechte der Bürger zu entwerfen. Auf dieser Stufe wird der Schleier des Nichtwissens teilweise gelüftet, da man sich bereits auf eine gemeinsame Gerechtigkeitsvorstellung geeinigt hat. Die Vertragsparteien verstehen die Grundsätze der

---

[100] Rawls, John, Gerechtigkeit als Fairneß: politisch und nicht metaphysisch, in: Honneth, Axel (Hrsg.), Kommunitarismus, S. 49.
[101] Kaufmann, Arthur, Grundprobleme der Rechtsphilosophie, S. 26, S. 211 f.
[102] Kaufmann, Arthur, Grundprobleme der Rechtsphilosophie, S. 211.
[103] Rawls, John, Gerechtigkeit als Fairneß: politische und nicht metaphysisch, in: Honneth, Axel (Hrsg.), Kommunitarismus, S. 50.
[104] Maus, Ingeborg, Der Urzustand, in: Höffe, Ottfried (Hrsg.), John Rawls, Eine Theorie der Gerechtigkeit,S. 71 ff. (S. 77).
[105] Hart, H.L.A., Rawls über Freiheit und ihren Vorrang, in: Höffe, Ottfried (Hrsg.), John Rawls, Eine Theorie der Gerechtigkeit, S. 117 ff. (S. 120).
[106] Rawls, John, Eine Theorie der Gerechtigkeit, S. 226.

Sozialwissenschaft, und sie kennen die allgemeinen und wesentlichen Tatsachen ihrer Gesellschaft[107].

Der *dritte Schritt* des Vier-Stufen-Ganges ist die Gesetzgebung. Es ist die Gerechtigkeit der Gesetze und politischen Programme zu beurteilen. Gesetzesvorschläge sind vom Standpunkt eines repräsentativen Gesetzgebers aus zu betrachten, der nichts über seine Person weiß. Die Gesetze müssen nicht nur die Gerechtigkeitsgrundsätze erfüllen, sondern auch alle verfassungsgemäßen Bedingungen. Indem man zwischen den Stufen der Verfassungs- und Gesetzgebung abwägt, kommt man zur gerechtesten Verfassung[108]. Die Arbeitsteilung der verschiedenen Stufen besteht darin, daß sie sich einzeln mit den verschiedenen Fragen der Gerechtigkeit befassen. Das entspricht etwa der Zweiteilung der Grundstruktur. Der Grundsatz der gleichen Freiheit für alle ist der Hauptgrundsatz für die verfassungsgebende Versammlung. Er erfordert in erster Linie, daß die persönlichen Grundfreiheiten und die Gewissens- und Gedankenfreiheit zu schützen sind, und daß das politische Geschehen im ganzen ein gerechtes Verfahren darstellt. Die Verfassung errichtet einen verläßlichen allgemeinen Status gleicher Bürgerrechte und verwirklicht die politische Gerechtigkeit. Der zweite Gerechtigkeitsgrundsatz kommt bei der Gesetzgebung zum Zuge. Er verlangt von der Sozial- und Wirtschaftspolitik die Maximierung der langfristigen Aussichten der am wenigsten Bevorzugten unter den Bedingungen der fairen Chancengleichheit, wobei die gleichen Freiheiten für alle gewahrt bleiben müssen. An dieser Stelle spielen alle allgemeinen wirtschaftlichen und gesellschaftlichen Tatsachen eine Rolle. Der zweite Teil der Grundstruktur enthält die politischen, wirtschaftlichen und sozialen Unterschiede und Hierarchien, die für eine wirkungsvolle und wechselseitig nutzbringende gesellschaftliche Zusammenarbeit notwendig sind. Der Vorrang des ersten vor dem zweiten Grundsatz drückt sich also darin aus, daß die verfassungsgebende Versammlung vor der Gesetzgebung stattfindet[109].

Die *vierte Stufe* ist nunmehr die Anwendung der aufgestellten Regeln auf Einzelfälle, durch die Verwaltung, die Justiz und die Befolgung der Regeln durch die Bürger im allgemeinen. Auf dieser Stufe soll nun jeder alle Tatsachen kennen[110].

9.2. Diskussion

Die Theorie läßt sich, wie bereits mehrfach angesprochen, zum Teil daran prüfen, ob die von ihr klassifizierten Prinzipien unsere alltäglichen Urteile erhellen

[107] Rawls, John, Eine Theorie der Gerechtigkeit, S. 224 f.
[108] Rawls, John, Eine Theorie der Gerechtigkeit, S. 226.
[109] Rawls, John, Eine Theorie der Gerechtigkeit, S. 227.
[110] Rawls, John, Eine Theorie der Gerechtigkeit, S. 228.

und dazu beitragen, eine diesen Urteilen zugrundeliegende Struktur aufzudekken. Des weiteren ist es ein wichtiges und interessantes Kennzeichen, daß man, sobald die Grundsätze einmal gewählt sind, allmählich erkennt, was ihre Durchführung erfordern würde, und zwar, indem man sich ihre Anwendung in dem eben beschrieben Vier-Stufen-Gang vorstellt[111].

Dazu ist anzumerken, daß Rawls in den ersten drei Stufen an dem Urzustand bzw. dem Schleier des Nichtwissens festhält. Auf der ersten Stufe ist der Schleier des Nichtwissens noch vollkommen, auf den weiteren Stufen wird er dann teilweise gelockert. Er ist aber erst ganz aufgehoben, wenn es zur Einzefallgerechtigkeit kommt. Lediglich diese letzte Stufe ist deshalb mit den wirklichen gesellschaftlichen Gegebenheiten vergleichbar und dies aufgrund der vorangegangenen Stufen auch nur eingeschränkt. Dabei ist an dieser Stelle davor zu warnen, die Konzeption des Vier - Stufen - Gangs der zeitlich geordneten Folge von Urzustand, Verfassungsgebung, Gesetzgebung und Rechtsanwendung, als das genaue Pendant des institutionalisierten rechtsstaatlichen Instanzenzugs zu betrachten[112]. Die Abweichung besteht, wie gesagt, nicht nur darin, daß dieses Schema mit dem Urzustand beginnt, sondern daß man aus ihm eben nicht herauskommt. Rawls betont ausdrücklich, daß seine Konzeption sich nicht auf die tatsächliche Arbeitsweise von verfassungs- und gesetzgebenden Körperschaften bezieht, sondern als eine "weitere Bestimmung des Urzustands" eingeführt wird[113].

Hieraus ergibt sich eine weitere kritische Anmerkung, welche die Abtrennung einer Sphäre kritischer Öffentlichkeit von dem Anspruch demokratischer Teilnahme betrifft. Danach ist der Vier - Stufen - Gang nur ein Modell, welches die politischen Urteile von Bürgern erfaßt, und zwar innerhalb eines konzeptionellen Rahmens, in dem wir uns als Mitglieder einer Gesellschaft von Bürgern, die Gerechtigkeit als Fairneß anerkennen, bewegen müssen, wenn es um die Beurteilung politischer Institutionen und ihre Entscheidungen geht. Der Instanzenzug der Theorie der Gerechtigkeit ist dabei ebenso fiktiv wie das in ihm auftretende Personal[114]. Auch hier findet sich die bereits erwähnte Begrenzung der Theorie auf systematische Debatten und die Ausklammerung praktischer Anwendungsfragen wieder. Danach entwirft die Philosophie zwar in Form des Vier - Stufen -

---

[111] Hart, H.L.A., Rawls über Freiheit und ihren Vorrang, in: Höffe, Ottfried (Hrsg.), John Rawls, Eine Theorie der Gerechtigkeit, S. 117 ff. (S. 120 f.).
[112] Maus, Ingeborg, Der Urzustand, in: Höffe, Ottfried (Hrsg.), John Rawls, Eine Theorie der Gerechtigkeit, S. 71 ff. (S. 93).
[113] Maus, Ingeborg, Der Urzustand, in: Höffe, Ottfried (Hrsg.), John Rawls, Eine Theorie der Gerechtigkeit, S. 71 ff. (S. 93).
[114] Maus, Ingeborg, Der Urzustand, in: Höffe, Ottfried (Hrsg.), John Rawls, Eine Theorie der Gerechtigkeit, S. 71 ff. (S. 93).

Gangs ein Strukturmuster als Anwendungsaufgabe, sie ist aber im wesentlichen nur für die erste Stufe zuständig[115].

10. Gerechtigkeit zwischen den Generationen

10.1. Die Theorie

Rawls befaßt sich im Zusammenhang mit der Frage der Verteilungsgerechtigkeit auch mit der Gerechtigkeit zwischen den Generationen. Bei dieser Betrachtung geht es ihm unter anderem um das Problem des gerechten Spargrundsatzes[116]. Rawls geht davon aus, daß jede Generation die Errungenschaften der Kultur und die erreichten gerechten Institutionen bewahren und darüber hinaus eine angemessene Kapitalakkumulation betreiben muß. Statt lediglich zu verbrauchen, käme es darauf an zu bewahren und zu investieren[117]. Er löst dieses Problem auf folgende Weise. Der Urzustand ist nach Rawls so zu verstehen, daß die handelnden Personen die Eintrittszeit kennen, die Beteiligten wissen, daß sie Zeitgenossen sind. Rawls ändert die ursprünglichen Voraussetzungen ab, damit es überhaupt einen Grund gibt, einem solchen Sparmodell zuzustimmen. Die früheren Generationen haben gespart oder nicht gespart, daran können die Beteiligten nichts mehr ändern. Um also zu einem brauchbaren Ergebnis zu kommen, setzt Rawls erstens voraus, daß die Beteiligten Vertreter von Nachkommenlinien sind, denen jedenfalls ihre Nachkommen nicht gleichgültig sind und zweitens, daß der beschlossene Grundsatz so beschaffen sein muß, daß sie wünschen können, alle früheren Generationen möchten ihn befolgt haben. Diese Bedingungen zusammen mit dem Schleier des Nichtwissens sollen dafür sorgen, daß sich jede Generation um alle kümmert.

Der gerechte Spargrundsatz sagt nach der Theorie der Gerechtigkeit aus, was eine Gesellschaft gerechterweise sparen sollte. Die Verknüpfung des gerechten Spargrundsatzes mit den beiden Gerechtigkeitsgrundsätzen fällt durch die Annahme, daß dieser Grundsatz vom Standpunkt der am wenigsten Bevorzugten in jeder Generation aus festgelegt wird, nun folgendermaßen aus: Die repräsentativen Personen dieser Gruppe, die sich durch die Zeit hindurch erstreckt, bestimmen die Akkumulationsrate. Faktisch haben sie die Anwendung des Unterschiedsprinzips einzuschränken. In jeder Generation sind ihre Aussichten zu maximieren, nachdem die beschlossenen Ersparnisse beiseite gelegt worden sind. Die vollständige Fassung des Unterschiedsprinzips enthält also den Spargrundsatz als Einschränkung. Während der erste Gerechtigkeitsgrundsatz und der Grundsatz der fairen Chancen dem Unterschiedsprinzip innerhalb ihrer Ge-

[115] Höffe, Ottfried, Einführung in Rawls` Theorie der Gerechtigkeit, in: Höffe, Ottfried (Hrsg.), John Rawls, Eine Theorie der Gerechtigkeit, S. 3 ff. (S. 5).
[116] Rawls, John, Eine Theorie der Gerechtigkeit, S. 319 ff.
[117] Rawls, John, Eine Theorie der Gerechtigkeit, S. 320.

nerationen vorgehen, schränkt der Spargrundsatz seine Anwendung zwischen den Generationen ein.

10.2. Diskussion

Bemerkenswert ist, daß Rawls diese Problematik überhaupt aufgreift. Er behandelt damit eine hochaktuelle Frage in der Rechtsphilosophie, nämlich die nach der Zukunft der Gesellschaft. Kaufmann z.B. sieht die Aufgabe der Rechtsphilosophie nicht nur in der Orientierung auf die Nächstenliebe, sondern auch im Hinblick auf die "Fernstenliebe", der Verantwortung für zukünftige Generationen[118]. Auch Höffe unterstützt diesen Grundgedanken. Er geht ebenfalls davon aus, daß jede Generation die Errungenschaften der Kultur und der Zivilisation und die erreichten gerechten Institutionen bewahren und darüber hinaus eine angemessene Kapitalakkumulation betreiben muß[119]. Dabei komme es, statt lediglich zu verbrauchen, auf zweierlei an, nämlich auf das Bewahren und auf das Investieren. In beider Hinsicht muß man also sparen, statt bloß zu konsumieren. Dieses Sparen kann dabei verschiedene Formen annehmen, von Nettoinvestitionen in Maschinen und andere Produktionsmittel bis zu Bildungsinvestitionen[120]. Zur Ergänzung sind aber noch weitere Dinge zu nennen, insbesondere Infrastruktur (Kanalisation, Verkehrswesen, Gesundheitswesen usw.), die architektonische Qualität der Städte, der Erholungswert der Landschaft und eben auch die Erhaltung natürlicher Ressourcen und Arten und nicht zuletzt eine angemessene Bevölkerungsentwicklung. Dabei darf nicht übersehen werden, daß einige der rawls`schen Vorschläge zweischneidig sind. In Gesellschaften in denen entsprechende Arbeitsplätze rar werden, sind arbeitserleichternde Maschinen intergenerational schädlich[121]. Dabei vertritt Höffe die Auffassung, daß sich das Spargebot aus Rawls Urzustand auch ohne die Zusatzannahmen begründet. Dies erscheint mir plausibel. Weil im Urzustand sozialwissenschaftliches Wissen verfügbar ist, wissen die Zeitgenossen, daß sie nur idealiter, um den Gerechtigkeitsstandpunkt optimal darzustellen, Zeitgenossen sind, realiter aber verschiedenen Generationen angehören müssen. Infolgedessen legen sie sich erstens die Frage des Sparens vor und zweitens wählen sie mit dem Ziel, nicht einer benachteiligten Generation anzugehören, Grundsätze, die alle Generationen gleichstellen. Diese Gleichstellung, so Rawls Argument in bezug auf Steuern, Investitionen

[118] Kaufmann, Arthur, Grundprobleme der Rechtsphilosophie, S. 232.
[119] Höffe, Ottfried, Zur Gerechtigkeit der Verteilung, in: Höffe, Ottfried (Hrsg.), John Rawls, Eine Theorie der Gerechtigkeit, S. 169 ff. (S. 175).
[120] Höffe, Ottfried, Zur Gerechtigkeit der Verteilung, in: Höffe, Ottfried (Hrsg.), John Rawls, Eine Theorie der Gerechtigkeit, S. 169 ff. (S. 175).
[121] Höffe, Ottfried, Zur Gerechtigkeit der Verteilung, in: Höffe, Ottfried (Hrsg.), John Rawls, Eine Theorie der Gerechtigkeit, S. 169 ff. (S. 175).

und Existenzminimum, ist aber ohne den gerechten Spargrundsatz nicht möglich[122].

Kritisch ist anzumerken, daß Rawls in diesem Zusammenhang Probleme des Umweltschutzes weitgehend ausklammert. Fragen der Ökologie greift er nur am Rande auf und verkennt damit ein Grundproblem der heutigen Zeit, welches Kaufmann so formuliert: "Die Gegenwart steht vor der Alternative: Wird die Menschheit eine Zukunft haben oder wird sie zugrunde gehen?"[123].

II. Die schöpferische Anwendung der rawls´schen Gerechtigkeitskonzeption auf die Herausbildung und Entwicklung der demokratischen Verfassungsstaatlichkeit in Brandenburg

Wie in Kapitel I festgestellt, ist die Theorie der Gerechtigkeit als Fairneß eine politische Gerechtigkeitskonzeption, die im Hinblick auf die Grundstruktur eines modernen demokratischen Verfassungsstaates konzipiert wurde. Ihre Hauptaufgabe besteht darin, eine sichere und akzeptable Grundlage für die Grundrechte und Grundfreiheiten zu bilden[124]. Dabei ist Gerechtigkeit als Fairneß eine Konzeption von Bürgern als freie und gleiche Personen. Sie stellt kein moralisches Ideal zur Regelung des gesamten Lebens dar, sondern ist ein Ideal einer Konzeption politischer Gerechtigkeit, welche auf die Grundstruktur einer Gesellschaft angewendet werden kann[125].

Aufgrund dieses Verständnisses der Theorie der Gerechtigkeit wird es möglich, sie auf die Entstehung und Entwicklung der Verfassungsstaatlichkeit in Brandenburg schöpferisch anzuwenden. Zugrundegelegt wird dabei die Erkenntnis, daß die Gesellschaft nur unter Beachtung der aufgestellten Grundsätze als System fairer Kooperation zwischen gleichen und freien Menschen zum gegenseitigen Nutzen ausgestaltet werden kann und daß die verschiedenen Grundgedanken der Theorie der Gerechtigkeit in diesem Prozeß zu berücksichtigen sind.

Hierbei sollen die beiden Grundsätze der Gerechtigkeit als Grundlage dienen. Sie werden der Maßstab für die Bewertung der Tätigkeit der verfassungsgebenden Versammlung, der gesetzgebenden Versammlung und der Rechtsprechung des Landesverfassungsgerichtes sein. Als Anhaltspunkt für die Analyse wird das von Rawls benutzte Gedankenmodell des Vier – Stufen – Ganges herangezogen. Dieser stellt eine gedankliche Unterstützung für die Untersuchung dar. Man muß

[122] Höffe, Ottfried, Zur Gerechtigkeit der Verteilung, in: Höffe, Ottfried (Hrsg.), John Rawls, Eine Theorie der Gerechtigkeit, S. 169 ff. (S. 180).
[123] Kaufmann, Arthur, Grundprobleme der Rechtsphilosophie, S. 231.
[124] Rawls, John, Gerechtigkeit als Fairneß: politisch und nicht metaphysisch, in: Honneth, Axel, (Hrsg.), Kommunitarismus, S. 36 ff.
[125] Rawls, John, Gerechtigkeit als Fairneß: politisch und nicht metaphysisch, in: Honneth, Axel, (Hrsg.), Kommunitarismus, S. 59.

sich aber darüber im klaren sein, daß auf keiner Stufe die Brandenburgische Situation mit den von Rawls geforderten idealen Bedingungen identisch sein kann. In Brandenburg waren alle gesellschaftlichen und persönlichen Umstände bekannt. Es ist aber von der besonderen Situation der Auflösung des sozialistischen Gesellschaftssystems und der Angliederung an das marktwirtschaftlich geprägte System der Bundesrepublik Deutschland auszugehen.

Die schöpferische Anwendung der rawls'schen Gerechtigkeitskonzeption auf die Herausbildung der demokratischen Verfassungsstaatlichkeit wird in der Arbeit konkret anhand der folgenden Punkte untersucht:

Erstens: Der Grundentscheidung für die Aufnahme sozialer Grundrechte in die Verfassung des Landes Brandenburg, auf der Basis der Befürwortung sozialer Grundrechte im Rahmen der Theorie der Gerechtigkeit als Fairneß. Wie bereits ausgeführt ist Gegenstand der rawls'schen Gerechtigkeitskonzeption die soziale Grundstruktur der Gesellschaft. Insofern ist die Entwicklung der Verfassungsstaatlichkeit in Brandenburg der Ansatz für einen Vergleich mit der Theorie der Gerechtigkeit als Fairneß, denn die Verfassungsstaatlichkeit ist Ausdruck der sozialen Grundstruktur in der Demokratie. Auf die Brandenburger Verhältnisse bezogen, kommt der sozialen Komponente noch eine besondere Bedeutung zu, da in der Landesverfassung eine hohe Zahl sozialer Rechte enthalten ist. Es wird deshalb auch zu betrachten sein, ob dadurch die soziale Grundstruktur der Gesellschaft gerechter im Sinne der Theorie der Gerechtigkeit als Fairneß geworden ist.

Zweitens: Die Grundentscheidung für einen demokratischen Verfassungsgebungsprozeß in Brandenburg als Grundlage für den Erlaß einer Verfassung, die dem Ideal des Gesellschaftsvertrages entspricht und die Umsetzung der rawls'schen Gerechtigkeitsgrundsätze auf der zweiten Stufe des Vier – Stufen – Ganges in die Brandenburger Verfassung darstellt.

Hierbei muß unbedingt berücksichtigt werden, daß Gerechtigkeit als Reformulierung der Lehre vom Gesellschaftsvertrag faire Bedingungen sozialer Kooperation schafft und gewährleistet, die auf einer Übereinkunft der zusammenarbeitenden Personen beruhen, das heißt auf der Zustimmung freier und gleicher Personen, welche als Bürger in die Gesellschaft hineingeboren werden, in der sie ihr ganzes Leben verbringen[126]. Im Hinblick darauf lassen sich interessante Parallelen zur Herausbildung der Brandenburger Verfassungsstaatlichkeit ziehen. Dieser Ansatz spiegelt sich deutlich in dem Modell des sogenannten "Brandenburger Weges" wider, der einen Konsens aller Parteien und damit eine größtmögliche Akzeptanz der Verfassung in der Öffentlichkeit anstrebte. Das

[126] Rawls, John, Gerechtigkeit als Fairneß: politisch und nicht metaphysisch, in: Honneth, Axel (Hrsg.), Kommunitarismus, S. 49.

erklärte Ziel eines parteiübergreifenden Konsenses findet sich auch bei der Gerechtigkeit als Fairneß, wenn sie als Ziel aller Bemühungen eine freie Übereinkunft und Versöhnung durch öffentlichen Vernunftgebrauch benennt[127]. Dabei ist der übergreifende intuitive Gedanke der, daß die Gesellschaft ein faires System der Kooperation zwischen freien und gleichen Personen ist[128]. Auch hierfür zeigen sich bei der Verfassungsgebung in Brandenburg Ansätze, so beispielsweise bei der Stimmgewichtung der einzelnen Parteien in den Verfassungsausschüssen zur Verfassungsberatung und auch in der breit angelegten öffentlichen Diskussion um das Verfassungsmodell selbst, angefangen bei der Veröffentlichung der einzelnen Vertragsentwürfe bis zur Volksabstimmung als letztes Kriterium zur Legitimation der Brandenburger Verfassung.

Drittens: Die Herausbildung der beiden von Rawls ausgearbeiteten Gerechtigkeitsgrundsätze als unabhängiger Maßstab für eine gerechte Verfassung zur Prüfung der Gerechtigkeitsinhalte der Brandenburger Verfassung. Insbesondere die Analyse der Zuweisung von Grundrechten und Grundpflichten im Rahmen der Brandenburger Verfassung unter dem Aspekt, ob dadurch willkürliche Unterschiede zwischen den Menschen ausgeschlossen bzw. konkurrierende Ansprüche zum Wohle des gesellschaftlichen Lebens ausgeglichen werden, soll bei der Bewertung der Brandenburgischen Verfassung als gerechte Verfassung einen entscheidenden Beitrag liefern.

Damit verbunden ist die Frage nach der Stabilität der gesellschaftlichen Strukturen. Sind die Brandenburger Institutionen als gerecht zu bezeichnen, dann werden sie auch von der Mehrheit der Brandenburger Bevölkerung akzeptiert, was wiederum Grundvoraussetzung für eine zukunftsorientierte positive Entwicklung der Brandenburger Gesellschaft ist. Gerade in der Bereitschaft der Gesellschaftsmitglieder, ihre gerechten und sozialen Institutionen zu achten und einen Beitrag zu ihrer Einrichtung und Aufrechterhaltung zu leisten, liegt ein wesentlicher Faktor der internen Stabilisierung einer Gesellschaft[129].

Viertens: Die Analyse der Rechte auf Bildung und Weiterbildung als wichtige Arten der sozialen Grundrechte anhand ihrer Ausgestaltung in der Brandenburger Verfassung und ihrer gesetzgeberischen Umsetzung im Brandenburgischen Schulgesetz und im Brandenburgischen Weiterbildungsgesetz. Dabei soll geprüft werden, inwieweit diese Rechte einen speziellen Gradmesser für den er-

---

[127] Rawls, John, Gerechtigkeit als Fairneß: politisch und nicht metaphysisch, in Honneth, Axel (Hrsg.), Kommunitarismus, S. 44.

[128] Rawls, John, Gerechtigkeit als Fairneß: politisch und nicht metaphysisch, in: Honneth, Axel (Hrsg.), S. 45.

[129] Hinsch, Wilfried, Das Gut der Gerechtigkeit, in: Höffe, Ottfried (Hrsg.), John Rawls, Eine Theorie der Gerechtigkeit, S. 251 ff. (S. 254).

reichten Stand von Gerechtigkeit in der sozialen Grundstruktur der Brandenburger Gesellschaft darstellen.

Fünftens: Die Analyse der Anwendung der aufgestellten Gerechtigkeitsgrundsätze und der Umsetzung der rechtlichen Regeln zur Verwirklichung der Gerechtigkeitsgrundsätze durch die Rechtsprechung des Landesverfassungsgerichts Brandenburgs auf der vierten Stufe des Vier - Stufen – Ganges. Es soll analysiert werden, ob in diesem Prozeß Verfahrensgerechtigkeit erreicht wird. Verallgemeinerungswürdige Aussagen sind allerdings nur bedingt möglich, da die Zahl der Entscheidungen des Landesverfassungsgerichts derzeit noch zu gering ist.

B. Die Entstehung und Entwicklung sozialer Grundrechte im Land Brandenburg als Ausfluß sozialer Gerechtigkeit (erste Stufe)

I. Das Problem der sozialen Grundrechte

1. Soziale Grundrechte – historische Aspekte

Die Idee der sozialen Grundrechte als Verfassungsrecht ist eng mit der Diskussion um das Verhältnis von Rechtsstaat und Sozialstaat verbunden[130]. Dennoch lassen sich bereits erste geschichtliche Ansätze sozialer Rechte in dem "Edict Louis XVI." über die Aufhebung der Zünfte vom Februar 1776 finden[131], wo Arbeit als Vorrecht der Menschheit und als erstes, heiligstes und unerläßliches Menschenrecht verkündet wird[132]. Von einem echten Ansatz sozialer Grundrechte kann man aber wohl erst in Art. 21 der französischen Jakobiner - Verfassung sprechen. Hier heißt es: "Die Gesellschaft übernimmt den Unterhalt der ins Unglück geratenen Bürger, sei es nun, daß sie ihnen Arbeit gibt oder denjenigen, welche arbeitslos sind, die Mittel ihres Unterhalts sichert[133].

Die Versuche, soziale Grundrechte wirksam in einer deutschen Verfassung zu verankern, scheiterten trotz starker Bemühungen zunächst[134]. So war bei der Entstehung der Paulskirchenverfassung eine Hauptforderung des Liberalismus die verfassungsmäßige Verbürgung von Grundrechten. Dies hatte seine Ursache in dem Streben des Bürgertums nach einer staatsfreien gesellschaftlichen Sphäre, in der sich Geist und Materie, Gedanken und Kapital, also "Freiheit und Eigentum" entwickeln konnten[135]. Die Nationalversammlung maß dieser Forderung so große Bedeutung bei, daß sie die Ausarbeitung eines Grundrechtskataloges in den Vordergrund ihrer Tätigkeit stellte. Durch intensive Beratungen erreichte man dann auch den Anschluß an den Grundrechtsstandard der westlichen Welt. Der so erarbeitete Grundrechtsteil sollte seinen Einfluß über die Rezeption der Weimarer Reichsverfassung bis hin zu unserem heutigen Grundgesetz behalten[136]. Die Bedeutung, welche nunmehr den Grundrechten zukam, wird be-

---

[130] Böckenförde, Ernst - Wolfgang, Staat, Verfassung, Demokratie, S. 146.

[131] Oestreich, Gerhard, Die Idee der Menschenrechte in ihrer geschichtlichen Entwicklung, S. 32; Krause, Peter, Die Entwicklung der sozialen Grundrechte, in: Birtsch, Günther (Hrsg), Grund- und Freiheitsrechte im Wandel von Gesellschaft und Geschichte, S. 402 ff. (S. 403); Riepe, Hilmar, Soziale Grundrechte in den Verfassungen der neuen Länder, S. 128.

[132] Hartung, Fritz, Die Entwicklung der Grundrechte seit 1776, in: Hartung, Fritz / Commichau, Gerhard (Hrsg.), Die Entwicklung der Menschen- und Bürgerrechte von 1776 bis zur Gegenwart, S. 15 ff.; Seong – Bang, Hong, Soziale Rechte auf der Verfassungsebene und auf der gesetzlichen Ebene, S. 12.

[133] Constitution de la Republique Francaise vom 24. Juni 1793, abgedruckt bei Franz, Günther, Staatsverfassungen, S. 372 ff. (S. 376).

[134] Riepe, Hilmar, Soziale Grundrechte in den Verfassungen der neuen Länder, S. 130.

[135] Willoweit, Dietmar, Deutsche Verfassungsgeschichte, S. 162, Rdnr. 305.

[136] Willoweit, Dietmar Deutsche Verfassungsgeschichte, S. 163, Rdnr. 306.

sonders in der Eingangsvorschrift des Artikel 130 der Paulskirchenverfassung deutlich. Hier wird die unmittelbare Verbindlichkeit der Grundrechte auch innerhalb der deutschen Einzelstaaten festgelegt. Dennoch konnte sich die Idee der Verwirklichung sozialer Rechte, wie z.B. in der Gestalt eines Rechts auf Arbeit oder wenigsten in Form einer Garantie für die sogenannte "traurige Notdurft" nicht durchsetzen[137]. Als soziale Rechte fanden in der Reichsverfassung von 1849[138] lediglich die Garantien, daß für "die Bildung der deutschen Jugend ... durch öffentliche Schulen genügend gesorgt werden solle" (Art. 155 Abs. 1 Paulskirchenverfassung) und daß "in bestimmtem Rahmen Schulgeldfreiheit bestehe" (Art. 157 Paulskirchenverfassung), einen Platz. Zwar schrieb das Einführungsgesetz vom 27. Dezember 1848 die sofortige Anwendung der Grundrechte im gesamten Umfang des deutschen Reiches vor, doch die Publizierung der Grundrechte wurde von mehreren Staaten verweigert und zweieinhalb Jahre später kam es zur formalen Aufhebung der Grundrechte. Eine direkte praktische Wirkung haben die Grundrechte der Paulskirchenverfassung daher nie erlangt[139].

Nach der Gründung des Norddeutschen Bundes beschloß der Reichstag am 16. April 1867 eine von Bismarck entworfene Verfassung. Diese trat bereits am 1. Juli 1867[140] in Kraft. Damit war ein Bundesstaat entstanden[141]. Inhaltlich stimmte die Verfassung des Norddeutschen Bundes im wesentlichen mit der nachfolgenden Reichsverfassung vom 16. April 1871 überein. Beide Verfassungen enthalten keinen Grundrechtskatalog. Insoweit scheiterten die Bemühungen der katholischen Fraktion im Reichstag, die Aufnahme der Meinungs-, Versammlungs- und Vereinigungsfreiheit, der Bekenntnis- und Kulturfreiheit sowie der Unantastbarkeit der kirchlichen Selbstverwaltung zu erreichen. Der Schutz des einzelnen durch Grundrechte blieb also den jeweiligen Länderverfassungen vorbehalten. Von der Möglichkeit der Aufnahme sozialer Grundrechte machten die Länder allerdings nur spärlich Gebrauch[142].

---

137 Thamm, Claudia, Die Probleme der verfassungsrechtlichen Positivierung sozialer Grundrechte, S. 80; Scholler, Heinrich, Die Grundrechtsdiskussion in der Paulskirche, S. 65 ff.; Seong - Bang, Hong, Soziale Rechte auf Verfassungsebene und auf der gesetzlichen Ebene, S. 17 f.

138 Reichsverfassung des Deutschen Reichs (Paulskirchenverfassung) vom 28.03.1849, RGBl. S. 101 ff.

139 Willoweit, Dietmar, Deutsche Verfassungsgeschichte, S. 170, Rdnr. 317.

140 Verfassung des Norddeutschen Bundes vom 01.07.1867, RGBl. S. 2 ff.

141 Willoweit, Dietmar, Deutsche Verfassungsgeschichte, S. 196, Rdnr. 365.

142 Lange, Klaus, Soziale Grundrechte ein der deutschen Verfassungsentwicklung und in den derzeitigen Länderverfassungen, in: Böckenförde, Ernst – Wolfgang u.a. (Hrsg.), Soziale Grundrechte, S. 49 ff. (S. 50); Riepe, Hilmar, Soziale Grundrechte in den neuen Ländern, S. 131.

Des weiteren kamen Freiheitsgewährleistungen durch einfache Reichsgesetze zum Tragen, hierzu zählten beispielsweise die folgenden freiheitlichen und rechtsstaatlichen Garantien:

- Verbot rückwirkender Gesetze in § 2 des Strafgesetzbuches vom 31. Mai 1870 (RGBl. S. 197);
- Briefgeheimnis in § 5 des Postgesetzes vom 28. Oktober 1871 (RGBl. S. 347);
- Pressefreiheit im Reichsgesetz vom 07. Mai 1874 (RGBl. S. 65)
- Recht auf den gesetzlichen Richter, Unabhängigkeit der Gerichte und Öffentlichkeit der Gerichtsverhandlungen im Gerichtsverfassungsgesetz vom 27. Januar 1877 (RGBl. S. 77).

Es wäre also falsch, von einer grundrechtslosen Zeit zu sprechen. Dennoch war für die Verankerung sozialer Grundrechte kein Platz in der Verfassungswirklichkeit.

In der Folgezeit kam es zu einem wesentlichen Fortschritt im Hinblick auf die Herausbildung eines modernen Sozialstaates, der sich soziale Gerechtigkeit und sozialen Ausgleich durch die Sozialversicherungsgesetzgebung unter dem Reichskanzler Bismarck als Aufgabe stellte. Für die bismarckschen Reformen waren allerdings nicht sozialstaatliche Aspekte maßgebend, sondern Bismarck verfolgte das Ziel, durch die sozialreformerischen Maßnahmen die revolutionäre Sprengkraft, die in dem Unmut der Arbeiterschaft über ihre Situation lag, zu entschärfen[143]. Es bildete sich auf dieser Grundlage ein patriarchalisch gefärbter Staatssozialismus. Dennoch ist unverkennbar, daß dies in den Jahren 1883 – 1889 zur Herausbildung eines für die damalige Zeit fortschrittlichen und vorbildlichen Systems sozialer Sicherung führte[144].

Als weiterer wesentlicher Schritt in der Entwicklung der deutschen Verfassungsgeschichte, ist die Weimarer Reichsverfassung vom 11. August 1919[145] zu nennen. Im zweiten Hauptteil dieser Verfassung findet sich der Abschnitt Grundrechte und Grundpflichten (Art. 109 – 165 WRV). Die Bestimmungen reichen von dem in Art. 109 WRV verankerten Gleichheitssatz, über die Aufnahme von Grundrechten und Grundpflichten, bis hin zur Normierung sozialer Grundrechte. Hier wird die Herausbildung eines sozialen Rechtsstaates und die Abkehr vom rein liberalen Staatsverständnis des 19. Jahrhunderts deutlich[146]. Einzelne soziale Rechte waren z.B. das Recht auf Arbeit (Art. 163 Abs. 2 WRV), das Recht zur Vorsorge gegen Krankheit, Unfall und Alter (Art. 161 WRV), das Recht zur Sorge für gesunden Wohnraum (Art. 155 Abs. 1 WRV)

---

143 Willoweit, Dietmar, Deutsche Verfassungsgeschichte, S. 235, Rdnr. 441.
144 Willoweit, Dietmar, Deutsche Verfassungsgeschichte, S. 237, Rdnr. 444.
145 Verfassung des Reichs vom 11.08.1919, RGBl. S. 1383 ff.
146 Willoweit, Dietmar, Deutsche Verfassungsgeschichte, S. 268, Rdnr. 495.

und das Recht auf Bildung und Lehrmittelfreiheit. Die Weimarer Nationalversammlung hat auf diesem Weg in bemerkenswerter Weise den Versuch einer zeitgemäßen Fortschreibung des Grundrechtskataloges unternommen[147]. Es ging darum, die klassische Forderung des Liberalismus nach Schutz individueller Rechte und Freiheiten um den sozialen Aspekt zu erweitern[148]. Leider konnte dieser gute Ansatz keine Erfolgsbilanz aufweisen. Dies war lediglich den klassischen liberalen Freiheitspositionen vergönnt. Ursächlich hierfür war, daß der Bereich subjektiver, eventuell einklagbarer Rechte und Pflichten deutlich überschritten worden war. Darüber hinaus fehlte es an einer klaren Zielstellung der aufgenommenen sozialen Grundrechte. Einzelne Bestimmungen hatten nur appellativen Charakter (z.B. Art. 162 WRV). So wurde ein großer Teil der Vorschriften von Rechtsprechung und Lehre nicht als aktuell geltendes Recht anerkannt, sondern man verstand sie als unverbindliche Programmsätze. In der späteren Verfassungswirklichkeit griff man diese Lehren auf, so bestimmt das Grundgesetz in Art. 1 Abs. 3 GG eindeutig, daß die nachfolgenden Grundrechte alle Träger der Staatsgewalt (Gesetzgebung, vollziehende Gewalt und Rechtsprechung) binden[149]. Auch die Verfassung des Landes Brandenburg enthält eine solche Bestimmung in Art. 5 Abs. 1 Bbg Verf..

Einige deutsche Landesverfassungen nach 1945 folgten dem beschriebenen Ansatz der Weimarer Reichsverfassung und nahmen ebenfalls soziale Rechte in ihren Verfassungen auf. Dazu zählten in der westlichen Besatzungszone beispielsweise die Verfassungen des Freistaates Bayern, der Länder Bremen, Hessen oder Rheinland - Pfalz[150]. Diese Tendenz ließ allerdings mit Inkrafttreten des Grundgesetzes[151] nach. Der Konvent von Herrenchiemsee entschied sich dafür, nur die klassischen Freiheitsrechte aufzunehmen[152]. Zum einen wollte man Schwierigkeiten, die diesbezüglich bei der Ausarbeitung der Weimarer Reichsverfassung aufgetreten waren, vermeiden und zum anderen wurde die Verbürgung sozialer Grundrechte wegen des vorläufigen Charakters des Grundgesetzes abgelehnt. Dieser Auffassung schloß man sich dann bei der nachfolgenden Verfassungsgebung in den Ländern an. Die Länderverfassungen der sowjetischen Besatzungszone von 1946 und 1947 orientierten sich dagegen weiter an der Weimarer Reichsverfassung. Auch die späteren Verfassungen der DDR enthielten in Anlehnung an diese Tradition soziale Rechte.

---

147 Pieroth, Bodo / Schlink, Bernhard, Grundrechte – Staatsrechte II, Rdnr. 38.

148 Willoweit, Dietmar, Deutsche Verfassungsgeschichte, S. 269, Rdnr. 496.

149 Willoweit, Dietmar, Deutsche Verfassungsgeschichte, S. 270, Rdnr. 497.

150 Dietlein, Johannes, Die Grundrechte in den Verfassungen der neuen Bundesländer, S. 122.

151 23.05.1949, BGBl. S. 1 ff.

152 Diercks, Kerstin, Soziale Grundrechte der neuen Landesverfassungen, LKV 1996, Heft 7, S. 231 ff. (S. 232), Weber, Werner, Spannungen und Kräfte im westdeutschen Verfassungssystem, S. 253.

Die neuen Landesverfassungen knüpften an die Tradition der Aufnahme sozialer Rechte in deutschen Verfassungen an und gingen mit der gleichzeitigen Verankerung der Individualverfassungsbeschwerde über die bisherige Sozialrechtsverbürgung hinaus. In den Verfassungen der alten Bundesländer, die soziale Grundrechte enthielten, fehlte es nämlich an der Möglichkeit der Individualverfassungsbeschwerde, und das Grundgesetz, welches dieses Instrumentarium kennt, enthält keine sozialen Grundrechte[153]. Dieses starke Bekenntnis für die sozialen Rechte in der neueren Verfassungswirklichkeit hatte seinen Grund in dem Versuch, die zukünftigen Rechte der Menschen eindeutig und unumstößlich festzuschreiben und gleichzeitig die sozialen Errungenschaften der DDR zu bewahren[154]. Es darf in diesem Zusammenhang nicht verkannt werden, daß die Verfassungsgebung in den neuen Ländern unter dem Eindruck einer desolaten wirtschaftlichen Lage stand. Naturgemäß waren deshalb Fragen nach dem wirtschaftlichen Wiederaufbau und der wirtschaftlichen Absicherung der Bürger in der Zukunft zentrale Themen. Darüber hinaus standen die Bürger der Verfassungsgebung aufmerksam und skeptisch gegenüber, da sie auf ihre revolutionäre Vergangenheit stolz waren und ihre spezifischen Erfahrungen und Gedanken widergespiegelt sehen wollten[155]. So war die Niederlegung sozialer Grundrechte für die Akzeptanz der Landesverfassungen von entscheidender Bedeutung.

2. Sachlich systematische Bezugspunkte für die Idee der sozialen Grundrechte

Der sachlich – systematische Bezugspunkt für die Idee sozialer Grundrechte ist die Organisation der individuellen und gesellschaftlichen Freiheit im bürgerlich – liberalen Rechtsstaat des ausgehenden 18. Jahrhunderts und dessen soziale Folgewirkungen[156]. Das Bekenntnis zum Sozialstaatsprinzip steht im Zusammenhang mit der Erkenntnis, daß sich der moderne Staat, abweichend von den Überzeugungen des klassischen Liberalismus nicht nur auf die innere und äußere Sicherheit des Gesellschaft beschränken darf, sondern daß er eine aktiv gestaltende Rolle einnehmen muß[157].

Der bürgerlich - liberale Rechtsstaat war auf die Bedürfnisse des Bürgertums ausgerichtet. Diese aufstrebende Klasse benötigte Freiheit von monarchischer Bevormundung und von den überkommenen feudalistischen Schranken, um sich

[153] Dietlein, Johannes, Die Grundrechte in den Verfassungen der neuen Bundesländer, S. 123.
[154] Rux, Johannes, Die Verfassungsentwürfe in den neuen Bundesländern, NJ 1992, S. 147 ff. (S. 148).
[155] Feddersen, Christoph, Die Verfassung in den neuen Ländern: Grundrechte, Staatsziele, Plebiszite, DÖV 1992 Heft 23, S. 989 ff. (S. 990).
[156] Riepe, Hilmar, Soziale Grundrechte in den Verfassungen der neuen Länder, S. 132; Böckenförde, Ernst - Wolfgang, Staat, Verfassung, Demokratie, S. 147.
[157] Herzog, Roman, in: Maunz, Theodor / Dürig, Günther, u.a. (Hrsg.) Grundgesetz Kommentar, Band II, Art. 20, Rdnr. 7, S. 305.

vor allem wirtschaftlich entfalten zu können[158]. Deshalb kennzeichnete die Entwicklung des bürgerlich – liberalen Rechtsstaats die Anerkennung einer staatsfreien gesellschaftlichen Sphäre. Kernpunkte dieses Verständnisses der Freiheitsorganisation waren die Meinungs- und Religionsfreiheit ebenso wie die Rechtsgleichheit und die allgemeine Handlungs- und Erwerbsfreiheit[159].

Der Staat trug darüber hinaus keine Verantwortung für Wohlstand und Gerechtigkeit. Soziale Gerechtigkeit sollte allein dadurch gesichert sein, daß der Einzelne die notwendige Freiheit erhalte, sich zu entfalten[160]. Einzige Voraussetzung für den Eintritt sozialer Gerechtigkeit waren Freiheit und Gleichheit[161]. Die Angleichung materieller Bedingungen wurde als nicht erforderlich erachtet. Eine gezielte Intervention des Staates in die gesellschaftlichen Abläufe wurde abgelehnt. Der diesem Modell zugrundeliegende Freiheitsbegriff ist gekennzeichnet durch das Verständnis der Freiheit als vorstaatliche Freiheit. Freiheit ist danach nicht das Ergebnis sozialer Organisation, sondern sie geht dieser logisch voraus[162].

Diese Art der Freiheitsorganisation im Zusammenspiel mit der rasant fortschreitenden industriellen – technischen Entwicklung hatte zur Folge, daß sich in der Gesellschaft ein besitzbestimmender sozialer Gegensatz herausbildete[163]. Es kam zur sozialen Klassenbildung, wobei die Lohnarbeiter zahlenmäßig die stärkste und nach ihren finanziellen Mitteln die schwächste Klasse bildeten. Die Garantie der allgemeinen Handlungs- und Erwerbsfreiheit auf der Grundlage der Rechtsgleichheit war nicht geeignet, die wirtschaftlichen und natürlichen Differenzen zu relativieren. Es folgte vielmehr eine viel stärkere Ausprägung der bereits angelegten Ungleichheiten. Begünstigt wurde dies durch die Garantie des erworbenen Eigentums. Es entstand also aus der Garantie der gleichen rechtlichen Freiheit für alle eine tiefere soziale Ungleichheit. Diese Tendenz verfestigte sich durch die Gewährleistung des Eigentums und wurde durch das dem Eigentum zugehörige Erbrecht zur sozialen Unfreiheit der späteren Generationen gesteigert[164].

Aus dieser Situation heraus erkannte man, daß der Verzicht des Staates auf jegliche Einflußnahme zur Folge hatte, daß trotz theoretisch gesicherter individueller Freiheit des Einzelnen, diese in der Wirklichkeit nicht eintrat. Da die Menschen hinsichtlich ihrer individuellen Fähigkeiten und ihrer physischen und so-

[158] Riepe, Hilmar, Soziale Grundrechte in den Verfassungen der neuen Länder, S. 132.
[159] Böckenförde, Ernst – Wolfgang, Staat, Verfassung, Demokratie, S. 147.
[160] Riepe, Hilmar, Soziale Grundrechte in den Verfassungen der neuen Länder, S. 132.
[161] Thamm, Claudia, Probleme der verfassungsrechtlichen Positivierung sozialer Grundrechte, S. 8.
[162] Böckenförde, Ernst – Wolfgang, Staat, Verfassung, Demokratie, S. 148.
[163] Böckenförde, Ernst – Wolfgang, Staat, Verfassung, Demokratie, S. 148.
[164] Böckenförde, Ernst – Wolfgang, Staat, Verfassung, Demokratie, S. 148.

zialen Umgebung verschieden sind, hinderte sie neben dem autoritären Zwang ebenso mangelndes Wissen, mangelnde Ausbildung der Persönlichkeit und mangelnde ökonomische Sicherheit an der Verwirklichung der Freiheit[165]. So kamen der bürgerlich – liberale Rechtsstaat und die neuen Freiheitsrechte zwar dem Bürgertum zugute, aber insbesondere der sogenannte 4. Stand ging leer aus[166]. Nunmehr wurde die Forderung nach einem gesellschaftspolitischen Umdenken gestellt[167].

Es war offensichtlich, daß allein die Befreiung von staatlichem Zwang nicht ausreichte, um die Freiheit der Menschen zu aktualisieren[168]. Die jedermann garantierte bürgerliche Freiheit bedeutete noch nicht, daß jeder auch die gleiche Chance hatte, von dieser Gebrauch zu machen[169]. Es wurde klar, daß unverzichtbare Grundvoraussetzung für die Realisierung der Menschenrechte ein Grundanteil an sozialen Lebensgütern ist. Allein die äußeren Bedingungen für alle gleich zu setzen, genügte nicht. Erforderlich war darüber hinaus eine Angleichung der materiellen Ausgangsbedingungen[170]. Die Garantie eines bestimmten Anteils an sozialen Lebensgütern wurde selbst ein Teil der Freiheit, weil er notwendige Voraussetzung ihrer Realisierung war.

Der Weg, der sich daraus ergab[171], war die Gestaltung der bürgerlichen Gesellschaft im Geiste sozialer Gerechtigkeit. Denjenigen, denen ein Grundanteil an Lebensgütern zur Realisierung der Freiheit fehlte, wurde dieser Grundanteil vom Staat gewährt[172]. Die menschliche Persönlichkeit wurde nicht nur unter dem Aspekt seiner persönlichen Freiheit betrachtet[173], sondern nunmehr auch als soziales Wesen, das der Förderung durch die Gemeinschaft bedarf, wenn die individuellen Kräfte nicht ausreichen, um von der eingeräumten Freiheit Gebrauch zu machen[174].

---

[165] Tomandl, Theodor, Der Einbau sozialer Grundrechte, in: Recht und Staat, Heft 337 / 338, S. 8.
[166] Riepe, Hilmar, Soziale Grundrechte in den neuen Ländern, S. 136.
[167] Böckenförde, Ernst – Wolfgang, Staat, Verfassung, Demokratie, S. 149; Brunner,Georg, Die Problematik der sozialen Grundrechte, in: Staat und Recht, Heft 404 / 405, S. 6 f.
[168] Tomandl, Theodor, Der Einbau sozialer Grundrechte, in: Recht und Staat, Heft 337 / 338, S. 8.
[169] Novak, Richard, Das Problem der sozialen Grundrechte, S. 15.
[170] Riepe, Hilmar, Soziale Grundrechte in den neuen Bundesländern, S. 137.
[171] Die zweite Möglichkeit der Vergesellschaftung der Produktionsmittel durch proletarische Revolution soll hier nicht betrachtet werden; vgl. insoweit Brunner, Georg, Die Problematik der sozialen Grundrechte, in: Staat und Recht, Heft 404 / 405; S. 7 f.; Riepe, Hilmar, Soziale Grundrechte in den neuen Ländern, S. 138.
[172] Brunner, Georg, Die Problematik der sozialen Grundrechte, in: Recht und Staat, Heft 404 / 405, S. 8.
[173] van der Ven, Frans, Soziale Grundrechte, S. 55 f.
[174] Riepe, Hilmar, Soziale Grundrechte in den neuen Ländern, S. 139.

Ausgehend von diesem Ergebnis, daß die negatorische Grundrechtsfunktion unzureichend für die reale Verwirklichung grundrechtlicher Freiheit ist, kam dem Sozialstaat die Rolle zu, die notwendigen Rahmenbedingungen für die Realisierung grundrechtlicher Freiheiten zu schaffen und so die "relative Blindheit" des liberalen Grundrechtsverständnisses zu überwinden[175].

Aus dieser Erkenntnis entwickelte sich eine neue Gruppe von Rechten, welche als soziale Grundrechte bezeichnet wurden[176]. Diese zielen auf die Gewährleistung des beschriebenen Anteils an den sozialen Lebensgütern: Recht auf Arbeit, Recht auf Wohnung, Recht auf Bildung, Recht auf Versorgung im Krankheitsfall, usw. ab. Dabei richtet sich der durch sie manifestierte Anspruch ebenso wie bei den Freiheitsrechten gegen den Staat, nur daß es nicht um einen Nichtangriffsanspruch, sondern um einen Verschaffungsanspruch geht. Ansatzpunkt ist die Ermöglichung und Sicherung der Freiheit durch staatliche soziale Leistungen und Gewährleistungen[177]. Soziale Grundrechte schaffen demnach erst die sozialen, wirtschaftlichen und kulturellen Voraussetzungen für den Freiraum, den die klassischen, bürgerlich – liberalen Freiheitsgrundrechte vor staatlicher Fremdbestimmung schützen[178]. Soziale Grundrechte bieten die sachliche Voraussetzung für die Entfaltung der Freiheitsrechte[179]. Deshalb werden sie zurecht auch als "Entfaltungsrechte" bezeichnet[180].

Zwei weitere wichtige Komponenten sozialstaatlichen Denkens müssen an dieser Stelle noch angesprochen werden. Zu nennen sind zunächst die Folgen der beiden Weltkriege. Ansatzpunkt war dabei das höchst ungleiche Maß, mit dem die beteiligten Menschen hiervon betroffen waren. Daraus entwickelte sich die Erkenntnis und das sozialpolitische Bestreben, diese Folgen so weit wie möglich gleichmäßig auf die Gesamtheit der Bürger zu verteilen[181].

Der zweite erwähnenswerte Anknüpfungspunkt ist der von Forsthoff in den dreißiger Jahren des 20. Jahrhunderts entwickelte Begriff der Daseinsvorsor-

---

175 Böckenförde, Ernst – Wolfgang, Grundrechtstheorie und Grundrechtsinterpretation, NJW 1974, S. 1529 ff. (S. 1538); Dietlein, Johannes, Die Lehre von den grundrechtlichen Schutzpflichten, S. 160.

176 van der Ven, Frans, Soziale Grundrechte, S. 55.

177 Böckenförde, Ernst – Wolfgang, Staat, Verfassung, Demokratie, S. 149.

178 Hernekamp, Karl, Soziale Grundrechte, S. 13.

179 Tomandl, Theodor, Der Einbau sozialer Grundrechte, in: Recht und Staat, Heft 337 / 338, S. 8.

180 van der Ven, Frans, Soziale Grundrechte, S. 104; Novak, Richard, Das Problem der sozialen Grundrechte, S. 24; Thamm, Claudia, Das Problem der verfassungsrechtlichen Positivierung sozialer Grundrechte, S. 20.

181 Herzog, Roman, in: Maunz, Theodor / Dürig, Günter, u.a. (Hrsg.) Grundgesetz Kommentar, Band II, Art. 20, Rdnr. 11, S. 306.

ge[182]. Diese bezieht sich auf alle staatlichen Aktivitäten, die es mit der Schaffung von Infrastruktur zu tun haben. Hierzu zählt auch die so genannte "Bildungsinfrastruktur"[183]. Zielstellung der Daseinsvorsorge ist, wie bei der Sozialpolitik, die Verbesserung des jeweiligen Gesamtzustandes der Gesellschaft. Die Gesellschaft wird also nicht als etwas Gegebenes und Unabänderliches hingenommen. Dabei ist die Daseinsvorsorge darauf aus, die Gesellschaft und insbesondere die Wirtschaft aktiv fortzuentwickeln und dadurch die Existenzchancen zu verbessern, wohingegen die Sozialpolitik vorrangig Ungerechtigkeiten ausgleichen will, die durch die Gesellschaft selbst hervorgerufen worden sind[184].

3. Freiheitssicherung gegenüber gesellschaftlicher Macht

In der heutigen Verfassungswirklichkeit der demokratischen Staaten ist die Frage des Schutzes der individuellen und gesellschaftlichen Freiheit gegenüber der Bedrohung durch Machtausübung der staatlichen Gewalt durch die grundlegende Verbürgung der rechtstaalichen Verfassung und die diese konkretisierende Gesetzgebung institutionell und verfahrensmäßig gesichert. Zu problematisieren ist aber die Freiheitssicherung gegenüber der Herausbildung gesellschaftlicher Macht. Auch nach heutigem Verständnis ist Freiheit als reale Entfaltungsmöglichkeit des Einzelnen in und gegenüber der Gesellschaft zu kennzeichnen. Daraus resultiert in modernen Grundverfassungen im wirtschaftlich – sozialen Bereich eine dreifache Rechtsgewährleistung, nämlich die Rechtsgleichheit, die Erwerbsfreiheit und die Garantie des erworbenen Eigentums. Diese Garantien sind allein aber nicht ausreichend, um die reale Freiheit und Entfaltung zu garantieren. Als allgemeine und für alle gleiche Freiheit der Persönlichkeit bleibt Freiheit hierbei nur Chance und Möglichkeit. Eine wirkliche und konkrete Entfaltungsmöglichkeit ergibt sich erst, wenn dem Einzelnen die notwendigen sozialen Voraussetzungen zur Realisierung dieser Freiheit zur Verfügung stehen. Es besteht also nach wie vor die Aufgabe, über die formal rechtliche Gewährleistung der Freiheit hinaus, vorhandene oder entstandene gesellschaftliche Macht zu begrenzen und zu kanalisieren. Nur so ist es möglich, die Gleichheit des Ausgangspunktes, verstanden als die Chance zur Realisierung der Freiheit, herzustellen[185].

---

[182] Forsthoff, Ernst, Die Verwaltung als Leistungsträger, S. 1 ff. ; Forsthoff, Ernst, Rechtsfragen der leistenden Verwaltung, S.22 ff., Herzog, Roman, in: Maunz, Theodor, Dürig, Günter, u.a. (Hrsg.) Grundgesetz Kommentar, Band II, Art. 20, Rdnr. 12, S. 306.

[183] Herzog, Roman, in: Maunz, Theodor, Dürig, Günter, u.a. (Hrsg.) Grundgesetz Kommentar, Band II, Art. 20, Rdnr. 13, S. 306; Herzog, Roman, Allgemeine Staatslehre, S. 117; zur bildungspolitischen Frage, BVerfGE Bd. 33, Nr. 22, S. 303 ff. (S. 332 ff.).

[184] Herzog, Roman, in: Maunz, Theodor, Dürig, Günter, u.a. (Hrsg.) Grundgesetz Kommentar, Band II, Art. 20, Rdnr. 13, S. 306 f.

[185] Böckenförde, Ernst – Wolfgang, Staat, Verfassung, Demokratie, S. 266.

Aber auch die Entwicklung der Freiheit als reale Freiheit in dieser Weise wirft neue Probleme auf. Denn durch Rechtsgleichheit und allgemeine Erwerbsfreiheit sind materielle und wirtschaftliche Unterschiede der Menschen nicht beseitigt. Die Menschen sind nach ihren natürlichen Anlagen, Interessen und sozialen Vorgegebenheiten verschieden. Deshalb führt die Betätigung der für alle gleichen rechtlichen Freiheit notwendigerweise zu unterschiedlichen Ergebnissen. Es entstehen also auch hieraus notwendigerweise soziale Unterschiede. Dieser unterschiedliche Ertrag der Freiheit kann aber nicht rückgängig gemacht werden, ohne daß dadurch die Freiheit selbst als reale Entfaltungschance für den Einzelnen rückgängig gemacht wird. Das heißt Freiheit, bedeutet auch notwendig die Inkaufnahme sozialer Ungleichheiten[186].

Hinzu kommt nun noch die dritte Komponente der modernen Grundverfassungen, die Garantie des erworbenen Eigentums. Hierdurch tritt eine Verfestigung der aus der Betätigung der Freiheit resultierenden Ungleichheiten ein. Durch die Manifestierung der Eigentumsgarantie, beispielsweise durch das Erbrecht, erstreckt sich diese Entwicklung auch auf die zukünftigen Generationen[187].

Aus diesen Überlegungen heraus wird klar, daß Mechanismen erforderlich sind, welche diese Entwicklungstendenzen der Gesellschaft aufhalten. Freiheitsentstehung und Freiheitssicherung sind gegenüber gesellschaftlicher Macht zu schützen. Es bedarf spezifischer sozialer und rechtlicher Rahmenbedingungen, um die Freiheit für alle real entstehen zu lassen. Die bloße Gewährleistung rechtlicher Freiheit reicht dafür nicht aus. Als wichtigste Rahmenbedingung ist die ständige Relativierung der gesellschaftlichen Ungleichheit, die aus der Betätigung der Freiheit immer wieder neu entsteht, zu nennen[188]. Neben dieser Sicherung der sozialen Voraussetzungen zur Realisierung der Freiheit, sind dem Freiheitsgebrauch und der Freiheitsausdehnung durch den Einzelnen oder durch Organisationen eine Grenze zu setzen. Ziel ist es, die Verwirklichung und Ausnutzung der rechtlichen Freiheit mit der Realisierungsmöglichkeit der Freiheit zu vereinbaren. Dabei muß es darum gehen, die Realisierungsmöglichkeit der Freiheit für alle zu erhalten[189].

4. Soziale Grundrechte und die Abgrenzung zu anderen Begriffen und Rechtsinstituten

Der nachfolgende Abschnitt soll aufzeigen, welche vielfältigen Möglichkeiten der Verankerung sozialer Rechte auf Verfassungsebene bestehen. Dies ist in den

---

[186] Böckenförde, Ernst – Wolfgang, Staat, Verfassung, Demokratie, S. 266.
[187] Böckenförde, Ernst – Wolfgang, Staat, Verfassung, Demokratie, S. 266 f.
[188] v. Stein, Lorenz, Geschichte der sozialen Bewegung in Frankreich von 1789 bis auf unsere Tage, Bd. 3, S. 104.
[189] Böckenförde, Ernst – Wolfgang, Staat, Verfassung, Demokratie, S. 271.

unterschiedlichsten Formen möglich[190]. Der Verfassungsgeber kann sich im Rahmen seiner Gestaltungsfreiheit entscheiden[191]. Es wird noch eine andere als die hier gewählte Unterteilung für die Erscheinungsformen sozialer Grundrechte vertreten. Diese knüpft an drei Kriterien an. Es erfolgt eine Unterteilung in Normen, die subjektive Rechte gewähren und solche, die den Staat bloß objektiv verpflichten. Des weiteren wird unterschieden zwischen bindenden und nichtbindenden Normen (Programmsätzen) und letztlich erfolgt eine Differenzierung zwischen solchen Normen, die definitive oder prima facie - Rechte und Pflichten festlegen. Diese Regeln werden kombiniert und es ergeben sich acht Normen unterschiedlicher Struktur. Diese sollen die gesamte Bandbreite der Normen umfassen, denen die sozialen Grundrechte zugeordnet werden können[192].

4.1. Echte soziale Grundrechte

Eine allgemein gültige Definition für den Begriff der sozialen Grundrechte dürfte wohl nicht existieren[193]. Sie bilden sozusagen einen Oberbegriff für die staatliche Verpflichtung, die Voraussetzungen zur tatsächlichen Ausübung der Freiheitsrechte und zur Entfaltung der Persönlichkeit herzustellen[194]. Die Ausgestaltung der sozialen Grundrechte erfolgt in Form der traditionellen Grundrechte[195]. In diesem Fall wären die sozialen Grundrechte öffentlich rechtliche Ansprüche des Einzelnen gegen den Staat. Dieser Anspruch muß gerichtlich, das heißt auch verfassungsrechtlich durchsetzbar sein.

Diese sozialen Grundrechte werden als "soziale Grundrechte i.e.S."[196] bzw. als "echte soziale Grundrechte"[197] bezeichnet. Ein typisches Formulierungsbeispiel dafür ist "Jeder hat das Recht auf Bildung".

---

[190] Lücke, Jörg, Soziale Grundrechte als Staatszielbestimmungen und Gesetzgebungsaufträge, AöR 107 (1982), S. 15 ff. (S. 18 f.); Zielke, Oliver, Das Recht auf Arbeit in der Verfassung, RdA 1992, S. 185 ff. (S. 189 ff.)

[191] Lücke, Jörg, Soziale Grundrechte als Staatszielbestimmungen und Gesetzgebungsaufträge, AöR 107 (1982), S. 15 ff. (S. 19).

[192] Alexy, Robert, Theorie der Grundrechte, S. 455 f.

[193] Lange, Klaus, Soziale Grundrechte in der deutschen Verfassungsentwicklung und in den derzeitigen Landesverfassungen, in: Böckenförde, Ernst - Wolfgang u.a. (Hrsg.) Soziale Grundrechte, S. 49 ff. (S. 59); Borgmann, Klaus / Hermann, Martin, Soziale Grundrechte - Regelungsmodell und Konsequenzen, JA 1992, S. 337 ff. (S. 337).

[194] Fischer, Peter Christian, Staatszielbestimmungen in den Verfassungen und Verfassungsentwürfen der neuen Bundesländer, S. 22.

[195] Thamm, Claudia, Probleme der verfassungsrechtlichen Positivierung der sozialen Grundrechte, S. 37; Novak, Richard, Das Problem der sozialen Grundrechte, S. 22.

[196] Thamm, Claudia, Probleme der verfassungsrechtlichen Positivierung der sozialen Grundrechte, S. 37 f.

[197] Riepe, Hilmar, Soziale Grundrechte in den Verfassungen der neuen Länder, S. 151.

Problematisch bei einer solchen Ausgestaltung der sozialen Grundrechte ist allerdings, daß derartige Ansprüche die Verfügungsmacht des Anspruchsgegners voraussetzen[198]. Soziale Grundrechte als Leistungsrechte bedingen nämlich ein aktives Tun[199].

In einer freiheitlich – demokratischen Ordnung ist die Verfügungsmacht des Staates über die Anspruchsobjekte der sozialen Grundrechte aber beschränkt (vgl. Recht auf Arbeit, Recht auf Wohnung). Ungerechtigkeiten können dadurch auftreten, daß die Leistung, auf die Anspruch besteht, nicht immer vollständig gewährt werden kann, der Anspruch also nicht allen Menschen gegenüber umfassend erfüllbar ist[200].

Unbedingt zu berücksichtigen ist demnach die natürliche Knappheit der Anspruchsobjekte als faktische Schranke sozialer Grundrechte[201]. Ansonsten könnte die Leistungsfähigkeit des Staates überfordert werden, mit der Konsequenz, daß die Grundrechte illusorisch, weil nicht zu verwirklichen, werden[202]. Entscheidend ist demzufolge für die Realisierbarkeit der aktuelle Stand der ökonomischen Entwicklung[203].

Eine Möglichkeit, dieser Situation zu entsprechen wäre es, die als subjektive Rechte ausgestalteten sozialen Grundrechte unter den Vorbehalt der aktuellen Leistungsfähigkeit des Staates zu stellen. Dann unterläge aber die Beurteilung, ob und wann der Staat leistungsfähig ist, allein seiner Einschätzung. Dadurch würde die Justitiabilität der sozialen Grundrechte stark beeinträchtigt[204].

Daneben wäre es auch möglich, die sozialen Grundrechte unter einen Ausgestaltungsvorbehalt zu stellen[205]. In diesem Fall würde die inhaltliche Bestimmtheit des sozialen Grundrechts dem einfachen Gesetzgeber überlassen werden. Dadurch würde allerdings der subjektiv öffentliche Charakter verloren gehen

---

[198] Brunner, Georg, Die Problematik der sozialen Grundrechte, in: Recht und Staat, Heft 404 / 405, S. 14; Tomandl, Theodor, Der Einbau sozialer Grundrechte, in: Recht und Staat, Heft 337 / 338, S. 30 f.; Schambeck, Herbert, Grundrechte und Sozialordnung, S. 99.

[199] Riepe, Hilmar, Soziale Grundrechte in den Verfassungen der neuen Länder, S. 151.

[200] Riepe, Hilmar, Soziale Grundrechte in den Verfassungen der neuen Lädner, S. 152.

[201] Denninger, Erhard, Staatsrecht 2, S. 167; Starck, Christian, Die Grundrechte des Grundgesetzes, JuS 1981, S. 237 ff. (S. 241); Bundesministerium des Inneren / Bundesministerium der Justiz, Bericht der Sachverständigen-kommission "Staatszielbestimmungen und Gesetzgebungsaufträge", S. 49.

[202] Brunner, Georg, Die sozialen Grundrechte, in: Recht und Staat, Heft 404 / 405, S. 17; Hastrich, Aloys, Alltag und Recht in der UdSSR im Spiegel der Sowjetpresse, S. 38 ff., S. 124 ff.

[203] Brunner, Georg, Die Problematik der sozialen Grundrechte, S. 17.

[204] Riepe, Hilmar, Die sozialen Grundrechte in den neuen Ländern, S. 153.

[205] Häberle, Peter, Die Wesensgehaltsgarantie des Art. 19 Abs. 2 GG, S. 140 f.; Denninger, Erhard, Staatsrecht 2, S. 167.

und der dem sozialen Grundrecht inhärente Leistungsanspruch von der Ausgestaltung des einfachen Gesetzgebers abhängen. Die Verfassung würde nur eine Verpflichtung für den einzelnen Gesetzgeber aufstellen, tätig zu werden. Teilweise wird vertreten, daß damit die verfassungsrechtliche Verpflichtung nicht durchsetzbar[206] und dadurch der Anspruch nicht vollziehbar ist. Es wird darin auch ein Verstoß gegen das Gebot der Rechtssicherheit gesehen[207].

Aus diesen Gründen wird die Ausgestaltung sozialer Grundrechte als subjektive Rechte zum Teil abgelehnt[208]. Dabei wird es aber für möglich gehalten, einzelne Aspekte der sozialen Rechte als subjektive Rechte auszugestalten[209] (z.B. als Mindestbefriedigung menschlicher Bedürfnisse[210], als Arbeitslosenunterstützung[211] oder in Form eines Mindesturlaubsanspruchs[212]).

---

[206] Brunner, Georg, Die Problematik der sozialen Grundrechte, in: Recht und Staat, Heft 404 / 405, S. 19.

[207] BVerfGE Bd. 5, Nr. 6, S. 25 ff. (S. 31 ff.); BVerfGE Bd. 14, Nr. 1, S. 13 ff. (S. 16); BVerfGE Bd. 17, Nr. 4, S. 67 ff. (S. 82).

[208] Badura, Peter, Das Prinzip der sozialen Grundrechte und seine Verwirklichung im Rechte der Bundesrepublik Deutschland, Der Staat 14, S. 16 ff. (S. 23 f.); Brunner, Georg, Die Problematik der sozialen Grundrechte, in: Recht und Staat, Heft 404 / 405, S. 13 ff. und 35 f.; Müller, Jörg, Paul, Soziale Grundrechte in der schweizerischen Rechtsordnung, in der europäischen Sozialcharta und den UNO - Menschenrechtspakten, in: Böckenförde, Ernst - Wolfgang u.a. (Hrsg.), Soziale Grundrechte, S. 61 ff. (S. 64); Novak, Richard, Das Problem der sozialen Grundrechte S. 22 ff.; Tomandl, Theodor, Der Einbau der sozialen Grundrechte, in: Recht und Staat, Heft 337 / 338 ,S. 30 ff; Lücke, Jörg, Soziale Grundrechte als Staatszielbestimmungen und Gesetzgebungsaufträge, AöR 107 (1982), S. 15 ff. (S. 18); Bundesministerium des Inneren / Bundesministerium der Justiz, Bericht der Sachverständigen Kommission "Staatszielbestimmungen und Gesetzgebungsaufträge", S. 64.

[209] Zacher, Hans - Ernst, Sozialpolitik und Verfassung im ersten Jahrzehnt der Bundesrepublik Deutschland, S. 852 f.; Wildhaber, Luzius, Soziale Grundrechte, in: Saladin, Peter / Wildhaber, Luzius (Hrsg.), Der Staat als Aufgabe, Gedenkschrift für Max Imboden, S. 388 ff.; Badura, Peter, Das Prinzip der sozialen Grundrechte und seine Verwirklichung im Rechte der Bundesrepublik Deutschland, Der Staat 14, S. 16 ff. (S. 23 f.); Loebenstein, Edwin, Rechtsschutz - Soziale Grundrechte, in: Die Evolution des öffentlichen Rechts, Festschrift für Felix Ermacora, S. 12; Ramm, Thilo, Die sozialen Grundrechte im Verfassungsgefüge, in, Böckenförde u.a. (Hrsg.), Soziale Grundrechte, S. 17 ff. (S. 30); Tomandl, Theodor, Der Einbau der sozialen Grundrechte, in: Recht und Staat, Heft 337 / 338, S. 30 ff.; Lücke, Jörg, Soziale Grundrechte als Staatszielbestimmungen und Gesetzgebungsaufträge, AöR 107 (1982), S. 15 ff. (S. 18), Hesse, Konrad, Bedeutung der Grundrechte, in: Benda, Ernst u.a. (Hrsg.), Handbuch des Verfassungsrechts der Bundesrepublik Deutschland, § 5 Rndr. 34.

[210] Ramm, Thilo, Die sozialen Grundrechte, in: Böckenförde u.a. (Hrsg.), Soziale Grundrechte, S. 17 ff. (S. 33 u. S. 30).

[211] Tomandl, Theodor, Der Einbau sozialer Grundrechte, in: Recht und Staat, Heft 337 / 338, S. 35; Zacher, Hans Ernst, Sozialpolitik und Verfassung im ersten Jahrzehnt der Bundesrepublik, S. 799.

[212] Brunner, Georg, Die Problematik der sozialen Grundrechte, in: Staat und Recht, Heft 404 / 405, S. 35.

4.2. Staatszielbestimmungen

Die Form der Staatszielbestimmungen[213] stellt eine weitere Alternative zur verfassungsmäßigen Verankerung sozialer Rechte dar. Es erfolgt keine subjektiv – rechtliche Ausgestaltung, sondern eine objektiv - rechtliche[214].

Ihre objektiv – rechtliche Bedeutung entfalten die Staatszielbestimmungen als ständiger Appell an den Gesetzgeber, die sozialen Grundrechte zu realisieren bzw. als Auslegungsmaximen und Ermessensrichtlinien für die Verwaltung[215].

Staatszielbestimmungen sind allgemein als programmatische Direktiven für den Staat zu verstehen, die in allgemeiner oder auch begrenzter Form Grundsätze und Richtlinien für staatliches Handeln aufstellen[216]. Sie geben durch Gebote und Weisungen eine Richtung für die Orientierungen und bestimmte Aufgaben vor[217]. Der staatlichen Aktivität wird somit weniger eine Grenze gesetzt, als vielmehr die Bahn gewiesen[218].

In dieser Form weisen Staatszielbestimmungen auf bestehende und künftige soziale Probleme hin, die in der Zukunft zu bewältigen sind. Ihnen ist ein dynamisch progressiver Zug eigen[219]. Sie sind als objektiv unmittelbar geltendes Recht einzuordnen. Sie begründen keine subjektiven Ansprüche, sondern bilden Leitlinien für alle drei Staatsgewalten, allerdings nicht als konkrete Gesetzgebungsaufträge an das Parlament, sondern als Leitlinien für staatliche Aktivitäten[220]. Daraus ergibt sich, daß Staatszielbestimmungen inhaltlich pauschaler als Grundrechte sind[221]. Ihre Bedeutung liegt in ihrer verfassungspolitischen Natur.

---

213 Ipsen, Hans Peter, Über das Grundgesetz, S. 14 ff.

214 Riepe, Hilmar, Die sozialen Grundrechte in den neuen Ländern, S. 156.

215 Riepe, Hilmar, Soziale Grundrechte in den neuen Ländern, S. 156, in dem Bericht der Sachverständigenkommission "Staatszielbestimmungen Gesetzgebungsaufträge" werden die Staatszielbestimmungen als "Verfassungsnormen mit rechtlich bindender Wirkung, die der Staatstätigkeit die fortdauernde Beachtung oder Erfüllung bestimmter Aufgaben – sachlich umschriebener Ziele – vorschreibt" definiert, Bundesministerium des Inneren / Bundesministerium der Justiz, Bericht der Sachverständigenkommission "Staatszielbestimmungen und Gesetzgebungsaufträge" S. 13.

216 Merten, Detlef, Über Staatsziele , DÖV 1993, S. 368 ff. (S. 370).

217 Scheuner, Ulrich, Staatszielbestimmungen, in: Festschrift für Ernst Forsthoff, S. 325; Bundesministerium des Inneren / Bundesministerium der Justiz, Bericht der Sachverständigenkommission " Staatszielbestimmungen und Gesetzgebungsaufträge", S. 13; Graf Vitzhum, Wolfgang, Auf der Suche nach einer sozio – ökologischen Identität?, VBlBW. 1991, S. 404 ff. (S. 405); Kanther, Wilhelm, Die neuen Landesverfassungen im Lichte der Bundesverfassung, S. 148.

218 Scheuner, Ulrich, Staatszielbestimmungen, in: Festschrift für Ernst Forsthoff, S. 336.

219 Scheuner, Ulrich, Staatszielbestimmungen, in Festschrift für Ernst Forsthoff, S. 325 f.

220 Sommermann, Karl – Peter, Staatsziel Umweltschutz mit Gesetzesvorbehalt?, DVBl. 1991, S. 34 ff. (S. 35).

221 Merten, Detlef, Über Staatsziele, DÖV 1993, S. 368 ff. (S. 370).

Sie üben einen verfassungsrechtlichen Druck auf die zuständigen Staatsorgane aus. Darüber hinaus bilden Staatszielbestimmungen einen moralischen Anspruch, der durch die öffentliche Meinung intensiviert werden kann. Sie werden zu Bestandteilen der verfassungsrechtlichen Werteordnung und sind somit bei der Verfassungs- und Rechtsauslegung zu berücksichtigen[222].

4.3. Gesetzgebungsaufträge

Eine weitere Möglichkeit zur verfassungsrechtlichen Verankerung sozialer Rechte bilden die Gesetzgebungsaufträge[223]. Hierunter versteht man in der Verfassung enthaltene und an die Legislative gerichtete Anweisungen unterschiedlichen Inhalts, konkret gesetzgeberisch tätig zu werden[224]. Gesetzgebungsaufträge sind also wie Staatszielbestimmungen primär darauf gerichtet, zukunftsgestaltend zu wirken und den Staat zu einem Tätigwerden zu veranlassen[225].

Im wesentlichen sind zwei Unterschiede zu den Staatszielbestimmungen herauszustellen. Zum einen sind die Gesetzgebungsaufträge als Verfassungsaufträge für den Gesetzgeber verpflichtend. Dies resultiert aus Art. 20 Abs. 2 GG und aus Art. 28 GG, wonach der Gesetzgeber an die verfassungsmäßige Ordnung gebunden ist. Wenn die Staatszielbestimmungen den Gesetzgeber lediglich in allgemeiner Form binden, so tun dies die Gesetzgebungsaufträge in einer ganz konkreten Form. Sie verpflichten meist zu einem konkreten gesetzgeberischen Handeln[226]. Durch diese konkrete Ausgestaltung sind Gesetzgebungsaufträge aber auch nicht geeignet, grundsätzliche gesellschaftliche Fragen zu regeln. Ihre

---

[222] Riepe, Hilmar, Soziale Grundrechte in den neuen Ländern, S. 159; Rux, Johannes, Die Verfassungsdiskussion in den neuen Bundesländern, ZParl. 1992, S. 291 ff. (S. 298).

[223] Riedel, Eibe H., Theorie des Menschenrechtsstandarts, S. 358; Wipfelder, Hans - Jürgen, Die verfassungsrechtliche Kodifizierung sozialer Grundrechte, ZRP 1986, S. 140 ff. (S. 143); Thamm, Claudia, Probleme der verfassungsrechtlichen Positivierung sozialer Grundrechte, S. 39; Müller, Jörg Paul, Soziale Grundrechte in der schweizerischen Rechtsordnung, in der europäischen Sozialcharta und den UNO - Menschenrechtspakten, in: Böckenförde, Ernst - Wolfgang u.a. (Hrsg.), Soziale Grundrechte, S. 61 ff. (S. 64); Isensee, Josef, Verfassung ohne soziale Grundrechte, Der Staat 19 S. 367 ff., (S. 378); Ramm, Thilo, Die sozialen Grundrechte im Verfassungsgefüge, in: Böckenförde, Ernst - Wolfgang u.a. (Hrsg.), Soziale Grundrechte, S. 17 ff., (S. 30); Wildhaber, Luzius, Soziale Grundrechte, in: Saladin, Peter / Wildhaber, Luzius (Hrsg.), Der Staat als Aufgabe, Gedenkschrift für Max Imboden S. 373 f.; Badura, Peter, Das Prinzip der sozialen Grundrechte und seine Verwirklichung im Recht der Bundesrepublik Deutschland, Der Staat 14 S. 16 ff. (S. 27).

[224] Lücke, Jörg, Soziale Grundrechte als Staatszielbestimmungen und Gesetzgebungsaufträge, AöR, 107 (1982), S. 15 ff. (S. 22).

[225] Tamm, Claudia, Probleme der verfassungsrechtlichen Positivierung sozialer Grundrechte, S. 39; Lücke, Jörg, Soziale Grundrechte als Staatszielbestimmungen und Gesetzgebungsaufträge, AöR 107 (1982) S. 15 ff. (S. 22 f.).

[226] Riepe, Hilmar, Soziale Grundrechte in den neuen Ländern, S. 160; Fischer, Peter Christian, Staatszielbestimmungen in den Verfassungen und Verfassungsentwürfen der neuen Bundesländer, S. 23.

Aufgabe dürfte vielmehr darin liegen, konkret Änderungen durch fest umrissene Vorgaben für den Gesetzgeber zu sichern[227]. Zum anderen wenden sich die Gesetzgebungsaufträge unmittelbar nur an die Legislative, während Staatszielbestimmungen den Staat als Ganzes, also alle drei Gewalten, binden[228]. Dabei darf man aber nicht verkennen, daß die Gesetzgebungsaufträge auch objektive Wertentscheidungen beinhalten, die von der Judikative und der Exekutive zu beachten sind[229].

4.4. Verfassungsaufträge

Verfassungsaufträge zur Verwirklichung sozialer Grundrechte[230] sind im Sinne von Gesetzgebungsaufträgen Anweisungen an den Staat, tätig zu werden[231]. Im Unterschied zu den Gesetzgebungsaufträgen wenden sie sich nicht nur direkt an den Gesetzgeber, sondern auch an die Verwaltung[232].

4.5. Einrichtungsgarantien

Als Form zur Positivierung sozialer Grundrechte sind auch Einrichtungsgarantien zu berücksichtigen. Sie bilden die verfassungsrechtliche Gewährleistung einer bestimmten objektiven Rechtseinrichtung.[233] Einrichtungsgarantien sind nicht in die Zukunft gerichtet, sondern sie dienen in erster Linie der Sicherung des bereits erreichten Status quo[234]. Es wird nicht die konkrete Ausgestaltung, sondern lediglich die typische Erscheinungsform eines durch einen Normenkomplex begründeten Instituts garantiert[235] und damit gegen Beseitigung und Aushöhlung durch den Staat geschützt[236]. Der Gesetzgeber darf diese Institutsgarantien zwar ausgestalten, es ist ihm aber verwehrt, in ihren Kernbereich ein-

---

[227] Scheuner, Ulrich, Staatszielbestimmungen, in: Festschrift für Ernst Forsthoff, S. 334 ff.
[228] Merten, Detlef, Über Staatsziele, DÖV 1993, S. 368 ff. (S. 370).
[229] BVerfGE, Bd. 25, Nr. 20, S. 167 ff. (S. 173).
[230] Badura, Peter, Das Prinzip der sozialen Grundrechte und seine Verwirklichung im Recht der Bundesrepublik Deutschland, Der Staat 14, S. 16 ff., (S. 38); Lücke, Jörg, Soziale Grundrechte als Staatszielbestimmungen und Gesetzgebungsaufträge, AöR 107 (1982), S. 15 ff. (S. 25 f.).
[231] Lücke, Jörg, Soziale Grundrechte als Staatszielbestimmungen und Gesetzgebungsaufträge, AöR 107 (1982), S. 15 ff. (S. 25 f.)
[232] Böckenförde, Ernst – Wolfgang, Die sozialen Grundrechte im Verfassungsgefüge, in: Böckenförde, Ernst – Wolfgang u.a. (Hrsg.), Soziale Grundrechte, S. 7 ff. (S. 14).
[233] Novak, Richard, Das Problem der sozialen Grundrechte, S. 26.
[234] Fischer, Peter Christian, Staatszielbestimmungen in den Verfassungen und Verfassungsentwürfen der neuen Bundesländer, S. 24.
[235] Tomandl, Theodor, Der Einbau der sozialen Grundrechte in das positive Recht, in: Recht und Staat, Heft 337 / 338, S. 41; Maunz, Theodor / Zippelius, Reinhold, Deutsches Staatsrecht, § 19 II 1, S. 147.
[236] Riepe, Hilmar, Soziale Grundrechte in den Verfassungen der neuen Länder, S. 162.

zugreifen[237]. Eine Sanktionierung der Verletzung der Einrichtungsgarantien wird durch die gegenseitige Kontrolle der staatlichen Gewalten gewährleistet[238]. Aus den Einrichtungsgarantien erwachsen mithin keine Rechte des Einzelnen auf individuell einklagbare Positionen in der Form, konkrete Maßnahmen zur Erhaltung eines Instituts zu verlangen[239].

Neben diesem Verbot an den Gesetzgeber und die übrigen Staatsorgane kommt der Einrichtungsgarantie die Bedeutung einer wertentscheidenden Grundsatznorm zu, die wie ein Verfassungsgrundsatz bei der Verfassungs- und Gesetzesauslegung wirksam werden kann[240]. Man unterscheidet dabei zwischen Institutsgarantien (Garantie privater Einrichtungen) und institutionellen Garantien (Garantie öffentlich – rechtlicher Einrichtungen)[241][242]. Im Hinblick auf die Ausgestaltung sozialer Rechte ist auf die Einrichtungsgarantie als institutionelle Garantie zurückzugreifen[243]. Es müßte ein einfach - gesetzlicher Normenkomplex gebildet und durch in der Praxis funktionierende öffentlich – rechtliche Institutionen gewährleistet werden[244].

Es ist klar, daß Einrichtungsgarantien grundsätzlich der Absicherung des Erreichten, der Bewahrung des Hergebrachten dienen[245]. Damit ist ein wesentlicher Unterschied zu den Staatszielbestimmungen und Gesetzgebungsaufträgen benannt. Während diese beiden Institute dynamisch und auf eine Neugestaltung in

---

237 Abel, Gunther, Die Bedeutung der Lehre von den Einrichtungsgarantien für die Auslegung des Bonner Grundgesetzes, S. 44; Tomandl, Theodor, Der Einbau sozialer Grundrechte in das positive Recht, in: Recht und Staat, Heft 337 / 338, S. 41 f.

238 Brunner, Georg, Die Problematik der sozialen Grundrechte, in: Recht und Staat, Heft 404 / 405, S. 10 f.

239 Maunz, Theodor / Zippelius, Rheinhold, Deutsches Staatsrecht, § 19 II 1, S. 148.

240 Brunner, Georg, Die Problematik der sozialen Grundrechte, in: Recht und Staat, Heft 404 / 405, S. 10.

241 Thamm, Claudia, Probleme der verfassungsrechtlichen Positivierung sozialer Grundrechte, S. 39; Lücke, Jörg, Soziale Grundrechte als Staatszielbestimmungen und Gesetzgebungsaufträge, AöR 107 (1982), S. 15 ff. (S. 28); Maunz, Theodor / Zippelius, Reinhold, Deutsches Staatsrecht, § 19 II 1, S. 146.

242 als Beispiel für institutionelle Garantien sind Art. 5 Abs.1 S. 2 GG (BVerfGE Bd. 20, Nr. 15, S. 162 ff.) und Art. 28 Abs.2 GG zu benennen, sowie als Institutsgarantien Art. 6 Abs.1 GG (BVerfGE Bd. 6, Nr. 9, S. 55 ff.) und Art. 14 Abs. 1 GG (BVerfGE Bd. 24, Nr. 28, S. 367 ff.).

243 Thamm, Claudia, Probleme der verfassungsrechtlichen Positivierung sozialer Grundrechte, S. 39 f.; Lücke, Jörg, Soziale Grundrechte als Staatszielbestimmungen und Gesetzgebungsaufträge, AöR 107 (1982), S. 15 ff. (S. 29); Brunner, Georg, Die Problematik der sozialen Grundrechte, in: Recht und Staat, Heft 404 / 405, S. 10.

244 Riepe, Hilmar, Soziale Grundrechte in den neuen Ländern, S. 164.

245 Lücke, Jörg, Soziale Grundrechte als Staatszielbestimmungen und Gesetzgebungsaufträge, AöR 107 (1982), S. 15 ff. (S. 29); Tomandl, Theodor, Der Einbau sozialer Grundrechte, in: Recht und Staat, Heft 337 / 338, S. 42 f.; Thamm, Claudia, Probleme der verfassungsrechtlichen Positivierung sozialer Grundrechte, S. 40.

der Zukunft gerichtet sind, beschränken sich die Einrichtungsgarantien auf die Festschreibung existierender Sicherheiten und demzufolge auf staatliche Passivität. Trotzdem ist eine Fortbildung der so gewährleisteten Institute möglich. Diese erfolgt allerdings durch juristische Ausformung[246].

Der Nachteil der Einrichtungsgarantien besteht darin, daß sie stets festgeschriebene Werte darstellen. Sie sind also keinesfalls wandelbar, das heißt weder im Rahmen einer Fort- bzw. Rückbildung. Damit stehen sie im Widerspruch zu dem Charakter der sozialen Rechte, welche eng mit dem Stand der wirtschaftlichen Entwicklung[247], also den ökonomischen Verhältnissen, verbunden sind.

Insofern erscheinen Einrichtungsgarantien als adäquate Positivierungsform für soziale Rechte zweifelhaft. In Zeiten der wachsenden ökonomischen Probleme ist es notwendig, gerade auch um der Freiheit willen, Abstriche an sozialen Institutionen zu ermöglichen[248].

4.6. Programmsätze

Letztlich sei die Realisierung von sozialen Grundsätzen auf Verfassungsebene in Form sogenannter Programmsätze erwähnt[249]. Nach heutigem Verfassungsverständnis ist klar, daß Programmsätze nicht wie in der Weimarer Reichsverfassung als unverbindliche Richtlinien für den künftigen Gesetzgeber verstanden werden können[250]. Dies ist aufgrund des durch Art. 20 Abs. 3 GG festgelegten Vorrangs von Verfassung und Gesetz, der sowohl über das Rechtsstaatsprinzip für den Bund als auch über Art. 28 Abs. 1 S. 1 GG für die Länder verbindlich ist, nicht möglich.

---

[246] Riepe, Hilmar, Soziale Grundrechte in den neuen Bundesländern, S. 165.

[247] Novak, Richard, Das Problem der sozialen Grundrechte, S. 28.

[248] Zielke, Oliver, Das Recht auf Arbeit in der Verfassung, RdA 1992, S. 185 ff. (S. 190); Riepe, Hilmar, Soziale Grundrechte in den neuen Bundesländern, S. 165.

[249] Brunner, Georg, Die Problematik der sozialen Grundsätze, in: Recht und Staat, Heft 404 / 405, S. 9; Novak, Richard, Das Problem der sozialen Grundrechte, S. 29 f.; Tomandl, Theodor, Der Einbau sozialer Grundrechte, in: Recht und Staat, Heft 337 / 338, S. 24 ff.; Lücke, Jörg, Soziale Grundrechte als Staatszielbestimmungen und Gesetzgebungsaufträge, AöR 107 (1982), S. 15 ff. (S. 19 u. S. 27).

[250] Anschütz, Gerhard, Die Verfassung des deutschen Reiches vom 11. August 1919, S. 514 f; Schmitt, Carl, § 101 Inhalt und Bedeutung des zweiten Hauptteils der Reichsverfassung, in: Anschütz, Gerhard / Thoma, Richard (Hrsg.), Handbuch des deutschen Staatsrechts, Bd. 2 (1932), S. 586 ff. und S. 598 ff. Fischer, Peter Christian, sieht dies anders, nach seiner Argumentation sind Programmsätze nach wie vor als unverbindliche Empfehlungen an den Gesetzgeber zu verstehen; Fischer, Christian Fischer, Staatszielbestimmungen in den Verfassungen und Verfassungsentwürfen der neuen Bundesländer, S. 25.

Deshalb sind Programmsätze als allgemein verbindliche Aufträge, deren Verwirklichung dem Gesetzgeber obliegt, zu verstehen[251]. Nach dieser Charakterisierung geht allerdings der Unterschied zu den Staatszielbestimmungen bzw. Gesetzgebungsaufträgen verloren[252].

5. Soziale Grundrechte und ihre inhaltliche Aussage

In diesem Abschnitt geht es um die Klärung des Begriffs der sozialen Grundrechte. Ihre verfassungsmäßige Verankerung wurde bereits besprochen, nun wird eine inhaltliche Kategorisierung vorgenommen.

5.1. Definitionsversuch

Was man eigentlich unter dem Begriff soziale Grundrechte versteht, ist stark umstritten. Klar ist lediglich, daß durch sie Gemeinschaftsorgane zur aktiven Förderung von Menschen verpflichtet werden[253].

In Abgrenzung zu den Freiheitsrechten ist damit festzustellen, daß die Freiheitsrechte dem Individuum eine Sphäre freier Entfaltung seiner Persönlichkeit schaffen, wohingegen die sozialen Grundrechte dem Individuum die materiellen Voraussetzungen zur Nutzung der Freiheit sichern. Die Freiheitsrechte stellen dem Staat gegenüber Verbote auf, das heißt, sie fordern ein Unterlassen. Die sozialen Grundrechte dagegen drängen den Staat zur Gewährung von Leistungen. Auf der einen Seite ist somit das Unterlassen, auf der anderen Seite die Leistung als Anspruchsobjekt des Einzelnen zu benennen[254].

---

[251] Loebenstein, Edwin, Rechtsschutz – Soziale Grundrechte, in: Evolution des öffentlichen Rechts, Festschrift für Felix Ermacora, S. 10; Tomandl, Theodor, Der Einbau sozialer Grundrechte in das positive Recht, in: Recht und Staat, Heft 337 / 338, S. 24 ff.; Lücke, Jörg, Soziale Grundrechte als Staatszielbestimmungen und Gesetzgebungsaufträge, AöR 107 (1982), S. 15 ff. (S. 19).

[252] Lücke, Jörg, Soziale Grundrechte als Staatszielbestimmungen und Gesetzgebungsaufträge, AöR 107 (1982), S. 15 ff. (S. 28); Thamm, Claudia, Probleme der verfassungsrechtlichen Positivierung sozialer Grundrechte, S. 41.

[253] Wipfelder, Hans Jürgen, Die verfassungsrechtliche Kodifizierung sozialer Grundrechte, ZRP 1986, S. 140 ff. (S. 140); Tomandl, Theodor, Der Einbau sozialer Grundrechte in das positive Recht, in: Recht und Staat Heft 337 / 338, S. 6; Benz, Christian, Die Kodifikation der Sozialrechte, S. 98.

[254] Wildhaber, Luzius, Soziale Grundrechte, in: Saladin, Peter / Wildhaber, Luzius (Hrsg.), Der Staat als Aufgabe, Gedenkschrift für Max Imboden, S. 382; Tomandl, Theodor, Der Einbau sozialer Grundrechte in das positive Recht, in: Recht und Staat Heft 337 / 338, S. 10 f.; Böckenförde, Ernst – Wolfgang, Die sozialen Grundrechte im Verfassungsgefüge, in: Böckenförde, Ernst – Wolfgang u.a., Soziale Grundrechte, S. 7 ff. (S. 10); Wipfelder, Hans Jürgen, Die verfassungsrechtliche Kodifizierung sozialer Grundrechte, ZRP 1986, S. 140 ff. (S. 147); Novak, Richard, Das Problem der sozialen Grundrechte, S. 23; Hernekamp, Karl, Soziale Grundrechte, S. 14.

Aus der Betrachtung dieser unterschiedlichen Anspruchsobjekte läßt sich ein weiterer Unterschied zwischen den sozialen Grundrechten und den Freiheitsrechten benennen. Die Verpflichtung zum Unterlassen ist ohne weitere Erläuterungen klar. Anders ist das bei dem Anspruchsobjekt der Leistung. Es ist eben nicht eindeutig, was geleistet werden soll, in welchem Umfang und unter welchen Voraussetzungen. Der Anspruch auf Leistung bedarf für seine Durchsetzbarkeit der Konkretisierung[255]. Hier wir gleich ein weiterer Problemkreis deutlich. Kann das Leistungsobjekt nicht klar bestimmt werden, gibt es Schwierigkeiten hinsichtlich der Bindungsklausel des Art. 1 Abs. 3 GG. Dieser besagt, daß Grundrechte generell die Gesetzgebung als unmittelbar geltendes Recht binden. Dies wird durch die Einrichtung der Verfassungsgerichtsbarkeit und die verfassungsrechtlichen Gewährleistungen, beispielsweise auf Bundesebene durch Art. 93 Abs. 1 Nr. 4 a GG und Art. 100 Abs. 1 GG verstärkt[256]. In diesem Sinne wurde bei der Verfassungsgebung in Brandenburg nicht nur die Aufnahme umfangreicher sozialer Rechte in der Verfassung des Landes Brandenburg, sondern gleichzeitig die Festschreibung der Verfassungsbeschwerde in Art. 6 Abs. 2 Bbg Verf. kontrovers diskutiert.

Im Gegensatz zu dieser Unterscheidung in Leistungs- und Unterlassungsrechte werden zum Teil auch Rechte, die ihrer Struktur nach keine Leistungsrechte, sondern lediglich Rechte mit sozialem Inhalt sind, zu den sozialen Grundrechten gezählt[257]. Hier sind z.B. das Recht auf freie Berufswahl, das Streik-, und Koalitionsrecht zu nennen. In diesem Zusammenhang ist der Begriff der Teilhaberechte zu erläutern. Dieser Begriff wurde von Ernst Forsthoff in den Bereich des öffentlichen Rechts eingeführt[258]. Hierdurch soll ein spezifischer Gegensatz zu dem Begriff der Freiheit im liberalen Sinne zum Ausdruck kommen[259]. In einer knappen Definition dargestellt sind Teilhaberechte die soziale Interpretation von

---

[255] Brunner, Georg, Die Problematik der sozialen Grundrechte, in: Recht und Staat Heft 404 / 405, S. 7 f.; Tomandl, Theodor, Der Einbau sozialer Grundrechte in das positive Recht, in: Recht und Staat, Heft 337 / 338, S. 33 f.; Klein, Hans H., Ein Grundrecht auf saubere Umwelt, in: Im Dienst an Recht und Staat, Festschrift für Werner Weber, S. 655; Tamm, Claudia, Probleme der verfassungsrechtlichen Positivierung sozialer Grundrechte, S. 19; Starck, Christian, in: v. Mangoldt, Hermann / Klein, Friedrich / Starck, Christian (Hrsg.), Das Bonner Grundgesetz, Art. 1 Abs. 3 Rdnr. 155

[256] Starck, Christian, in: v. Mangold, Hermann / Klein, Friedrich / Starck, Christian (Hrsg.), Das Bonner Grundgesetz, Art. 1 Abs. 3 Rdnr. 156.

[257] van der Ven, Frans, Soziale Grundrechte, S. 46; Daum, Werner, Soziale Grundrechte, RdA 1968, S. 81 ff. (S. 82); Badura, Peter, Das Prinzip der sozialen Grundrechte und seine Verwirklichung im Recht der Bundesrepublik Deutschland, Der Staat 14 S. 16 ff. (S. 22 f.); Dörfler, Reinhardt, Die Vereinbarkeit sozialer Grundrechte mit dem Grundgesetz der Bundesrepublik Deutschland, S. 75 f.

[258] Forsthoff, Ernst, Begriff und Wesen des sozialen Rechtsstaats, in: VVDStRL 12 (1954), S. 8 ff. (S. 18 ff.).

[259] Murswiek, Dietrich, Grundrechte als Teilhaberechte, soziale Grundrechte, in: Isensee, Josef / Kirchhof, Peter (Hrsg), Handbuch des Staatsrechts Bd. 5., S. 246.

Freiheits- und Gleichheitsrechten[260]. Man kann diese Rechte nochmals in derivative und originäre Teilhaberechte aufspalten[261]. Ausgehend vom allgemeinen Gleicheitsgrundsatz sind derivative Teilhaberechte zu interpretieren[262]. Daran anknüpfend, ergibt sich ein Anspruch dann, wenn Individuen in bestehenden Leistungssystemen nicht oder nicht ausreichend berücksichtigt werden. Die daraus resultierende Differenzierung muß gegenüber den in das System einbezogenen Personen gegen den Gleichheitsgrundsatz verstoßen. Originäre Teilhaberechte sind dagegen unabhängig von einer staatlichen Reaktion[263]. Sie sind individuelle Rechte auf staatliche Leistungen, die unabhängig von vorhandenen, gesetzlich geregelten Leistungssystemen bestehen.

Stellt man nun die Teilhaberechte den sozialen Grundrechten gegenüber, ist festzustellen, daß Teilhaberechte und soziale Grundrechte i.w.S. durchaus miteinander zu vergleichen sind. Beide leiten subjektive Ansprüche auf staatliche Leistung aus an sich nicht leistungsbezogenen verfassungsrechtlich verankerten Institutionen ab. Bei Teilhaberechten sind dies Grundrechte, wohingegen es bei den sozialen Grundrechten i.w.S. Staatszielbestimmungen, Gesetzgebungsaufträge, Einrichtungsgarantien usw. sind.

Anders verhält es sich mit den sozialen Grundrechten i.e.S., da sie keine Ansprüche ableiten, sondern selbst als positivierte Leistungsansprüche in der Verfassung verankert sind. Es handelt sich um subjektiv öffentliche Rechte mit eigenen direkten Ansprüchen[264].

Man kann aber grundsätzlich die Teihaberechte als "neuartige Verwirklichung des Prinzips der sozialen Grundrechte" bezeichnen. Dies dürfte aus der Fortbildung des Verfassungsrechts durch Grundrechtspraxis und –dogmatik resultieren[265].

Eine im Vergleich zu dem bisher gesagten noch weitergehende Argumentation definiert die sozialen Grundrechte als Rechtssätze, die typischerweise aus der sozialen Frage und ihrer weiteren Entwicklung heraus geformt worden sind und

---

260 Martens, Wolfgang, Grundrechte im Leistungsstatt, VVDStRL 30 (1972) S. 7 ff. (S. 21 ff.).

261 Murswiek, Dietrich, in: Isensee, Josef / Kirchhof, Peter (Hrsg.), Handbuch des Staatsrechts, Bd. 5, Grundrechte als Teilhaberecht, soziale Grundrechte, S. 245f.

262 Thamm, Claudia, Probleme der verfassungsrechtlichen Positivierung sozialer Grundrechte, S. 27.

263 Thamm, Claudia, Probleme der verfassungsrechtlichen Positivierung sozialer Grundrechte, S. 27.

264 Thamm, Claudia, Probleme der verfassungsrechtlichen Positivierung sozialer Grundrechte, S. 28.

265 Badura, Peter, Das Prinzip der sozialen Grundrechte und seine Verwirklichung im Recht der Bundesrepublik Deutschland, Der Staat 14, S. 16 ff. (S. 37).

letztlich darauf abzielen, die Voraussetzungen zur freien Persönlichkeitsentwicklung zu schaffen[266]. Derartige Auffassungen gehen aber zu weit. Es ist nicht möglich, alle aus der sozialen Frage entstehenden Forderungen als soziale Grundrechte zu bezeichnen. Damit wäre eine Abgrenzung zu anderen Rechten unmöglich, da es heute kaum einen Bereich gibt, der nicht auch sozialpolitisch relevant ist[267].

Es soll deshalb folgende Definition der sozialen Grundrechte favorisiert werden: "Soziale Grundrechte sind verfassungsrechtlich verankerte Forderungen nach positivem staatlichen Handeln, zur Schaffung der Voraussetzungen freier Persönlichkeitsentfaltung"[268].

5.2. Soziale Rechte oder soziale Grundrechte

Einer eindeutigen Begriffsbestimmung zuliebe soll an dieser Stelle noch einmal klargestellt werden, was unter den Bezeichnungen als echte soziale Grundrechte, soziale Grundrechte im weiteren Sinne und sozialen Rechten zu verstehen ist.

Die Unterscheidung zwischen echten sozialen Grundrechten (soziale Grundrechte im engeren Sinn) und den sozialen Grundrechten im weiteren Sinn besteht in der Art ihrer verfassungsrechtlichen Positivierung. Beide werden als soziale Grundrechte realisiert, wobei die sozialen Grundrechte im engeren Sinn als subjektiv öffentliche Rechte realisiert werden und die sozialen Grundrechte im weiteren Sinn als objektive Grundsätze ihre Verankerung in der Verfassung finden. Dagegen erfolgt die Normierung der sozialen Rechte nicht auf Verfassungsebene, sondern auf der des einfachen Gesetzes[269].

5.3. Schematische Einteilung der sozialen Grundrechte

Herrschend ist eine schematische Einteilung in vier unterschiedliche Gruppen. Dabei erfolgt die Unterteilung hinsichtlich der verschiedenen Lebensbereiche, denen die sozialen Grundrechte zuzuordnen sind[270].

---

266 Dörfler, Reinhardt, Die Vereinbarkeit sozialer Grundrechte mit dem Grundgesetz der Bundesrepublik Deutschland, S. 61 f. und S. 76 f.

267 Thamm, Claudia, Probleme der verfassungsrechtlichen Positivierung sozialer Grundrechte, S. 24.

268 Lange, Klaus, Soziale Grundrechte in der deutschen Verfassungsentwicklung und in den derzeitigen Länderverfassungen, in: Böckenförde, Ernst - Wolfgang u.a. (Hrsg.), Soziale Grundrechte, S. 49 ff. (S. 49).

269 Thamm, Claudia, Probleme der verfassungsrechtlichen Positivierung sozialer Grundrechte, S. 26.

270 Dreier, Horst, in: Dreier, Horts (Hrsg.), Grundgesetz – Kommentar, Bd. 1, Vorb. S. 57, Rdnr. 42; Badura, Peter, Das Prinzip der sozialen Grundrechte und seine Verwirklichung im Recht der Bundesrepublik Deutschland, Der Staat 14, S. 16 ff. (S. 22 f.); Seong – Bang,

Zunächst sei das Recht auf Arbeit genannt. Es kann bei einer dreifachen Deutung[271], als auf einen bezahlten Arbeitsplatz, auf eine ausreichende staatliche Beschäftigungspolitik oder als Recht auf einen Einkommensausgleich für den Fall mangelnder Bereitstellung von Arbeit bezeichnet werden.

Die zweite Gruppe bilden die Rechte auf soziale Sicherheit. Hierzu zählen z.B. das Recht auf soziale Vorkehrungen gegen die Folgen des Alters, der Invalidität, von Krankheit, Unfall, Berufsunfähigkeit, von Mutterschaft und Familiengründung, das Recht auf Fürsorge bei Bedürftigkeit, das Recht auf Unterstützung in besonderen Notlagen und letztlich auch das Recht auf Wohnraum[272].

Zur dritten Gruppe zählen die Rechte auf sozial – kulturelle Entfaltung. Darunter versteht man u.a. das Recht der Teilnahme am kulturellen Leben, das Recht auf Erziehung, Aus – und Fortbildung und das Recht auf Schaffung kultureller Einrichtungen[273].

Letztlich hat sich durch die ständig wachsende Umweltproblematik eine vierte Gruppe herausgebildet, die sogenannten ökologischen Grundrechte, welche vorrangig durch das Recht auf eine saubere Umwelt verkörpert werden[274].

Bei der vorgenommen Einteilung ist zu berücksichtigen, daß Überschneidungen auftreten können und daß der Katalog keinesfalls als abschließend betrachtet

---

Hong, Soziale Rechte auf der Verfassungsebene und auf der gesetzlichen Ebene, S. 34; eine Dreiteilung der sozialen Rechte nehmen dagegen vor: Tomandl, Theodor, Der Einbau der sozialen Grundrechte in das positive Recht, in: Recht und Staat, Heft 337 / 338, S. 7; Brunner, Georg, Die Problematik der sozialen Grundrechte, in: Recht und Staat, Heft 404 / 405, S. 11 f.; eine Einteilung der sozialen Rechte in fünf Gruppen nehmen dagegen vor: van der Ven, Frans, Soziale Grundrechte, S, 44; Loebenstein, Edwin, Rechtsschutz – Soziale Grundrechte, in: Die Evolution des öffentlichen Rechts, Festschrift für Felix Ermacaro, S. 4. Dabei werden u.a. Mitbestimmungsrechte und Rechte des Gesundheitsschutzes einbezogen; eine Unterteilung in sechs Gruppen nimmt Wildhaber, Luzius, Soziale Grundrechte, in: Saladin, Peter / Wildhaber, Luzius (Hrsg.), Der Staat als Aufgabe, Gedenkschrift für Max Imboden S. 374 f. vor. unter anderem benennt er die Rechte des modernen arbeitsrechtlichen Gemeinschaftslebens, Koalitionsrechte, Streikrecht usw., als eigenständige Gruppe.

[271] Stern, Klaus, Das sozialstaatliche Prinzip, in: Stern, Klaus (Hrsg.), Das Staatsrecht der Bundesrepublik Deutschland, Band I, § 21 V 2, S. 936

[272] Dörfler, Reinhardt, Die Vereinbarkeit sozialer Grundrechte mit dem Grundgesetz der Bundesrepublik Deutschland, S. 63; Brunner, Georg, Die Problematik der sozialen Grundrechte, in: Recht und Staat, Heft 404 / 405, S. 11; Tamm, Claudia, Probleme bei der verfassungsrechtlichen Positivierung sozialer Grundrechte, S. 31.

[273] Thamm, Claudia, Probleme bei der verfassungsrechtlichen Positivierung sozialer Grundrechte, S. 31.

[274] Rupp, Hans, Heinrich, Die verfassungsrechtliche Seite des Umweltschutzes, JZ 1971, 401 ff. (S. 402 f.); Dellmann, Hans Jörg, Zur Problematik eines Grundrechts auf menschenwürdige Umwelt, DÖV 1975, 588 ff. (S. 588); Klein, Hans H. Ein Grundrecht auf saubere Umwelt ?, in: Im Dienst an Recht und Staat, Festschrift für Werner Weber, S. 643 ff.

werden kann[275]. Da die sozialen Grundrechte eng mit der gesellschaftlichen Entwicklung verbunden sind, reagieren sie auch im Hinblick auf die dargestellte Einteilung entsprechend dieser Entwicklung. Deutlich wird dies bereits am Beispiel der vierten Gruppe, den ökologischen Grundrechten, welche sich erst relativ spät herausbildete.

5.3.1. Anspruchsobjekt

Wie bereits dargestellt, ist bei den sozialen Grundrechten eine positive Leistung des Staates an den Anspruchsberechtigten kennzeichnend. Anspruchsobjekt kann hier ein korrigierendes bzw. gestaltendes Eingreifen in die Sozialordnung sein[276].

Die sozialen Grundrechte sichern dem einzelnen materielle Leistungen des Staates zu. Sie verpflichten den Staat, durch aktives Handeln den Menschen zu fördern, bzw. die Natur mit positiven Maßnahmen zu schützen[277].

5.3.2. Anspruchsberechtigter

Anspruchsberechtigter ist derjenige, dessen Lebensbereich im einzelnen sozialen Grundrecht angesprochen ist und der unter den Schutzbereich des Grundrechts fällt.

5.3.3. Anspruchsgegner

Anspruchsgegner ist unzweifelhaft der Staat. Er ist aus den sozialen Grundrechten primär Leistungsverpflichteter[278]. Da sowohl dem Bund als auch den einzelnen Länder der Bundesrepublik Deutschland Staatsqualität zukommt[279], sind also Bund und Länder mögliche Anspruchsgegner. Ob Hauptverplichteter die Judikative, die Exekutive oder die Legislative ist, hängt dabei vom Inhalt des

---

[275] Thamm, Claudia, Probleme bei der verfassungsrechtlichen Verankerung sozialer Grundrechte, S. 32 f.; Dörfler, Reinhardt, Die Vereinbarkeit sozialer Grundrechte mit dem Grundgesetz der Bundesrepublik Deutschland, S. 61.

[276] Thamm, Claudia, Probleme bei der verfassungsrechtlichen Positivierung sozialer Grundrechte, S. 33; Schambeck, Herbert, Grundrechte und Sozialordnung, S. 99.

[277] Thamm, Claudia, Probleme bei der verfassungsrechtlichen Positivierung sozialer Grundrechte, S. 33.

[278] Brunner, Georg, Die Problematik der sozialen Grundrechte, in: Recht und Staat, Heft 404 / 405, S. 12; Benz, Christian, Die Kodifikation der Sozialrechte, S. 63; Schmitt, Carl, Verfassungslehre, S. 169; Dörfler, Reinhardt, Die Vereinbarkeit sozialer Grundrechte mit dem Grundgesetz der Bundesrepublik Deutschland, S. 81 f.; Tomandl, Theodor, Der Einbau sozialer Grundrechte in das positive Recht, in: Recht und Staat, Heft 337 / 338, S. 7; Rath, Michael, Die Garantie des Rechts auf Arbeit, S. 100 f.

[279] Rincke, Thomas, Staatszielbestimmungen der Verfassung des Freistaates Sachsen, S.12.

einzelnen sozialen Grundrechts und dessen rechtstechnischer Verwirklichung ab[280].

Als weiterer Anspruchsgegner könnten Private in Betracht kommen. Es wird in der Literatur teilweise vertreten, daß einzelne Sozialrechte nur scheinbar gegen den Staat gerichtet sind[281], bzw. daß soziale Rechte letzten Endes nicht den Staat, sondern Private binden[282]. Bei einer Einbeziehung Privater in den Kreis der Leistungsverpflichteten aus den sozialen Grundrechten würde auch das Problem der mangelnden Verfügungsmacht des Staates über einzelne Anspruchsobjekte gelöst sein. Jedoch darf nicht verkannt werden, daß es hier um die unmittelbaren Drittwirkung von sozialen Rechten geht[283]. Die Einführung einer derartigen Drittwirkung ist aber nicht oder zumindest äußerst schwer mit den Prinzipien der Freiheit zu vereinbaren[284]. Die Einführung der Drittwirkung sozialer Grundrechte würde das Ende der persönlichen Freiheit, der Privatautonomie, der Vertragsfreiheit und des Privatrechts schlechthin bedeuten[285]. Das heißt aber nicht, daß eine solche Verpflichtung Privater in keinerlei Gesellschaftsform denkbar wäre, eine Ausdehnung der Wirkung sozialer Grundrechte auf Private wäre z.B. in totalitären Regimen möglich[286].

Unter den Bedingungen unserer Demokratie ist die angesprochene Drittwirkung noch aus einem anderen Grund problematisch. Selbst wenn man eine solche akzeptieren würde, gäbe es Schwierigkeiten bei der Durchsetzung. Eine eindeutige Leistungsverpflichtung könnte es nie geben[287]. Damit müßte wiederum eine Zuteilung und Einweisung von Seiten des Staates erfolgen, und man wäre wiederum bei einer indirekten Leistungsverpflichtung des Staates[288].

---

280 Dörfler, Reinhardt, Die Vereinbarkeit sozialer Grundrechte mit dem Grundgesetz der Bundesrepublik Deutschland, S. 81 f.

281 Huber, Hans, Soziale Verfassungsrechte, in: Forsthoff, Ernst (Hrsg.), Rechtsstaatlichkeit und Sozialstaatlichkeit, S. 12.

282 Scheuner, Ulrich, Grundfragen des modernen Staates, in: Wandersleb, Hermann (Hrsg.), Recht, Staat, Wirtschaft, Bd. 3, S. 158 f.

283 Dörfler, Reinhardt, Die Vereinbarkeit sozialer Grundrechte mit dem Grundgesetz der Bundesrepublik Deutschland, S. 86 f.

284 Brunner, Georg, Die Problematik der sozialen Grundrechte, in: Recht und Staat, Heft 404 / 405, S. 15.

285 Brunner, Georg, Die Problematik der sozialen Grundrechte, in: Recht und Staat, Heft 404 / 405, S. 15 f.

286 Thamm, Claudia, Probleme bei der verfassungsrechtlichen Positivierung sozialer Grundrechte, S. 36.

287 Tomandl, Theodor, Der Einbau sozialer Grundrechte in das positive Recht, in: Recht und Staat, Heft 337 / 338, S. 32f.; Brunner, Georg, Die Problematik der sozialen Grundrechte, in: Recht und Staat, Heft 404 / 405, S. 15 f.

288 Thamm, Claudia, Probleme bei der verfassungsrechtlichen Positivierung sozialer Grundrechte, S. 36.

6. Die Befürwortung sozialer Grundrechte in der rawls`schen Gerechtigkeitskonzeption

6.1. Die Rolle der Gerechtigkeit

Nach der Theorie der Gerechtigkeit ist eine wesentliche sachliche Voraussetzung für die Entfaltung der Freiheitsrechte die Verankerung sozialer Grundstandards. Die in einer Gesellschaft zwangsläufig bestehenden Interessenkonflikte sollen durch die Festlegung der beiden Gerechtigkeitsgrundsätze ausgeglichen werden.

An die hierfür maßgebliche Festlegung von Grundrechten und Grundpflichten und deren Verteilung knüpft auch die Idee der sozialen Grundrechte an. Die Erkenntnis, daß ein gewisses Maß an sozialer Vorkehrung notwendig ist, um die eingeräumten Freiheitsrechte für alle gleichnutzbar zu machen, greift auch die Theorie der Gerechtigkeit als Fairneß auf. Dies zeigt sich deutlich daran, daß nach der rawls´schen Gerechtigkeitstheorie eine Gesellschaft dann als gerecht bezeichnet wird, wenn willkürliche Unterschiede zwischen ihren einzelnen Mitgliedern vermieden werden. Daran wird deutlich, daß auch die Theorie der Gerechtigkeit bemüht ist, willkürliche Unterschiede auszugleichen und einen Ausgleich zwischen den dafür erforderlichen Regelungen und den dagegen stehenden Ansprüchen, zum Wohle des gesellschaftlichen Zusammenlebens zu finden.

Das ist ein deutlicher Bezugspunkt zu der ursprünglichen Idee der sozialen Grundrechte. Der Sozialstaat und mit ihm die Gesellschaft mußten die Rolle übernehmen, die notwendigen Rahmenbedingungen für die Realisierung der grundrechtlich gesicherten Freiheiten zu schaffen.

6.2. Der Gegenstand der Gerechtigkeit

Die Theorie der Gerechtigkeit befaßt sich allein mit den Grundsätzen der sozialen Gerechtigkeit. Es geht daher vorrangig um die Unterscheidung der sozialen Grundstruktur und die Verteilung bestimmter Grundgüter.
Auch der Entwicklung der sozialen Grundrechte liegt dieses Gedankengut zugrunde. Sie üben Einfluß auf die Art und Weise der Verteilung von Grundrechten, Grundpflichten und die Früchte der gesellschaftlichen Zusammenarbeit aus. Nicht nur die Freiheitsrechte, sondern auch die sozialen Grundrechte müssen demnach im Sinne der Theorie der Gerechtigkeit als Fairneß in der Verfassung ihren Platz finden. Dies um so mehr, als durch die Verfassung als wichtige gesellschaftliche Institution die Lebenschancen jedes einzelnen tiefgreifend beeinflußt werden.

Indem die Aufgabe der Gerechtigkeit darin gesehen wird, die Ausgangspositionen Einzelner anzugleichen und bestehende Ungleichheiten auszugleichen, kommt die Theorie der Gerechtigkeit der Idee der sozialen Grundrechte entgegen. Denn auch ihre Entwicklungsgeschichte zeigt, daß ein Ausgleich dafür geschaffen werden muß, daß die Menschen hinsichtlich ihrer individuellen Fähigkeiten und physischen und sozialen Möglichkeiten verschieden sind. Es ist genauso wichtig, wie die Verankerung der Freiheit selbst, ihren Gebrauch durch die Ausbildung der Persönlichkeit und durch einen Standard an ökonomischer Sicherheit zu gewährleisten.

Aufgrund dieser Überlegungen nimmt sich auch die rawls`sche Gerechtigkeitstheorie dieser Problematik an. Soziale Gerechtigkeit ist in diesem Sinne die Bestimmung der Grundrechte und Grundpflichten, der wirtschaftlichen Möglichkeiten und der sozialen Verhältnisse. Sie muß einen Maßstab zur Bearbeitung der Verteilungseigenschaften der gesellschaftlichen Grundstruktur liefern.

Hierin stimmt Rawls mit dem Grundgedanken der sozialen Grundrechte überein. Auch diese sollen einen Ausgleich für gesellschaftlich bedingte Unterschiede schaffen, so daß jedes Mitglied der Gesellschaft in einen gewissen Maß bzw. im Idealfall gleichermaßen berechtigt ist, die durch die Verfassung bzw. andere gleichwertige Institutionen eingeräumten Rechte wahrzunehmen. Darin sieht Rawls die Rolle der Gerechtigkeit, die der Gesellschaft in diesem Sinne Pflichten auferlegt.

Nichts anderes ist aber das Anliegen sozialer Rechte. Indem sie in der Verfassung verankert werden, geben sie dem Staat und damit der Gesellschaft die Pflicht auf, sich an soziale Spielregeln und soziale Ausgleichsmöglichkeiten zugunsten sozial schwacher Gruppen zu halten und ihnen damit auch den Genuß der Freiheitsrechte zu sichern.

6.3. Die beiden Grundsätze der Gerechtigkeit

Es darf aber nicht außer acht gelassen werden, daß Rawls Ungleichheiten zwischen den einzelnen Mitgliedern der Gesellschaft unter bestimmten Voraussetzungen für akzeptabel und wohl auch für unvermeidlich hält. Es geht ihm nicht um eine Gesellschaft völliger Gleichheit. Vielmehr ist es sein Anliegen, die Ausgangsbedingungen und damit die Chancen der einzelnen Mitglieder der Gesellschaft anzugleichen.

Diese Auffassung spiegelt sich in der Ausformulierung der Gerechtigkeitsgrundsätze wider. Er geht hierbei davon aus, daß soziale und wirtschaftliche Ungleichheiten dann als gerecht zu betrachten sind, wenn sich daraus Vorteile für jedermann, insbesondere für die schwächsten Mitglieder der Gesellschaft ergeben.

Diese Intention entspricht auch den sozialen Grundrechten. Allgemein gesagt, enthalten sie immer eine Leistungsverpflichtung des Staates. Stellt man sich nun die Frage, woher der Staat die finanziellen Mittel bezieht, um dieser Verpflichtung nachzukommen, stehen automatisch die Gesellschaftsmitglieder in der Pflicht, denen eine entsprechende finanzielle Ausstattung zur Verfügung steht. Denn der Staat als Verwaltungseinheit ist unproduktiv, er kann sich nur über die Produktivität seiner Bürger finanzieren.

Soziale Grundrechte machen bei genauerem Hinsehen auch nur Sinn, wenn Unterschiede in der Gesellschaft existieren, da sie gerade den Ausgleich dieser Unterschiede bewirken sollen. Geht es allen gleich gut bzw. sind jegliche soziale (wirtschaftliche, kulturelle usw.) Unterschiede aufgehoben, braucht man auch keine sozialen Grundrechte mehr, die es dem Schwächeren ermöglichen sollen, von den Freiheitsrechten Gebrauch zu machen. Es sei denn, man sieht in den sozialen Grundrechten ein Instrumentarium, um den erreichten Zustand der Gleichheit zu sichern.

Man kann also in den sozialen Grundrechten im Sinne von Rawls ein Instrument sehen, das geeignet ist, soziale Ungleichheiten so auszugleichen, daß sie für jedermann zum Vorteil gereichen und besonders den schwächsten Mitgliedern einen Anspruch an einem Grundmaß sozialer Teilhabe sichern.

Hieran knüpft eine andere wesentliche Erkenntnis von Rawls an, die sich in der ersten Vorrangregel (Vorrang der Freiheit) widerspiegelt und sich im Bereich der sozialen Grundrechte wiederfindet. Es stellt sich hier die Frage nach dem Anspruchsgegner. Denn soziale Grundrechte sind nach modernem Verfassungsverständnis Leistungsverpflichtungen. In Betracht kommt zunächst unzweifelhaft der Staat. Solange er die alleinige Verfügungsgewalt über das Anspruchsobjekt hat, ist dies unproblematisch. Kommt es aber zur Verankerung sozialer Grundrechte in Bereichen, in denen das Anspruchsobjekt nicht dem Staat, sondern Privaten zusteht, stellt sich auch für die rawls´sche Gerechtigkeitskonzeption die Frage der unmittelbaren Drittwirkung. Dies ist beispielsweise bei einem Anspruch auf Arbeit und auf Wohnraum unmittelbar der Fall. Aber auch die Verpflichtung zu finanziellen Abgaben des Einzelnen, um es dem Staat zu ermöglichen, seinen sozialen Verpflichtungen nachzukommen, fallen hierunter.

Geht man von den Grundsätzen der Theorie der Gerechtigkeit als Fairneß aus, sind hier Eingriffe nur in dem Maß zulässig, als sie die Grundfreiheiten jedes Gesellschaftsmitglieds gleichermaßen beachten. Denn ein wesentliches Grundmerkmal seiner Theorie besteht darin, daß die Freiheit des Einzelnen zunächst allen anderen Erwägungen vorgeht. Eingriffe sind nur unter ganz bestimmten Voraussetzungen möglich. Indem er dieses Prinzip der Grundfreiheiten als erste Vorrangregel festlegt, schafft er eine wesentliche Voraussetzung für die Akzeptanz seiner Gerechtigkeitstheorie in der Gesellschaft. Denn nicht nur die wirtschaftlich Schlechtergestellten müssen diese akzeptieren, sondern auch die wirtschaftlich Bessergestellten müssen Sinn und Nutzen derselben einsehen. Dies um so mehr, da sie ja von ihrem Wohlstand abgeben sollen, wohingegen die schwächergestellten Mitglieder einen Ausgleich erhalten.

Betrachtet man das heutige System und die verankerten sozialen Grundrechte, spiegelt sich diese Problematik deutlich wieder. Die Akzeptanz in der Bevölkerung auf Vorteile zu verzichten, um weniger Privilegierten gleiche Ausgangsbedingungen zu ermöglichen, läßt deutlich nach. Eine Ursache dafür liegt meines Erachtens darin, daß man der von Rawls erkannten Unverletzlichkeit bestimmter Grundfreiheiten nicht mehr genug Beachtung schenkt, bzw. daß man die Grundsätze der Verteilungsgerechtigkeit außer acht läßt. Eine Einschränkung der Grundfreiheiten ist nur zugunsten der Freiheit selbst möglich, diese muß dann aber eine Stärkung des gesamten Systems der Freiheiten mit sich bringen und eine - daraus resultierende - geringere als gleiche Freiheit muß für den Einzelnen annehmbar sein.

Auch ein Blick auf den von Rawls aufgestellten zweiten Grundsatz der Gerechtigkeit im Hinblick auf die Grundidee der sozialen Grundrechte lohnt sich. Dabei zeigt insbesondere der zweite Teil des zweiten Grundsatzes, der liberale Grundsatz der fairen Chancengleichheit, die Problematik der Verfahrensgerechtigkeit auf.

Die Aufnahme sozialer Grundrechte in die Verfassung entspricht diesem Gedanken. Indem sie ihren Platz in der Verfassung finden, wird ihre Stellung hervorgehoben und unterstrichen. Eine Verankerung in der Verfassung trägt zu einer stärkeren Anerkennung in der Bevölkerung bei. Wie bereits angesprochen, soll die liberale Chancengleichheit zu einem System der Zusammenarbeit nach den Grundsätzen der Verfahrensgerechtigkeit führen. Geht man davon aus, daß die sozialen Grundrechte das Instrument sind, die Grundsätze der Zusammenarbeit und damit die Verfahrensgerechtigkeit zu manifestieren, wird deutlich, daß sie nach der Theorie der Gerechtigkeit neben den Freiheitsrechten ein wesentliches Merkmal einer gerechten Verfassung darstellen. Denn bekanntlich favorisiert die rawls´sche Gerechtigkeitsauffassung Institutionen, die sowohl gleiche Freiheit für alle als auch faire Chancengleichheit gewährleisten.

6.4. Der Begriff der Freiheit

Die Konzeption der Gerechtigkeit als Fairneß unterscheidet zwischen der Freiheit als Gesamtsystem der gleichen bürgerlichen Freiheiten und dem Wert der Freiheit, welcher in den Möglichkeiten besteht, die der Einzelne hat, sich im Rahmen der Grundfreiheiten zu bewegen.

Auch in der Verfassungswirklichkeit zeigt sich, daß zunächst die Verankerung der Grundfreiheiten auf Verfassungsebene Voraussetzung für die Schaffung eines Systems der gleichen bürgerlichen Freiheiten ist. Die Erkenntnis, daß die Wahrnehmung der verankerten Freiheiten von weiteren Faktoren abhängt, muß man im Vergleich mit der Theorie der Gerechtigkeit der Frage des Werts der Grundfreiheiten zuordnen. Danach besteht kein Bedarf zum Ausgleich der Freiheiten selbst, sondern der Ausgleich ist anhand des Wertes der Freiheit für den Einzelnen vorzunehmen. Dies soll durch die Regeln des Unterschiedsprinzips erreicht werden. Diesem Gedanken entspringen auch die sozialen Grundrechte. Sie berühren nicht primär das System der Grundfreiheiten, sondern ihr Ziel ist es, dieses System für alle nutzbar zu machen. Weil dies durch die bloße Verankerung von Freiheitsrechten nicht gewährleistet wurde, bildete sich die Idee von einer bürgerlichen Gesellschaft im Geiste sozialer Gerechtigkeit heraus. Denjenigen, denen ein Grundanteil an Lebensgütern zur Realisierung der Freiheit fehlte, sollte dieser vom Staat gewährleistet werden.

Die Erkenntnis, daß der Mensch nicht nur unter dem Aspekt der persönlichen Freiheit zu betrachten ist, sondern auch als soziales Wesen, das der Förderung durch die Gemeinschaft bedarf, stimmt mit den Ansatz des Unterschiedsprinzips überein.

Fraglich ist allerdings die gedankliche Ausgestaltung. Das von Rawls entwikkelteUnterschiedsprinzip geht über die Grundsätze des Ansatzes der sozialen Grundrechte hinaus. Es stellt sich die Frage nach dem Maß der Realisierungsbedingungen der Grundrechte. Unumstritten sind dabei die Anteile der Sozialstaatlichkeit, die erforderlich sind, um den freiheitlich - demokratisch - funktionalen Kern derselben zu sichern. Schwieriger wird die Betrachtungsweise, wenn ein Ausgleich über dieses Maß hinaus stattfinden soll.

Ein wesentlicher Kritikpunkt liegt darin, wenn es um die Frage der Festschreibung sozialer Grundrechte auf Verfassungsebene geht. Da die rawls´sche Gerechtigkeitskonzeption nach der Wertigkeit ihrer Grundsätze davon ausgeht, daß eine Einschränkung der Grundfreiheiten nur zugunsten gleichwertiger Freiheiten zulässig ist, wird eine Diskrepanz zu der Forderung des Unterschiedsprinzips deutlich. Insoweit hat dies zweifellos zur Folge, daß zugunsten des Unterschiedsprinzips das System der Grundfreiheiten sehr eng ausfallen muß. Es zeigen sich bei diesen Überlegungen zwei Probleme, die auch im Zusammenhang mit der Verankerung sozialer Grundrechte immer wieder auftauchen, nämlich die Frage, nach der Leistungsfähigkeit des Staates und nach der Verfügungsgewalt über soziale Güter und damit verbunden die Frage nach der Einschränkbarkeit des Systems der verfassungsmäßig garantierten Grundfreiheiten insgesamt.

6.5. Formen der Verankerung sozialer Grundrechte auf Verfassungsebene

Wie gezeigt, gibt es verschiedene Ansatzpunkte der Verankerung sozialer Grundrechte auf Verfassungsebene. Die gewählte Form bestimmt dann auch gleichzeitig die Wirkungsweise und Bedeutung der sozialen Grundrechte. Es stellt sich nun die Frage, in welcher Art und Weise Rawls soziale Grundrechte auf Verfassungsebene verankert wissen will. Dies ist der logische Anschluß an die getroffene Feststellung, daß die rawls´sche Gerechtigkeitskonzeption das Institut der sozialen Grundrechte befürwortet.

6.5.1. Echte soziale Grundrechte

Die Form der Ausgestaltung sozialer Rechte als echte soziale Grundrechte erscheint unter dem Blickwinkel der notwendigen sozialen Vorkehrungen, um die Freiheitsrechte für alle gleichwert und gleichnutzbar zu machen, die beste und sicherste Lösung. Ein so manifestierter Anspruch, der auch den Freiheitsrechten gleichgestellt wäre, würde den Einzelnen vor sozialer Benachteiligungen absichern. Er hätte die Möglichkeit, seinen verfassungsmäßig verankerten Anspruch gerichtlich durchzusetzen.

Diese Erkenntnis schließt eine weitere Überlegung, nämlich die nach dem Instrument der gerichtlichen Durchsetzung solcher Ansprüche, an. Wenn Rawls die Verankerung sozialer Rechte in Form der echten sozialen Grundrechte befürwortet, also echte Anspruchsnormen manifestiert, muß er sich auch mit der Frage der Durchsetzbarkeit befassen. Insofern haben seine Vertragspartner auf der zweiten Stufe des Vier - Stufen – Ganges auch diese Frage zu berücksichtigen. Unter den heute bekannten Instrumenten würde sich die verfassungsgebende Versammlung für die Individual-Verfassungsbeschwerde entscheiden. Denn nur diese Verfahrensart gibt den Einzelnen die Möglichkeit, seine verfassungsmäßig ausgestalteten Rechte auch gerichtlich durchzusetzen.

Kritisch ist allerdings in diesem Zusammenhang die Frage des Zusammenwirkens mit den Freiheitsrechten zu betrachten. Darin spiegelt sich die in der heutigen Verfassungspraxis relevante Problematik der Verfügungsmacht des Staates über die Anspruchsobjekte der sozialen Grundrechte wider.

Rawls bringt klar zum Ausdruck, daß das System der Grundfreiheiten für alle gleich sein muß und daß eine Einschränkung dieses Systems nur der Freiheit selbst zuliebe möglich ist. Dabei muß eine Einschränkung der Freiheit das Gesamtsystem der Freiheiten für alle stärken und eine geringere als gleiche Freiheit für den Betroffenen annehmbar sein.

Geht es also um Anspruchsobjekte bei der Festschreibung sozialer Grundrechte, die dem Staat zur Verfügung stehen, dann ist nach den Prinzipien der rawls´schen Gerechtigkeitsauffassung eine Verankerung als echtes soziales Grundrecht auf Verfassungsebene zu befürworten. Anders ist dies bei Anspruchsobjekten, die nicht der Allgemeinheit allein zustehen. Denn eine Verfügung über solche Anspruchsobjekte bedeutet immer einen Eingriff in die Freiheitsrechte Dritter und damit eine Einschränkung derselben. Legt man diese Überlegungen zugrunde, dürfte Rawls eine pauschale Verankerung sozialer Grundrechte in der Form der echten Anspruchsobjekte nur begrenzt befürworten, weil sonst sein System der Grundfreiheiten gefährdet wäre.

Bei einer solchen Betrachtung der Frage der Verankerung der sozialen Grundrechte auf Verfassungsebene tritt der erste Grundsatz der Theorie der Gerechtigkeit in den Vordergrund. Für Rawls steht nicht so sehr die Frage der Leistungsfähigkeit des Staates im Zentrum, ihm geht es vorrangig um die Sicherung der Freiheitsrechte. Dies ergibt sich schon aus dem Vier – Stufen – Gang, unter welchem Rawls seine Gerechtigkeitstheorie entstehen läßt. Indem die Beteiligten unter dem Schleier der Nichtwissens agieren, können Überlegungen, welche den aktuellen ökonomischen Stand berücksichtigen, zunächst keine Rolle spielen. Lediglich bei der Betrachtung der Gerechtigkeit zwischen den Generationen wird das Prinzip durchbrochen, daß der erste Gerechtigkeitsgrundsatz und der Grundsatz der fairen Chancengleichheit dem Unterschiedsprinzips vorgehen. Bei der Frage des Sparens zugunsten nachfolgender Generationen schränkt der Spargrundsatz die Anwendung des Unterschiedsprinzips zwischen den Generationen ein. Darin zeigt sich eine Begrenzung für die Übertragbarkeit der Theorie der Gerechtigkeit als Fairneß auf tatsächliche staatsrechtliche Verhältnisse, weil die natürliche Beschränkung der sozialen Grundrechte durch die Knappheit der Anspruchsobjekte zumindest bei den ersten Stufen des Vier – Stufen – Ganges nicht berücksichtigt werden kann.

Es ist festzustellen, daß i.S. von Rawls die Verankerung sozialer Grundrechte in der Form echter Anspruchsrechte vertretbar wäre, wenn dadurch keine Einschränkung bzw. nur eine nach den Maßstäben der ersten Vorrangregel der Freiheitsrechte zu befürchten ist. Kommt es nämlich zu keiner ungerechtfertigten Einschränkung der Freiheitsrechte, dann stellt diese Form für Rawls die beste Möglichkeit dar, sein System sozialer Gerechtigkeit abzusichern.

6.5.2. Staatszielbestimmungen

Staatszielbestimmungen erscheinen im Hinblick auf ihren objektiv rechtlichen Charakter i.S. der Theorie der Gerechtigkeit dann als sinnvoll, wenn es um Anspruchsobjekte geht, auf die der Staat nicht zurückgreifen kann, ohne das System der Grundfreiheiten zu beeinträchtigen. Es gäbe damit einen ständigen Appell an den Gesetzgeber und die Verwaltung, der sie zur Verwirklichung der verankerten wesentlichen sozialen Normen anhielte.

Dennoch wird aus meiner Sicht eine unüberwindliche Diskrepanz zwischen der Theorie der Gerechtigkeit und dem Charakter der Staatszielbestimmungen deutlich, weil die Eigenschaft, die Staatszielbestimmungen aus der Sicht des modernen Staates attraktiv macht, nämlich ihr dynamisch progressiver Zug, der rawls´schen Gerechtigkeitsauffassung entgegen steht.

Rawls entwickelt seine Grundsätze in dem bereits erwähnten Vier – Stufen – Gang. Die Beteiligten agieren unter dem Schleier des Nichtwissens. Er entfernt sich von den wirklichen Verhältnissen, indem er versucht, unter den unveränderlichen Bedingungen seines Gedankenexperiments eine festgefügte, unumstößliche Ordnung zu schaffen. Diese Ordnung muß so gut gelingen, daß sie nicht mehr durch aktuelle Ereignisse in Frage gestellt werden kann. Hier greift seine Auffassung vom Gesellschaftsvertrag. Wesentliches Element der Theorie ist die allgemeine Akzeptanz und Unterstützung der Gerechtigkeitsgrundsätze durch das einzelne Gesellschaftsmitglied. Dies will Rawls dadurch erreichen, daß bei der Festlegung der Gerechtigkeitsgrundsätze, also bei der Aushandlung der wesentlichen Grundvoraussetzungen des Gesellschaftsvertrages, alle unter gleichen Bedingungen handeln, was bedeutet, daß niemand seine soziale Herkunft, seinen Stand, seine intellektuellen Fähigkeiten usw. kennt. Unter Berücksichtigung dieser Ausgangssituation erscheint es wenig wahrscheinlich, daß Rawls ein Instrument befürworten würde, was gerade die Möglichkeit offen lassen soll, auf gesellschaftliche Veränderungen zu reagieren. Rawls will ein System entwickeln, welches unabhängig von äußeren Voraussetzungen einen allgemeingültigen Maßstab liefert.

6.5.3. Gesetzgebungsaufträge

Es erscheint insofern naheliegender, wenn sich die Theorie der Gerechtigkeit als Fairneß des Instruments der Gesetzgebungsaufträge zur Manifestierung wesentlicher sozialer Grundvoraussetzungen bedient. Die konkret gefaßte Anweisung an den Gesetzgeber, in bestimmten Weise tätig zu werden, liegt Rawls näher.

Zunächst ist dadurch eine Abstufung zu den Grundfreiheiten gewahrt. Dies ist wie dargestellt erforderlich, wenn es um Anspruchsobjekte geht, deren Inanspruchnahme Einriffe in das System der Grundfreiheiten befürchten lassen. Es liegt kein unmittelbarer verfassungsmäßig verankerter Anspruch vor. Vielmehr wird eine Verpflichtung des Gesetzgebers manifestiert, die sich auf der Stufe der Gesetzgebung auswirkt. Für Rawls ist die Verfassung eine der wichtigsten Institutionen seines Gerechtigkeitssystems. Ihr muß sich die Gesetzgebung anpassen. Das heißt, wenn seine Gesellschaft Gesetze schafft, richtet sie sich nach den im Urzustand aufgestellten Gerechtigkeitsgrundsätzen und nach der auf dieser Stufe bereits vorliegenden Verfassung. Darüber hinaus bieten die Gesetzgebungsaufträge die Gewähr feststehender Grundsätze. Wie erläutert bedarf Rawls nicht des dynamisch progressiven Zuges der Staatszielbestimmungen.

6.5.4. Verfassungsaufträge

Mit den gleichen Argumenten, die für die Gesetzgebungsaufträge angebracht worden sind, lassen sich auch die Verfassungsaufträge mit der rawls´schen Theorie vereinbaren, da der einzige Unterschied darin besteht, daß sich diese nicht nur an den Gesetzgeber, sondern auch direkt an die Verwaltung richten. Da Rawls auch die Exekutive in seine Überlegungen einbezieht, steht dem nichts entgegen.

6.5.5. Einrichtungsgarantien

Bei dem Vergleich mit den rawls´schen Grundsätzen scheinen die Einrichtungsgarantien neben den sogenannten echten sozialen Grundrechten und noch vor den Gesetzgebungsaufträgen am ehesten mit diesen vereinbar. Der Vorteil den Gesetzgebungsaufträgen gegenüber besteht darin, daß sie nicht nur eine ganz konkrete Anweisung an den Gesetzgeber enthalten, tätig zu werden, sondern daß sie eine typische Erscheinungsform eines bestimmten Instituts garantieren, dessen Ausgestaltung dann durch einen einfachgesetzlichen Normenkomplex abzusichern ist. Dies läßt sich mit dem aus der Sicht des modernen Staatsrechts angesprochenen Nachteil ihrer Unflexibilität und der damit verbundenen Starrheit gegenüber der wirtschaftlichen Entwicklung, also mithin den ökonomischen Verhältnissen gegenüber begründen. Wie bereits dargestellt, soll das rawls´sche Gedankenexperiment solche Institutionen hervorbringen, die als Ultimum einer gerechten Gesellschaft durch alle anerkannt werden. Dieser Absolutheitsanspruch macht aber gerade eine Flexibilität im Hinblick auf die sozialen Grundrechte unnötig. Deshalb erscheint der "Nachteil", daß die Einrichtungsgarantien ganz bestimmte Werte festschreiben und diese unveränderbar feststehen, aus der Sicht der Theorie der Gerechtigkeit als "Vorteil". Erscheinen die Einrichtungsgarantien aus der Sicht der Staatspraxis als adäquate Positivierungsnormen für soziale Grundrechte als zweifelhaft, gilt nach der rawls´schen Theorie genau das Gegenteil. An dieser Stelle zeigt sich die bereits angesprochene Schwierigkeit, die Theorie der Gerechtigkeit auf moderne Gesellschaften anzuwenden. Die Flexibilität, auf welche der moderne Staat Wert legt, braucht Rawls nicht, da er eine Wandelbarkeit seiner gesellschaftlichen Grundsätze von vornherein ausschließt. Er geht davon aus, daß sein Gesellschaftsvertrag der einzig richtige, unumstößliche ist. Meiner Ansicht nach ist das aber kein Mangel der rawls´schen Theorie, wenn man diese Erkenntnis im Auge behält und die Gerechtigkeitstheorie als Ideal versteht, der man sich nach Kräften und unter vernünftigen Erwägungen anzunähern hat.

Diesem rawls´schen Anspruch der Unveränderbarkeit entsprechen die Einrichtungsgarantien. Sie bieten eine verfassungsrechtliche Gewährleistung einer bestimmten Rechtseinrichtung. Damit wird ein Instrument geschaffen, daß auf Verfassungsebene soziale Rechte, die zur Ausgestaltung der Freiheitsrechte unumgänglich sind, verankert und welches noch dazu unumstößlich, weil unveränderlich ist. Durch ihren objektiven Charakter, der eine Ausgestaltung durch den Gesetzgeber notwendig macht, ist des weiteren eine Abstufung zu dem System der Freiheitsrechte geschaffen. Gleichzeitig bietet aber der durch die Einrichtungsgarantien unantastbar festgeschriebene Kernbereich die Gewähr dafür, daß die für erforderlich gehaltene soziale Ausgestaltung auch durchgesetzt wird. Dadurch, daß der Kernbereich auf Verfassungsebene verankert wird, muß die verfassungsgebende Versammlung darauf achten, daß dieser mit dem System der Grundfreiheiten im Einklang steht. Indem aber die Ausgestaltung der Einrichtungsgarantien dem Gesetzgeber überlassen wird, ist die Ausgestaltungsmöglichkeit der sozialen Komponenten erhöht und der Eingriff in das System der Grundfreiheiten gebannt.

6.5.6. Programmsätze

Programmsätze als unverbindliche Richtlinien für den künftigen Gesetzgeber kommen i.S. der Theorie der Gerechtigkeit als Fairneß zur Festschreibung sozialer Rechte nicht in Betracht. Ihre Wirkungsmöglichkeiten sind zu begrenzt, um die sozialen Bedingungen für die Verwirklichung der Freiheitsrechte abzusichern. Versteht man sie dagegen als allgemein verbindliche Aufträge, deren Verwirklichung dem Gesetzgeber obliegt, ist auf das zu den Staatszielbestimmungen bzw. zu den Gesetzgebungsaufträgen Gesagte zu verweisen.

II. Soziale Grundrechte in der Verfassung des Landes Brandenburg (zweite Stufe)

1. Entstehung der Verfassung des Landes Brandenburg und die Debatte um soziale Grundrechte

1.1. Vorparlamentarische Phase

1.1.1. Entwicklung

Bereits im Januar 1990 nahm eine Gruppe von Juristen die Arbeit zur Ausarbeitung eines Entwurfs für eine Verfassung des Landes Brandenburg auf. Diese wurden im Auftrag des Koordiniertenausschusses zur Bildung des Landes Brandenburg und im Einvernehmen mit den Runden Tischen der Bezirke Potsdam, Frankfurt/Oder und Cottbus tätig[289].

Die Arbeitsgruppe legte bis zum 22. April 1990 den sogenannten Entwurf des Koordiniertenausschusses vor[290]. Es erfolgte eine Überarbeitung unter Mitwirkung von Juristen und Verwaltungsfachleuten aus Nordrhein – Westfalen. Das Ergebnis wurde dann am 16. Mai 1990 als 1. Entwurf veröffentlicht, und zwar mit der Bitte an alle politischen Vereinigungen und Bürger, Vorschläge, Hinweise, Kritiken und Veränderungswünsche anzugeben[291].

Im Rahmen der anschließenden Diskussion gingen etwa 500 Zuschriften und drei eigenständige Alternativvarianten ein. Unter Berücksichtigung dieser Vorschläge kam es zur Ausarbeitung eines zweiten Vorentwurfes, welcher im September 1990 veröffentlicht wurde. Dieser zweite Entwurf war von Mitgliedern der drei Bezirksverwaltungsbehörden auf der Grundlage der Beratungen des Arbeitsausschusses zur Bildung des Landes Brandenburg und unter Hinzuziehung zweier westdeutscher Verfassungsexperten erstellt worden[292]. Die Gliederung

---

[289] Grunsky, Nina, Konsens und Konkordanz, S. 97; Brandenburgische Landeszentrale für politische Bildung, Zur Entstehung der Vorentwürfe für unser Land, S. 13 f.; Franke, Dietrich / Kneifel – Haverkamp, Reiner, § 2 Entstehung und wesentliche Struckturmerkmale der brandenburgischen Landesverfassung in: Simon, Helmut / Franke, Dietrich / Sachs, Michael (Hrsg.), Handbuch der Verfassung des Landes Brandenburg, S. 59.

[290] Jahrbuch des öffentlichen Rechts der Gegenwart, Neue Folge, Bd. 39, S. 387 - 399; Franke, Dietrich / Kneifel – Haverkamp, Reiner, § 2 Entstehung und wesentliche Strukturmerkmale der brandenburgischen Landesverfassung in: Simon, Helmut / Franke, Dietrich / Sachs, Michael (Hrsg.), Handbuch der Verfassung des Landes Brandenburg, S. 59.

[291] Grunsky, Nina, Konsens und Konkordanz, S. 97; Dokumentation des Landtags Brandenburg über die Entstehung des Verfassung des Landes Brandenburg, Bd. I, S. 227 – 340.

[292] Grunsky, Nina, Konsens und Konkordanz, S. 98; Dokumentation des Landtags Brandenburg über die Entstehung der Verfassung des Landes Brandenburg, Bd. I, S. 341 – 397 u. S. 343; auch abgedruckt im Jahrbuch des öffentlichen Rechts der Gegenwart, Neue Folge. Bd. 40, S. 366 – 378.

der später entworfenen Verfassung wurde hier bereits antizipiert. Es handelte sich um eine Vollverfassung mit einem ausführlichen Grundrechtskatalog in Anlehnung an das Grundgesetz[293].

1.1.2. Inhaltliche Auseinandersetzung

Entwurf des Koordiniertenausschusses[294] vom 22. April 1990	Entwurf der Regierungsbevollmächtigten[295] vom September 1990
Dritter Hauptteil: Das Gemeinschaftsleben **1. Abschnitt: Ehe, Familie, Jugend, Sorben, Wenden** **Art. 23 (Schutz und Förderung der Jugend)** 1.) Allen Jugendlichen ist die Möglichkeit zur Berufsausbildung und Berufsausübung zu gewährleisten. Begabte Jugendliche sind besonders zu fördern.	**Dritter Hauptteil: Das Gemeinschaftsleben** **1. Abschnitt: Ehe, Familie, Lebensgemeinschaft, Kinder, Jugend** **Art 24 (Schutz und Förderung der Jugend)** 2.) Allen Jugendlichen ist die Möglichkeit zur Berufsausbildung und Berufsausübung zu gewährleisten. Begabte Jugendliche sind besonders zu fördern.
Dritter Hauptteil: Das Gemeinschaftsleben **2. Abschnitt: Schule, Hochschule, Kultur, Kunst und Wissenschaft** **Art. 24 (Elternrecht und Schulpflicht)** 1. ... Jedes Kind hat Anspruch auf Erziehung und Bildung. Es besteht allgemeine Schulpflicht. **Art. 25 (Grundsätze der Erziehung und Bildung)** 1.) Achtung vor der Würde des Menschen und die Bereitschaft zum sozialen Handeln zu fördern, sind vornehmstes Ziel der Erziehung und Bildung. 2.) Die Jugend soll erzogen werden im Geiste des Humanismus, der Demokratie und der Freiheit, zum friedlichen Zusammenleben der Völker, zur Achtung vor der Überzeugung des anderen, zur Verantwortung für die Erhaltung und den Schutz der natürlichen Umwelt, in Liebe zum Volk und zur Heimat.	**Dritter Hauptteil: Das Gemeinschaftsleben** **3. Abschnitt: Schule, Hochschule, Kultur, Kunst, Wissenschaft und Sport** **Art. 27 (Schulpflicht)** Jedes Kind hat Anspruch auf Erziehung und Bildung. Es besteht allgemeine Schulpflicht. **Art. 26 (Grundsätze der Erziehung und Bildung)** Aufgabe von Erziehung und Bildung ist es, Wissen und Können zu vermitteln und die Jugend zu erziehen zur Achtung vor der Würde des Menschen, zur Bereitschaft zum sozialen Handeln, zur Anerkennung der Grundsätze des Humanismus, der Demokratie und der Freiheit, zum friedlichen Zusammenleben der Völker, zur Achtung vor der Überzeugung des Anderen, zur Verantwortung für die Erhaltung und den Schutz der natürlichen Umwelt und zur Heimatliebe.
Dritter Hauptteil: Das Gemeinschaftsleben **2. Abschnitt: Schule, Hochschule, Kultur, Kunst und Wissenschaft** **Art. 29 (Erwachsenenbildung)**	**Dritter Hauptteil: Das Gemeinschaftsleben** **3. Abschnitt: Schule, Hochschule, Kultur, Kunst, Wissenschaft und Sport** **Art. 31 (Erwachsenenbildung)**

[293] Grunsky, Nina, Konsens und Konkordanz, S. 98; Fischer, Peter, Christian, Staatszielbestimmungen in den Verfassungen und Verfassungsentwürfen der neuen Bundesländer, S. 44.
[294] Dokumentation des Landtags Brandenburg über die Entstehung des Verfassung des Landes Brandenburg, Bd. I, S. 227 ff.
[295] Dokumentation des Landtags Brandenburg über die Entstehung des Verfassung des Landes Brandenburg, Bd. I, S. 341 ff.

Die Erwachsenenbildung ist durch Land und Gemeinden zu fördern. Träger von Einrichtungen zur Erwachsenenbildung sind das Land, die Gemeinden und die Gemeindeverbände. Andere Träger wie Verbände, Vereinigungen und die Kirchen werden anerkannt.	Die Erwachsenenbildung ist durch das Land und die Träger der kommunalen Selbstverwaltung zu fördern. Die Erwachsenenbildung in freier Trägerschaft ist gewährleistet.

1.1.2.1. Entwurf des Koordiniertenausschusses

Der erste Verfassungsentwurf des Koordiniertenausschusses wies das Bundesland Brandenburg als demokratischen und sozialen Rechtsstaat aus. Es wurde der Ausgestaltung der Volkssouveränität, der Gewaltenteilung, dem Sozialstaatsgebot und der Bindung der Gewalten an das Recht, insbesondere an die Grundrechte, besonderes Augenmerk geschenkt[296].

Der Grundrechtsteil orientierte sich an dem des Grundgesetzes der Bundesrepublik Deutschland.

Der als Vollverfassung ausgestaltete Entwurf enthielt neben den klassischen Freiheits- und Abwehrrechten bereits einen dritten Hauptteil über das Gemeinschaftsleben mit Abschnitten zu den Themen: Ehe, Familie, Jugend, Sorben / Wenden (1. Abschnitt), Schule, Hochschule, Kultur, Kunst und Wissenschaft (2. Abschnitt), Kirche und Religion (3. Abschnitt), Arbeit, Wirtschaft und Soziales mit einem Recht auf Arbeit (4. Abschnitt) sowie einem kurzen fünften Abschnitt über den Umweltschutz. Im vierten Hauptteil über die Staatsorganisation waren Möglichkeiten der unmittelbaren Gesetzgebung vorgesehen.

Der Verfassungsentwurf entstand zeitlich parallel zum Entwurf des zentralen Runden Tisches der DDR. Er blieb deshalb von diesem weitgehend unbeeinflußt. Es fehlen einige Besonderheiten, die später die Verfassung des Landes Brandenburg kennzeichnen sollten. Diese sind unter anderem über den Verfassungsentwurf des zentralen Runden Tisches der DDR und die reformierte Verfassung Schleswig Holsteins nach Brandenburg gelangt.

1.1.2.2. Entwurf der Regierungsbevollmächtigten

Der Entwurf der Regierungsbevollmächtigten diente letztlich als unmittelbare Vorlage für den Verfassungsgebungsprozeß in Brandenburg. Die Gliederung der zukünftigen Verfassung wurde hier bereits vorgegeben. Es handelte sich ebenfalls um eine Vollverfassung mit einem ausführlichen Grundrechtsteil. Als Besonderheit wurde eine allgemeine Drittwirkung der Grundrechte vorgeschlagen. Auch dieser Vorentwurf hatte neben dem Grundrechtsteil einen dritten Hauptteil

[296] Brandenburgische Landeszentrale für politische Bildung, Eine Verfassung für unser Land, S. 13.

über das Gemeinschaftsleben, der die Themen Ehe, Familie, Lebensgemeinschaft, Kinder, Jugend (1. Abschnitt), Fürsorge im Alter und bei Behinderung (2. Abschnitt), Schule, Kultur, Kunst, Wissenschaft und Sport (3. Abschnitt), Kirchen und Religionsgemeinschaften (4. Abschnitt), Wirtschaft, Arbeit und Soziales (5. Abschnitt), Umweltschutz (6. Abschnitt) sowie Rechte der Sorben und Wenden (7. Abschnitt)und einem achten Abschnitt über die Beziehungen zu Berlin beinhaltete.

Der zweite Vorentwurf war deutlich vom Entwurf des zentralen Runden Tisches der DDR beeinflußt[297].

1.1.2.3. Wertung

Beide Entwürfe sind Vollverfassungen mit zahlreichen materiellen Normen. So werden das Recht auf Arbeit, der Schutz der Umwelt als Staatszielaufgaben und zahlreiche Förderpflichten festgeschrieben. Dabei soll es sich nicht um subjektive Rechte des Einzelnen handeln[298]. Es wurde aber die Möglichkeit eingeräumt, bestimmte Rechte vor dem Verfassungsgerichtshof geltend zu machen (Art. 97 Abs. 2 Entwurf der Regierungsbevollmächtigten).

Beide Verfassungsvarianten beschäftigen sich in ihrem dritten Hauptteil mit der Problematik des Gemeinschaftslebens. Dabei weisen sie eine fast identische Untergliederung dieses dritten Hauptteils auf. Im 1. Abschnitt über Ehe, Familie, Jugend, Sorben, Wenden findet sich jeweils ein Artikel, der dem Schutz und der Förderung der Jugend (Art. 23 Entwurf des Koordiniertenausschusses, Art 24 Entwurf der Regierungsbevollmächtigten) gewidmet ist. Diese Bestimmung ist in beiden Vorentwürfen gleich. Es wird den Jugendlichen die Möglichkeit zur Berufsausbildung und Berufsausübung gewährleistet. Darüber hinaus wird die Förderung von besonders begabten Jugendlichen vorgesehen.

In den Abschnitten über Schule, Hochschule, Kultur, Kunst und Wissenschaft werden jeweils die Schulpflicht, das Elternrecht, die Grundsätze der Erziehung und Bildung und die Erwachsenenbildung behandelt. Der Anspruch jedes Kindes auf Erziehung und Bildung ist in beiden Entwürfen gleichlautend formuliert (Art. 24 Entwurf des Koordiniertenausschusses, Art. 27 Entwurf der Regierungsbevollmächtigten). Auch die Grundsätze der Erziehung und Bildung sind fast einheitlich. Es gibt keine inhaltlichen, sondern lediglich rhetorische Differenzen. Die Jugend soll zur Achtung vor der Würde des Menschen, zur Bereitschaft zum sozialen Handeln, zur Anerkennung der Grundsätze des Humanis-

[297] Grunsky, Nina, Konsens und Konkordanz, S. 97 ff.
[298] Dokumentation des Landtags Brandenburg über die Entstehung des Verfassung des Landes Brandenburg, Bd. I, S. 343; Fischer, Peter, Christian, Staatszielbestimmungen in den Verfassungen und Verfassungsentwürfen der neuen Bundesländer, S. 44.

mus, der Demokratie und der Freiheit, zum friedlichen Zusammenleben der Völker, zur Achtung vor der Überzeugung des anderen, zur Verantwortung für die Erhaltung und den Schutz der natürlichen Umwelt und zur Heimatliebe erzogen werden. Darüber hinaus bestimmt der Entwurf der Regierungsbevollmächtigten, daß der Jugend Wissen und Können zu vermitteln sind.

Die Verankerung der Erwachsenenbildung erfolgte ebenfalls in beiden Entwürfen unterschiedslos. Die Erwachsenenbildung und ihre Förderung werden anerkannt.

Ein ausdrückliches Recht auf Bildung in der Form eines echten sozialen Grundrechtes ist in den Vorentwürfen nicht vorgesehen.

1.2. Die parlamentarische Phase

1.2.1 Erster Entwurf des nichtparlamentarischen Verfassungsausschusses (VAI) vom 31. Mai 1991

1.2.1.1. Entwicklung

Nach dem Beitritt der DDR am 03. Oktober 1990 kam es am 14. Oktober 1990 zu den Wahlen des Landtags Brandenburg auf der Grundlage des Länderwahlgesetzes der DDR vom 22. Juli 1990[299], das als Landesrecht in Kraft geblieben war[300]. Das Ergebnis war eine Regierungsbildung in Form einer Ampelkoalition aus SPD, F.D.P. und Bündnis 90. Von den 88 Landtagsmandaten erhielt die SPD 36 Sitze, die F.D.P. und Bündnis 90 jeweils 6, die CDU 27 und die PDS – LL 13 Mandate[301].

Nachdem sich der Landtag am 26. Oktober 1990 konstituiert hatte, kam es am 01. November 1990 zur Verabschiedung des "Gesetzes über die vorläufige Sicherung der Arbeitsfähigkeit des Landtages und der Regierung des Landes Brandenburg" (VorschaltG)[302]. Dieser Gesetzesentwurf war ein reines Organisationsstatut[303], welches in vier große Abschnitte gegliedert war (Landtag §§ 1 – 17, Landesregierung §§ 18 – 30, Gesetzgebung §§ 31 – 34, Finanzwesen §§ 35 –

[299] GBl. DDR 1990, I, S. 960
[300] Art. 9 Abs. 2, 4 des EV (Anl. II, Kap. II, Sachgebiet A, Abschnitt I, Nr. 1)
[301] Grunsky, Nina, Konsens und Konkordanz, S. 99; Bomsdorf, Eckart, Sitzverteilung und Machtstrukturen in den östlichen Landesparlamenten und im Bundestag, ZParl. Heft 1 / 1991, S. 34 ff. (S. 39); Riepe, Hilmar, Soziale Grundrechte in den Verfassungen der Länder Brandenburg usw., S. 81.
[302] Bbg. GVBl. 1990, Nr. 1, S. 2 ff.
[303] Dietlein, Johannes, Die Grundrechte in den Verfassungen der neuen Bundesländer, S. 61; Riepe, Hilmar, Soziale Grundrechte in den Verfassungen der Länder Brandenburg usw. S. 83.

41)[304]. Nach § 42 VorschaltG sollte der Landtag ein Gesetz zur Erarbeitung einer Verfassung mit 2/3 Mehrheit verabschieden und einen Verfassungsausschuß einberufen.

Am 13. Dezember 1990 wurde dann das "Gesetz zur Erarbeitung einer Verfassung für das Land Brandenburg" (VerfVorbG) auf der Grundlage des § 42 VorschaltG einstimmig verabschiedet[305]. Hierdurch erhielt der Landtag Brandenburg den Auftrag, bis zum 31. Januar 1991 einen Verfassungsausschuß einzuberufen[306]. Dieser sollte aus 15 Parlamentariern und 15 Nichtparlamentariern zusammengesetzt sein. Es gab bei der Bestimmung der Nichtparlamentarier bzw. bei der genauen Festlegung ihrer Anzahl, bezogen auf die einzelnen im Landtag vertretenen Fraktionen, Differenzen zwischen den einzelnen Parteien, unumstritten blieb jedoch die Idee, Nichtparlamentarier in die Beratungen mit einzubeziehen[307]. Man einigte sich schließlich darauf, daß die Fraktionen entsprechend ihrer Stärke die Nichtparlamentarier berufen sollten. Dabei wurde den Fraktionen aufgetragen, sich im Hinblick auf die vertretenen Interessengruppen abzusprechen, um eventuelle Doppelungen zu vermeiden[308]. Darüber hinaus war nach § 5 VerfVorbG vorgesehen, daß die Verfassung nur mit einer Zweidrittelmehrheit vom Parlament verabschiedet werden durfte. Im Anschluß daran sollte eine abschließende Bestätigung durch einen Volksentscheid herbeigeführt werden.

Am 30. Januar 1991 berief der Landtag auf der Grundlage des VerfVorbG einen Verfassungsausschuß (VAI). Dieser bestand wie vorgesehen aus 15 Parlamentariern und 15 Persönlichkeiten des öffentlichen Lebens und wurde deshalb auch als *nichtparlamentarischer Verfassungsausschuß* bezeichnet.[309]. Der nichtpar-

---

[304] Bbg. GVBl. 1990, Nr. 1, S. 2 ff.

[305] Bbg. GVBl. 1991, Nr. 4, S. 26 ff.; auch abgedruckt in: Jahrbuch des öffentlichen Rechts der Gegenwart. Neue Folge. Bd. 42 (1994), S. 316 – 317; Dokumentation des Landtags Brandenburg über die Entstehung des Verfassung des Landes Brandenburg, Bd. I, S. 201

[306] Franke, Dietrich, Der Entwurf der brandenburgischen Landesverfassung, in: Stern, Klaus (Hrsg.), Zur Entstehung von Landesverfassungen in den neuen Ländern der Bundesrepublik Deutschland, S. 1 ff. (S. 1 f.)

[307] Dokumentation des Landtags Brandenburg über die Entstehung der Verfassung des Landes Brandenburg, Bd. I, Drs. 1 / 22 vom 05.12.1990.

[308] Dokumentation des Landtags Brandenburg über die Entstehung der Verfassung des Landes Brandenburg, Bd. I, Drs. 1 / 22 vom 05.12.1990

[309] Dokumentation des Landtags Brandenburg über die Entstehung der Verfassung des Landes Brandenburg, Bd. II, Drs. 1 / 57 vom 24.01.1991; Im einzelnen: 10 (darunter 4 nichtparlamentarische) Mitglieder wurden von der SPD, 10 (darunter 5 nichtparlamentarische) Mitglieder von der CDU, 4 (davon 2 nichtparlamentarische) Mitglieder von der PDS – LL sowie je 3 von F.D.P. und Bündnis 90 benannt. Zu den Verfassungsrechtlern zählten die beiden Westdeutschen Simon (benannt von der SPD) und Finkelnburg (benannt von der CDU) sowie Schöneburg (benannt von der PDS – LL). Die personelle Kontinuität zum Runden Tisch wurde durch Schöneburg und Simon hergestellt, welche beide Berater der Arbeitsgruppe Verfas-

lamentarische Verfassungsausschuß (VAI) führte insgesamt 12 Sitzungen durch[310]. In der 1. Sitzung am 31. Januar 1991[311] legte man ohne besonderen Beschluß fest, eine Vollverfassung unter Einbeziehung von Grundrechten und Staatszielbestimmungen zu erarbeiten[312]. In der 2. Sitzung wurde zur Grundlage der Arbeiten der Entwurf der Regierungsbevollmächtigten vom September 1990 gemacht. Motivation war unter anderem, daß dieser bereits unter Mitwirkung aller im Lande vertretenen Parteien zustande gekommen und er bereits der Öffentlichkeit vorgestellt war. Darüber hinaus einigt sich der Verfassungsausschuß darauf, die Arbeit in zwei Unterausschüssen fortzusetzen. Der *Unterausschuß I (UAI)* befaßte sich mit den Grund – und Menschenrechten, den Staatszielbestimmungen und gesellschaftlichen Grundlagen einschließlich der Kirchen. Dem *Unterausschuß II (UAII)* fiel der staatsorganisationsrechtliche Teil zu[313].

Am 31. Mai 1991 überreichte der nichtparlamentarische Verfassungsausschuß (VAI) dann dem Landtagspräsidenten den Entwurf einer Landesverfassung, der den Bürgern und Bürgerinnen Brandenburgs zur öffentlichen Beratung unterbreitet wurde[314].

1.2.1.2. Debatte

Diesem ersten Verfassungsentwurf für ein Land Brandenburg waren 7 Sitzungen des nichtparlamentarischen Verfassungsausschusses (VAI) und 9 Sitzungen des Unterausschusses I (UAI) vorausgegangen. In dieser ersten Beratungsphase wurde bereits deutlich, daß dem Bereich der Bildung eine wesentliche Rolle eingeräumt wurde.

---

sung des Runden Tisches gewesen sind.; Franke, Dietrich / Kneifel – Haverkamp, Reiner, § 2 Entstehung und Wesentliche Strukturmerkmale der brandenburgischen Landesverfassung in: Simon, Helmut / Franke, Dietrich / Sachs, Michael (Hrsg.), Handbuch der Verfassung des Landes Brandenburg, S. 60.

310 1. Sitzung 22.02.1991; 2. Sitzung am 13.03.1991; 3. Sitzung am 03.03.1991; 4. Sitzung am 22.04.1991; 5. Sitzung am 13.05.1991; 6. Sitzung am 24.05.1991; 7. Sitzung am 31.05.1991; 8. Sitzung am 18.09.1991; 9. Sitzung am 18.10.1991; 10. Sitzung am 15.11.1991; 11. Sitzung am 09.12.1991; 12. Sitzung am 13.12.1991.

311 Feddersen, Christian, Die Verfassungsgebung in den neuen Ländern, DöV 1992, S. 989 ff. (S. 992).

312 VA I / 1, vom 22.02.1991, Dokumentation des Landtags Brandenburg zur Entstehung der Verfassung des Landes Brandenburg, Bd. II, S. 193 ff.

313 VA I / 2, vom 13.03.1991, Dokumentation des Landtags Brandenburg über die Entstehung der Verfassung des Landes Brandenburg, Bd. II, S. 211 ff.

314 Bbg. GVBl. Nr. 9,vom 07.06.1991, S. 96 ff.; Dokumentation des Landtags Brandenburg über die Entstehung der Verfassung des Landes Brandenburg, Bd. II; S. 57 ff.

a. Nichtparlamentarischer Verfassungsausschuß (VAI)

So wurde in der 5. Sitzung vom 13. Mai 1991 durch den nichtparlamentarischen Verfassungsausschuß (VAI) festgelegt, im II. Hauptteil der Verfassung (Grundrechte und Staatsziele) einen 5. Abschnitt über Bildung, Wissenschaft, Kunst und Kultur aufzunehmen[315]. In den folgenden Versammlungen des nichtparlamentarischen Verfassungsausschusses (VAI) diskutierte man im Hinblick auf die Rechte Bildung und Weiterbildung dann aber lediglich über die Formulierung der Erziehungsziele[316].

b. Unterausschuß I (UAI)

Der gebildete Unterausschuß I befaßte sich mit der Problematik der Bildung und Weiterbildung ausführlicher. Zunächst stellte man auch hier klar, daß den Beratungen der Entwurf der Regierungsbevollmächtigten zugrunde liegen sollte[317]. Es wurden alle Artikel des Entwurfs der Regierungsbevollmächtigten nacheinander durchgegangen, um festzulegen, auf welche Prinzipien sich der Unterausschuß I (UAI) einigen könne[318]. Hinsichtlich des Art. 24 Entwurf der Regierungsbevollmächtigten (Schutz und Förderung der Jugendlichen) wurde angeregt, eine grundsätzliche Klarstellung der Problematik der sozialen Grundrechte vorzunehmen. Die Mitglieder des Unterausschusses waren sich nicht einig, ob Art. 24 Abs. 2 Entwurf der Regierungsbevollmächtigten als subjektives und einklagbares Recht auf Zuweisung eines Ausbildungsplatzes verstanden werden sollte. Darüber hinaus wollte man den gesamten Komplex der Art. 26 – 31 Entwurf der Regierungsbevollmächtigten (3. Abschnitt: Schule, Hochschule, Kultur, Kunst, Wissenschaft und Sport) einer eigenen Arbeitsgruppe zuordnen. Es wurde daraufhin eine Arbeitsgruppe für Bildung, Schule und Hochschule gebildet. Auch hinsichtlich der Frage des Bildungsurlaubs gab es erste Anregungen. Es wurde vorgeschlagen, einen Anspruch auf Bildungsurlaub aufzunehmen. Eventuell sollte eine Verknüpfung mit einem allgemeinen Recht auf Bildung erfolgen[319].

---

[315] VA I / 5, vom 13.05.1991, Dokumentation des Landtags Brandenburg über die Entstehung der Verfassung des Landes Brandenburg, Bd. II, S. 241 ff.

[316] VA I / 6 vom 24.05.1991, Dokumentation des Landtags Brandenburg über die Entstehung der Verfassung des Landes Brandenburg, Bd. II, S. 273 ff.

[317] UA I / Konstituierung vom 13.03.1991, Dokumentation des Landtags Brandenburg über die Entstehung der Verfassung des Landes Brandenburg, Bd. II, S. 421 f.

[318] UAI / 1 vom 22.03.1991, Dokumentation des Landtags Brandenburg über die Entstehung der Verfassung des Landes Brandenburg, Bd. II, S. 423 ff.

[319] UAI / 1 vom 22.03. 1991, Dokumentation des Landtags Brandenburg über die Entstehung der Verfassung des Landes Brandenburg, Bd. II. S. 427 f.

In der 2. Sitzung war ein Diskussionsschwerpunkt der Art. 27 Entwurf der Regierungsbevollmächtigten (Schulpflicht). Es wurde die nachfolgende Formulierung besprochen:

"Jeder hat das Recht auf Bildung, insbesondere auf gleichen Zugang zu den öffentlichen Bildungseinrichtungen, unabhängig von der wirtschaftlichen und sozialen Lage."

Gestritten wurde schließlich darüber, auf welche Weise die Verpflichtung, spezifische Fähigkeiten oder Begabungen zu fördern, in der Verfassung zu verankern sei[320].

Auch Art. 31 Entwurf der Regierungsbevollmächtigten (Erwachsenenbildung) war Thema dieser Sitzung. Es bestand Einigkeit darüber, daß die Erwachsenenbildung durch das Land, die Kreise und Gemeinden zu fördern und das Recht auf Erwachsenenbildung in freier Trägerschaft zu gewährleisten sei. Aber es kamen bereits deutlich die unterschiedlichen Positionen hinsichtlich der Problematik des Bildungsurlaubes zum Ausdruck. So schlug man vor, die Dauer des jährlich zu gewährleistenden Bildungsurlaubes durch Gesetz zu gewährleisten. Die Zweckmäßigkeit einer solchen Verankerung wurde, besonders im Hinblick auf die wirtschaftliche Situation in Brandenburg, in Frage gestellt. Nach kontroverser Diskussion stellte man den Passus über den Bildungsurlaub vorläufig zurück[321].

In der 4. Sitzung befaßte sich der Unterausschuß unter anderem mit dem Modell des dreistufigen Aufbaus der sozialen Grundrechte der Verfassung Brandenburgs[322]. Dies sah so aus, daß *erstens* das Land ein Recht auf Bildung, auf Arbeit usw. anerkennen solle, *zweitens* sollten daraus Handlungspflichten für das Land folgen und *drittens* sollte festgelegt werden, welche Rechte einklagbar blieben. Auch bei dem Recht auf Bildung wollte man in dieser Weise verfahren. Neben dieser Diskussion um die Formulierung der Staatszielbestimmungen spielte die Frage der Begabtenförderung eine wesentliche Rolle[323].

---

[320] UAI / 2 vom 27.03.1991, Dokumentation des Landtags Brandenburg über die Entstehung der Verfassung des Landes Brandenburg, Bd. II, S. 437 f.

[321] UAI / 2 vom 27.03.1991, Dokumentation des Landtags Brandenburg über die Entstehung der Verfassung des Landes Brandenburg, Bd. II, S. 437 ff; vgl. auch Bd. II, S. 440 ff.

[322] Die Erläuterungen werden durch das Mitglied des Unterausschusses UAI Simon gegeben; UAI / 4 vom 12.04.1991, Dokumentation des Landtags Brandenburg über die Entstehung der Verfassung des Landes Brandenburg, Bd. II, S. 470.

[323] UAI / 4 vom 12.04.1991, Dokumentation des Landtags Brandenburg über die Entstehung der Verfassung des Landes Brandenburg, Bd. II, S. 463 ff.

In seiner 8. Sitzung[324] beschäftigte sich der Ausschuß erneut mit dem Recht auf Bildung, dessen Beratung in der 4. Sitzung ausgesetzt worden war. Man diskutierte den Vorschlag, ein Recht auf Bildung parallel zu den anderen sozialen Grundrechten zu formulieren. Die Garantie des Zugangs zu den öffentlichen Bildungseinrichtungen allein empfand der Ausschuß als zu gering für das Bildungssystem. Der Vorschlag für die Formulierung eines solchen Rechts lautete:

"Das Land anerkennt das Rechte eines jeden auf Bildung. Neben dem Bund ist auch das Land verpflichtet, im Rahmen seiner Kompetenzen und Kräfte für die Verwirklichung dieses Rechts zu sorgen, insbesondere durch Schaffung öffentlicher Ausbildungseinrichtungen und durch Förderung beruflicher Ausbildungssysteme."

Danach sollten das Recht auf gleichen Zugang und die weiteren Einzelheiten geregelt werden. Der Formulierungsvorschlag dazu lautete:

"Zu den öffentlichen Bildungseinrichtungen hat jeder das Recht auf gleichen Zugang, unabhängig von der wirtschaftlichen und sozialen Lage."

Dieser Vorschlag wurde in der Diskussion wie folgt ergänzt:

"... unabhängig von der wirtschaftlichen und sozialen Lage sowie der weltanschaulichen Einstellung."

Dies wurde damit begründet, daß, nachdem es ein politisches und weltanschauliches Bildungsprivileg gegeben habe, man sich nicht nur auf die wirtschaftliche und soziale Lage beziehen dürfe, sondern daß auch auf die Weltanschauung eingegangen werden müsse.

Als weitere Möglichkeit wurde folgende Formulierung vorgegeben:

"... unabhängig von seiner wirtschaftlichen und sozialen Lage und seiner politischen Überzeugung."

Diese Variante fand die Zustimmung im Ausschuß. Der letzte Absatz wurde dann ohne große Schwierigkeiten so formuliert:

"Begabte, sozial benachteiligte und behinderte Menschen sind besonders zu fördern."

---

324 UAI / 8 vom 27.04.1991, Dokumentation des Landtags Brandenburg über die Entstehung der Verfassung des Landes Brandenburg, Bd. II, S. 579 ff.

Auch der Artikel über den Bildungsurlaub wurde besprochen. Nach längerer Diskussion, unter anderem wurde für die vollständige Streichung des Artikels plädiert, wird folgender Satz angenommen[325]:

"Jeder hat das Recht auf Urlaub zur beruflichen, kulturellen oder politischen Weiterbildung."

1.2.1.3. Inhaltliche Auseinandersetzung

Verfassung des Landes Brandenburg / Entwurf vom 31. Mai 1991[326]	**Verfassung des Landes Brandenburg / Entwurf vom 31. Mai 1991**
2. Hauptteil: Grundrechte und Staatsziele **6. Abschnitt: Ehe, Familie, Lebensgemeinschaften und Kinder** **Art. 29 (Recht auf Bildung)** 1.) Das Land anerkennt das Recht eines jeden auf Bildung. Neben dem Bund ist auch das Land verpflichtet, im Rahmen seiner Kräfte für die Verwirklichung dieses Rechtes zu sorgen, insbesondere durch Schaffung öffentlicher Ausbildungseinrichtungen und Förderung beruflicher Ausbildungssysteme. 2.) Jeder hat das Recht auf gleichen Zugang zu den öffentlichen Bildungseinrichtungen, unabhängig von seiner wirtschaftlichen und sozialen Lage und seiner politischen Überzeugung. Begabte, sozial benachteiligte und behinderte Menschen sind besonders zu fördern. 3.) Es besteht allgemeine Schulpflicht.	**2. Hauptteil: Grundrechte und Staatsziele** **6. Abschnitt: Ehe, Familie, Lebensgemeinschaften und Kinder** **Art. 36 (Erwachsenenbildung)** 1.) Die Erwachsenenbildung ist durch das Land und die Träger der kommunalen Selbstverwaltung zu fördern. Die Erwachsenenbildung in freier Trägerschaft ist gewährleistet. 2.) Jeder hat das Recht auf Urlaub zur beruflichen, kulturellen oder politischen Weiterbildung. Näheres regelt das Gesetz.

Wie die dargestellte Diskussion zeigt, kristallisierten sich bereits zu diesem Zeitpunkt einige Hauptprobleme im Bereich des Rechts auf Bildung und der Erwachsenenbildung heraus.

Dazu zählt die Formulierung eines Rechts auf Bildung in Gestalt eines sozialen Grundrechts. Damit verbunden war die generelle Frage der Darstellung der sozialen Grundrechte in der Verfassung des Landes Brandenburg. Nach der anfänglich geführten Diskussion einigte man sich aber in der 8. Sitzung des Unter-

---

[325] Der Diskussion lag ein Entwurf des jetzigen Bildungsminister des Landes Brandenburg, Steffen Reiche, zugrunde, vgl. Dokumentation des Landtags Brandenburg über die Entstehung der Verfassung des Landes Brandenburg, Bd. II, S. 608.

[326] Dokumentation des Landtags Brandenburg über die Entstehung der Verfassung des Landes Brandenburg, Bd. II, S. 55 ff.

ausschusses I (UAI) erstaunlich schnell auf die dann an den Landtagspräsidenten weitergeleitete Fassung des Rechts auf Bildung.

In Art. 29 Abs. 1 des Entwurfs vom 31.Mai 1991 wird bestimmt, daß das Land das Recht eines jeden auf Bildung anerkennt. Darüber hinaus verpflichtet man neben dem Bund auch das Land, für die Verwirklichung des Rechts auf Bildung zu sorgen. Diese Verpflichtung steht unter der Einschränkung der Kräfte des Landes, was zum Ausdruck bringen soll, daß es sich nicht um ein unbegrenzt einklagbares Recht handelt, sondern um eine Staatszielbestimmung.

Mit der Formulierung des Art. 29 Abs. 2 des Entwurfs vom 31. Mai 1991 wird das Recht jedes Einzelnen auf Zugang zu den öffentlichen Bildungseinrichtungen festgeschrieben. Dies wird ausdrücklich unabhängig von der wirtschaftlichen und sozialen Lage bzw. von der politischen Einstellung des Einzelnen gemacht. Hierzu entschloß man sich, um eine klare Abgrenzung zu den bisherigen politischen und weltanschaulichen Bildungsprivilegien vorzunehmen. Weiterhin entschied man sich bereits zu diesem frühen Zeitpunkt für die ausdrückliche Begabtenförderung und die Förderung von sozial benachteiligten und behinderten Menschen.

Die Regelung der allgemeinen Schulpflicht erfolgte in Art. 29 Abs. 3 des Entwurfs vom 31. Mai 1991.

Einen zweiten Problemschwerpunkt stellte die Frage dar, ob ein Recht auf Bildungsurlaub überhaupt in der Verfassung verankert werden sollte. Man entschied sich letztlich für die Formulierung, daß jedem das Recht auf Urlaub zur beruflichen, kulturellen und politischen Weiterbildung zustehe. Näheres sollte durch Gesetz geregelt werden. Der Vorschlag, diesen Artikel völlig zu streichen, setzte sich nicht durch.

1.2.2. Zweiter Entwurf des nichtparlamentarischen Verfassungsausschusses (VAI) vom 13. Dezember 1991

1.2.2.1. Entwicklung

Nachdem die öffentliche Diskussion abgeschlossen war, begann die zweite Phase der Arbeit des gemischten Verfassungsausschusses (VAI). Er nahm am 18. September 1991 seine Arbeit wieder auf und überarbeitete bis zum 13. Dezember 1991 anhand der eingegangenen rund 400 Zuschriften[327] und Stellungnahmen sowie einer Stellungnahme der Landesregierung den Verfassungsentwurf.

[327] Eine Zusammenfassung der Zuschriften findet sich in: Dokumentation des Landtags Brandenburg über die Entstehung der Verfassung des Landes Brandenburg, Bd. II, S. 77 – S.189.

Am 13. Dezember 1991 beschloß der nichtparlamentarische Verfassungsausschuß (VAI) mit 18 Stimmen gegen eine Stimme, den nach den Vorschlägen und Kritiken der Bürger, Organisationen und Behörden revidierten Verfassungsentwurf mit beigelegten Minderheitenvoten dem Landtag zur Beratung zu übergeben[328].

1.2.2.2. Debatte

Der Übergabe des Zweiten Entwurfs des Verfassungsausschusses am 13. Dezember 1991 gingen 5 weitere Sitzungen des nichtparlamentarischen Verfassungsausschusses (VAI)[329] und 10 Sitzungen des Unterausschusses I (UAI) voraus[330].

a. Nichtparlamentarischer Verfassungsausschuß (VAI)

In der 8. und 9. Sitzung des nichtparlamentarischen Verfassungsausschusses (VAI)[331] ging es vorrangig um die Auswertung der Ergebnisse der vorausgegangenen öffentlichen Diskussion. Diesbezüglich gaben beide Unterausschüsse Berichte über das Ergebnis ihrer Arbeit. Der Unterausschuß I (UAI) hatte zu diesem Zweck Berichterstatter ernannt, welche zu den einzelnen Artikeln die Zuschriften sichteten und Voten entwickelten.

Es wurde dabei deutlich, daß sich vier vorrangige Fragen stellten: 1.) Mögliche Kollisionen mit dem Grundgesetz, 2.) Die Drittwirkung von Grundrechten, 3.) Mögliche terminologische und begriffliche Unklarheiten hinsichtlich der Normadressaten, 4.) Die Unterscheidbarkeit von Staatszielen und subjektiven Rechten. Bezüglich der sozialen Grundrechte hatte es die Kritik gegeben, daß diese dazu verführten, einklagbare Rechte dort anzunehmen, wo es keine einklagbaren Rechte gäbe. Die Frage der Unterscheidbarkeit von Staatszielen und subjektiven Rechten betraf hauptsächlich die vier Bestimmungen über Bildung, Arbeit, Wohnung und soziale Sicherung. Die entsprechenden Artikel waren alle gleich konstruiert. Zur eindeutigen Klarstellung, daß es sich um Staatszielbe-

---

[328] VA I / 12 vom 13.12.1991, Dokumentation des Landtags Brandenburg über die Entstehung der Verfassung des Landes Brandenburg, Bd. II, S. 399 ff., Drs. 1 / 625 vom 13.12.1991.

[329] 8. Sitzung am 18.09.1991; 9. Sitzung am 18.10.1991; 10. Sitzung am 15.11.1991; 11. Sitzung am 09.12.1991, 12. Sitzung am 13.12.1991.

[330] 10. Sitzung am 18.09.1991; 11. Sitzung am 30.09.1991; 12. Sitzung am 07.10.1991; 13. Sitzung am 11.10.1991; 14. Sitzung am 18.10.1991; 15. Sitzung am 19.10.1991; 16. Sitzung am 04.11.1991; 17. Sitzung am 15.11.1991; 18. Sitzung am 18.11.1991; 19. Sitzung am 25.11.1991; 20. Sitzung am 02.12.1991.

[331] VAI / 8 vom 18.09.1991, Dokumentation des Landtags Brandenburg über die Entstehung der Verfassung des Landes Brandenburg, Bd. II, S. 323 ff.; VAI / 9 vom 18.10.1991, Dokumentation des Landtags Brandenburg über die Entstehung der Verfassung des Landes Brandenburg, Bd. II, S. 339 ff.

stimmungen handele, wurde vorgeschlagen, jeweils in den ersten Absätzen dieser Artikel das Wort Staatsziel zu nennen.

Erst in der 11. Sitzung befaßt sich der nichtparlamentarische Verfassungsausschuß (VAI)[332] dann wieder direkt mit den Fragen zum Bildungsbereich.

Als erstes beschäftige den Ausschuß der Art. 29 des Entwurfs vom 31.Mai 1991 (Recht auf Bildung). Zunächst gab es diesbezüglich den Vorschlag, in Art. 29 nicht die Förderung von Begabten, sondern von Begabungen zu benennen. Dies wurde mit dem Argument abgelehnt, dadurch verändere sich der Aussageinhalt. Auf eine Förderung von Hochbegabten könne nicht verzichtet werden. Für andere käme aber durchaus eine Förderung entsprechend ihrer Begabungen in Betracht.

Hinsichtlich des Art. 34 des Entwurfs vom 31. Mai 1991 (Erwachsenenbildung) gab es ein Minderheitenvotum der FDP. Der Art. 34 Abs. 2 sollte gestrichen werden, da politische Anliegen nicht in eine Verfassung gehörten. Es sei Sache der Regierung, dies durchzusetzen und zu verantworten. Die Mehrheit der Ausschußmitglieder sprach sich aber für die Beibehaltung des Art. 34 Abs. 2 aus. Unter anderem wurde auf ein Gutachten des DGB verwiesen, wonach das Recht auf Bildungsurlaub auch in anderen Verfassungen verankert und eine derartige Formulierung daher ebenfalls für die Verfassung des Landes Brandenburg zu begrüßen sei.

b. Unterausschuß I (UAI)

Parallel zur Diskussion im nichtparlamentarischen Verfassungsausschuß (VAI) ging auch die Arbeit des Unterausschusses I weiter.

In der 15. Sitzung des Unterausschusses I (UAI)[333] wurde Steffen Reiche beauftragt, die Zuschriften zu den Art. 29 – 38 des Entwurfs vom 31. Mai 1991 auszuwerten.

In der 18. Sitzung[334] wird erneut über die Problematik eines Rechts auf Bildung und die Frage der Erwachsenenbildung diskutiert.

---

[332] VAI / 11 vom 09.12.1991, Dokumentation des Landtags Brandenburg über die Entstehung der Verfassung des Landes Brandenburg, Bd. II, S. 369 ff.

[333] UAI / 13 vom 11.10.1991, Dokumentation des Landtags Brandenburg über die Entstehung der Verfassung des Landes Brandenburg, Bd. II, S. 675 ff.

[334] UAI / 18 vom 18.11.1991, Dokumentation des Landtags Brandenburg über die Entstehung der Verfassung des Landes Brandenburg, Bd. II, S. 743 ff.

Im Hinblick auf Art. 29 des Entwurfs vom 31. Mai 1991 (Recht auf Bildung) wird an die bereits beschlossene Neuformulierung von Art. 29 Abs. 1 erinnert:

"Das Land anerkennt als Staatsziel das Recht eines jeden auf Bildung."

In Bezug auf Art. 29 Abs. 2 des Entwurfs vom 31. Mai 1991 beschließt man, die Formulierung der Verpflichtung des Bundes zu streichen, da dies selbstverständlich sei und nicht der Verdacht aufkommen solle, das Land wolle den Bund verpflichten. Darüber hinaus wurden folgende Formulierungsvarianten diskutiert:

"Das Land ist verpflichtet, im Rahmen des Möglichen für die Verwirklichung dieses Rechtes zu sorgen ..."

oder

"Das Land ist verpflichtet, im Rahmen seiner Kräfte für die Verwirklichung dieses Rechtes zu sorgen ..."

Die letztere Variante wird favorisiert, da diese Wendung den Zweck habe, nicht mehr zu versprechen, als gehalten werden kann. Dem Leser werde dadurch deutlich zu verstehen gegeben, daß es nicht um ein einklagbares Recht gehe.

Es besteht Übereinstimmung hinsichtlich des Art. 29 Abs. 3 des Entwurfs vom 31. Mai 1991, statt von *"behinderten Menschen"* von *"Menschen mit Behinderungen"* zu sprechen. Der Vorschlag des Ministeriums für Bildung, Jugend und Sport, anstelle der Formulierung *"Begabte"* zu sagen, *"Menschen mit Begabungen"*, findet keine Befürworter. Dies wird damit begründet, daß es bereits zum allgemeinen Bildungsauftrag gehöre, jeden Menschen in seinen unterschiedlichen Begabungen zu fördern. In diesem Absatz gehe es dagegen um die Förderung besonderer Personengruppen, u.a. um die Gruppe der Begabten.

In diesem Zusammenhang wird zu bedenken gegeben, ob nicht ein Widerspruch zwischen Art. 13 Abs. 3, der die Bevorzugung wegen einer Behinderung verbietet, und der Pflicht zur Förderung von Menschen mit Behinderungen nach Art. 29 Abs. 3 bestehe. Ein ähnliches Problem ergebe sich hinsichtlich des Merkmals "soziale Herkunft oder Stellung" in Art. 13 Abs. 3 im Vergleich zur Pflicht der Förderung sozial Benachteiligter. Dem wird entgegengehalten, im Sozialstaat könne der Ausgleich bestehender Benachteiligungen nicht als Verletzung des Gleichheitssatzes angesehen werden. Es wäre im übrigen Aufgabe der Gerichte, beiden Bestimmungen im Sinne praktischer Konkordanz Wirksamkeit zu verschaffen. Das Wort "wegen" im speziellen Gleichheitssatz werde in der Rechtsprechung eng ausgelegt. Jemand werde nicht wegen seiner Behinderung bevorzugt, sondern er werde wegen der Nachteile, die daraus entstehen, gefördert. Beide Bestimmungen (Art. 13 Abs. 3 und Art. 29 Abs. 3 S. 2) könnten daher nebeneinander bestehen.

Daraufhin wird im Konsens folgende Änderung von Art. 29 Abs. 3 S. 2 des Entwurfs vom 31. Mai 1991 angenommen:

"Begabte, sozial Benachteiligte und Menschen mit Behinderungen sind besonders zu fördern."

Eine Änderung von Art. 13 Abs. 3, um einen eventuell vorhandenen Widerspruch zu vermeiden, wird abgelehnt.

Auch mit Art. 34 des Entwurfs vom 31. Mai 1991 (Erwachsenenbildung) beschäftigt sich der Unterausschuß in dieser Sitzung.

Es wird berichtet, in den Zuschriften werde u.a. vorgeschlagen, das Wort "Erwachsenenbildung" durch "Weiterbildung" zu ersetzen, da "Weiterbildung" der weitergehende Begriff sei. Er sei auch vom deutschen Bildungsrat empfohlen worden. Der Vorschlag wird daraufhin mehrheitlich angenommen.

Der Ausschuß kommt überein, wie in anderen Artikeln die Begriffe *"Kreise und Gemeinden"* durch *"Gemeinden und Gemeindeverbände"* zu ersetzen. Die Überschrift des Art. 34 solle lauten: *"Weiterbildung"*.

Nunmehr wird die Frage erörtert, ob der Begriff "Weiterbildung" durch einen Terminus zu ergänzen sei, der klarstellt, *wessen* Weiterbildung gemeint ist. Es wird ausgeführt, mit "Weiterbildung" sei die dritte Phase des Lernens gekennzeichnet, deshalb bedürfe der Begriff keiner Ergänzung. Dagegen wird eingewandt, daß diese Bedeutung des Begriffs nur Bildungsexperten kennen, da in der dritten Phase des Lernens nur Erwachsene sein könnten, wäre es richtiger und vor allem anschaulicher, von *"Weiterbildung von Erwachsenen"* zu sprechen. Dieser Formulierung wird dann auch mehrheitlich zugestimmt.

Für die Änderung Art. 34 Abs. 1 S. 2 des Entwurfs vom 31. Mai 1991 einigt sich der Ausschuß auf folgende Formulierung:

"Das Recht zur Errichtung von Weiterbildungseinrichtungen in freier Trägerschaft wird gewährleistet."

Der neue Art. 34 Abs. 1 hat danach den folgenden Wortlaut:

"Die Weiterbildung von Erwachsenen ist durch das Land, die Gemeinden und Gemeindeverbände zu fördern. Das Recht zur Errichtung von Weiterbildungseinrichtungen in freier Trägerschaft wird gewährleistet."

Der Vorschlag der Landesregierung, Art. 34 Abs. 2 zu streichen, findet keine Zustimmung.

1.2.2.3. Inhaltliche Auseinandersetzung

Verfassung des Landes Brandenburg / Entwurf vom 13. Dezember 1991[335]	**Verfassung des Landes Brandenburg / Entwurf vom 13. Dezember 1991**
2. Hauptteil: Grundrechte und Staatsziele **6. Abschnitt: Bildung, Wissenschaft, Kunst und Sport** **Art. 29 (Recht auf Bildung)**	**2. Hauptteil: Grundrechte und Staatsziele** **6. Abschnitt: Bildung, Wissenschaft, Kunst und Sport.** **Art. 34 (Weiterbildung)**
1.) Das Land anerkennt als Staatsziel das Recht eines jeden auf Bildung.	1.) Die Weiterbildung von Erwachsenen ist durch das. Land, die Gemeinden und Gemeindeverbände zu fördern. Das Recht auf Errichtung von Weiterbildungseinrichtungen in freier Trägerschaft ist gewährleistet.
2.) Das Land ist verpflichtet, im Rahmen seiner Kräfte für die Verwirklichung dieses Rechtes zu sorgen, insbesondere durch Schaffung öffentlicher Ausbildungseinrichtungen und Förderung beruflicher Ausbildungssysteme.	2.) Jeder hat das Recht auf Urlaub zur beruflichen, kulturellen oder politischen Weiterbildung. Näheres regelt ein Gesetz.
3.) Jeder hat das Recht auf gleichen Zugang zu den öffentlichen Bildungseinrichtungen, unabhängig von seiner wirtschaftlichen und sozialen Lage und seiner politischen Überzeugung. Begabte, sozial Benachteiligte und Menschen mit Behinderungen sind besonders zu fördern.	

a. Art. 29 Entwurf vom 13. Dezember 1991 (Recht auf Bildung)

Nunmehr erkennt das Land in Art. 29 Abs. 1 Entwurf vom 13. Dezember 1991 das Recht jedes Einzelnen auf Bildung als Staatsziel an. Man hat sich mit dieser Formulierung an der Anregung aus der öffentlichen Diskussion, die Staatszielbestimmung auch ausdrücklich als solche zu bezeichnen, orientiert. Des weiteren entfällt die Benennung der Verpflichtung des Bundes. Die Verpflichtung des Landes zur Schaffung öffentlicher Ausbildungseinrichtungen und zur Förderung beruflicher Ausbildungssysteme wird durch einen eigenen Absatz deutlicher hervorgehoben. Sowohl das Zugangsrecht zu den öffentlichen Bildungseinrichtungen, als auch die Förderung besonderer Personengruppen bleibt in Art. 29

[335] Dokumentation des Landtags Brandenburg über die Entstehung der Verfassung des Landes Brandenburg, Bd. III, S. 33 ff.; DS 1 / 625vom 13.12.1991.

Abs. 3 Entwurf vom 13. Dezember 1991 enthalten. Deutlicher betont wird, daß es um die Förderung von Menschen mit Behinderungen geht.

b. Art. 34 des Entwurfs vom 13. Dezember 1991 (Weiterbildung)

Ebenfalls durch Anregung aus der öffentliche Diskussion wird nunmehr in Art. 34 Abs. 1 Entwurf vom 13. Dezember 1991 die Weiterbildung von Erwachsenen durch das Land, die Gemeinden und Gemeindeverbände gefördert. Für den Begriff der Weiterbildung entscheidet man sich, da dieser gegenüber dem Ausdruck der Erwachsenenbildung weitergehend sei. Die Formulierung, daß es um die Weiterbildung von Erwachsenen geht, wird zur Klarstellung der Zielrichtung der Vorschrift verwendet. Die Errichtung von Weiterbildungseinrichtungen in freier Trägerschaft gewährleistet Art. 34 Abs. 1 S. 2 Entwurf vom 13. Dezember 1991.

Die Formulierung des Art. 34 Abs. 2 Entwurf 13. Dezember 1991 bleibt unverändert.

1.2.3. Erste Lesung im Landtag Brandenburg vom 19. Dezember 1991 zum Entwurf des Verfassungsausschusses vom 13. Dezember 1991

1.2.3.1. Entwicklung

Am 19. Dezember 1991 berät der Landtag den Verfassungsentwurf vom 13. Dezember 1991 in der ersten Lesung. Die CDU – Fraktion brachte den Entwurf allerdings nicht mit in den Landtag ein[336]. Nach der Debatte fordert der Landtag von allen Fachausschüssen Stellungnahmen an. Des weiteren wurde der parlamentarische Verfassungsausschuß gebildet (VAII)[337], welcher den nichtparlamentarischen Verfassungsausschuß (VAI) ablöste.

Das Gesetz zur Regelung des Verfahrens beim Volksentscheid über die Verfassung Brandenburgs" (VVG) wird am 31. März 1991 verabschiedet. Der Volksentscheid wurde für den 14. Juni 1992 anberaumt[338].

---

[336] Dokumentation des Landtags Brandenburg über die Entstehung der Verfassung des Landes Brandenburg, Bd. III, S. 81, Drs. 1 / 625 vom 13.12.1991; Rux, Johannes, Die Verfassungsdiskussion in den neuen Bundesländern, ZParl. 1992, S. 291 ff. (S. 293).

[337] Pl. Pr. I / 34, Dokumentation des Landtags Brandenburg über die Entstehung der Verfassung des Landes Brandenburg, Bd. III, S. 83 ff., Der zweite parlamentarische Verfassungsausschuß setzt sich aus den Abgeordneten des VA I zusammen. Es kam lediglich zu Umbesetzungen, weil einige Abgeordnete den Landtag verlassen hatten, so der Vorsitzende des VA I Gustav Just. Den Vorsitz übernahm nun Peter – Michael Diestel.

[338] Bbg. GVBl. 1992, Teil I Nr. 5, S. 110.

Der parlamentarische Verfassungsausschuß (VAII) legte am 20. März 1992 seine Beschlußempfehlung vor[339].

1.2.3.2. Debatte

Die erste Lesung zum Entwurf der Verfassung für das Land Brandenburg vom 13. Dezember 1991[340] findet am 19. Dezember 1991 statt.

Dieser Entwurf wurde als Gesetzesentwurf von den Fraktionen der SPD, der PDS – LL, der FDP und des Bündnis 90 eingebracht. Die Fraktion der CDU trug den Entwurf der Verfassung zu diesem Zeitpunkt nicht mit. In dieser ersten Lesung äußerten sich verschiedene Abgeordnete und Mitglieder der Landesregierung.

Nach der ersten Lesung im Parlament nahm der parlamentarische Verfassungsausschuß (VAII) seine Arbeit auf[341]. Diese Phase der Arbeit des Verfassungsausschusses war im wesentlichen durch die Empfehlungen der Fachausschüsse geprägt.

So bestand dann auch die erste Sitzung des parlamentarischen Verfassungsausschusses (VAII)[342] in der Gegenüberstellung von Verfassungsentwurf und Empfehlungen der Fachausschüsse vom 12. März 1992. Der Ausschuß befaßte sich mit den Änderungsvorschlägen der Fachausschüsse[343].

Zu Art. 34 Entwurf vom 13. Dezember 1991 (Weiterbildung) lagen die Änderungsanträge des Wissenschaftsausschusses, des Ausschusses für Arbeit, Gesundheit, Soziales und Frauen und des Bildungsausschusses vor, in Abs. 2 *"Urlaub"* durch *"Freistellung"* zu ersetzen.

Im Ausschuß herrscht Übereinstimmung darüber, daß mit "Urlaub" eine bezahlte Freistellung gemeint ist; wohingegen der Begriff Freistellung dem Landesgesetzgeber die Entscheidung überlasse, ob die Zeit der Weiterbildung bezahlt wird oder nicht. Mehrere Abgeordnete äußern Zweifel darüber, ob ein An-

---

[339] Dokumentation des Landtags Brandenburg über die Entstehung der Verfassung des Landes Brandenburg, Bd. III, S. 115 ff., Drs. 1 / 877 vom 20.03.1992.

[340] Dokumentation des Landtags Brandenburg über die Entstehung der Verfassung des Landes Brandenburg, Bd. III, S. 79 ff.

[341] 1. Sitzung am 14.01.1992; 2. Sitzung am 13.03.1992; 3. Sitzung am 18.03.1992; 4. Sitzung am 20.03.1992; 5. Sitzung am 27.03.1992; 6. Sitzung am 01.04.1992, 7. Sitzung am 03.03.1992 und 8. Sitzung am 09.04.1992.

[342] VA II / 1 vom 14.01.1992, Dokumentation des Landtags Brandenburg über die Entstehung der Verfassung des Landes Brandenburg, Bd. III, S. 485 ff.

[343] Dokumentation des Landtags Brandenburg über die Entstehung der Verfassung des Landes Brandenburg, Bd. III, S. 509 ff.

spruch auf Bildungsurlaub finanziert werden könnte. Es wird angesprochen, daß das Recht auf Freistellung bereits gesetzlich geregelt sei und nicht in der Verfassung wiederholt werden müsse. Es gehe darum, ein Recht auf Bildungsurlaub zu verankern. Allerdings existierten in Brandenburg in den nächsten fünf bis zehn Jahren noch besondere Bedingungen. Auch die besondere Rolle des Mittelstandes sei dabei zu beachten. Jedoch wird mehrheitlich dafür plädiert, das Recht auf bezahlten Bildungsurlaub als politisches Ziel zu verankern. Es gelte, dieses politische Ziel im Weiterbildungsgesetz unter Berücksichtigung der besonderen Bedingungen Brandenburgs und der besonderen Rolle des Mittelstandes zu regeln. In einem Gesetz könne geregelt werden, daß nicht der Arbeitgeber den Bildungsurlaub bezahlt. Es kommt auch die Auffassung zum Tragen, daß durch den Änderungsvorschlag ein Teil der Bürger des Landes Brandenburg von vornherein ausgegrenzt werde, nämlich jene, die sich die unbezahlte Freistellung nicht leisten können.

Bei der anschließenden Abstimmung wird der Änderungsantrag angenommen, so daß Art. 34 Abs. 2 nunmehr lautet:

"Jeder hat das Recht auf Freistellung zu beruflichen, kulturellen oder politischen Weiterbildung. Näheres regelt ein Gesetz."

In der 3. Sitzung des parlamentarischen Verfassungsausschusses (VAII)[344] wird Art. 29 Entwurf vom 13. Dezember 1991 (Recht auf Bildung) diskutiert.

Die Fraktion PDS – LL stellt den Antrag[345], Art. 29 Abs. 1 wie folgt zu fassen:

"Jeder hat das Recht auf Bildung."

Dieser Antrag wird damit begründet, daß die bisherige Form "Das Land anerkennt als Staatsziel ... " nicht mehr verwendet werde könne. Im Interesse der Übersichtlichkeit und Einheitlichkeit bei den sozialen Grundrechten sei der Änderungsantrag der Fraktion der PDS – LL gestellt worden. Es sei wichtig, das Recht auf Bildung für jeden zu gewährleisten.

Dagegen wird vorgebracht, bisher seien alle Staatszielbestimmungen einheitlich formuliert worden, der Änderungsantrag dagegen beinhalte ein subjektives Recht.

Der Antrag der PDS – LL wird abgelehnt.

---

344 VAII / 3 vom 18.03.1992, Dokumentation des Landtags Brandenburg über die Entstehung der Verfassung des Landes Brandenburg, Bd. III, S. 543 ff.

345 Dokumentation Landtag Brandenburg über die Entstehung der Verfassung des Landes Brandenburg, Bd. III, S. 589.

Der Antrag, entsprechend der Formulierung der anderen Staatsziele Abs. 1 in folgender Weise zu fassen,

"Das Land ist verpflichtet, im Rahmen seiner Kräfte für die Verwirklichung des Rechts auf Bildung zu sorgen, insbesondere durch Schaffung öffentlicher Ausbildungseinrichtungen und Förderung beruflicher Ausbildungssysteme. Der Absatz 3 soll Absatz 2 werden.",

wird dagegen angenommen.

Der Antrag der PDS – LL in Art. 34 Abs. 2 des Entwurfs vom 13. Dezember 1991 (Weiterbildung), den Begriff *"Freistellung"* wieder in *"Urlaub"* umzuändern, wird abgelehnt. Damit bleibt es bei dem Begriff "Freistellung"[346].

1.2.3.3. Inhaltliche Auseinandersetzung

Verfassung des Landes Brandenburg / Entwurf vom 20. März 1992[347]	**Verfassung des Landes Brandenburg / Entwurf vom 20. März 1992**
2. Hauptteil: Grundrechte und Staatsziele **6. Abschnitt: Bildung, Wissenschaft, Kunst und Sport** **Art. 29 (Recht auf Bildung)** 1.) Das Land ist verpflichtet, im Rahmen seiner Kräfte für die Verwirklichung des Rechts auf Bildung zu sorgen, insbesondere durch Schaffung öffentlicher Ausbildungseinrichtungen und Förderung beruflicher Ausbildungssysteme. 2.) Jeder hat das Recht auf gleichen Zugang zu den öffentlichen Bildungseinrichtungen, unabhängig von seiner wirtschaftlichen und sozialen Lage und seiner politischen Überzeugung. Begabte, sozial Benachteiligte und Menschen mit Behinderungen sind besonders zu fördern.	**2. Hauptteil: Grundrechte und Staatsziele** **6. Abschnitt: Bildung, Wissenschaft, Kunst und Sport.** **Art. 34 (Weiterbildung)** 1.) Die Weiterbildung von Erwachsenen ist durch das Land, die Gemeinden und Gemeindeverbände zu fördern. Das Recht auf Errichtung von Weiterbildungseinrichtungen in freier Trägerschaft ist gewährleistet. 2.) Jeder hat das Recht auf Freistellung zur beruflichen, kulturellen oder politischen Weiterbildung. Näheres regelt ein Gesetz.

a. Erste Lesung des Landtags Brandenburg vom 19. Dezember 1991

In dieser ersten Lesung werden verschiedene Aspekte deutlich.

Zunächst zeigt sich bereits hier, daß ein Teil der CDU durchaus bemüht war, eine konsensfähige Lösung im Verfassungskonflikt zu finden. Dies sollte sich in

[346] Dokumentation des Landtags Brandenburg über die Entstehung der Verfassung des Landes Brandenburg, Bd. III, S. 593.
[347] Dokumentation des Landtags Brandenburg über die Entstehung der Verfassung des Landes Brandenburg, Bd. III, S. 115 ff.

der weiteren Debatte noch verdeutlichen. Darüber hinaus wird klar, daß die einzelnen Fraktionen, trotz der Haltung der CDU bemüht waren, eigene Interessen zu Gunsten einer für alle tragbaren Verfassung zurückzustellen.

Es ist ebenfalls deutlich erkennbar, daß die Problematik der sozialen Grundrechte einen wesentlichen Kernbereich der Verfassungsdiskussion bildete. Man will eine Verfassung, die von der Bevölkerung akzeptiert wird und ist deshalb bereit, diese schwierige Auseinandersetzung zu führen. Hierin wird ein wesentlicher Beitrag zur Demokratie gesehen. Nicht nur der Gesetzgeber soll zur Durchsetzung der schwierigen sozialen Probleme herangezogen, sondern alle Staatsorgane sollen in die Pflicht genommen werden. Dabei ist man sich der schwierigen wirtschaftlichen Lage und der möglicherweise geweckten unerfüllbaren Erwartungen durch die Aufnahme von Staatszielen in die Verfassung bewußt[348].

b. Parlamentarischer Verfassungsausschuß (VAII)

Der parlamentarischer Verfassungsausschuß (VAII) hatte sich hinsichtlich des Rechts auf Bildung und des Rechts auf Weiterbildung an den Vorschlägen der Fachausschüsse orientiert.

Der alte Art. 29 Abs. 1 Entwurf vom 13. Dezember 1991, der das Recht auf Bildung ausdrücklich als Staatszielbestimmung bezeichnete, entfällt gänzlich. Die Absätze 2 und 3 des Art. 29 sind gleichlautend mit der bisherigen Formulierung, das heißt, es bleibt die Verpflichtung des Landes bestehen, im Rahmen seiner Kräfte für die Verwirklichung des Rechts auf Bildung zu sorgen. Dies soll insbesondere durch die Schaffung öffentlicher Ausbildungseinrichtungen und durch die Förderung beruflicher Ausbildungssysteme erreicht werden. Darüber hinaus bleibt das Zugangsrecht zu den öffentlichen Bildungseinrichtungen - unabhängig von der wirtschaftlichen und sozialen Lage und der politischen Überzeugung des Einzelnen - bestehen. Die Förderung von sozial Benachteiligten, von Menschen mit Behinderungen und von Begabten gilt ebenfalls weiter.

Der Art. 34 Abs. 1 wird unverändert beibehalten. Es ist weiterhin die Weiterbildung von Erwachsenen durch das Land, die Gemeinden und die Gemeindeverbände gewährleistet. Die Errichtung von Weiterbildungseinrichtungen in freier Trägerschaft wird gefördert.

---

[348] vgl. beispielhaft die Reden der Abgeordneten Diestel (CDU), Dokumentation des Landtags Brandenburg über die Entstehung der Verfassung des Landes Brandenburg, Bd. III, S. 85 f.; Reiche (SPD), ebenda, S. 86 ff.; Vietze (PDS – LL), ebenda, S. 92 ff.; Pracht (FDP), ebenda, S. 95 ff. und des Ministers Ziel (Ministerium des Inneren), ebenda, S. 101 ff.

In Art. 34 Abs. 2 des Entwurfs vom 20. März 1992 ersetzt man den Begriff des Urlaubs durch den Begriff der Freistellung. Dadurch soll die Freistellung zur beruflichen, kulturellen oder politischen Weiterbildung gewährleistet werden. Gleichzeitig wird es dem Landesgesetzgeber überlassen, hieraus einen Anspruch auf bezahlte Freistellung zu machen.

1.2.4. Zweite Lesung im Landtag Brandenburg vom 25. März 1992 zum Entwurf des parlamentarischen Verfassungsausschusses (VAII) vom 20. März 1992

1.2.4.1. Entwicklung

Die zweite Lesung des Landtages Brandenburg über den brandenburgischen Verfassungsentwurf schloß sich am 25. März 1992 an. Hier stimmt der Landtag bei Gegenstimmen und Stimmenthaltung dem überarbeiteten Verfassungsentwurf zu und überweist ihn zur weiteren Beratung an den parlamentarischen Verfassungsausschuß (VAII)[349]. Am 9. April 1992 einigte sich der parlamentarische Verfassungsausschuß (VAII) dann einstimmig auf eine endgültige Fassung als Vorlage für den Landtag[350].

1.2.4.2. Debatte

a. Zweite Lesung des Landtages Brandenburg vom 25. März 1992

Nach kontroverser Diskussion wird der Verfassungsentwurf mit Gegenstimmen und Stimmenthaltungen angenommen.

b. parlamentarische Verfassungsausschuß (VAII)

Die Diskussion im parlamentarischen Verfassungsausschuß VAII nach der zweiten Lesung ist hinsichtlich des Rechts auf Bildung wesentlich von den Änderungsanträgen der PDS – LL geprägt.

Die Fraktion PDS – LL stellt am 24. März 1992 zu Art. 29 folgenden Antrag[351]:

Art. 29 des Entwurfs vom 20. März 1991 (Recht auf Bildung) erhält die Fassung:

---

[349] Dokumentation des Landtags Brandenburg über die Entstehung der Verfassung der Landes Brandenburg, Bd. III, S. 195 ff., Pl. Pr. 1 / 43 vom 25.03.1992, S. 3062 ff.

[350] Dokumentation des Landtags Brandenburg über die Entstehung der Verfassung des Landes Brandenburg, Bd. III, S. 249 ff.

[351] Dokumentation des Landtags Brandenburg über die Entstehung der Verfassung des Landes Brandenburg, Bd. III, S. 821.

„Jeder hat das Recht auf Bildung.

Das Land ist verpflichtet im Rahmen seiner Kräfte für die Verwirklichung dieses Rechts zu sorgen, insbesondere durch Schaffung öffentlicher Ausbildungseinrichtungen und Förderung beruflicher Ausbildungssysteme.

Jeder hat das Recht auf gleichen Zugang zu den öffentlichen Bildungseinrichtungen, unabhängig von seiner wirtschaftlichen und sozialen Lage und seiner politischen Überzeugung. Begabte, sozial Benachteiligte und Menschen mit Behinderungen sind besonders zu fördern."

Der Antrag wurde damit begründet, daß bei den umstrittenen sozialen Rechten das Recht auf Bildung dasjenige sei, dem der Staat am leichtesten nachkommen kann, da er über die entsprechenden Mittel verfügt. Ein Recht auf Bildung sei die konkrete Ausgestaltung des allgemeinen Gleichheitsgrundsatzes im Rahmen der Kultushoheit des Landes.

In der 6. Sitzung des parlamentarischen Verfassungsausschusses (VAII) [352] wird der Änderungsantrag der PDS – LL erörtert. Seitens der Fraktion der PDS – LL wird dazu erklärt, im Unterschied zu Arbeit und Wohnung könne das Land über das Gut "Bildung" verfügen. Durch ein Recht auf Bildung wäre zudem nicht jede Forderung begründet, z.B. nicht die Forderung, als 80 - jähriger Abitur machen zu können. Ein analoges Problem der Begrenzung von Ansprüchen gebe es auch bei anderen Grundrechten. Das Recht der freien Meinungsäußerung beispielsweise schließe auch den freien Zugang zu Informationsquellen ein. Niemand würde aber auf die Idee kommen, dieses Recht so zu interpretieren, daß der Staat jedem Bürger seine Satellitenanlage bezahlen muß.

Gegen den Änderungsantrag wird eingewendet, daß subjektive Recht sei zu unspezifisch, der Richter wisse am Ende nicht, nach welchen Kriterien er die Ansprüche bemessen soll. Damit werde die richterliche Interpretationsherrschaft zu sehr ausgeweitet. Bei einer Staatszielbestimmung hingegen läge die primäre Aufgabe, die Ansprüche festzulegen, beim Gesetzgeber.

Diesbezüglich wird auch die Auffassung vertreten, mit dem Änderungsantrag sei überhaupt kein subjektives Recht gemeint, sondern vielmehr ein Staatsziel, da in Abs. 2 das Land verpflichtet werde, für die Verwirklichung des Rechts zu sorgen. Ein Recht, das unter dem Vorbehalt der Verwirklichung im Rahmen der Kräfte des Landes steht, sei offensichtlich ein Staatsziel und kein subjektives Recht.

---

[352] VAII / 6 vom 01.04.1992, Dokumentation des Landtags Brandenburg über die Entstehung der Verfassung des Landes Brandenburg, Bd. III, S. 829 ff.

Die Fraktion der PDS- LL erklärt hierzu, sie hätte die ursprüngliche Formulierung – "Das Land anerkennt als Staatsziel das Recht eines jeden auf Bildung" – mitgetragen und keinen Handlungsbedarf gesehen, wenn es bei dieser Formulierung geblieben wäre. Mit der in der zweiten Lesung angenommen Fassung wäre hingegen eine zu hohe Rechtsunsicherheit verbunden.

Bei der Abstimmung des parlamentarischen Verfassungsausschusses (VAII) in seiner 6. Sitzung über die Formulierung *"Jeder hat das Recht auf Bildung."* wird diese mit sieben Stimmen gegen eine Stimme bei fünf Enthaltungen abgelehnt.

Das ganze Gegenteil bringt dann die 8. Sitzung des parlamentarischen Verfassungsausschusses (VAII). Dazu liegt ein erneuter Änderungsantrag der PDS – LL zu Art. 29 des Entwurfs vom 20. März 1992 vor[353]:

„Jeder hat das Recht auf Bildung.

Das Land ist verpflichtet, öffentliche Bildungseinrichtungen zu schaffen und berufliche Ausbildungssysteme zu fördern.

Jeder hat das Recht auf gleichen Zugang zu den öffentlichen Bildungseinrichtungen, unabhängig von seiner wirtschaftlichen und sozialen Lage und seiner politischen Überzeugung. Begabte, sozial Benachteiligte und Menschen mit Behinderungen sind besonders zu fördern."

Im Ergebnis dieser Sitzung kommt der Ausschuß überein, daß der gesamte Art. 29 des Entwurfs vom 20. März 1992 durch die Formulierung der Fraktion PDS – LL ersetzt wird. Wie die vorausgegangene Diskussion zeigt, ist man sich bei dieser Entscheidung darüber im klaren, daß ein subjektives Recht auf Bildung formuliert wird[354].

[353] VAII / 8 vom 09.04.1992, Dokumentation des Landtags Brandenburg über die Entstehung der Verfassung des Landes Brandenburg, Bd. III, S. 901.

[354] Dr. Kühl "... ein subjektives Recht werde klarer durch die Formulierung im Antrag der PDS – LL ausgedrückt.", Dokumentation des Landtags Brandenburg über die Entstehung der Verfassung des Landes Brandenburg, Bd. III, S. 906.

1.2.4.3. Inhaltliche Auseinandersetzung

Verfassung des Landes Brandenburg / Entwurf vom 09. April 1992[355]	Verfassung des Landes Brandenburg / Entwurf vom 09. April 1992
2. Hauptteil: Grundrechte und Staatsziele **6. Abschnitt: Bildung, Wissenschaft, Kunst und Sport** **Art. 29 (Recht auf Bildung)**	**2. Hauptteil: Grundrechte und Staatsziele** **6. Abschnitt: Bildung, Wissenschaft, Kunst und Sport** **Art. 33 (Weiterbildung)**
1.) Jeder hat das Recht auf Bildung.	1.) Die Weiterbildung von Erwachsenen ist durch das Land, die Gemeinden und Gemeindeverbände zu fördern. Das Recht auf Errichtung von Weiterbildungseinrichtungen in freier Trägerschaft ist gewährleistet.
2.) Das Land ist verpflichtet, öffentliche Bildungseinrichtungen zu schaffen und berufliche Ausbildungssysteme zu fördern.	2.) Jeder hat das Recht auf Freistellung zur beruflichen, kulturellen oder politischen Weiterbildung. Das Nähere regelt ein Gesetz.
3.) Jeder hat das Recht auf gleichen Zugang zu den öffentlichen Bildungseinrichtungen, unabhängig von seiner wirtschaftlichen und sozialen Lage und seiner politischen Überzeugung. Begabte, sozial Benachteiligte und Menschen mit Behinderungen sind besonders zu fördern.	

a. Zweite Lesung des Landtags Brandenburg vom 25. März 1992

In der zweiten Lesung setzt sich die Tendenz der ersten Lesung fort. Es wird weiterhin nach einem für alle Fraktionen tragbaren Kompromiß gesucht.

Hinsichtlich der Frage der sozialen Rechte wird dies sehr deutlich in den Reden des Ministerpräsidenten Manfred Stolpe[356] und des Ministers der Justiz Bräutigam[357]. Sie betonen, daß die sozialen Rechte als Staatsziele wichtige Voraussetzung für eine sozialstaatliche Politik und damit Maßstab sozialer Verantwortlichkeit gegenüber der Bevölkerung sind. In der Zeit der Umbruchphase werde dadurch der Bevölkerung gezeigt, daß ihre unmittelbaren Lebensbedingungen ernst genommen werden. Es zeigt sich in dieser Argumentation deutlich, daß man in der Verankerung sozialer Rechte auf Verfassungsebene ein Instrument sieht, um die Akzeptanz der Bevölkerung für die Landesverfassung zu erhöhen. Gleichzeitig wird aber auch klar, daß die sozialen Rechte nicht als einklagbare subjektive Rechte des Einzelnen verstanden werden, sondern daß hierin eine

---

[355] Dokumentation des Landtags Brandenburg über die Entstehung der Verfassung des Landes Brandenburg, Bd. III, S. 249 ff.

[356] Dokumentation des Brandenburg über die Entstehung der Verfassung des Landes Brandenburg, Bd. III, S. 195 ff.

[357] Dokumentation des Landtags Brandenburg über die Entstehung der Verfassung des Landtags, Bd. III, S. 212 ff.

Verpflichtung aller Landesorgane zur Verwirklichung der sozialen Rechte liegen soll.

In den Beiträgen der PDS – LL ist bereits die in den Ausschußdebatten vertretene Position deutlich zu erkennen. Sie lehnt die jetzige Formulierung, als nicht weitgehend genug ab und fordert eine Formulierung, die eindeutig ein Recht auf Bildung gewährleistet.

b. Parlamentarischer Verfassungsausschuß (VAII)

Die Beratungen des parlamentarischen Verfassungsausschusses (VAII) waren hinsichtlich des Rechts auf Bildung im wesentlichen von den Änderungsanträgen der PDS – LL geprägt. Es gelingt der Fraktion der PDS – LL buchstäblich in letzter Sekunde, ihre Position durchzusetzen. Als wesentliches Argument brachte sie ein, daß das Recht auf Bildung insofern eine Sonderposition einnehme, als es sich bei Bildung um ein Gut handele, welches dem Land zur freien Disposition zur Verfügung stehe.

Nunmehr erhält der Art. 29 Entwurf vom 9. April 1992 wieder einen dritten Absatz. Darüber hinaus wird in Art. 29 Abs. 1 eindeutig bestimmt, daß jeder das Recht auf Bildung hat. Das stellt die bisher weitgehendste Festlegung dar. Man verzichtet nunmehr sogar auf die Bezeichnung als Staatsziel und formuliert ein subjektives Recht auf Bildung.

In Art. 29 Abs. 2 wird das Land verpflichtet, öffentliche Bildungseinrichtungen zu schaffen und Ausbildungssysteme zu fördern. Man geht davon ab, diese Verpflichtung auf den Rahmen der Kräfte des Landes zu beschränken. Für die Ersetzung des Begriffs der Ausbildungseinrichtungen durch Bildungseinrichtungen entscheidet man sich, da dies der weitgehendere Begriff sei. Die Formulierung der Verpflichtung des Landes, lediglich im Rahmen seiner Kräfte, entfällt, da man befürchtet, dadurch könnten die Bemühungen des Landes nicht für alle gleichermaßen ausreichen.

Art. 29 Abs. 3 des Entwurfs vom 9. April 1991 entspricht dem Art. 29 Abs. 2 des Entwurfs vom 20. März 1992. Jedem wird das Recht auf gleichen Zugang zu den öffentlichen Bildungseinrichtungen, unabhängig von seiner wirtschaftlichen und sozialen Lage und seiner politischen Überzeugung, zugestanden. Die besondere Förderung Begabter, sozial Benachteiligter und von Menschen mit Behinderungen bleibt bestehen.

1.2.5. Dritte Lesung im Landtag Brandenburg vom 14. April 1992 zum Entwurf des parlamentarischen Verfassungsausschusses vom 9. April 1992

1.2.5.1. Entwicklung

Nachdem sich der parlamentarische Verfassungsausschuß (VAII) am 9. April 1992 einstimmig auf eine überarbeitete Fassung des Verfassungsentwurfs als Vorlage für den Landtag geeinigt hat[358], findet die dritte und abschließende Lesung am 14. April 1992 statt. Nach der Änderung einzelner Artikel stimmen von 87 Abgeordneten 72 der Verfassung zu, 11 Abgeordnete stimmen dagegen und 4 enthalten sich der Stimme[359].
Bei dem Volksentscheid über die Verfassung am 14. Juni 1992 votierten 94,04 Prozent der Abstimmenden für die Verfassung und 5,96 dagegen. Die Beteiligung betrug allerdings nur 47,93 Prozent der Stimmberechtigten[360].

Offiziell trat die Verfassung am 20. August 1992 in Kraft[361].

1.2.5.2. Debatte

In der dritten Lesung am 14. April 1992 kommt allgemein zum Ausdruck, daß man sich zwar am Ende der Verfassungsdebatte einen erbitterten Kampf geliefert hat, nunmehr aber generell der Wille zur Verabschiedung des gefundenen Kompromisses herrscht. Insbesondere die CDU signalisiert hier ihren Willen, die Verfassung nunmehr mit zu tragen. Am Ende der dritten Lesung findet der Verfassungsentwurf bei einigen Gegenstimmen und Stimmenthaltungen die breite Zustimmung der Abgeordneten.

---

[358] VA II / 8, Dokumentation des Landtags Brandenburg über die Entstehung der Verfassung des Landes Brandenburg, Bd. III, S. 249 ff., Drs. 1 / 925 vom 09.04.1992.
[359] Dokumentation des Landtags Brandenburg über die Entstehung der Verfassung des Landes Brandenburg, Bd. III, S. 336 ff., Pl. Pr. 1 / 45 vom 14.04.1992.
[360] Franke, Dietrich, Der Entwurf der brandenburgischen Landesverfassung, in: Stern, Klaus (Hrsg.), Zur Entstehung von Landesverfassungen in den neuen Ländern der Bundesrepublik Deutschland, S. 1 ff. (S. 11); Grunsky, Nina, Konsens und Konkordanz, S. 113; Bbg. GVBl. I 1992, S. 206.
[361] Bbg. GVBl. I 1992, S. 298 – 311.

1.2.5.3. Inhaltliche Auseinandersetzung

Verfassung des Landes Brandenburg / Entwurf vom 22. April 1992[362]	Verfassung des Landes Brandenburg / Entwurf vom 22. April 1992
2. Hauptteil: Grundrechte und Staatsziele **6. Abschnitt: Bildung, Wissenschaft, Kunst und Sport** **Art. 29 (Bildung)**	**2. Hauptteil: Grundrechte und Staatsziele** **6. Abschnitt: Bildung. Wissenschaft, Kunst und Sport** **Art. 33 (Weiterbildung)**
1.) Jeder hat das Recht auf Bildung	1.) Die Weiterbildung von Erwachsenen ist durch das Land, die Gemeinden und Gemeindeverbände zu fördern. Das Recht auf Errichtung von Weiterbildungseinrichtungen in freier Trägerschaft ist gewährleistet.
2.) Das Land ist verpflichtet, öffentliche Bildungseinrichtungen zu schaffen und berufliche Ausbildungssysteme zu fördern.	2.) Jeder hat das Recht auf Freistellung zur beruflichen, kulturellen oder politischen Weiterbildung. Das Nähere regelt ein Gesetz.
3.) Jeder hat das Recht auf gleichen Zugang zu den öffentlichen Bildungseinrichtungen, unabhängig von seiner wirtschaftlichen und sozialen Lage und seiner politischen Überzeugung. Begabte, soziale Benachteiligte und Menschen mit Behinderungen sind besonders zu fördern.	

Inhaltlich werden sowohl Art. 29 (Recht auf Bildung) als auch Art. 33 (Weiterbildung), entsprechend dem Entwurf des parlamentarischen Verfassungsausschusses (VAII) vom 9. April 1992, verabschiedet. In der dritten Lesung selbst gibt es keine wesentlichen neuen Erkenntnisse. Es werden von allen Parteien noch einmal die bereits während des vorausgegangen Verfassungsgebungsprozesses ausführlich ausgetauschten Argumente verdeutlicht[363]. Andeutungsweise zeigt sich auch der vorausgegangene erbitterte Kampf mit und in der CDU um die letztlich dann doch mehrheitlich, also auch mit den Stimmen der CDU, verabschiedete Verfassung. Die Kompromißbereitschaft zugunsten einer Verfassung, die von allen Fraktionen des Landtages gebilligt wird, zeigt sich auch in der letztlich von der PDS – LL durchgesetzten Änderung des Art. 29 Entwurf vom 9. April 1992 (Recht auf Bildung). Eine derart weitgehende Formulierung bei dem ohnehin heiklen Thema der sozialen Rechte wäre sonst wohl kaum denkbar gewesen.

[362] Dokumentation des Landtags Brandenburg über die Entstehung der Verfassung des Landes Brandenburg, Bd. III, S. 361 ff.

[363] vergleiche beispielhaft die Reden der Abgeordneten, Blechinger (CDU), in: Dokumentation des Landtags Brandenburg über die Entstehung der Verfassung des Landes Brandenburg, Bd. III, S. 341 ff.; Bisky (PDS – LL), ebenda, S. 346 ff.; Schlanke (CDU), ebenda, S. 354 ff. und des Ministerpräsidenten Manfred Stolpe, ebenda, S. 350 ff.

2. Die Entwicklung der Verfassung des Landes Brandenburg im Vergleich mit der rawls'schen Gerechtigkeitskonzeption

2.1. Bedeutung der Rechte auf Bildung und Weiterbildung im Vergleich mit den Bestimmungen der vorparlamentarischen Entwürfe

2.1.1. Der Gegenstand der Gerechtigkeit

Es ist offensichtlich, daß man bereits im Stadium der Vorentwürfe für eine Verfassung erkannte, daß die Möglichkeit sich zu bilden, wesentlich für die Persönlichkeitsentwicklung ist. Daraus ergab sich die gesellschaftliche Verantwortung, für jeden die gleichen Ausgangsbedingungen zur Erlangung eines gewissen Bildungsstandes zu schaffen.

Unter diesem Aspekt wurden die getroffenen Regelungen wohl auch dem 3. Hauptteil, der dem Gemeinschaftsleben gewidmet ist, zugeordnet. Insofern wird der Theorie der Gerechtigkeit als Fairneß dahingehend Rechnung getragen, daß Bildung den Möglichkeiten des einzelnen zur Berufswahl, Persönlichkeitsentwicklung und Selbstzufriedenheit förderlich ist.

2.1.2. Tendenzen zur Gleichheit / Unterschiedsprinzip

Daß man wie Rawls den Wert der Bildung nicht nur unter dem Gesichtspunkt der sozialen Wohlfahrt und der wirtschaftlichen Leistung sah, sondern weit darüber hinaus ging, wird anhand der festgeschriebenen Grundsätzen über die Erziehung und die Bildung deutlich. Es ist bemerkenswert, daß von Anfang an geplant war, diese Grundsätze so ausführlich in der Verfassung zu definieren. Man beschränkte Bildung nicht auf wirtschaftliche und soziale Aspekte. Es wurde vielmehr eindeutig klargestellt, daß die Erziehung den Jugendlichen nicht nur Wissen und Können vermitteln dürfe, sondern daß gesellschaftliche Aspekte, wie Demokratie, Freiheit, Frieden, Humanismus und kulturelle Werte ebenso dazu gehören. Dieses breite Verständnis von Bildung entspricht der rawls'schen Gerechtigkeitskonzeption, die darin die Möglichkeit des Einzelnen sieht, das Ziel der Selbstzufriedenheit zu erreichen. Für Rawls bedeutet Selbstzufriedenheit zuerst die Auslotung und dann die Ausbildung der besonderen Fähigkeiten des Einzelnen. Insofern ist Bildung als persönliche Bereicherung des Einzelnen zu begreifen. Schließlich trägt die so erreichte Selbstzufriedenheit zur Stabilität des entworfenen Gesellschaftssystems bei. Daher ist die in beiden Vorentwürfen enthaltene explizite Ausformulierung der Erziehungsziele auch unter dem Aspekt der Bewältigung des DDR – Regimes zu beurteilen. Man wollte dem Streben Ausdruck verleihen, daß Bildungsarbeit auf politische und ideologische Parteinahme verzichten müsse. Deshalb sollte durch ein breites Spektrum der

Erziehungsgrundsätze Neutralität und Toleranz den unterschiedlichen Interessen gegenüber geübt werden.

2.1.3. Der Begriff der Freiheit

Hinsichtlich der Frage des Ausgleichs eines Mehr an Macht, an Reichtum oder Bildung halten sich die beiden Vorentwürfe stark zurück. Es findet sich zwar ein Anspruch auf Erziehung und Bildung für Kinder sowie die Verankerung der Möglichkeit zur Berufsausbildung und Berufsausübung für Jugendliche, eine Regelung zur Überwindung sozialer Unterschiede oder anderer Ungleichheiten in den Anfangsvoraussetzungen gibt es aber nicht. Die Vorentwürfe bleiben somit hinter der Auffassung der Umsetzung des Unterschiedsprinzip in der Theorie der Gerechtigkeit zurück, nach der es eines Ausgleichs derartiger Unterschiede bedarf. Gleiches gilt in Bezug auf die Frage der Bedeutung der Bildung für den Wert der Freiheit. Die Vorentwürfe entsprechen nicht den von Rawls aufgestellten Zielen. Dies zeigt sich bereits daran, daß es keine eindeutige Aussage zu einem allgemeinen Recht auf Bildung gibt. Die Beschränkung darauf, für Jugendliche die Berufsausbildung und Berufsausübung zu fördern und einen Anspruch auf Erziehung und Bildung lediglich für Kinder zu gewährleisten, ist halbherzig. Sicherlich spielt die Frage der Bildung gerade in diesem Altersabschnitten eine wesentliche Rolle, dennoch wollte Rawls diese Rechte nicht auf diese Gruppe beschränken. Die Freiheitsrechte sind für alle Mitglieder der Gesellschaft wesentlich, deshalb müssen auch für alle diese Freiheitsrechte gesichert werden. Die Beschränkung "älterer" Generationen auf die Erwachsenenbildung ist nicht ausreichend. Nur durch eine Ausgestaltung eines übergeordneten und allgemeineren Rechts auf Bildung kann dem Anliegen Rawls entsprochen werden.

Zu beachten ist des weiteren, daß ein Recht auf Bildung im Rahmen der freien Entwicklung der Persönlichkeit selbst Teile eines klassischen Freiheitsrechts beinhaltet. Dieses lediglich auf Kinder und Jugendlich zu beschränken, liegt nicht im Sinne der Theorie der Gerechtigkeit als Fairneß. Im ersten Grundsatz der Gerechtigkeit wird hierzu eindeutig festgestellt, daß jedermann einen Anspruch auf das umfangreichste Gesamtsystem der gleichen Grundfreiheiten hat, welches für jedermann möglich sein soll.

Darüber hinaus fehlt es in den beiden Vorentwürfen bezüglich des Anspruchs auf Bildung und Erziehung bzw. der Möglichkeit der Berufsausbildung und Berufsausübung an der sozialen Ausgestaltung. Nur in Bezug auf die Erwachsenenbildung findet sich eine Manifestierung von Förderpflichten. Die ansonsten vorgenommene bloße Definition genauer Erziehungsziele reicht nicht aus.

2.1.4. Gerechtigkeit zwischen den Generationen

Wie die Betrachtungen zur Frage der Gerechtigkeit zwischen den Generationen zeigen, ist auf Seiten der Vertragsparteien neben dem Anliegen ein Recht auf Bildung auf Verfassungsebene festzuschreiben, von einem starken Interesse an der Ausgestaltung der Erwachsenenbildung auszugehen. Diesbezüglich sind die getroffenen Regelungen der Vorentwürfe zu schwach. Es fehlt an einem allgemeinen Recht auf Bildung, und bei der Frage der Erwachsenenbildung beschränkt man sich auf die Festlegung von Förderpflichten. Insofern bleiben die Vorentwürfe auch an dieser Stelle hinter den Anforderungen der Theorie der Gerechtigkeit zurück. Danach wäre es erforderlich gewesen, ein Recht auf Erwachsenenbildung zu verankern.

2.2. Die Bedeutung der Rechte auf Bildung und Weiterbildung im Vergleich mit dem ersten Vorentwurf des nichtparlamentarischen Verfassungsausschusses (VAI) vom 31. Mai 1991

2.2.1. Der Gegenstand der Gerechtigkeit

Anhand der Diskussionen im nichtparlamentarischen Verfassungsausschuß (VAI) und im Unterausschuß I (UAI) zeigt sich, daß man in diesem Stadium der Verfassungsgebung der Frage der Bildung einen höheren Stellenwert einräumte, als dies bei den Vorentwürfen der Fall war. Zwar setzte sich der Beschluß des nichtparlamentarischen Verfassungsausschusses (VAI) einen Abschnitt, der ausdrücklich der Bildung, der Wissenschaft, der Kunst und der Kultur gewidmet sein sollte, noch nicht bei diesem Entwurf, sondern erst mit dem zweiten Entwurf des nichtparlamentarischen Verfassungsausschusses (VAI) durch, aber der Unterausschuß I (UAI) bildete eine eigene Arbeitsgruppe, die sich unter anderem mit der Problematik der Bildung und der Weiterbildung auseinandersetzte. Diese Bemühungen entsprechen der Bedeutung, die Rawls der Bildung im Rahmen seiner Gerechtigkeitstheorie einräumt, wenn er die Möglichkeit, Bildung zu erlangen, als begünstigte Ausgangsposition des Einzelnen einstuft und die daraus resultierenden gesellschaftlichen Ungleichheiten ausgleichen will.

Unter diesem Aspekt sind auch die Bemühungen der verfassungsgebenden Versammlung zu sehen, die Regelung eines Rechts auf Bildung entsprechend dem Modell der Dreistufigkeit der sozialen Grundrechte auszugestalten. Wiederum zeigt sich, daß die verfassungsgebende Versammlung den Stellenwert der Bildung hoch einschätzte. Versteht man die sozialen Grundrechte als Instrumentarien zur Ausgestaltung der Freiheitsrechte, so ist dies von Bedeutung, denn so wird Bildung ein Instrument zur Erreichung von Selbstzufriedenheit und zur Erlangung der notwendigen Fähigkeiten, um von den eingeräumten Freiheitsrechten Gebrauch zu machen.

2.2.2. Tendenzen zur Gleichheit / Unterschiedsprinzip

Auch dem Gedanken des Unterschiedsprinzips trägt der erste Entwurf des nichtparlamentarischen Verfassungsausschusses (VAI) Rechnung. So formuliert der Art. 29 im zweiten Absatz des Entwurfs vom 31. Mai 1991 eindeutig, daß Begabte, sozial benachteiligte und behinderte Menschen besonders zu fördern sind. Es wird also anerkannt, daß es Personengruppen gibt, die einer besonderen Förderung durch die Gesellschaft bedürfen. Offen bleibt allerdings die Frage, ob dadurch nur die Aussichten dieser Gruppen verbessert werden sollen oder ob auch der Gedanke der Theorie der Gerechtigkeit aufgegriffen wird, daß solche Vorteile nur dann legitim sind, wenn sie die Aussichten der am wenigsten Bevorzugten am meisten fördern. Da aber nicht nur Schwächen, sondern - mit der Förderung von besonders Begabten - auch Stärken gefördert werden, kann man darauf schließen, daß man auch hier das Wohl der gesamten Gesellschaft im Auge hatte. Hieraus noch weitergehend ableiten zu wollen, daß die genaue Umsetzung des Unterschiedsprinzips beabsichtigt war, dürfte jedoch zu weit gehen. Aber durch die ausdrückliche Aufnahme dieser Förderpflichten ist eine Annäherung an die Prinzipien der Theorie der Gerechtigkeit zu erkennen.

Die Formulierung des Zugangsrechts gewährleistet entsprechend den Anforderungen der Theorie der Gerechtigkeit die Chancengleichheit. Die vorgenommene Gewährleistung eines Zugangsrechts, unabhängig von der wirtschaftlichen und sozialen Lage, entspricht der Auffassung, daß unverdiente Ungleichheiten auszugleichen sind.

Gleiches gilt für die Regelung, die jedem ein Recht auf Urlaub zur beruflichen, kulturellen oder politischen Weiterbildung einräumt. Dadurch wird allen "Erwachsenen" die Möglichkeit zur Weiterbildung offengehalten. Nicht nur demjenigen, der privilegiert ist, sich zu diesem Zweck freizumachen, sondern auch jedem anderen steht das Recht auf Beurlaubung zu Weiterbildungszwecken zur Verfügung. Es ist eine Tendenz zur Angleichung möglicher unterschiedlicher Ausgangsbedingungen erkennbar.

2.2.3. Der Begriff der Freiheit

Dem Ziel der Gewährleistung ausreichender Bildung kommt der erste Entwurf des nichtparlamentarischen Verfassungsausschusses (VAI) bedeutend näher als der Entwurf der Regierungsbevollmächtigten. Man entscheidet sich zwar nicht für ein Recht auf Bildung in Form eines echten sozialen Grundrechtes, sondern greift auf die Regelung als Staatszielbestimmung zurück, aber es gibt das eindeutige Bekenntnis zu einem Recht auf Bildung für jedermann. Die Verwirklichung dieses Rechts durch den Bund und das Land berührt Fragen des Spargrundsatzes. Die Einstufung als nicht einklagbares, sondern nur im Rahmen der finanziellen Möglichkeiten durchsetzbares Recht bleibt allerdings hinter den Forderungen der Theorie der Gerechtigkeit zurück. Woran soll sich der zur Verfügung stehende Finanzrahmen auch messen lassen? Ein solcher Vorbehalt ist im Rahmen der Theorie der Gerechtigkeit schwer nachzuvollziehen. Erstens steht das System der Grundfreiheiten an primärer Stelle des gesellschaftlichen Interesses, und zweitens ist nicht zu erkennen, warum die Vertragsparteien eine solche Einschränkung befürworten sollen. Lediglich bei der Frage der Gerechtigkeit zwischen den Generationen gibt es nach der rawls´schen Theorie eine Notwendigkeit zur Mitteleinteilung. Eine Einschränkung des Systems der Grundfreiheiten aufgrund von Finanzfragen ist auf der Stufe der Vertragsverhandlungen über eine Verfassung den Beteiligten nicht bzw. nur bei erkennbarer Kollision mit anderen Grundfreiheiten möglich.

Im Zusammenhang mit dem Recht auf Bildung als Freiheitsrecht trägt dieser Entwurf des nichtparlamentarischen Verfassungsausschusses (VAI) auch der Frage der sozialen Komponente Rechnung. Es gibt Bestimmungen, die dieses ausgestalten, so z.B. die Verpflichtung zur Schaffung von Ausbildungseinrichtungen und Ausbildungssystemen, die Festlegung des allgemeinen Zugangsrechts und die Gewährung eines Urlaubsanspruchs im Rahmen der Erwachsenenbildung.

2.2.4. Gerechtigkeit zwischen den Generationen

Der Entwurf des nichtparlamentarischen Verfassungsausschusses (VAI) enthält kein eigenes soziales Grundrecht auf Erwachsenenbildung. Aber aus der allgemeinen Formulierung des sozialen Rechts auf Bildung und der als Ausgestaltung dieses Rechts zu verstehenden Regelung der Erwachsenenbildung läßt sich ein solches Recht ableiten. Darüber hinaus bringt der als echtes Grundrecht formulierte Anspruch auf Bildungsurlaub eine zusätzliche Aufwertung der Erwachsenenbildung mit sich.

2.3. Die Bedeutung der Rechte auf Bildung und Weiterbildung im Vergleich mit dem zweiter Entwurf des nichtparlamentarischen Verfassungsausschusses (VAI) vom 13. Dezember 1991

Wesentliches Element dieser Phase der Verfassungsarbeit ist die Auswertung der öffentlichen Diskussion. Wegen der Kritik, daß nicht eindeutig zwischen subjektiven Rechten und Staatszielen unterschieden werde, wird das Recht auf Bildung unmißverständlich als Staatsziel benannt.

Der Verfassungsausschuß bekennt sich in dieser Phase nochmals eindeutig zur Pflicht der Förderung der Hochbegabten, dies aber, ohne in der Diskussion auf die genaue Zielsetzung dieser Forderung einzugehen. Daher findet man im Hinblick auf die rawls'sche Feststellung, daß im Sinne des Unterschiedsprinzips mehr für die Bildung der Begabten als für die Bildung der weniger Begabten getan werden kann, wenn dies zum Vorteil für die am wenigsten bevorzugten Mitglieder der Gesellschaft ist, keine verwertbaren Ansatzpunkte.

Zusammenfassend ergibt der zweite Entwurf des nichtparlamentarischen Verfassungsausschusses (VAI) vom 13. Dezember 1991 und die diesbezügliche Diskussion aus der Sicht der Theorie der Gerechtigkeit keine wesentlichen Änderungen. Man hält sich im Grundsatz an die Auffassungen des nichtparlamentarischen Verfassungsausschusses (VAI) zum Entwurf vom 31. Mai 1991.

2.4. Die Bedeutung der Rechte auf Bildung und Weiterbildung im Vergleich mit den Ergebnissen der ersten Lesung im Landtag Brandenburg vom 19. Dezember 1991 zum Entwurf des nichtparlamentarischen Verfassungsausschusses (VAI) vom 13. Dezember 1991 und dem Entwurf des parlamentarischen Verfassungsausschusses (VAII) vom 20. März 1992

2.4.1. Der Gegenstand der Gerechtigkeit

Bezüge zur Auffassung von Rawls lassen sich insbesondere aus der parlamentarischen Debatte während der ersten Lesung ableiten. Dies macht beispielsweise die Aussage des Abgeordneten Reiche (SPD)[364] deutlich. Er betont, daß die Gesellschaft von tiefen Unterschieden geprägt ist und es deshalb ein wesentlicher Beitrag für die Demokratie sei, Staatszielbestimmungen in die Verfassung aufzunehmen. Damit spricht er die von Rawls erkannte Tatsache an, daß jeder Einzelne in der Gesellschaft unterschiedliche Ausgangspositionen hat und daß eine wirklich gerechte Gesellschaft bemüht sein muß, die daraus resultierenden Ungleichheiten anzugleichen.

Daß die Theorie der Gerechtigkeit als wirksamstes Instrument für die Beseitigung derartiger Ungleichheiten ein echtes soziales Grundrecht auf Bildung befürwortet und man hier lediglich von Staatszielbestimmungen ausgeht, stellt allerdings eine Differenz dar. Dies spiegelt sich auch in der Tatsache wider, daß man letztlich im Entwurf des parlamentarischen Verfassungsausschusses (VAII) vom 20. März 1992 zur bisher schwächsten Ausgestaltung eines Rechts auf Bildung kommt. Es geht nicht mehr um ein Recht auf Bildung, welches durch das Land zu fördern ist, sondern nur noch um eine Verpflichtung des Landes im Rahmen seiner Kräfte.

---

[364] Dokumentation des Landtags Brandenburg über die Entstehung der Verfassung des Landes Brandenburg, Bd. III, S. 86 ff.

2.4.2. Tendenzen zur Gleichheit / Unterschiedsprinzip

Während der ersten Lesung gibt es deutliche Bekenntnisse zu einem System sozialer Grundsicherheiten. Der Abgeordnete Vietze (PDS - LL)[365] betont die Bedeutung einer sozialen Grundsicherung, und ausdrücklich benennt er das Recht auf Bildung, das nicht nur Staatsziel sein dürfe, sondern ein durch den Staat zu sicherndes Grundrecht.

Auch der Abgeordnete Nooke (Bündnis 90)[366] greift mit seiner Aussage, daß die Staatsziele dem Streben nach Glück gelten, wahrscheinlich unbewußt Ansätze der rawls´schen Theorie auf, wonach die Bedeutung des Rechts auf Bildung nicht nur unter dem Aspekt der wirtschaftlichen und sozialen Wohlfahrt gesehen werden kann, sondern dem Einzelnen die Möglichkeit eröffnet werden soll, sich die kulturellen Werte seiner Gesellschaft zu erschließen. Aus dieser Befähigung soll für den Einzelnen ein sicheres Selbstwertgefühl folgen. Darüber hinaus geht Rawls davon aus, daß der Mensch seine angeborenen oder erlernten Fähigkeiten einsetzen will und daß seine Befriedigung, also sein Glück, um so größer ist, je besser entwickelt oder je komplizierter die beanspruchte Fähigkeit ist. Danach bedeutet Selbstzufriedenheit nicht zuletzt die Chance auf einen entwicklungsoffenen, selbst bestimmbaren Lebensplan. Die Möglichkeit, sich zu bilden, beinhaltet also die Chance, glücklich zu sein.

Faßt man Bildung in diesem Sinne als grundlegendes Lebensbedürfnis in der heutigen Gesellschaft auf, so bekennt sich auch der damalige Minister des Inneren Ziel[367] hierzu. Er betont, daß es die Grundüberzeugung einer sozial gerechten Gesellschaft sei, die grundlegenden Lebensbedürfnisse verfassungsrechtlich zu verankern. Die Absicherung grundlegender Lebensbedürfnisse ist Grundvoraussetzung für die Wertigkeit des Systems der Grundfreiheiten, und Bildung zählt zu diesen grundlegenden Lebensbedürfnissen.

2.4.3. Der Begriff der Freiheit

Nach der rawls´schen Theorie sollen die sozialen Rechte den Wert der Freiheitsrechte so gestalten, daß er für alle möglichst gleich ist. Dies kommt auch in dieser Phase der Verfassungsentwicklung zum Ausdruck, indem man sich zu den sozialen Rechten bekennt. So betont der Vorsitzende des nichtparlamentarischen

---

[365] Dokumentation des Landtags Brandenburg über die Entstehung der Verfassung des Landes Brandenburg, Bd. III, S. 92 ff.

[366] Dokumentation des Landtags Brandenburg zur Entstehung der Verfassung des Landes Brandenburg, Bd. III, S. 98 ff.

[367] Dokumentation des Landtags Brandenburg über die Entstehung der Verfassung des Landes Brandenburg, Bd. III, S. 101 ff.

Verfassungsausschusses (VAI) Just in der ersten Lesung[368] das Bemühen des Ausschusses, in die Verfassung soziale Gerechtigkeit einfließen zu lassen.

Der Ausschuß ringt sich allerdings nicht dazu durch, ein echtes soziales Grundrecht auf Bildung zu verankern. Vielmehr beschließt der parlamentarische Verfassungsausschuß (VAI) in dem Entwurf vom 20. März 1991 die schwächste Ausgestaltung des Rechts auf Bildung während der gesamten Verfassungsdebatte. Es wird zwar an der Staatszielbestimmung festgehalten, aber unter Verzicht auf die Feststellung, daß jedermann ein Recht auf Bildung habe. Dadurch wird der dem Recht auf Bildung innewohnende Kern der freien Entwicklung der Persönlichkeit verkannt. Aus der Sicht der Theorie der Gerechtigkeit ist das Recht auf Bildung in diesem Stadium nicht ausreichend genug abgesichert. Es mangelt an der Festschreibung des unveränderlichen Kernbereichs, der das Recht auf Bildung als echtes Freiheitsrecht bestimmt. Gleichzeitig fällt die Verpflichtung des Landes zu unbestimmt aus, lediglich im Rahmen seiner Kräfte für die Verwirklichung des Rechts auf Bildung zu sorgen.

2.4.4. Gerechtigkeit zwischen den Generationen

Unter diesem Aspekt soll die Frage der Weiterbildung etwas genauer betrachtet werden. In dem Entwurf des parlamentarischen Verfassungsausschusses (VAII) vom 20. März 1992 ersetzte man das Recht auf Urlaub durch das Recht auf Freistellung. Die Tendenz des Verfassungsausschusses ging dabei dahin, in der Verfassung lediglich die Möglichkeit der Freistellung als Anspruch auszugestalten. Die Entscheidung, ob diese dann entgeltlich oder unentgeltlich zu erfolgen habe, wollte man dem Gesetzgeber überlassen. Aus der Sicht der Theorie der Gerechtigkeit bedeutet dies eine negative Einschränkung. Denn die verfassunggebende Versammlung hat ein großes Interesse an der möglichst starken Ausgestaltung des Rechts auf Weiterbildung. Deshalb ist anzunehmen, daß sie an der ursprünglichen Variante festgehalten hätte. Anders könnte die Auffassung nur ausfallen, wenn aus Gründen des Sparens für die kommenden Generationen sich diese Einschränkung rechtfertigen ließe.

---

368 Dokumentation des Landtags Brandenburg über die Entstehung der Verfassung des Landes Brandenburg, Bd. III, S. 83 ff.

2.5. Die Bedeutung der Rechte auf Bildung und Weiterbildung im Vergleich mit den Ergebnissen der zweite Lesung im Landtag Brandenburg vom 25. März 1992 zum Entwurf des parlamentarischen Verfassungsausschusses (VAII) vom 20. März 1992 und dem Entwurf des parlamentarischen Verfassungsausschusses (VAII) vom 9. April 1992

2.5.1. Der Gegenstand der Gerechtigkeit / Tendenzen zur Gleichheit / Unterschiedsprinzip

In der zweiten Lesung des Landtages Brandenburg, die sich mit dem Entwurf des parlamentarischen Verfassungsausschusses (VAII) vom 20. März 1992 befaßt, kommen noch einmal die gegensätzlichen Positionen zur Frage der Verankerung sozialer Rechte zum Ausdruck. Die Auffassungen gehen von dem eindeutigen Bekenntnis zu sozialen Rechte als Staatszielbestimmungen, also ohne subjektiven Anspruch (Abgeordneter Reiche, SPD)[369], über die Bezeichnung sozialer Rechte als leere Versprechungen (Abgeordnete Blechinger, CDU)[370], bis hin zur Forderung der Ausgestaltung sozialer Rechte als echte Anspruchsnormen (Abgeordnete Vietze, PDS – LL)[371]. Nur die Position der PDS – LL kommt dabei den Vorstellungen der Theorie der Gerechtigkeit nahe, indem sie einen wirklichen subjektiven Anspruch bezüglich der sozialen Rechte fordert. Bemerkenswert ist dabei auch in der Rede des Abgeordneten Vietze (PDS – LL)[372] der Bezug zum Recht auf Bildung und die Befürchtung, daß es bei der Einschränkung der Förderpflicht auf die Kräfte des Landes nicht für alle reichen könnte. Dennoch erkannten alle in der zweiten Lesung die Bedeutung der sozialen Rechte als existentiell für die Befindlichkeiten der Brandenburger Bevölkerung an und es bestand weitgehend Konsens darüber, daß die Verankerung sozialer Rechte in der Verfassung sinnvoll ist.

Es ist zu sehen, daß den an der Verfassungsgebung Beteiligten klar war, daß durch soziale Mindeststandards die Ausgangsbedingungen der einzelnen Mitglieder der Bevölkerung angeglichen werden müssen, denn soziale Rechte haben den Zweck, diese Mindeststandards zu manifestieren und sie damit für die Bedürftigen zu sichern.

---

[369] Dokumentation des Landtags Brandenburg über die Entstehung der Verfassung des Landes Brandenburg, Bd. III, S. 199 ff.

[370] Dokumentation des Landtags Brandenburg über die Entstehung der Verfassung des Landes Brandenburg, Bd. III, S. 198 f.

[371] Dokumentation des Landtags Brandenburg über die Entstehung der Verfassung des Landes Brandenburg, Bd. III, S. 204 ff.

[372] Dokumentation des Landtags Brandenburg über die Entstehung der Verfassung des Landes Brandenburg, Bd. III, S. 204 ff.

Auch die Frage nach der Teilhabe und der Akzeptanz der Verfassung wird mit den sozialen Rechten verbunden. So betont Ministerpräsident Stolpe[373], daß es sich bei der Frage der Grundrechte und Staatsziele um grundlegende philosophische Weichenstellungen handele. Mit der Anerkennung sozialer Rechte schaffe der Verfassungsgeber eine wichtige Voraussetzung für sozialstaatliche Politik. Der Minister der Justiz Bräutigam[374] äußert in diesem Sinne, daß mit dem Bekenntnis zu sozialen Rechten vermittelt werde, daß die grundlegenden Lebensbedürfnisse der Bevölkerung vom Verfassungsgeber ernst genommen werden.

Im Ergebnis besteht zwar Uneinigkeit über die Ausgestaltung der sozialen Rechte, man ist sich aber darüber einig, daß ihre verfassungsmäßige Festschreibung unerläßlich ist. Diesbezüglich folgt man der Theorie der Gerechtigkeit.

2.5.2. Der Begriff der Freiheit

Indem man das Recht auf Bildung im Entwurf des parlamentarischen Verfassungsausschusses (VAII) vom 9. April 1992 letztlich in der Form eines echten subjektiven Rechts verankert, erkennt man die Bedeutung des Rechts auf Bildung entsprechend den Forderungen der Theorie der Gerechtigkeit an. Bildung ist somit notwendige Voraussetzung, um den Wert der Grundfreiheiten für alle anzugleichen.

2.6. Die Bedeutung der Rechte auf Bildung und Weiterbildung im Vergleich mit den Ergebnissen der dritten Lesung im Landtag Brandenburg vom 14. April 1992 zum Entwurf des parlamentarischen Verfassungsausschusses (VA II) vom 9. April 1992

Im Bereich der hier gegenständlichen Rechte auf Bildung und Weiterbildung übernimmt der Landtag die vom parlamentarischen Verfassungsausschuß (VAII) eingereichten Vorschläge und verabschiedet sie am 14. April 1992. In der Volksabstimmung vom 14. Juni 1992 werden diese Bestimmungen bestätigt. Insofern erübrigt sich eine nochmalige inhaltliche Auseinandersetzung. Auch die Debatte zur dritten Lesung des Verfassungsentwurfs brachte hinsichtlich des Rechts auf Bildung und des Rechts auf Weiterbildung keine neuen Erkenntnisse. Man betonte allgemein die große soziale und politische Verantwortung, die in dem Akt der Verfassungsgebung liege, enthielt sich aber hinsichtlich einzelner Bestimmungen konkreter Kritiken.

---

[373] Dokumentation des Landtags Brandenburg über die Entstehung der Verfassung des Landes Brandenburg, Bd. III, S. 196 ff.

[374] Dokumentation des Landtags Brandenburg über die Entstehung der Verfassung des Landes Brandenburg, Bd. III, S. 212 ff.

3. Ausgestaltung sozialer Grundrechte in der Landesverfassung

3.1. Grundverständnis der Staatszielbestimmungen

Der zweite Hauptteil der Brandenburger Verfassung trägt die Überschrift "Grundrechte und Staatsziele". Die Verfassung enthält demnach nicht nur die klassischen Organisationsvorschriften und Strukturprinzipien wie Demokratie, Rechtstaatlichkeit und Sozialstaatsgebot, sondern eben auch Grundrechte und Staatszielbestimmungen. Durch die gewählte Überschrift wird die juristische Verbindlichkeit der Staatszielbestimmungen hervorgehoben, gleichzeitig aber auch auf den Zusammenhang und die notwendige Differenzierung zwischen den Grundrechten und den Staatszielen hingewiesen[375]. Unterstützt wurde dies ursprünglich durch die Formulierung des Art. 5 Abs. 1 Bbg Verf. In der dritten Lesung am 14. April 1992 wurde aber der zweite Satz, der Bezug auf die Staatszielbestimmungen nahm, auf Antrag der CDU – Fraktion gestrichen. Es war befürchtet worden, damit die klare Unterscheidung zwischen Grundrechten und Staatszielen zu verhindern. Die konkret in der Verfassung benannten Staatszielbestimmungen blieben aber erhalten[376]. Diese doppelte Bezeichnung des zweiten Hauptteils findet sich allerdings in keiner entsprechenden Untergliederung der nachfolgenden Vorschriften wieder. Damit wurde das Problem begründet, bei jeder Vorschrift über den Charakter als Grundrecht bzw. Staatsziel zu entscheiden[377].

Die Aufnahme der Staatszielbestimmungen setzte eine Vorentscheidung dahingehend voraus, ob man sich auf die klassischen Abwehr- und Freiheitsrechte beschränken wollte oder ob darüber hinaus auch allgemeine Verfassungspostulate Aufnahme in die Verfassung finden sollten. Dabei ergab sich zunächst die Frage, wie der Begriff der Staatszielbestimmungen zu verstehen sei. Man ging dabei im Grundverständnis von der durch die Sachverständigenkommission des Bundesministeriums des Inneren und der Justiz 1983 vertretenen Begriffsbestimmung aus. Staatszielbestimmungen und Gesetzgebungsaufträge sind danach für den Gesetzgeber, für die Staatsorgane und auch für die Auslegung von Gesetzen maßgeblich. Sie werden grundsätzlich als objektiv – rechtliche Verfassungsnormen verstanden. Jedoch sind Art und Maß dieser Verfassungsnormen, je nachdem wie bestimmt die Vorgaben der Verfassung die Staatsorgane binden, unterschiedlich zu beurteilen. Die Bandbreite reicht von rein programmatischen Leitlinien, bis hin zu strikt bindenden Verfassungsnormen für eine bestimmte

---

375 Schöneburg, Karl - Heinz, Verfassungsidentität und Verfassungsgerichtsbarkeit auf Landesebene, in: Macke, Peter (Hrsg.), Beiträge zur Verfassungsstaatlichkeit in den Bundesländern, Verfassung und Verfassungsgerichtsbarkeit, S. 119.

376 Simon, Helmut, § 4 Staatsziele, in: Simon, Helmut / Franke, Dietrich / Sachs, Michael (Hrsg.), Handbuch der Verfassung des Landes Brandenburg, S. 86.

377 Sachs, Michael, Zur Verfassung des Landes Brandenburg, LKV 1993, Heft 8, S. 241 ff. (S.245).

Gesetzgebung. Grundsätzlich muß aber aus demokratischen Prinzipien dem Gesetzgeber die gesetzgeberische Gestaltungsfreiheit erhalten bleiben. Das heißt, letztlich muß die Entscheidung, in welcher Weise und zu welchem Zeitpunkt die Staatsaufgaben erfüllt werden und ob dabei Ansprüche Einzelner auf öffentliche Leistungen entstehen sollen, offenbleiben.

Man ging in Brandenburg davon aus, daß die Verwirklichung der Verfassung nicht allein von der Entscheidung verfassungsrechtlich relevanter Fragen durch das Landesverfassungsgericht abhängen könnte. Es sollten ganz bewußt auch das durch das Volk legitimierte Parlament und die Exekutive in die Verantwortung genommen werden. Dies geschah durch positive Zielsetzungen in Form der Staatszielbestimmungen. Dadurch wurden für die Staatspraxis verbindliche Prioritäten festgeschrieben[378]. Die Bedeutung der Staatszielbestimmungen liegt somit darin, die für den Zusammenhalt einer Gesellschaft und für ihre Zukunftsgestaltung existentiell bedeutsamen Problemstellungen als gesamtgesellschaftlich relevant zu indizieren und hierfür allgemein verbindliche Zielvorstellungen in der Form von Verfassungsdirektiven zu benennen[379]. Der Sinn der Verfassung wurde dahingehend verstanden, daß sie die widersprüchlichen Interessen sozialer Gruppen und Schichten reflektiere[380]. Sie sollte als verbindliches Rechtssystem genutzt werden, um einen gesellschaftlichen Standard sozialer Verhältnisse abzusichern.

Die aus diesem Grund in der Landesverfassung verankerten Staatszielbestimmungen wurden heftig kritisiert[381]. Die Kritikpunkte konzentrierten sich vor allem auf den zum Teil nachteilhaften Charakter der Staatszielbestimmungen, so z.B. die negative Auswirkung auf das Demokratieprinzip, die Gefahr der Politisierung der Verfassung, die fehlende Justitiabilität usw.[382]. Als problematisch wurden die sozialen Staatsziele ebenso aus bundesstaatlicher Perspektive be-

---

[378] Simon, Helmut, § 4 Staatsziele, in: Simon, Helmut / Franke, Dietrich / Sachs, Michael (Hrsg.), Handbuch der Verfassung des Landes Brandenburg, S. 88.

[379] Sterzel, Dieter, Staatsziele und soziale Grundrechte, ZRP 1993, S. 13 (S. 14).

[380] Schöneburg, Karl – Heinz, Der Entwurf einer Verfassung für unser Land und der Verfassungsfortschritt in Deutschland, in: Fraktion der PDS – LL (Hrsg.), Beiträge zur Verfassungsdiskussion im Landtag Brandenburg, S. 17.

[381] etwa "Katalog von Wünschbarkeiten", "Pastorenverfassung", "narrative Verfassung", "brotlose Verfassungsversprechen", politische Wunschzettel",
vgl. Kutscha, Martin, Soziale Grundrechte und Staatszielbestimmungen in den neuen Landesverfassungen, ZRP 1993, S. 339 ff. (S. 340); Dietlein, Johannes, Die Grundrechte in den Verfassungen der neuen Bundesländer, S. 122; Wu Hsin – Hua, Soziale Grundrechte in der Verfassung, S. 25.

[382] Graf Vitzthum, Wolfgang, Auf der Suche nach einer sozio – ökologischen Identität?, VBlBW. 1991, S. 404 ff. (S. 413); Kutscha, Martin, Soziale Grundrechte und Staatszielbestimmungen in den neuen Landesverfassungen, ZRP. 1993, S. 339 ff. (S. 341 ff); Starck, Christian, Verfassungen in den neuen Ländern, Zeitschrift für Gesetzgebung, Heft 1 1992, S. 1 ff. (S. 56 ff).

wertet. Trotz des oben bereits angesprochenen Problems des vorrangigen Bundesrechts (Art. 31 GG) könnten solche Staatsziele in die Kompetenz des Bundes eingreifen[383]. Durch die Aufnahme von Staatszielbestimmungen in ihren Verfassungen würden die Bundesländer einen politischen Druck von beachtlichem Gewicht auf den Bund ausüben und dadurch die Sachentscheidung des Bundes beeinflussen[384].

Die kritischen Meinungen haben ihre Berechtigung, es muß aber berücksichtigt werden, daß die Einbindung der sozialen Rechte in die neuen Landesverfassungen auch auf die ähnliche Kodifikation in der Verfassung der ehemaligen DDR zurückzuführen ist[385]. Seit dem Zusammenbruch der DDR ist es verfassungspolitisch legitimes Bedürfnis, einerseits demokratische und soziale Grundsätze in den Verfassungen festzulegen und andererseits die sozialen Garantien der älteren Verfassungen weiterhin beizubehalten. Erst dadurch wird verständlich, daß nach der Wiedervereinigung eine solche Vielzahl von sozialen Rechten in die neuen Landesverfassungen aufgenommen wurden. Der historische und gesellschaftliche Hintergrund in den neuen Bundesländern darf nicht vernachlässigt werden.

3.2. Entstehungsgeschichte

Soziale Rechte finden sich seit langem in internationalen Vereinbarungen. Auf diese nimmt die Brandenburgische Verfassung in Art. 2 Abs. 3 Bbg Verf. auch ausdrücklich Bezug. Beispielhaft sei an die Europäische Sozialcharta vom 18. Oktober 1961[386] oder an den Internationalen Pakt über wirtschaftliche, soziale und kulturelle Rechte vom 19. Dezember 1966[387], der z.B. ein allgemeines Recht auf Bildung beinhaltet, erinnert.

Darüber hinaus konnte bei den Beratungen auf die kulturell- und sozialpolitischen Verfassungsprinzipien in Landesverfassungen der alten Bundesländer zurückgegriffen werden. Bedeutenden Einfluß in dieser Hinsicht hatten aber auch der Verfassungsentwurf des Runden Tisches und die Vorentwürfe für die neuen ostdeutschen Länderverfassungen[388].

Die verfassungsmäßige Anerkennung sozialstaatlicher Zielvorstellungen fand gerade in den neuen Bundesländer eine starke Ausprägung. Die Frage war für

[383] WU, Hsin-Hua, Soziale Grundrechte in der Verfassung, S. 25.
[384] Merten, Detlef, Über Staatsziele, DöV 1993, S. 368 ff. (S. 375).
[385] Diercks, Kerstin, Soziale Grundrechte in der DDR, S. 169 ff. (Anhang: Soziale Grundrechte der DDR – Länderverfassungen); Wu, Hsin – Hua, Soziale Grundrechte in der Verfassung, S. 26.
[386] BGBl. II 1965, S. 1122.
[387] BGBl. II 1973, S. 1569.
[388] vgl. die Ausführungen unter B II 1.

die Staatsbürger der neuen Bundesländer von erheblicher existentieller Bedeutung. Bereits im Staatsvertrag über die Schaffung einer Währungs-, Wirtschafts- und Sozialunion vom 18. Mai 1990 hatte deshalb die DDR die soziale Marktwirtschaft anerkannt, aber gleichzeitig den Willen bekundet, dies als Grundlage für eine weitere wirtschaftliche und gesellschaftliche Entwicklung mit sozialem Ausgleich und sozialer Absicherung und Verantwortung gegenüber der Umwelt zu sehen[389]. So verwundert es nicht, wenn durch die Verankerung der sozialen Grundrechte in der Verfassung Brandenburgs versucht wurde, der sozialen Marktwirtschaft auch tatsächlich ein soziales Gesicht zu geben und soziale Sicherheit für die Bevölkerung Brandenburgs zu schaffen. Dadurch sollte keineswegs die Marktwirtschaft gestört werden, es ging vielmehr darum, diese den aktuellen sozialen Gegebenheiten anzupassen.

So ist es nicht erstaunlich, daß bereits der Vorentwurf der Regierungsbevollmächtigten[390] für die Brandenburgische Verfassung Vorschriften enthält, die als Verfassungsaufträge bzw. Staatszielbestimmungen in diesem Bereich charakterisiert werden können. Namentlich zählen hierzu die Bestimmungen über Bildung (Art. 27), Berufsausbildung, (Art. 24), Arbeit (Art. 42) und angemessenen Wohnraum (Art. 47) sowie über den Schutz der natürlichen Umwelt (Art. 48).

An dieser Bandbreite sozialer Bestimmungen hielt man auch im Laufe der Beratungen fest. Es veränderten sich lediglich die einzelnen Formulierungen. Dabei wurden vor allem zwei Gesichtspunkte immer wieder deutlich. Erstens wollte man den Eindruck vermeiden, die sozialen Rechte seien gleichzusetzen mit den klassischen Abwehr- und Freiheitsrechten, mithin also als unmittelbar geltende Rechte vor den Gerichten durchsetzbar. Gleichzeitig sollte dem Gesetzgeber aber ein ausreichender politischer Gestaltungsspielraum erhalten bleiben. Man ging sogar davon aus, daß in Bezug auf die Staatszielbestimmungen ein besonderes Engagement von Landesregierung und Parlament zu erwarten sei[391]. Zweitens sollten die Staatszielbestimmungen nicht als bloße Deklamationen oder Programmsätze verankert werden. Deshalb entschied man sich, die objektiv – rechtlich ausgestalteten Staatszielbestimmungen mit einklagbaren flankierenden Ansprüchen zu verbinden[392].

---

[389] Simon, Helmut, § 4 Staatsziele, in: Simon, Helmut / Franke, Dietrich / Sachs, Michael (Hrsg.), Handbuch der Verfassung des Landes Brandenburg, S. 89.

[390] Bräutigam, Otto, in: Unmittelbare Demokratie 1998, Die Verfassung wächst in ständiger Auseinandersetzung mit den politischen Realitäten in denen wir leben, S. 21.

[391] Bräutigam, Otto, in: Unmittelbare Demokratie 1998, Die Verfassung wächst in ständiger Auseinandersetzung mit den politischen Realitäten in denen wir leben, S. 21.

[392] Simon, Helmut, § 4 Staatsziele, in: Simon Helmut / Franke, Dietrich / Sachs, Michael (Hrsg.), Handbuch der Verfassung des Landes Brandenburg, S.90.
Insofern scheint die Argumentation Vettes nicht zuzutreffen, wenn er im Zusammenhang mit der gefundenen Formulierung der Staatsziele die Frage aufwirft, ob hier nicht eine Einengung aus politischer Sicht die Folge sei. Er bezieht sich hierbei auf den angeblich fehlenden indivi-

3.3. Regelungsgehalt und Verbindlichkeiten

Die Ausgestaltung der Staatszielbestimmungen der Brandenburgischen Verfassung ist schließlich in Form von verbindlichen Verfassungspostulaten erfolgt. Diese sollen die gesetzgeberische und vollziehende Gewalt in der bestimmten Richtung festlegen und gleichzeitig eine Auslegungsrichtlinie für die Rechtsprechung darstellen.

Im Grunde geht es bei den festgeschriebenen sozialen Rechten um die bereits in Art. 2 Bbg Verf.[393] benannten Verfassungsgrundsätze, zu denen sich die damals im Verfassungsausschuß und im Landtag vertretenen politischen Kräfte bekannten. Es ist also nicht zu befürchten, daß die Offenheit der Verfassungsordnung oder die politische Handlungsfreiheit der Staatsorgane übermäßig eingeschränkt werden. Die benannten Pflichten sind nach heutigem Gesellschaftsstand ohnehin von existentieller Bedeutung und keine politische Mehrheit kommt um ihre Anerkennung herum[394].

Da die Staatszielbestimmungen selbst keine individuellen Ansprüche gewährleisten, hängt ihre Bedeutung von der Umsetzung durch die Gesetzgebung und die vollziehende Gewalt ab. Das heißt, es sind diesbezügliche konkrete Aktivitäten gefragt. Die Brandenburgische Verfassung bestimmt, daß die Politik im Sinne der Staatszielbestimmungen zu handeln hat. Die Frage, wie die Durchsetzung letztlich erfolgen soll, bleibt aber der Eigenverantwortlichkeit der Staatsorgane vorbehalten. So ist die hauptsächliche Bedeutung der Staatszielbestimmungen in der Legitimation von Maßnahmen des Gesetzgebers oder der Staatsorgane bzw. in der Anwendung als Auslegungsrichtlinie einschlägiger Vorschriften zu sehen[395].

Besonders deutlich wurde der Charakter der sozialen Rechte als verbindliches, aber nicht einklagbares Verfassungsgebot in dem Entwurf des Verfassungsausschusses, der dem Landtag zur ersten Lesung vorlag[396]. Hier lautete der Abs. 1

---

duellen Anspruch und befürchtete, daß man dadurch hinter dem tatsächlich möglichen (also den tatsächlichen Kräften des Landes) zurückbleibe. Vette, Markus, Zur Struktur und Übernahme politischer Verantwortung in der repräsentativen parlamentarischen Demokratie, S. 109 f. Simon, Helmut, § 4 Staatsziele, in: Simon Helmut / Franke, Dietrich / Sachs, Michael (Hrsg.), Handbuch der Verfassung des Landes Brandenburg, S.90.

[393] "Brandenburg ist ein freiheitliches, rechtsstaatliches, soziales, dem Frieden und der Gerechtigkeit, dem Schutz der natürlichen Umwelt und der Kultur verpflichtetes demokratisches Land...".

[394] so ist beispielsweise die Aussage, daß jeder ein Recht auf Bildung hat (Art. 29 Bbg Verf.) in modernen Kulturstaaten eine anerkannte Selbstverständlichkeit.

[395] Simon, Helmut, § 4 Staatsziele, in: Simon, Helmut / Franke, Dietrich / Sachs, Michael (Hrsg.), Handbuch der Verfassung des Landes Brandenburg, S. 91.

[396] Dokumentation des Landtags Brandenburg über die Entstehung der Verfassung des Landes Brandenburg, Bd. III, S. 33 ff., Drs. 1/625 vom 13.12.1991.

der einschlägigen Vorschriften: "Das Land anerkennt als Staatsziel das Recht eines jeden auf Bildung ... , auf soziale Sicherheit ... .auf eine angemessene Wohnung ... , auf Arbeit ...". Im Abs. 2 hieß es dann jeweils: "Das Land ist verpflichtet, im Rahmen seiner Kräfte für die Verwirklichung dieses Rechts zu sorgen ...". Man folgte hier dem Vorschlag eines Mitgliedes des Verfassungsausschusses, Helmut Simon, nach einem dreistufigen Aufbau der sozialen Rechte. Danach wurde zunächst das soziale Recht selbst anerkannt. An dieser Zielsetzung muß sich nunmehr die öffentliche Gewalt von der demokratischen Öffentlichkeit und dem Verfassungsgericht messen lassen[397]. Dann folgte in einem zweiten Absatz die Beschreibung der Handlungspflichten des Landes und letztlich wurden die flankierenden, individuelle Ansprüche begründenden Rechte benannt[398]. Dies stellt eine neue und interessante verfassungsrechtliche Konstruktion bezüglich der Verankerung sozialer Grundrechte dar und schafft eine wichtige Voraussetzung für eine sozialstaatliche Politik[399].

Im Laufe der Beratungen änderte man jedoch diese Formulierungen ab. Sachlich erfuhren die Staatszielbestimmungen dadurch aber keine Änderung[400]. Lediglich im Bezug auf das Recht auf Bildung entschied man sich, dieses sogar zum Grundrecht hochzustufen[401]. Bezüglich dieser Besonderheit war man sich bei den Beratungen im Verfassungsausschuß sehr wohl darüber im Klaren, daß mit der gewählten Form ein subjektives Recht formuliert wurde. Hierfür entschied man sich, da das Gut der Bildung dem Land zur Verfügung stehe, anders als bei einem Recht auf Arbeit oder Wohnraum, wo die Verfügungsmacht über die betreffenden Güter nicht nur beim Land, sondern auch bei privaten Dritten liegt.

Es stellt sich in diesem Zusammenhang natürlich die Frage, welche Instrumentarien eingreifen, wenn die zuständigen Staatsorgane der ihnen obliegenden Ver-

---

[397] Schöneburg, Karl – Heinz, Der Entwurf einer Verfassung für das Land Brandenburg und der Verfassungsfortschritt in Deutschland, in: Beiträge zur Verfassungsdiskussion im Landtag Brandenburg, S. 19.

[398] UAI / 4 vom 12.04.1991, Dokumentation des Landtags Brandenburg über die Entstehung der Verfassung des Landes Brandenburg, Bd. II, S. 470.

[399] Franke, Dietrich / Kneifel – Haverkamp, Reiner, § 2 Entstehung und wesentliche Strukturmerkmale der Landesverfassung in: Simon, Helmut / Franke, Dietrich / Sachs, Michael (Hrsg.), Handbuch der Verfassung des Landes Brandenburg, S. 68.

[400] so auch das überwiegende Schrifttum, vgl. z.B. Wu, Hsin - Hua, Soziale Grundrechte in der Verfassung, S. 25; Kutscha, Martin, Soziale Grundrechte und Staatszielbestimmungen in den neuen Landesverfassungen, ZRP 1993, S. 339 ff. (S. 341); Graf von Vitzthum, Wolfgang, Auf der Suche nach einer sozio – ökonomischen Identität? – Staatszielbestimmungen und soziale Grundrechte in Verfassungsentwürfen der neuen Bundesländer, VBlBW 11 / 1991, S. 404 ff. (S. 409); Dietlein, Johannes, Die Grundrechte in den Verfassungen der neuen Bundesländer, S. 121.

[401] Franke, Dietrich, Der Entwurf der brandenburgischen Landesverfassung, in: Stern, Klaus (Hrsg.), Deutsche Wiedervereinigung – Zur Entstehung von Landesverfassungen in den neuen Ländern der Bundesrepublik Deutschland, S. 1 ff. (S. 13).

pflichtung zur Verwirklichung der Staatszielbestimmungen nicht nachkämen. Muß man hier auf den politischen Prozeß vertrauen oder gibt es andere Kontrollmechanismen, wie z.B. ein Einschreiten des Verfassungsgerichts? Eine Mißachtung der Staatszielbestimmungen sollte in Brandenburg durch die Ausgestaltung der einschlägigen Normen verhindert werden. So wurden die sozialen Rechte als Verpflichtungen des Landes ausgestaltet und dann näher präzisiert. Darüber hinaus sieht die Brandenburger Verfassung zu jedem verankerten Staatsziel flankierende Maßnahmen als einklagbare Ansprüche vor. Im Bereich des Rechts auf Arbeit gibt es beispielsweise die Gewährleistung der Berufsberatung, der Arbeitsvermittlung, Ansprüche auf Umschulung, berufliche Weiterbildung und Unterhalt. Zwar ist kein einklagbares Recht auf einen Arbeitsplatz vorhanden, es gibt aber einklagbare flankierende Maßnahmen. Dadurch wird das Land verpflichtet, für eine Politik der Vollbeschäftigung Sorge zu tragen.

Auch die Frage, was passiert, wenn sich Kollisionen mit entgegenstehendem Bundesrecht ergeben, ist in diesem Zusammenhang zu stellen. Das übergeordnete Bundesrecht hat in solchen Fällen eindeutig Vorrang. Das kollidierende Landesrecht ist dadurch aber nicht nichtig, sondern muß nunmehr als Hinwirkungspflicht verstanden werden. Das heißt, die Landesorgane werden verpflichtet, auf Bundesebene für eine Änderung des entgegenstehenden Bundesrechts zu sorgen[402]. Dies stellt auch eine wesentliche Aufgabe der Landesverfassung dar, nämlich sich dem Menschenrechtsfortschritt zu verpflichten und auf die Veränderbarkeit des Rechts zu setzen. Hier kommt die Souveränität der Bürgerinnen und Bürger des Landes Brandenburg zum Ausdruck[403]. Eine solche Kollision ist im Rahmen der Regelungen der Brandenburgischen Verfassung aber eher unwahrscheinlich. Sie hält sich im wesentlichen an Bestimmungen, die bereits im geltenden Arbeits-, Sozial-, Wohnungs- und Ausbildungsrecht anerkannt sind. Darin liegt jedoch keine überflüssige Wiederholung bereits festgeschriebenen Rechts. Es geht nicht darum, ob andere Rechtsordnungen bereits entsprechende Einzelregelungen enthalten, sondern darum, Entscheidungen, die ein Gemeinwesen für elementar hält, in der Verfassung als richtungsweisend zu verankern. Dabei dürfte es außer Zweifel stehen, daß hierzu die sozialen Rechte, wie das Recht auf Arbeit, das Recht auf Bildung, das Recht auf Wohnraum usw. zählen[404].

---

402 Simon, Helmut, § 4 Staatsziele, in: Simon, Helmut / Franke / Dietrich, Sachs, Michael (Hrsg.), Handbuch der Verfassung des Landes Brandenburg, S. 94.

403 Schöneburg, Karl – Heinz, Der Entwurf einer Verfassung für unser Land Brandenburg und der Verfassungsfortschritt in Deutschland, in: Beiträge Zur Verfassungsdiskussion im Landtag Brandenburg, S. 19.

404 Simon, Helmut, § 4 Staatsziele, in: Simon, Helmut / Franke, Dietrich / Sachs, Michael, Handbuch der Verfassung des Landes Brandenburg, S. 94.

4. Exkurs: Auswertung des Verfassungsgebungsprozesses in Brandenburg

Die Verfassung des Landes Brandenburg weist eine Vielzahl von Besonderheiten auf. Dazu zählen unter anderem Fragen der staatlichen Herrschaftsbeschränkung, die Verankerung einer verstärkten politischen Teilhabe der Bürger, die soziale Absicherung und die ökologische Erneuerung[405]. Dies spiegelt sich auch in der Entstehungsgeschichte und der letztlich gewählten Formulierung der beiden sozialen Rechte, Recht auf Bildung und Recht auf Weiterbildung (Art. 29 Bdg Verf. und Art 33 Bbg Verf.) wider.

Um diese Besonderheiten richtig zu bewerten, müssen verschiedenen Gesichtspunkte berücksichtigt werden.

4.1. Umbruch der Gesellschaftssysteme / zeitgeschichtliche Erfahrung und historische Erfahrung

Zunächst ist bei der Verfassungsgebung in Brandenburg die neuartige Situation, wie sie sich nach der friedlichen Revolution von 1989 und der Wiedervereinigung darstellte, zu beachten.

Die Verfassungsdiskussion in den neuen Ländern der Bundesrepublik Deutschland und damit auch in Brandenburg war in besonderer Weise geprägt von vielfältigen zeitgeschichtlichen Erfahrungen. Dazu zählen Erfahrungen mit 40 Jahren real bürokratischem Sozialismus, die Erfahrungen der friedlichen Revolution des Jahres 1989, die dem Volk seine freie Selbstbestimmung wieder verschaffte und eine Regierung stürzte und die nachfolgende Konfrontation mit einer Vielzahl von nicht nur positiven Neuheiten, wie z.B. die soziale Ungewißheit, die sich unter anderem in Massenarbeitslosigkeit (bei gleichzeitiger Besetzung öffentlicher Stellen durch Bürger der alten Bundesländer und einem erheblichen Lohngefälle zwischen den alten und den neuen Bundesländern und Wohnungsnot) widerspiegelte[406].

Vor diesem Hintergrund ist es verständlich, daß die Fragen der staatlichen Herrschaftsbeschränkung, der verstärkten politischen Teilhabe der Bürger, der sozialen Absicherung sowie der ökologischen Erneuerung in allen Verfassungen

[405] Dietlein, Johannes, Die Grundrechte in den Verfassungen der neuen Bundesländer, S. 59 f.
[406] Dietlein, Johannes, Die Grundrechte in den Verfassungen der neuen Bundesländer, S. 59 f.; Schöneburg, Karl – Heinz, Der Entwurf einer Verfassung für das Land Brandenburg und der Verfassungsfortschritt in Deutschland, in: Beiträge zur Verfassungsdiskussion im Landtag Brandenburg, S. 16.

und Verfassungsentwürfen der neuen Länder eine maßgebliche Rolle spielten[407]. So war es ein vorrangiges Ziel bei der Verfassungsgebung in Brandenburg, dem Land eine Verfassung mit Grund – und Menschenrechten zu geben, welche die dargestellten Interessen, Ziele und Befindlichkeiten beinhalten sollten[408]. In dieser Hinsicht äußert sich auch Sachs. Er führt die Eigenwilligkeiten der ersten Entwürfe der Brandenburgischen Verfassung auf die besondere politischen Situation in der DDR nach dem Beitritt zur Bundesrepublik Deutschland zurück. Es habe in politisch interessierten Kreisen der Bevölkerung, hervorgerufen durch die wiedererlangte Freiheit, ein Bedürfnis nach originärer Betätigung der verfassungsgebenden Gewalt gegeben, weil nach der friedlichen Revolution die Möglichkeit eines grundsätzlichen Neubeginns bestand. Die entsprechenden Bemühungen um eine eigene DDR – Verfassung bzw. um eine Verfassung im Rahmen von Art. 146 GG als neue gesamtdeutsche Verfassung blieben jedoch ergebnislos. Die Landesverfassungen hatten damit auch die Funktion, derartige Bestrebungen aufzufangen[409].

Daß sich die besondere Stimmung der Umbruchzeit maßgeblich in der Verfassung Brandenburgs wiederfinden konnte und zu ihrer besonderen Gestaltung beitrug, hat seinen Grund auch darin, daß die Arbeiten an den ersten Verfassungsentwürfen früh aufgenommen wurden[410]. Der Zeitpunkt liegt weit vor der Festlegung des Weges zur deutschen Einheit. So war der Entwurf der Regierungsbevollmächtigten dann sogar direkte Vorlage für die Ausgestaltung der Brandenburger Verfassung. Seine Ausarbeitung ist ebenfalls vor dem Hintergrund der friedlichen Revolution in der DDR zu sehen. Der friedlich – revolutionäre Geist dieser Zeit fand seinen verfassungspolitischen Ausdruck zunächst in dem Entwurf des Zentralen Runden Tisches für eine neue DDR – Verfassung vom 4. April 1990[411], in welchem soziale Gerechtigkeitsideale der sich erstmals frei artikulierenden DDR – Gesellschaft mit aktuellen, verfassungspolitischen Strömungen westlicher Länder zu einem plebiszitär geprägten, nachdrücklich um die Werte von Gleichheit und Solidarität bemühten und im Grundrechtsteil

---

[407] Rux, Johannes, Die Verfassungsdiskussion in den neuen Bundesländern, ZParl 1992,S. 291 ff., (S. 297); Häberle, Peter, Die Verfassungsbewegung in den fünf neuen Bundesländern in Deutschland, JöR 41, S. 69 ff. (S. 80).

[408] Schöneburg, Karl – Heinz, Der Entwurf einer Verfassung für das Land Brandenburg und der Verfassungsfortschritt in Deutschland, in: Beiträge zur Verfassungsdiskussion im Landtag Brandenburg, S. 16.

[409] Sachs, Michael, Zur Verfassung des Landes Brandenburg, LKV 1993, Heft 8, S. 241 ff. (S. 242).

[410] Entwurf des Koordiniertenausschusses vom 22.04.1990, Jahrbuch des öffentlichen Rechts der Gegenwart, Bd. 39, S. 387 - 399; Entwurf der Regierungsbevollmächtigten vom September 1990, Jahrbuch des öffentlichen Rechts der Gegenwart, Bd. 40, S. 366 – 378.

[411] Jahrbuch des öffentlichen Rechts der Gegenwart, Bd. 39, S. 350 – 372.

bewußt modernen Verfassungsmodell verbanden[412]. Dieser Entwurf des zentralen Runden Tisches beeinflußte den zweiten Vorentwurf Brandenburgs maßgeblich. Die Vorentwürfe ließen bereits grundlegenden Strukturen der späteren Verfassung erkennen[413]. Damit vollzog sich die Entwicklung der Brandenburger Verfassung in der Umbruchzeit zweier Gesellschaftssysteme, vom real existierenden Sozialismus hin zur sozialen Marktwirtschaft.

4.2. Parteiübergreifende Zusammenarbeit

Sowohl der dargestellte Verfassungskonsens als auch das Bemühen um einen Kompromiß erscheinen im Vergleich zu westdeutschen Parteiorganisationen als untypisch[414].
Letztlich stimmten fast alle im Landtag vertretenen Kräfte der Verfassung zu. Es gelang, sowohl einen Teil der CDU – Fraktion zu mobilisieren als auch die PDS - LL in den Verfassungsbogen mit einzubeziehen.

Daß die Brandenburgische Verfassung auch unter den ostdeutschen Landesverfassungen hervorsticht - so ist ein wesentliches Strukturmerkmal der umfassende Katalog von Staatszielbestimmungen - muß letztlich wohl auch auf die politischen Mehrheitsverhältnisse, die sogenannte Ampelkoalition, zurück geführt werden. Hierin ist ein deutliches Bekenntnis zum pluralistisch – sozialstaatlichen Verfassungsbegriff bzw. zur Bürgerverfassung zu sehen.

Darüber hinaus ist der Verfassung integrative Bedeutung beigemessen worden. Deswegen wurden die Kompromißsuche und ein kooperativer Stil gepflegt. Es wurden konkordanzdemokratische Konfliktregelungsmuster angewandt, welche zu vielen Besonderheiten im brandenburgischen Verfassungstext führten.

In Brandenburg strebte man von Anfang an unbeirrt einen breiten Kompromiß an, obwohl auch andere Wege zur Verfassungsgebung offengestanden hätten. In der Literatur wird dieses Bestreben zum Teil auf den relativ großen Handlungs- und Konkurrenzdruck zurückgeführt, der in den neuen Bundesländern herrschte, da eine "Nichteinigung" unter Umständen einen verfassungslosen Zustand bedeutet hätte. Darin liegt aber keine zufriedenstellende Erklärung der angesprochenen Besonderheiten. Es hätte neben der Möglichkeit der Verabschiedung der

---

[412] Franke, Dietrich / Kneifel – Haverkamp, Reiner, § 2 Entstehung und wesentliche Strukturmerkmale der Landesverfassung in: Simon, Helmut, Franke, Dietrich, Sachs, Michael (Hrsg.), Handbuch der Verfassung des Landes Brandenburg, S. 58.
[413] Nina Grunsky, Konsens und Konkordanz, S. 97.
[414] vgl. beispielhaft die Äußerung des Bundestagsabgeordneten und GVK Vorsitzenden Rupert Scholz, der die brandenburger Verfassung als einen "schweren Sündenfall" bezeichnete (Tagesspiegel vom 14.05.92). Er warf dem Verfassungsentwurf auch vor, daß er sich von der bundesstaatlichen Ordnung entferne, da er den Vorrang des Bundesrechts und den des Grundgesetzes mißachte. (Berliner Morgenpost vom 19.04.1992).

Verfassung durch Zweidrittelmehrheit auch andere Wege, wie z.B. eine Verabschiedung durch einfache Mehrheit, gegeben. Es hätten auch lediglich vorläufige Verfassungen verabschiedet werden können, um mit der eigentlichen Verfassungsgebung bis zur Stabilisierung der Länder zu warten. Dies wurde z.B. in Mecklenburg – Vorpommern vorgeschlagen. Derartige Möglichkeiten sind aber nicht gewählt worden. Es herrschte Einigkeit über die Notwendigkeit einer raschen Verfassungsgebung. Dieser Weg hat sich in Brandenburg letztlich auch bewährt. Die Suche nach einer möglichst breiten Zustimmung führte dazu, daß nahezu die gesamte Allparteienkoalition zustimmte.

Die Verfassungsdebatten belegen des weiteren, daß die Besonderheiten der Brandenburger Verfassung nicht auf den Einfluß westdeutscher Berater zurückzuführen sind. Den Sachverständigen kam nur ein begrenzter Einfluß auf die Gestaltung der Verfassung zu. Die Ausschußmitglieder trafen die politischen Entscheidungen selbständig und setzten diese auch gegen Bedenken der Sachverständigen durch. Die Berater leisteten nur Formulierungshilfen und wiesen auf Unvereinbarkeiten einiger Regelungen mit dem Grundgesetz und Bundesrecht hin oder schlugen Kompromißformulierungen vor[415].

Es bleibt festzustellen, daß es in Brandenburg gelang, eine Verfassung zu verabschieden, die den spezifischen politischen Bedingungen Brandenburgs als einem neuen Bundesland Rechnung trug[416].

4.3. Einbeziehung der Bevölkerung / Integrationsgedanke

Eine weitere wesentliche Idee bei der Gestaltung der Verfassung war die Einbeziehung der Bevölkerung in den Verfassungsgebungsprozeß, um die dadurch bedingte Integrationsfunktion der Verfassung zu stärken. Es wurde deshalb in der Verfassungsdebatte großer Wert darauf gelegt, eine Verfassung für die Bürger des Landes Brandenburg zu schaffen, man wollte die Erfahrungen der Ostdeutschen mit ihrer Geschichte einfließen lassen[417]. Bei dem Bemühen um einen gemeinsamen Verfassungstext stand nur ein Kriterium im Mittelpunkt: "Die Bürger Brandenburgs müssen sich und ihre Interessen in der Verfassung widergespiegelt sehen. Das ist unsere gemeinsame und einzige Verpflichtung. Die Verfassung ist die Bündelung der Interessen, Rechte und Pflichten der Bürger Brandenburgs[418].

---

[415] Grunsky, Nina, Konsens und Konkordanz, S. 229.
[416] Franke, Dietrich / Kneifelt – Haverkamp, Reiner, § 2 Entstehung und wesentliche Strucktturmerkmale des Landesverfassung, in: Simon, Helmut / Franke, Dietrich / Sachs, Michael (Hrsg.), Handbuch der Verfassung des Landes Brandenburg, S. 67.
[417] Grunsky, Nina, Konsens und Konkordanz, S. 233.
[418] Abg. Birthler (SPD), Dokumentation des Landtags Brandenburg über die Entstehung der Verfassung des Landes Brandenburg, Bd. III, S. 245 ff. Pl. Pr. 1/43, S. 3110.

Bezeichnend ist in dieser Hinsicht, daß alle Verfassungen der neuen Länder ihren Bürgern, deren gewaltloser Aufstand die Verfassungsdiskussion überhaupt erst ermöglicht hatte, eine starke Teilhabe an der Macht gestatten[419].

In einer Veranstaltung, welche die Friedrich Ebert Stiftung zehn Tage vor der dritten Lesung des Verfassungsentwurfs veranstaltete, nannte der Vizepräsident des Bundesverfassungsgerichts Gottfried Mahrenholz die Verfassung als "beispielgebend" und "identitätsstiftend". Dabei nahm er einige Spezifika der Brandenburger Verfassung zum Anlaß, diese Aussage zu untermauern. So formuliere die Verfassung eine Reihe von Staatszielen, zu deren Erfüllung der Staat "im Rahmen seiner Kräfte" verpflichtet sei. Dabei benannte er unter anderem ausdrücklich Art. 29 Bbg Verf., der jedermann das Recht auf Bildung zuspreche. Danach sei das Land verpflichtet, öffentliche Bildungseinrichtungen zu schaffen und berufliche Ausbildungssysteme zu fördern[420]. Die Verankerung von Staatszielbestimmungen – insbesondere der sozialen Staatszielbestimmungen- wurde mit der Unsicherheit der sozialen Verhältnisse begründet, welche die Situation der Bürger in Ostdeutschland nach dem Umbruch und dem Beitritt kennzeichnete[421].

Es wird deutlich, daß die Verfassungsgebung von dem Bestreben geleitet war, die Individualrechte der Bürger, ihr Recht auf politische Beteiligung und die Aufgaben des Staates, insbesondere seine soziale Verantwortung und seine Verpflichtung zur Erhaltung der natürlichen Lebensgrundlagen, hervorzuheben[422]. So entschied sich der Verfassungsausschuß einmütig[423] dafür, Parlament und Exekutive durch positive Zielbestimmungen von Verfassungswegen in die Pflicht zu nehmen[424]. Zu den Pflichten sollte dabei zumindest die Förderung von Arbeit und Beschäftigung, die Förderung von menschenwürdigem und bezahlbarem Wohnraum und der Schutz der Natur und Umwelt gehören[425]. Trotz dieses integrativen Moments wurde aber auch davor gewarnt, die Verfassung zu überfrachten. Der nüchterne Blick für das Machbare wurde gefordert[426]. Denn nur

---

[419] Der Spiegel, Nr. 34, 45. Jahrgang, 19.08.1991, Land ohne Geheimdienst, S. 50.

[420] Brandenburgische Landeszentrale für politische Bildung , Eine Verfassung für unser Land, S. 20.

[421] Grunsky, Nina, Konsens und Konkordanz, S. 234.

[422] Vogelsang, Klaus, Die Verfassungsentwicklung in den neuen Bundesländern, DöV 1991. Heft 24, S. 1045 ff. (S. 1053).

[423] Feddersen, Christoph, Die Verfassungsgebung in den neuen Ländern: Grundrechte, Staatsziele, Plebiszite, DöV 1992, S. 989 ff. (S. 992); Linde, Jürgen, Der Neubau eines Landes, Staatswissenschaft und Staatspraxis 1991, S. 282 ff. (S. 287).

[424] Simon, Helmut, Wegweisendes Verfassungsmodell aus Brandenburg, in: PDS – LL (Hrsg.), Beiträge zur Verfassungsdiskussion im Land Brandenburg, S. 24 ff. (S. 25).

[425] Dr. Meißner (CDU), Dokumentation des Landtags Brandenburg über die Entstehung der Verfassung des Landes Brandenburg, Bd. III, S. 245 ff. Pl. Pr. 1 / 43, S. 3088.

[426] Dietlein, Johannes, Die Grundrechte in den Verfassungen der Länder Brandenburg, S. 60.

wenn die Verfassung eine reale Chance auf Verwirklichung habe, könne sie auch integrieren[427].

Bereits der Entwurf der Regierungsbevollmächtigten wurde der Bevölkerung zur Diskussion vorgestellt. Es bestand demnach schon in dieser frühen Phase der Vorentwürfe das Bemühen, die Bürger stark in den Entstehungsprozeß der Verfassung einzubeziehen[428]. Auch der Rückgriff auf den Entwurf der Regierungsbevollmächtigten liegt in dieser Linie. Dabei verwies man eindeutig darauf, daß dieser parteiübergreifend zustande gekommen und bereits der Öffentlichkeit vorgestellt worden sei. Erwähnenswert ist dabei, daß es in Brandenburg lediglich diese eine Arbeitsgrundlage gab. In allen anderen neuen Bundesländern gab es konkurrierende Arbeitsentwürfe mit unterschiedlichen verfassungspolitischen Vorstellungen.

Im weiteren Verlauf der Verfassungsgebung setzte sich das Bestreben um eine möglichst breite Akzeptanz in der Bevölkerung fort. So wurde der erste Verfassungsausschuß zur Hälfte aus Nichtparlamentariern besetzt, die Sitzungen des Verfassungsausschusses und der Unterausschüsse waren größtenteils öffentlich, und es erfolgte eine breite öffentliche Diskussion des ersten Entwurf des nichtparlamentarischen Verfassungsausschusses (VAI). Dieser Entwurf wurde zu diesem Zweck im Gesetz- und Verordnungsblatt des Landes durch den Landtagspräsidenten veröffentlicht[429]. Die im Rahmen der öffentlichen Diskussion eingegangenen Beiträge wurden systematisch durchgearbeitet und in den Ausschüssen debattiert. Leider gingen lediglich 400 Zuschriften aus der Bevölkerung ein, welche aber dennoch als Denkanstöße dienten[430].

Für die angestrebte Integrationsfunktion der Verfassung war darüber hinaus sowohl die Verabschiedung durch eine Zweidrittelmehrheit als auch die Beteiligung der Bürger an den Verfassungsdebatten und der Verfassungsentscheidung selbst maßgeblich. So erklärt sich auch eine weitere Besonderheit im Rahmen der Verfassungsgebung im Land Brandenburg, nämlich die Tatsache, daß die Verfassung den Bürgern zum Volksentscheid am 14. Juni 1992 vorgelegt wurde. Brandenburg war das einzige der neuen Bundesländer, dessen Bevölkerung in dieser Weise selbst über seine Verfassung entscheiden konnte.[431]

Auch die Tatsache, daß sich der Verfassungsausschuß für eine Vollverfassung entschied, zeigte den Willen, nach dem Zusammenbruch der DDR ein neues

---

427 Herzog, Roman, Allgemeine Staatsrechtslehre, S. 386. Er weist auf die desintegrierende Wirkung uneinlösbarer Verfassungsversprechen hin.
428 Nina Grunsky, Konsens und Konkordanz, S. 226.
429 Bbg. - GVBl 1991, Nr. 9, S. 96 ff.
430 so wurden z.B. das Recht auf Bildung aufgrund der Zuschriften geändert.
431 Brandenburgische Landeszentrale für politische Bildung, Eine Verfassung für unser Land, S. 21.

Staatswesen mit eigener Identität auf der Grundlage einer wertorientierten Rechtsordnung zu schaffen[432]. Darüber hinaus wurden im Verfassungsausschuß und im Landtag nie in Frage gestellt, in die Landesverfassung einen umfassenden, modernen Grundrechtskatalog aufzunehmen und die Möglichkeit zu geben, diese Grundrechte auch vor einem Landesverfassungsgericht einzuklagen. Dabei wurde dem Verfassungsgericht eine starke Position zugebilligt. Die Aufgabe des Gerichts wurde darin gesehen, die spezifischen Züge der Verfassung, die letztlich ihre Identität ausmachen, zu wahren. Die Verfassungsgerichtsbarkeit auf Landesebene sollte der eigenen Landesverfassung mit ihren spezifischen Normsystemen besonders verpflichtet sein. Es wurde deshalb Wert darauf gelegt, dem Gericht die Möglichkeiten für eigenständige Entscheidungen offenzuhalten[433].

Im Einzelnen zeigt sich, daß die Regelungen durchdrungen sind von einem stark ausgeprägten Mißtrauen gegenüber dem früher allgegenwärtig erlebten Staat sowie dem Bestreben, dem gesellschaftlichen Wandel im Grundrechtsbereich Rechnung zu tragen[434]. Dies sollte maßgeblich die Integration durch die Verfassung unterstützen.

4.4. Gemeinwohlverständnis

Letztlich sei auf die besondere Bedeutung des Gemeinwohls bzw. des Gemeinwohlverständnisses in der Phase der Verfassungsgebung hingewiesen. Hierin sind zur Zeit der Verfassungsgebung spezifische Ausgangsbedingungen für die Verfassungsdiskussion und damit auch für das Verständnis von Grundrechten und Staatszielbestimmungen zu sehen.

Es ist hervorzuheben, daß im Zuge des Umbruchs 1989 ein breites Einvernehmen in der Bevölkerung über die Ablösung der alten Ordnung und in diesem Sinne mindestens ein implizites Gemeinwohlverständnis bestand. Dies legitimierte nicht nur die praktische politische Vorgehensweise der Akteure, sondern gehörte wesentlich zu ihrem politischen Selbstverständnis. Dieses Gemeinwohlverständnis bzw. "die Sehnsucht nach Überparteilichkeit" war im Gegensatz zur

---

[432] Simon, Helmut, Wegweisendes Verfassungsmodell aus Brandenburg, in: PDS – LL (Hrsg.), Beiträge zur Verfassungsdiskussion im Land Brandenburg, S. 24 ff. (S. 24).

[433] Schöneburg, Karl – Heinz, Verfassungsidentität und Verfassungsgerichtsbarkeit auf Landesebene, in: Macke, Peter (Hrsg.), Verfassung und Verfassungsgerichtsbarkeit, S. 113 ff. (S. 121).

[434] Franke, Dietrich, Der Entwurf der brandenburgischen Landesverfassung, in: Stern, Klaus (Hrsg.), Deutsche Wiedervereinigung, S. 1 ff. (S. 11).

Situation in der damaligen Bundesrepublik[435] eine im Zuge des Umbruchs anzutreffende Besonderheit[436].

Zum Gemeinwohlverständnis und dem Verhältnis von Grundrechten und Staatszielen im Zuge der Diskussion im verfassungsgebenden Prozeß in Brandenburg ist festzustellen, daß beim verfassungsgebenden Prozeß erstmals die gesamte Breite dieser Themen zur öffentlichen Diskussion gestellt wurden, wobei durch die politisch unmittelbar Beteiligten, die zum Teil den Umbruch 1989/1990 gemeinsam gestaltet hatten und nun verschiedenen politischen Parteien angehörten, die Aufgabe zu lösen war, durch eine kontroverse Diskussion einen einvernehmlichen Gesetzgebungsrahmen für die Verfassung zu erarbeiten. Das Argument des Gemeinwohls besaß im Zuge des Umbruchs ein besonderes Gewicht[437]. Dabei spielte die Tatsache, daß die Verfassungsgebung in den neuen Ländern in einer Zeit vollzogen wurde, in der die desolate wirtschaftliche Lage und deren Überwindung im Mittelpunkt standen, eine wesentliche Rolle. Zu den drängenden Fragen des wirtschaftlichen Wiederaufbaus wurden Forderungen der Bürger nach einer wirtschaftlichen Absicherung in der Zukunft laut. Hinzu kamen die besonderen Erwartungen der Bürger, die auf ihre revolutionäre Vergangenheit stolz waren und nun ihre spezifischen Erfahrungen und Gedanken zu artikulieren versuchten und ein breites Mitspracherecht in allen sie betreffenden Fragen forderten.

Diese beiden Aspekte definieren den Begriff der "Befindlichkeiten" der Bürger in den neuen Ländern, unter dem alle Bereiche des gesellschaftlichen Lebens subsumiert wurden[438]. Insofern war vorauszusehen, daß Bestimmungen über soziale Absicherung und mehr Basisdemokratie zum zukünftigen Maßstab des neu zu schaffenden Landesverfassungsrechts wurden, die vor dem Hintergrund einer vergleichsweise normalisierten gesamtgesellschaftlichen und wirtschaftlichen Situation in den alten Bundesländern nicht unbedingt das bestimmende Element dargestellt hätten.

In diesem Zusammenhang ist auch die anfangs in allen Verfassungsausschüssen der Landtage geführte Diskussion zu sehen, bei der kontrovers gestritten wurde, welches Ziel die Verfassungsgebung haben sollte. Durfte das Ergebnis der Verfassungsarbeiten in einer Rumpfverfassung, einer vorläufigen oder endgültigen

---

[435] Jäckel, Hartmut, Parteiverdrossenheit: Kein Krisensymptom, in: Haungs, Peter / Jesse, Eckhard (Hrsg.), Parteien in der Krise?, S. 182 ff.

[436] Vette, Markus, Zur Struktur und Übernahme politischer Verantwortung in der repräsentativen parlamentarischen Demokratie, S. 101 ff.

[437] Vette, Markus, Zur Struktur und Übernahme politischer Verantwortung in der repräsentativen parlamentarischen Demokratie, S. 114 f.

[438] Nebendahl, Matthias, Grundrecht auf Arbeit im marktwirtschaftlichen System, ZRP 1991, S. 257 ff. (S. 257); Wassermann, Rudolf, Vom Zuschauer zum Aktivbürger, in: Recht und Politik, 1992, S. 88 ff. (S. 90 ff.).

Verfassung bestehen[439]? Die Schöpfung bloßer Rumpfverfassungen als dauerhaft beständige Organisationssatute mit Verweisen (z.B. im Bereich der Grundrechte auf das Grundgesetz) wurde aber einvernehmlich verworfen, da Konsens darüber bestand, daß die besonderen "Befindlichkeiten" verlangten, daß die Bürger ihre Grundrechte auch in ihrer Verfassung nachlesen konnten[440].

Ob allerdings vor dem Hintergrund der schwierigen Probleme in den neuen Ländern eine endgültige Verfassungsgebung zunächst aufgeschoben werden sollte, um eine für die Erarbeitung einer endgültigen Verfassung günstigere Situation abzuwarten, war anfangs nicht eindeutig zu klären. Die Vertreter dieser Auffassung führten an, daß die gegenwärtig alle gesellschaftlichen und politischen Fragen überlagernden wirtschaftlichen Sorgen der Bevölkerung die Schöpfung einer auf Dauer angelegten Verfassung durch kurzlebige Forderungen nach Befriedigung aktueller Bedürfnisse grundsätzlich in Frage stellten[441]. Für eine Übergangszeit von ein bis zwei Legislaturperioden, während der sich die politischen Verhältnisse stabilisiert hätten, sollten vorläufige Organisationsstatute das Notwendigste des staatlichen Lebens regeln. Nach Ablauf dieser Übergangszeit sollten dann unter normalen Bedingungen endgültige "Vollverfassungen" erarbeitet werden, welche die vorläufigen ablösen sollten. Allerdings stand diese Auffassung offenkundig im Widerspruch zu der Meinung vieler Bürger, die bezugnehmend auf den Verfassungsentwurf des Runden Tisches der DDR (1990) - der erstmals die Erfahrungen der revolutionären Entwicklung mit den als gesellschaftlich wünschenswert eingeschätzten Errungenschaften der DDR vereinigte und so z.B. eine Vielzahl von sozialen Rechten normierte - entsprechende Forderungen stellten. Nachdem die Volkskammer diesen Entwurf einer Vollverfassung unbesehen abgelehnt hatte, wurden die in ihm enthaltenen Vorschläge nach umfangreichen sozialen Absicherungen und basisdemokratischen Teilhaberechten zum "Vermächtnis des Runden Tisches", dem eine nicht zu unterschätzende psychologische Bedeutung für die Bürger in den neuen Ländern zuzumessen war.

Nicht zuletzt deswegen mußten die neuen Verfassungen von Anfang an als endgültige Vollverfassung konzipiert sein und somit einen Grundrechtskatalog, soziale Rechte und plebiszitäre Elemente als Ausdruck der besonderen Befindlichkeiten der Bürger in den neuen Ländern enthalten. Die mögliche Bandbreite für die Verfassungsgebung in den Ländern war dann auch gekennzeichnet von notwendiger Homogenität mit dem Grundgesetz auf der einen Seite und die landes-

---

[439] von Mutius, Albert / Friedrich, Thomas, Verfassungsentwicklung in den neuen Bundesländern, StWissStPraxis, 1991, S. 243 ff. (S. 249 und S. 270).
[440] Höppner, Volksstimme vom 27.09.1991.
[441] Merten, Detlef, Verfassungspatriotismus und Verfassungsschwärmerei, Verwaltungsarchiv 1992, S. 283 ff. (S. 293).

spezifischen Merkmale entsprechend berücksichtigende Eigenstaatlichkeit auf der anderen Seite[442].

III. Die Rechte auf Bildung und Weiterbildung als wichtige Arten der sozialen Grundrechte

1. Das Recht auf Bildung

1.1. Definitionsversuch

Der Begriffskomplex "Bildung" wurde in Deutschland von Anfang an in mehrfacher Beziehung benutzt. Er reicht von handwerklich - künstlerischen Formen bis zum Vorstellen geistiger Bilder. Die Bedeutungsinhalte gehen jedoch alle von der Grundvorstellung des Bildens und Bearbeitens sowie des Nachahmens und Abbildens aus.
Darüber hinaus ist Bildung einer der Grundbegriffe der Pädagogik in Deutschland. Auch hier werden dem Begriffskomplex etliche Bedeutungen beigemessen. Er spiegelt das Selbstverständnis der Menschen sowie sein jeweiliges Menschenbild wider.

Es zeigt sich, daß der Begriff der Bildung nicht eindeutig und abschließend definiert werden kann, sondern in seiner Vielschichtigkeit nur dynamisch zu erschließen ist[443]. Bildung wird daher heute unter anderem definiert:

- als vor allem die politische Herrschaft einbeziehende und enthüllende emanzipatorische Befreiung des Menschen zu sich selber (H. Blankeritz);

- als durch Belehrung und authentische Erfahrungen ermöglichte Selbstfindung und Bestimmung gegenüber dem Systemcharakter der Gesellschaft (H. von Hentig);

- als Schaffen grundlegender Orientierungen über wirkliche Verhältnisse in einem realitätsgerecht formierten Bewußtsein bzw. für eine nicht um ihre originalen Möglichkeiten betrogene Person (H.J. Gamm);

- als dialogartige Führung der Aktivität des Ich zu begründbarem Wissen und verantwortbarer Haltung in der Einheit der Person (M. Heitger);

---

[442] Feddersen, Christoph, Die Verfassungsgebung in den neuen Ländern, DÖV 1992, Heft 23, S. 989 ff. (S. 990).
[443] Braun, Helga, in: Timmermann, Heiner (Hrsg.), Bildung in der Europäischen Union, 1995, Grundmodelle der Bildungskonzeptionen – dialektisch – reflexive und dialogische Modelle, S. 7.

- als Öffnung eines graduell gestuften politischen Verantwortungsbewußtseins für die Zukunft, basierend auf geordneten Vorstellungen sowie eingebunden in die Normen rechtsstaatlicher Demokratie statt letzter Werte, wodurch die Wiederkehr des Desinteresses für die öffentliche Sphäre und des Rückzugs in die Innerlichkeit vermieden werde (T. Wilhelm)[444].

Bei den angeführten Definitionsversuchen ist auffällig, daß alles pädagogische Tun im Dienste der werdenden Persönlichkeit steht. Es ist der Prozeß der Selbstfindung, Selbstbestimmung, Selbstverwirklichung usw., in dem das Subjekt durch Aneignung und Nutzung alles Vorfindlichen sich selbst als Zentrum und Zweck konstituiert.

Diesem Konzept einer monozentrischen Fundierung und Orientierung auf ein höheres Wesen, den Menschen, die Idee der Politik oder sonstiges tritt ein weiteres Bildungskonzept entgegen, welches Bildung als Revolution der Art zu denken versteht. Damit wird bezweckt, jedem aufgrund eines ihm eröffneten weiten Interpretationshorizontes oder Gedankenkreises zur Selbständigkeit im Denken zu verhelfen, bei dem selbstlos den Dingen, Verhältnissen und Mitmenschen entsprochen wird (T. Ballauff).

Hieran orientiert sich wohl auch die These, Bildung radikal und aufklärerisch zu fassen, nämlich als Entbindung des Menschen von ihm vermittelten und zu eigen gemachten, für definitiv wahr gehaltenen Kenntnissen, Vorstellungen und Einstellungen in der Überantwortung an ein skeptisch kritisches Denken, das in Erziehung und Unterricht früh zu veranlassen ist und wofür in der Antike die Gestalt des Sokrates stand[445].

1.2. Bildungsbegriff heute

Bis in die sechziger Jahre galt ein Bildungsdenken, in dessen Mittelpunkt die rein ichbezogene Selbstvervollkommnung stand. Hier setzte aber in der Folgezeit die Kritik an. Gerade in der durch diese Auffassung begründeten Egozentrik sah man einen Verstoß gegen die legitimen Ansprüche der Mitmenschen und somit auch zwangsläufig gegen die Interessen der Gesellschaft und des Staates. Durch die rein auf das eigene Ich bezogene Bildungskonzeption wurde die soziale Komponente vernachlässigt. Dies war aber nicht hinzunehmen, da die Menschen nicht isoliert, sondern in einer Gesellschaft leben. Auf dieser Erkenntnis basierte die bildungstheoretische Diskussion um die Aufhebung des Dualismus zwischen Subjekt und Objekt bzw. die Überwindung des Subjektivismus.

---

[444] Brockhaus Enzyklopädie, zweiter Band, 19. Auflage, S. 315.
[445] Brockhaus Enzyklopädie, zweiter Band, 19. Auflage, S. 315.

Der Begriff der Bildung wird deshalb heute von verschiedenen Seiten abgelehnt[446]. Bei aller Kritik aufgrund der Unübersichtlichkeit des Begriffs der Bildung sollte dennoch nicht verkannt werden, was Bildung eigentlich meint. Bildung ist das, was den Menschen in seinem Menschsein ausmacht, nämlich die aller Planbarkeit und Machbarkeit entzogene Selbstbestimmung der eigenen Persönlichkeit.

Zunächst ist daher zu klären, von welchen Ansätzen die Bildung ausgeht. Dabei kommen zwei Positionen zum Tragen. Zum einen der Mensch, der in seine Menschlichkeit hineinfinden soll und zum anderen sein Umfeld. Zur Bildungsvermittlung zwischen dem Menschen und der Umwelt gibt es verschiedene Ansätze. Wie bereits dargestellt, gelten die Ansätze, die davon ausgehen, daß Menschlichkeit die vollendet verstandene Subjektivität des Bildungssubjekts beinhaltet, als überholt. Im Mittelpunkt des heutigen Interesses steht die Frage, wie der Mensch über sein Wissen zum Handeln kommt, das heißt, wie das Wissen aktiviert und umgesetzt werden kann. Damit verbunden ist die Frage der Selbstverwirklichung. Aus diesem gedanklich - philosophischen Hintergrund heraus hat die neuzeitliche Pädagogik verschiedene bildungstheoretische Grundmodelle entwickelt, welche die Rollen von Subjekt und Objekt verschieden bewerten[447].

1.2.1. Funktionales Bildungsmodell

Das funktionale Bildungsmodell geht von einer Verbindung zwischen Welt und Mensch, vom Selbst und anderen und vom Lernenden und Stoff aus. Welt und Mensch z.B. sind zwar unterschiedliche Komponenten, aber sie bedingen sich gegenseitig, sie hängen von einander ab.

Zum funktionalen Bildungsmodell gehören die formale und die materiale Bildungsauffassung.

Die formale Bildung bezweckt die Entwicklung und Übung der jugendlichen Kräfte. Die Welt wird zum Stoff, und ihr Sinn besteht darin, auf den Menschen eine kraftvolle Wirkung auszuüben. Danach ist die "Welt" nur als geeigneter Stoff, als notwendige Materie für die Ausbildung der Menschen wichtig. Umgekehrt besteht der Sinn der Bildung darin, den Menschen zum Träger und Vollender der Kultur zu machen. Entscheidende Schnittstelle ist dabei der Übergang vom Wissen zum Handeln.

---

[446] Braun, Helga, in: Timmermann, Heiner (Hrsg.), Bildung in der Europäischen Union, Grundmodelle der Bildungskonzeption, S.10.
[447] Braun, Helga, in: Timmermann, Heiner (Hrsg.), Bildung in der Europäischen Union, Grundmodelle der Bildungskonzeption, S. 11.

Die materiale Bildung dagegen erschließt dem Jugendlichen die Dinge selbst. Sie will, daß er mit dem Gelernten etwas anfangen kann, er soll die Dinge verwenden. Formale Bildung bezieht sich also auf die Entwicklung und Übung, materielle Bildung betrachtet Bildung als Eigenwert. Die Wissensvermittlung steht im Zentrum.

Es wird die Auffassung vertreten, daß Bildung nur in der Vereinigung von formaler und materialer Bildung nach dem Prinzip der doppelseitigen Erschließung erfolgen kann. Sinn der Bildung ist es danach, dem Menschen im kulturellen Gestalten der Zeit als den objektivierten Möglichkeiten der Menschheit seine subjektiven Möglichkeiten zu erschließen[448].

1.2.2. Dialektisch – reflexives Bildungsmodell

Gegenstand dieses Bildungsmodells ist die lebendige Wirklichkeit des Geistes. Mensch und Welt stehen sich nicht mehr als Inneres und Äußeres gegenüber, sondern sie werden als sich gegenseitig bedingend verstanden. Der "Andere" oder das "Andere" erweist sich als dialektische Voraussetzung des eigenen Ich, des Selbst. Dieser Bildungsansatz geht auf Hegel zurück, der ebenfalls forderte, im anderen zu sich selbst zu kommen. Nicht mehr nur der wissende, sondern der handelnde Mensch ist der Bezugspunkt dieses Modells[449].

1.2.3. Dialogisches Bildungsmodell

Hier steht die Frage im Vordergrund, ob es sich im Bildungsprozeß überhaupt um eine vom Subjekt gesteuerte Vermittlungsbewegung zwischen Subjekt und Objekt handelt. Man geht vielmehr von einer unlösbaren Verschränkung zwischen Mensch und Mensch sowie von Mensch und Sache aus. Bildung ist nicht mehr am Subjekt auszumachen, sondern weist auf die menschliche Handlung hin. Es wird das Zueinanderkommen von Personen und Sachen zu einer neuen, menschlich gestalteten Welt beschrieben. Bildung ist sachverständiger und verantwortunsgfähiger Einstand und Beistand für das Existieren von Mensch und Welt.

Es muß jedoch gesagt werden, daß seit den siebziger Jahren ein starkes Desinteresse an derart geschlossenen Theorien der Bildung zu verzeichnen ist. Darauf

---

[448] Braun, Helga, in: Timmermann, Heiner (Hrsg.), Bildung in der Europäischen Union, Grundmodelle der Bildungskonzeption, S. 12.

[449] Braun, Helga, in: Timmermann, Heiner (Hsg.), Bildung in der Europäischen Union, Grundmodelle der Bildungskonzeption, S. 13.

ist es wohl auch zurückzuführen, daß es zur Zeit keinen konsensfähigen Bildungsbegriff gibt[450].

1.3. Historische Aspekte

Im Bildungsbereich waren Grundrechte lange Zeit von untergeordneter Bedeutung. Ein Recht auf Bildung und Erziehung fand erst im Laufe dieses Jahrhunderts in den Verfassungen der deutschen Staaten einen Platz. Bildung wurde offensichtlich lange Zeit nicht zu den elementaren Rechten gezählt, die durch eine Grundrechtsverbürgung zu schützen waren. Die Verfassungssituation spiegelte damit eine gesellschaftliche Wirklichkeit wider, in der Bildungschancen durch Religion, Stand und Herkunft bestimmt waren. Die gesellschaftliche Stellung des Einzelnen in der Gesellschaft bestimmte zunächst seine Erziehungs- und Bildungschancen.

Verfassungsrechtliche Relevanz erhielt das Thema Bildung erst, als Wert und Bedeutung des Bildungsstandes für den gesellschaftlichen Fortschritt und die ökonomische Entwicklung des Staatswesens erkennbar wurden. Somit finden sich erste Normierungen einer Bildungsfürsorgepflicht des Staates in den liberalen Verfassungen des 19. Jahrhunderts.

In Art. 155 des Entwurfs einer Verfassung des Deutschen Reiches vom 28. März 1849[451] (Paulskirchenverfassung) heißt es: "Für die Bildung der deutschen Jugend soll durch öffentliche Schulen überall gesorgt werden. Eltern und deren Stellvertreter dürfen ihre Kinder und Pflegebefohlenen nicht ohne den Unterricht lassen, welcher für die unteren Volksschulen vorgeschrieben ist"[452]. Ähnlich formuliert ist Art. 21 der Preußischen Verfassung vom 31. Januar 1850. An ein Grundrecht auf Bildung war jedoch nicht zu denken.

Die Weimarer Reichsverfassung vom 11. August 1919[453] widmete der Bildung und Erziehung neben anderen sozialen Grundsätzen einen eigenen Abschnitt (Art. 142 – 150 WRV). Danach sollten öffentliche Anstalten im Zusammenwirken mit Reich, Ländern und Gemeinden für die Bildung der Jugend sorgen (Art. 143 WRV). Die Weimarer Reichsverfassung enthielt durch die Bestimmung, daß Anlage und Neigung des Kindes für den Besuch des mittleren oder höheren Schulwesens maßgeblich sein soll, eine Absage an die Klassenschule. Dennoch findet sich kein Anspruch auf eine Vermittlung von Bildung der Begabung ent-

---

450 Braun, Helga, in: Timmermann, Heiner (Hrsg.), Bildung in der Europäischen Union, Grundmodelle der Bildungskonzeption, S. 15.

451 Reichsverfassung des Deutschen Reiches (Paulskirchenverfassung) vom 28.03.1849, RGBl. S. 101 ff.

452 Abelein, Manfred, Recht auf Bildung, DÖV Heft 11, 1967, S. 375 ff. (S. 375).

453 Verfassung des Deutschen Reiches vom 11.08.1919 (Weimarer Reichsverfassung), RGBl. S. 1383 ff.

sprechend[454]. Obwohl diese Vorschriften im zweiten Hauptteil der Weimarer Reichsverfassung unter der Überschrift "Grundrechte und Grundpflichten der Deutschen" standen, enthielten sie nach Auffassung der Staatsrechtslehre lediglich Programmsätze[455]. Den Schritt zur Gewährung von Individualansprüchen tat man nicht[456].

Das Grundgesetz der Bundesrepublik Deutschland von 1949[457] entschied sich für eine zurückhaltende Haltung bei der Aufnahme sozialer Grundrechte, zu denen auch ein Recht auf Bildung hätte gehören können. Es wurde lediglich dem Gesetzgeber die Aufgabe übertragen, eine Konkretisierung des "sozialen Bundesstaates" (Art. 20 Abs. 1GG) und des "sozialen Rechtsstaates" (Art. 28 Abs. 1 GG) vorzunehmen.

In den 70er Jahren kam es erneut zur Diskussion um die Frage der Einführung sozialer Staatszielbestimmungen. Im Mittelpunkt der Bildungsreformdebatte stand dabei die Diskussion um ein Recht auf Bildung[458]. Wobei es um die Durchsetzung der Chancengleichheit im Bildungswesen ging, was durch die Einführung eines Rechts auf Bildung erreicht werden sollte. Durch kompensatorische Bildungsangebote sollte der Grundsatz der Chancengleichheit verwirklicht werden[459].

Über den Inhalt eines solchen Rechts auf Bildung herrschte allerdings keine Klarheit. Es gab sowohl die Auffassung, daß hierin ein individuelles, dem Einzelnen zustehendes Recht gesehen werden müsse, als auch die Meinung, daß aus der Anerkennung eines Rechts auf Bildung eine Reform der Bildungsstruktur erwachse und diese auch eine Veränderung der gesellschaftlichen Verhältnisse bewirken könne. Im Hinblick auf die verfassungsrechtliche Betrachtung wurde neben den inhaltlichen Aspekten die Frage diskutiert, welche Leistungen und Ziele mit einem Bildungsanspruch verbunden wären. Es wurde folgende Definition befürwortet: "Bildungsanspruch ist der Anspruch des Einzelnen gegen den

---

[454] Abelein, Manfred, Recht auf Bildung, DÖV Heft 11, 1967, S. 375 ff. (S. 375).

[455] Anschütz, Gerhard, Die Verfassung des Deutschen Reiches vom 11. August 1919, Vorbemerkungen zum II. Hauptteil, Nr. 6, S. 514 ff.

[456] Faller, Hans, Joachim, Bestand und Bedeutung der Grundrechte im Bildungsbereich in der Bundesrepublik Deutschland, EuGRZ 1981, S. 611 ff. (S. 612).

[457] Grundgesetz für die Bundesrepublik Deutschland vom 23. Mai 1949, BGBl. S. 1 ff.

[458] zB. Faller, Hans, Joachim, Bestand und Bedeutung der Grundrechte im Bildungsbereich in der Bundesrepublik Deutschland, EuGRZ 1981, S. 611 ff. (S. 612), Anhang Nr. 2: R; Dahnsdorf, Ralf, Bildung ist Bürgerrecht, Plädoyer für eine aktive Bildungspolitik; Heymann, Klaus – Dieter / Stein, Ekkerhart, Das Recht auf Bildung, dargestellt am Beispiel der Schulbildung, Archiv für öffentliches Recht (AöR) 97, S. 185 ff.; Maunz, Theodor, Der Bildungsanspruch in verfassungsrechtlicher Sicht, in: Hablitzel, Hans / Wollenschläger, Michael (Hrsg.), Recht und Staat, Festschrift für Günther Küchenhoff zum 65. Geburtstag, S. 605 ff.

[459] Wissenschaftliche Dienste der Deutschen Bundestages, Bearb.: Böger, Zur Diskussion eines Rechts auf Bildung in der Verfassung, S. 11.

Staat, in einer seiner Person entsprechenden Weise ausgebildet oder auf einen angemessenen Bildungsstand gehoben zu werden[460]".

Im Zusammenhang mit dieser Diskussion kam es auch zu Vorschlägen, welche die Ergänzung bzw. Änderung des Grundgesetzes in diesem Bereich vorsahen. Es wurde jedoch nicht das föderative Prinzip in Frage gestellt[461]. Die Differenzierung entsprechend den Bedürfnissen der Länder sollte beibehalten werden. So wurde z.B. vorgeschlagen, den Art. 7 GG zu ändern, und die Schaffung eines Bundeskultusministeriums zur Koordinierung der Aufgaben im Bereich der Schule wurde angeregt. Darüber hinaus formulierte man mehrere neue Artikel, die in das Grundgesetz in Form von Staatszielbestimmungen aufgenommen werden sollten[462]. Es sollte dadurch die Übereinstimmung bestehender Regelungen der Länderverfassungen festgestellt und gleichzeitig ein Verbindungsglied zum Recht der internationalen Erklärungen geschaffen werden.

Von der Bundesregierung wurde 1981 eine Sachverständigenkommission "Staatszielbestimmungen / Gesetzgebungsaufträge" eingesetzt. Diese sprach sich in ihrem Bericht vom 6. September 1983 gegen die Einführung eines Rechts auf Bildung aus. Maßgebend für dieses Votum war die allgemeingültige Auffassung der Kommission, daß das Grundgesetz die Form des individuellen Grundrechtes auf die im Sinne des Art. 1 Abs. 3 GG unmittelbar geltenden und einklagbaren Rechte des status negativus beschränkt. Für die Gewährleistung der Teilhabe des Einzelnen an Sozialgütern wie Bildung und Arbeit wurden die Rechtsfiguren der Staatszielbestimmungen oder ähnlich "kollektivierte" Rechtsfiguren als angemessene Verfassungsinstrumente angeraten[463]. Weiteres Argument gegen die Aufnahme eines Rechts auf Bildung war die Befürchtung, daß ein solches Recht zu eng gefaßt sei, um den Gesamtstaat in seiner umfassenden geistigen und kulturellen Dimension zu charakterisieren, zumal die Sozialstaatsklausel diese bildungsfördernden Impulse abdecke. Außerdem wurde ein Eingriff in die Kulturhoheit der Länder befürchtet[464].

---

[460] Maunz, Theodor, Der Bildungsanspruch aus verfassungsrechtlicher Sicht, in: Hablitzel, Hans / Wollenschläger, Michael (Hrsg.), Recht und Staat, Festschrift für Günther Küchenhoff zum 65. Geburtstag, S. 605 ff.

[461] Geiger, Willi, Vorschlag zu einer Neufassung des Art. 7 GG, in: Festschrift für Gerhard Müller zum 70. Geburtstag.

[462] Ramm, Thilo, Bildung, Erziehung und Ausbildung als Gegenstand von Grundrechten, in: Festschrift für Erwin Stein zum 80. Geburtstag, S. 239 ff. (S. 250 f.).

[463] Bundesministerium des Inneren / Bundesministerium der Justiz, Bericht der Sachverständigenkommission "Staatszielbestimmungen und Gesetzgebungsaufträge" S. 122 m.w.N.

[464] Wissenschaftliche Dienste des Deutschen Bundestages, Bearb.: Böger, Zur Diskussion der Aufnahme eines Rechtes auf Bildung in die Verfassung, S. 10.

In ähnlicher Weise äußerte sich die Verfassungskommission[465], die aufgrund von Art. 5 des Einigungsvertrags vom 31. August 1990[466] gebildet wurde. In ihrem Abschlußbericht sprach sich die Kommission ebenfalls gegen die Aufnahme eines Rechts auf Bildung aus[467]. Sie verwies auf die bereits im Grundgesetz verankerten bildungsbezogenen Rechte (Art. 6 Abs. 2 GG; Art. 7 Abs. 1 GG; Art. 3 GG und 12 GG), welche bereits einen vereinheitlichenden Einfluß auf die Gesetzgebung der Länder ausübten. Darüber hinaus seien dem Bund durch die Kompetenznormen des Art. 74 Abs. 1 Nr. 13 GG (Ausbildungs- und Forschungsförderung), Art. 75 Abs. 1 S. 1 Nr. 1 a GG (Hochschulrahmengesetz) und Art. 91 a, b GG (Gemeinschaftsaufgaben) sinnvolle Ergänzungen gegenüber Regelungen und Maßnahmen der Länder als Hauptverantwortliche im Bildungs- und Kulturbereich erlaubt. Die Schaffung einer einzelprogrammatischen Verfassungsverbürgung sei damit nicht erforderlich. Im Kulturbereich müsse des weiteren berücksichtigt werden, daß durch die Rechtsprechung des Bundesverfassungsgerichts das Staatsverständnis der Bundesrepublik Deutschland als "Kulturstaat" ausdrücklich anerkannt sei und damit kein Regelungsdefizit bestehe.

Als Hauptargument wurde vorgebracht, daß eine solche Staatszielbestimmung den Bund zu weitgehenden Aktivitäten im Bereich der Bildung, Ausbildung und Kultur berechtigen und verpflichten könne. Hierin läge aber ein Eingriff in die förderalen Belange, der zu einem Kompetenzeinbruch für die Länderseite führe und die Kulturhoheit der Länder beeinträchtigen könne[468]. Dem wurde von Befürwortern eines Rechts auf Bildung im Grundgesetz entgegengehalten, daß der Staat die Chancengleichheit im Bildungsbereich unabhängig von der wirtschaftlichen und sozialen Lage sowie der politischen Überzeugung als vorrangiges Staatsziel sehen müsse. Dies sei ein notwendiges Signal des Staates gerade für die jüngeren Menschen[469]. Es wurde unter anderem der Vorschlag einer Neufassung des Art. 7 GG wieder aufgenommen. Dabei sollten sowohl internationale Standards berücksichtigt werden, als auch der Handlungsspielraum für den Landesverfassungsgeber hinsichtlich der Schulverfassungsartikel erneut überdacht

[465] Bundestagsdrucksache 12 / 1590, 12 / 1670 und Beschluß des Bundesrates Drucksache 741 / 91.
[466] BGBl. II 1990, S. 889 – 1245.
[467] Bundestagsdrucksache 12 / 6000 vom 05.11.1993, S. 75 ff. (S. 81 f.).
[468] Bundestagsdrucksache 12 / 6000 vom 05.11.1993, S. 75 ff. (S. 81 f.).
[469] Bundestagsdrucksache 12 / 6000 vom 05.11.1993, S. 75 ff. (S. 80).

werden[470]. Dennoch wurde von der gemeinsamen Verfassungskommission im Bereich der sozialen Staatsziele keine dahingehende Empfehlung abgegeben[471].

1.4. Teilbereiche des Rechts auf Bildung

Wie bei den Menschen- und Grundrechten findet sich auch bei den Grundrechten im Bildungsbereich die klassische Unterteilung in Abwehrrechte (klassische Grundrechte) und in soziale Grundrechte. Darüber hinaus wird ein Recht auf Bildung als institutionelle Garantie, als grundlegendes Wert- und Konstitutionsprinzip sowie als Teilhaberecht, welches aus den klassischen Grundrechten abgeleitet wird, gewertet. Wie bereits angedeutet, wird der Begriff "Recht auf Bildung" unterschiedlich gebraucht. Man unterscheidet zwischen einer Deutung im engeren und einer Deutung im weiteren Sinn. Im engeren Sinn versteht man das Recht auf Bildung als echtes soziales Grundrecht. Das heißt, es geht um Leistungsansprüche gegen den Staat. Im weiteren Sinn dagegen werden Freiheits-, Anspruchs- und Institutionsgarantien zusammengefaßt.

Es zeigt sich hierin der Doppelcharakter des Rechts auf Bildung als liberales und soziales Grundrecht. Als klassisches Freiheitsrecht bedeutet es Abwehr gegen den Staat. Ihm obliegt es, dem Individuum die freie Entwicklung der Persönlichkeit durch Bildung zu gewährleisten. Er darf dieses Recht nur in engen, vorgeschriebenen Grenzen behindern oder beschränken.

Um die so garantierte Bildung wahrnehmen zu können, müssen aber die notwendigen Einrichtungen vorhanden sein. Insofern ist das Recht auf Bildung auch ein soziales Grundrecht. Es beinhaltet Ansprüche gegen den Staat. Er ist verpflichtet, für ein ausreichendes Bildungsangebot zu sorgen, entweder indem er eigene Bildungseinrichtungen bereitstellt oder indem er die Voraussetzungen für derartige freie gesellschaftliche Einrichtungen schafft.

Dieses aktive Handeln des Staates ist natürlich immer an dem tatsächlich Möglichen zu bemessen. Demzufolge steht dem Staat im Rahmen seines pflichtgemäßen Ermessens ein politischer Getsaltungsspielraum zu. Das hat zur Folge, daß die Ausführung stark an die jeweiligen politischen Prioritäten gekoppelt ist.

---

470 Jenkner, Siegfried, Das Recht auf Bildung als Menschenrecht und seine Realisierung in den beiden deutschen Staaten, in: Pädagogik und Schule in Ost und West 38, Heft 4, 1990, S. 233 ff. (S. 240); Jach, Frank - Rüdiger, Die Entstehung des Bildungsverfassungsrechts in den neuen Bundesländern, in: Recht der Jugend und des Bildungswesens, Heft 3, 1992, S. 268 ff. (268 f.).

471 Bundestagsdrucksache 12 / 6000 vom 05.11.1993, S. 75 ff. (S. 81 f.).

Im folgenden soll eine kurze Darstellung der verschiedenen Facetten eines Rechts auf Bildung erfolgen. Diese orientiert sich an dem vom Bildungsrechtler Ingo Richter entwickelten Schema[472].

Die hierbei berücksichtigten Aspekte sind folgende:

- das Recht auf freien Zugang zu den einzelnen Bildungseinrichtungen (Zugangsrecht),
- das Recht auf Vermittlung der für eine menschenwürdige Existenz in der modernen Gesellschaft unabdingbaren Kenntnisse und Fähigkeiten (Minimumrecht),
- das Recht auf freie Entfaltung der jeweiligen Begabungen und Interessen und damit der Anspruch auf ein entsprechend differenziertes Bildungswesen (Entfaltungsrecht)

1.4.1. Das Recht auf Bildung als Zugangsrecht

Eine Grundvoraussetzung für die Wahrnehmung des Rechts auf Bildung ist die allgemeine und ungehinderte Zugänglichkeit der Bildungseinrichtungen. Dabei wird der Doppelcharakter des Rechts auf Bildung als liberales Abwehrrecht und soziales Grundrecht deutlich[473]. Das Zugangsrecht als liberales Abwehrrecht stellt ein allgemeines Diskriminierungsverbot dar. Das heißt, es sollen allen - ohne Diskriminierung hinsichtlich der Rasse, der Hautfarbe, des Geschlechts, der Sprache, der Religion, der politischen oder sonstigen Anschauung, des Vermögens, der Geburt oder des sonstigen Status - die verschiedenen Arten von Bildungseinrichtungen zugänglich sein[474].

Ein solcher freier Zugang setzt aber die Bereitstellung entsprechender Bildungseinrichtungen voraus. Hier kommt der Charakter als soziales Grundrecht mit Ansprüchen gegen den Staat zum Tragen. Des weiteren verlangt das Verbot der

---

472 Richter, Ingo, Enzyklopädie Erziehungswissenschaft, Verfassungsrechtliche Grundlagen des Bildungswesens, S. 232.

473 Jenker, Siegfried, Das Recht auf Bildung als Menschenrecht und seine Realisierung in den beiden deutschen Staaten, Pädagogik und Schule in Ost und West, Heft 4, 1990, S. 232 ff. (S. 234).

474 so auch Abschlußdokument des Wiener KSZE – Folgetreffens, Ziffer 63. Dabei sieht die UN – Menschenrechtsdeklaration Art. 26.1 vor, daß die unteren Stufen des allgemeinen und beruflichen Schulwesens für alle uneingeschränkt möglich sind. Für die oberen Stufen sind die für alle gleichen Zugangsmöglichkeiten differenziert nach den Fähigkeiten und Leistungen des Einzelnen.

sozialen Diskriminierung die Unentgeltlichkeit eines gewissen Bildungsstandards [475].

1.4.2. Das Recht auf Bildung als Minimumrecht

Für eine menschenwürdige Existenz ist ein Mindestmaß an Bildung und Erziehung Grundvoraussetzung. Dies soll durch die Garantie eines obligatorischen Elementarunterrichts gewährleistet werden[476]. Dieser Forderung entspricht die in den entwickelten Industrieländern eingeführte Pflicht einer allgemeinen Vollzeitschule von acht bis zehn Jahren.

Darüber hinaus ist die berufliche Grundausbildung zu erwähnen[477]. Diesem entspricht die in der Bundesrepublik übliche Praxis einer beruflichen (Teilzeit-) Schulpflicht nach der allgemeinen (Vollzeit-) Schulpflicht.

1.4.3. Das Recht auf Bildung als Entfaltungsrecht

Hier stellt sich die Frage nach inhaltlicher und institutioneller Gewährleistung der freien Entfaltung der Persönlichkeit als Kernstück des Rechts auf Bildung. Worin aber liegen die Ziele und Inhalte öffentlich verantworteter Erziehung? Das Recht auf Bildung ist auf das Menschenbild gerichtet, das der Idee und der Deklaration der Menschenrechte zugrunde liegt[478].

Die in den internationalen Pakten von den beteiligten Staaten in dieser Hinsicht anerkannten Ziele sind in Art. 29 der UN – Konvention der Rechte des Kindes benannt worden[479]:

Die Vertragsstaaten stimmen darüber überein, daß die Bildung des Kindes darauf gerichtet sein muß,

---

[475] Der UN- Pakt verlangt in Art. 13.2. die generelle Unentgeltlichkeit für die unteren Bildungsstufen und eine entsprechende Tendenz für die oberen Bildungsstufen, mit der Forderung, diesbezüglich ein "angemessenes Stipendiensystem einzurichten.

[476] Es finden sich diesbezügliche Forderungen in verschiedenen internationalen Abkommen. So wurde dieses Fundament eines Rechts auf Bildung in Art. 26.1. der UN – Menschenrechtsdeklaration und in Art. 13. 2a des UN – Paktes festgeschrieben. In der UN- Konvention der Rechte des Kindes wurde diese Forderung in Art. 28. 1a noch einmal bekräftigt.

[477] diese wird in der Europäischen Sozialcharta in Art. 10.1 gefordert.

[478] Jenker, Siegfried, Das Recht auf Bildung als Menschenrecht und seine Realisierung in beiden deutschen Staaten, Pädagogik und Schule in Ost und West, Heft 4, 1990, S. 232 ff. (S. 235 f.)

[479] Diese Darstellung in der UN – Konvention der Rechte des Kindes stellt eine Präzisierung der bereits in der UN – Menschenrechtsdeklaration (Art. 26.2) und im UN – Pakt (Art. 13.1) getroffenen Aussage dar.

- die Persönlichkeit, die Begabung und die geistigen und körperlichen Fähigkeiten des Kindes voll zur Entfaltung zu bringen;
- dem Kind Achtung vor den Menschenrechten und den Grundfreiheiten und den in der Charta der Vereinten Nationen verankerten Grundsätzen zu vermitteln;
- dem Kind Achtung vor seinen Eltern, seiner kulturellen Identität, seiner Sprache und seinen kulturellen Werten, den nationalen Werten des Landes, in dem es lebt und gegebenenfalls des Landes, aus dem es stammt sowie vor anderen Kulturen als der eigenen zu vermitteln;
- das Kind auf ein verantwortungsbewußtes Leben in einer freien Gesellschaft im Geist der Verständigung, des Friedens, der Toleranz, der Gleichberechtigung der Geschlechter und der Freundschaft zwischen den Völkern und ethnischen, nationalen und religiösen Gruppen sowie zu Ureinwohnern vorzubereiten;
- dem Kind Achtung vor der natürlichen Umwelt zu vermitteln.

Auch hier wird wieder deutlich, daß eine Zweiteilung in Abwehr- und Anspruchsrecht vorzunehmen ist. Als Abwehrrecht verpflichtet das Entfaltungsrecht die staatliche Bildungsarbeit auf den Verzicht politisch – ideologischer Parteinahme und fordert Neutralität und Toleranz. Als Anspruchsrecht beinhaltet es eine aktive Gestaltung des Erziehungs- und Unterrichtsprozesses nach den Prinzipien der Liberalität und Pluralität.

1.5. Kodifizierung eines Rechts auf Bildung im internationalen und nationalen Recht

1.5.1. Internationale Abkommen

Als Menschenrechte finden sich Erziehung und Bildung in vielen internationalen Vereinbarungen und Pakten wieder. Zu beachten ist in diesem Zusammenhang Art. 25 GG, wonach die allgemeinen Regeln des Völkerrechts als Bestandteil des Bundesrechts den Gesetzen vorgehen und Rechte und Pflichten für die Bewohner des Bundesgebietes bewirken.

Als Beispiele für die Verankerung eines Rechts auf Bildung in internationalen Pakten sind die folgenden Abkommen zu nennen:

Nach Art. 26 Abs. 1 der Allgemeinen Erklärung der Menschenrechte in der von der Generalversammlung der Vereinten Nationen am 10. Dezember 1948 beschlossenen Fassung[480] hat jeder Mensch ein Recht auf Bildung.

Die Bundesrepublik Deutschland ist seit dem 18. September 1973 Mitglied der Vereinten Nationen. Dennoch ist die Rechtsbindung der Menschenrechtserklä-

---

[480] Deutsche Übersetzung: Satorius II Nr. 19.

rung umstritten, da es sich um eine allgemeine Erklärung und keinen völkerrechtlichen Vertrag handelt.

Das Übereinkommen über die Rechte des Kindes vom 20. November 1989[481] erklärt in Art. 28, daß die Vertragsstaaten das Recht des Kindes auf Bildung anerkennen, und der Art. 26 Abs. 3 bestimmt, daß vorrangig die Eltern das Recht haben, die Art der ihren Kindern zuteil werdenden Bildung zu bestimmen.

Auch hier ist es aufgrund des Charakters als allgemeine Erklärung umstritten, welche Rechtsbindung das Übereinkommen über die Rechte des Kindes entwikkelt.

Anders ist dies bei den folgenden internationalen Abkommen, welche unmittelbar geltendes Bundesrecht sind.

Die Konvention zum Schutze der Menschenrechte und Grundfreiheiten des Europarates (EMRK) vom 4. November 1959 nebst Zusatzprotokoll ist unmittelbar geltendes Bundesrecht für die Bundesrepublik Deutschland. Daher ist die Bestimmung des Art. 2, daß niemandem das Recht auf Bildung verwehrt werden darf, im Zusatzprotokoll I zur Konvention zum Schutze der Menschenrechte und Grundfreiheiten vom 20. März 1952[482] verbindliches Recht.

Auch die Erklärung der Grundrechte und Grundfreiheiten des Europäischen Parlaments vom 12. April 1989, nach deren Art. 16 jeder das Recht auf Bildung und Ausbildung gemäß seinen Fähigkeiten hat, ist unmittelbar geltendes Bundesrecht.

Nach dem Internationalen Pakt über wirtschaftliche, soziale und kulturelle Rechte vom 19. Dezember 1966[483] erkennen die Vertragsstaaten nach Art. 13 das Recht eines jeden auf Bildung an.

Letztlich ist die Europäische Sozialcharta vom 18. Oktober 1961[484] zu benennen, welche einen umfangreichen Katalog an sozialen Grundrechten als unmittelbar geltendes Bundesrecht enthält. Hierdurch sind die Vertragsstaaten beispielsweise verpflichtet, die fachliche und berufliche Ausbildung aller Personen, einschließlich der Behinderten, soweit es notwendig ist, zu gewährleisten und zu fördern und Möglichkeiten für den Zugang zu Technischen Hochschulen und Universitäten nach alleiniger Maßgabe der persönlichen Eignung zu schaffen.

---

[481] BGBl. II 1992, Nr. 6, S. 122 – 148.
[482] Für die Bundesrepublik gemäß Bekanntmachung vom 13.04.1957; BGBl. II 1957, Nr. 7, S. 226 - 227.
[483] BGBl. II 1973, Nr. 62, S. 1570 – 1582.
[484] BGBl. II 1964, Nr. 43, S. 1262 – 1286.

Außerdem sind die Vertragspartner nach Art. 10 Nr. 4 zur Förderung der beruflichen Weiterbildung erwachsener Arbeitnehmer verpflichtet.

Diese internationalen Bestimmungen im Zusammenhang mit der Vollendung des EG – Binnenmarktes und der sich hieraus ergebenden Konsequenz für den förderalen Aufbau der Bundesrepublik Deutschland und damit auch für das Bildungswesen führten und führen zu einer Debatte über die Bildung in Deutschland und Europa[485]. Dabei ist die Bedeutung der Bildung als fundamentales Menschenrecht und als Grundlage für die Inanspruchnahme politischer Beteiligungsrechte unumstritten[486].

1.5.2. Grundgesetz

Das Grundgesetz enthält kein ausdrücklich geregeltes Recht auf Bildung. Es finden sich im Grundgesetz aber Bestimmungen, aus denen sich ein derartiges Recht ableiten läßt. Die Grundrechte, die im Grundgesetz für ein Recht auf Bildung relevant sein können, sind folgende[487]:

Art. 2 Abs. 1 GG (in Verbindung mit Art. 1 Abs. 1 GG) garantiert dem Einzelnen und damit auch jedem Kind die freie Entfaltung seiner Persönlichkeit, unter Berücksichtigung seiner Anlagen einschließlich der individuellen Lernfähigkeit.

Art. 3 Abs. 1 GG enthält den allgemeinen Gleichheitssatz (alle Menschen sind vor dem Gesetz gleich). Dem Gleichheitsgrundsatz kommt die Bedeutung eines Willkürverbotes zu. Eine Chancengleichheit läßt sich im Bildungsbereich nur unter bestimmten Voraussetzungen ableiten. Dies gilt für den Bereich des Prüfungsrechts und bei der verfassungsrechtlichen Beurteilung von Leistungssystemen in Verbindung mit Spezialgrundrechten. Dabei können sich wiederum derivative Ansprüche auf gleiche Teilhabe ergeben[488].

---

485 vgl. Europäische Bildungspolitik und bundesstaatliche Ordnung, Gutachten für die Enquete – Kommission ,"Zukünftige Bildungspolitik – Bildung 2000 des 11. Deutschen Bundestages", Verfasser, Schröder, Meinhard unter Mitarbeit von Hardt, Thomas / Meves, Nikolaus u. Dröll, Peter, Die Deutschen Bundesländer und die Europäische Gemeinschaft.

486 Jenker, Siegfried, Das Recht auf Bildung als Menschenrecht und seine Realisierung in beiden deutschen Staaten, in: Pädagogik und Schule in Ost und West, Heft 4. 1990, S. 233 ff. (S. 233). Die Bedeutung dieses Erkenntnis hat durch das für den Bildungsstand der deutschen Jugend verherende Ergebnisse der letzten Pisa – Studie an Brisanz gewonnen. Unter diesem Gesichtspunkt sind die Aspekte der sozialen Gerechtigkeit im Hinblick auf ein Recht auf Bildung und die daraus resultierende gesellschaftliche Verantwortung in der heutigen Diskussion aktueller denn je.

487 Faller, Hans Joachim, Bestand und Bedeutung der Grundrechte im Bildungsbereich der Bundesrepublik Deutschland, EuGRZ 1981, S. 611 (S. 613 f.).

488 Kämpfer, Walter, Grundrechte im Bildungsbereich, EuGRZ 1981, S. 721 ff. (S. 724 f.).

Art. 4 Abs. 1 und Abs. 2 GG garantieren die Freiheit des Glaubens, des Gewissens und des religiösen und weltanschaulichen Bekenntnisses sowie die ungestörte Religionsausübung. Das heißt, es bleibt den Eltern vorbehalten, für ihr Kind die für richtig gehaltene religiöse und weltanschauliche Erziehung zu bestimmen. Für den Schulsektor bedeutet das, daß die Schultypen diesem Grundsatz entsprechen müssen[489].

Art. 5 Abs. 3 GG gewährleistet für die Wissenschaft, die Forschung und die Lehre absolute Freiheit. Dies ergibt sich aus dem Charakter des Grundrechts als objektiv wertentscheidende Grundnorm. Jede Einmischung der öffentlichen Gewalt ist damit tabu. Aus dieser objektiven Grundsatzentscheidung wird abgeleitet, daß der Staat funktionsfähige Institutionen für einen freien Wissenschaftsbetrieb zu schaffen und zur Verfügung zu stellen hat. Dem Einzelnen wird an diesen staatlichen Leistungen ein Teilhaberecht zugestanden. Darüber hinaus wird aus dem Charakter als Individualgrundrecht ein Anspruch auf organisatorische Maßnahmen abgeleitet. Dies soll die Freiheit der Wissenschaft gewährleisten, so z.B. bei der Frage der Stellung der Hochschullehrer[490].

Art. 6 Abs. 2 GG bezeichnet Pflege und Erziehung der Kinder als natürliche Rechte der Eltern und die ihnen zuvörderst obliegende Pflicht (Elternrecht). Damit ist den Eltern der Vorrang als Erziehungsträger garantiert. Nach der Rechtsprechung des Bundesverfassungsgerichts ist aber der Staat neben den Eltern Erziehungsträger. Beide, Eltern und Staat, haben danach sinnvoll zusammenzuarbeiten. Zu den Einwirkungsrechten, die das Elternrecht gewährt, gehört auch das Schulwesen. Es ist zu unterscheiden zwischen dem konfessionellen und dem pädagogischen Erziehungsrecht der Eltern. Das konfessionelle Elternrecht gibt den Eltern das Recht, die religiöse Erziehung ihres Kindes zu bestimmen. Das pädagogische Elternrecht sichert den Eltern die freie Wahl zwischen den Bildungswegen und Schuleinrichtungen, die der Staat zur Verfügung stellt oder beläßt[491].

Art. 7 GG enthält die Grundrechtsnormen und Einrichtungsgarantien für den Bereich des Schulrechts. Art. 7 Abs. 4 S. 1 GG gewährleistet ausdrücklich das Recht zur Errichtung von privaten Schulen.

Art. 12 Abs. 1 GG sichert jedem Deutschen neben dem Grundrecht der freien Berufswahl und der freien Berufsausübung auch das Recht auf freie Wahl der Ausbildungsstätte zu.[492].

---

[489] Kämpfer, Walter Grundrechte im Bildungsbereich, EuGRZ 1981, S. 721 ff. (S. 724 f.).
[490] Kämpfer, Walter, Grundrechte im Bildungsbereich, EuGRZ 1981, S. 721 ff. (S. 727).
[491] Kämpfer, Walter, Grundrechte im Bildungsbereich, EuGRZ 1981, S. 721 ff. (S. 724).
[492] Kämpfer, Walter, Grundrechte im Bildungsbereich, EuGRZ 1981, S. 721 ff. (S. 727).

Letztlich enthalten Art. 20 Abs. 1 GG und Art. 28 Abs. 1 S. 1 GG das Sozialstaatsprinzip. In diesem Konstitutionsprinzip des sozialen Rechtsstaats wird die primäre verfassungsrechtliche Bestandsgarantie eines leistungsfähigen öffentlichen Bildungswesens gesehen.

Die aufgeführten Grundrechte sind für das Recht auf Bildung maßgeblich. Im Hinblick auf ein Zugangsrecht dürfte die Anspruchsgrundlage allerdings hauptsächlich in Art. 6 Abs. 2 GG und Art. 7 Abs. 1 GG (zum Teil auch Art. 2 Abs. 1 GG) liegen. Es wird die Ansicht vertreten, daß sich hieraus nicht nur ein allgemeiner Anspruch auf Bildung ableiten lasse, sondern daß den Staat die Verpflichtung treffe, auch für genügend Schuleinrichtungen zu sorgen[493]. Nach anderer noch weitergehender Auffassung gewährleisten die genannten Artikel des Grundgesetzes nicht nur eine Anspruchsgrundlage für ein Zugangsrecht, sondern darüber hinaus bilden sie die Grundlage für das Recht auf Bildung im eigentlichen Sinne, die Verpflichtung des Staates, gleiche Bildungschancen zu schaffen[494].

Allerdings ist für andere wichtige Schutzinhalte des Rechts auf Bildung, etwa (berufliche) Ausbildungsrechte, Unterrichtsentgeltfreiheit u. ä. ein allgemeiner Leistungsanspruch aus dem genannten Grundrechtskatalog nicht abzuleiten. Hier ist aber ein Recht auf Teilhabe solcher Rechte denkbar[495]. Die Lehre von den Teilhaberechten geht von der Auffassung aus, daß die Voraussetzungen für eine chancengleiche Ausübung der Grundrechte in vielen Fällen erst durch staatliche Vorkehrung geschaffen werden müssen. Auf die Inanspruchnahme dieser "Vorkehrungen" soll dann ein Recht bestehen. Dagegen wird eingewendet, daß sich z.B. die Chancengleichheit durch die Anwendung des Gleichheitssatzes erreichen ließe und wenn dies nicht der Fall sei, müsse der Gesetzgeber entsprechende Maßnahmen treffen[496].

Diese Grundrechte richten sich gegen die öffentliche Gewalt und nicht gegen private Bildungsträger[497]. Die Bildungsgleichheit des Grundgesetzes stützt sich demnach auf ein gesichertes Zugangsrecht zu den öffentlichen Bildungseinrichtungen und den finanziellen Hilfen zur Wahrnehmung dieser Bildungsmöglichkeiten. Es ist zu ihrer Wahrung zu gewährleisten, daß eine Vielfalt des öffentli-

---

493 Maunz, Theodor (1980), Badura, Peter (2000), Ehe und Familie als Gegenstand der Gesetzgebung, in: Maunz, Theodor / Dürig, Günter (Hrsg.), Grundgesetz – Kommentar, Art. 6, Rdnr. 31.

494 Lecheler, Helmut, Schulwesen, in: Sachs, Michael (Hrsg.), Grundgesetz, Art. 7, Rdnr. 13.

495 Wu, Hsin – Hua, Soziale Grundrechte in der Verfassung, S. 82.

496 Walter Kämpfer, Grundrechte im Bildungsbereich, EuGRZ, 1981, S. 721 ff. (S. 733).

497 Kirchhof, Paul, Der allgemeine Gleichheitssatz, in: Isensee, Josef / Kirchhof, Paul (Hrsg.), Handbuch des Staatsrechts der Bundesrepublik Deutschland, § 124, Rdnr. 116; Abelein, Manfred, Recht und Bildung, DÖV, Heft 11, 1967, S. 375 ff. (S. 376).

chen Bildungsangebots garantiert bleibt und dadurch Gleichheit, je nach Individualität und freiheitlicher Selbsteinschätzung zu ermöglichen[498].

Damit knüpft das Recht auf Bildung bzw. das Recht auf gleiche Bildungschancen - wie bereits dargestellt - an die Gleichheitsforderungen des Art. 3 Abs. 2 GG an, nach dem Gleiches gleich und Ungleiches entsprechend ungleich zu behandeln sei[499].

Der Zusammenhang mit dem Sozialstaatsgebot des Art. 20 Abs. 1 GG, "die Bundesrepublik Deutschland ist ein demokratischer und sozialer Bundesstaat", und des Art. 28 Abs. 1 S. 1 GG, "die verfassungsmäßige Ordnung in den Ländern muß den Grundsätzen des republikanischen, demokratischen und sozialen Rechtsstaates ... entsprechen", spiegelt sich auch noch auf einer anderen Ebene wider. Hieraus ergibt sich für Gesetzgebung, Rechtsprechung und Verwaltung die Verpflichtung, bei allen Beschlüssen, Maßnahmen und Entscheidungen den Maßstab der sozialen Gerechtigkeit zu beachten[500]. Aus diesen grundgesetzlichen Voraussetzungen wird gefolgert, daß dadurch das Fehlen eines originären Grundrechts (auf Bildung) weitgehend ausgeglichen wird[501].

1.5.3. Landesverfassungen

Anders als das Grundgesetz enthalten zahlreiche Landesverfassungen Bestimmungen, die ein ausdrückliches Recht auf Bildung oder Ausbildung gewährleisten[502]. Es ist demnach ersichtlich, daß einige Landesverfassungen explizit ein

---

[498] Kirchhof, Paul, Der allgemeine Gleichheitssatz, in: Isensee, Josef / Kirchhof, Paul (Hrsg.), Handbuch des Staatsrechts der Bundesrepublik Deutschland, § 124, Rdnr. 117.
[499] Maunz, Theodor / Zippelius, Reinhold, Deutsches Staatsrecht, § 26 V.
[500] Klein, Friedrich, in: von Mangoldt, Hermann / Klein, Friedrich / Starck, Christian (Hrsg.), Das Bonner Grundgesetz, Anmerkung VII 2b zu Art. 20.
[501] Wissenschaftliche Dienste des Deutschen Bundestages, Bearb.: Böger, Zur Diskussion eines Rechts auf Bildung in die Verfassung, S. 5.
[502] Verfassungen der alten Bundesländer:
- Verfassung des Landes Baden – Württemberg vom 11. November 1953, Der Abschnitt III. der Baden – Württembergischen Verfassung widmet sich der Erziehung und dem Unterricht (Art. 11 – 22). Nach Art. 11 Verf.BW hat jeder junge Mensch ohne Rücksicht auf seine Herkunft oder wirtschaftliche Lage das Recht auf eine seiner Begabung entsprechende Erziehung und Ausbildung.
- Verfassung des Freistaates Bayern vom 2. Dezember 1946, hier wird diese Thematik in dem Abschnitt (Art. 128 – 141): "Bildung und Schule, Schutz der natürlichen Lebensgrundlagen und der kulturellen Überlieferung" behandelt.
- Landesverfassung der Freien Hansestadt Bremen vom 21. Oktober 1947, die Art. 26 – 36 betreffen Erziehung und Unterricht. In Art. 27 wird festgelegt, daß jeder nach Maßgabe seiner Begabung das gleiche Recht auf Bildung hat.
- Verfassung des Landes Hessen vom 1. Dezember 1946, Erziehung und Schule werden in den Art. 55 – 62 behandelt.

Recht auf Bildung enthalten. Dieses leitet sich aus der verfassungsrechtlichen Kultushoheit der Länder ab (Art. 30, Art. 70 ff., Art. 83 ff. GG). Nach der Kompetenzverteilung des Grundgesetzes liegt die bildungspolitische Zuständigkeit in Gesetzgebung und Verwaltung grundsätzlich bei den Ländern. Eine Zuständigkeit des Bundes gibt es nur, wenn ihm das Grundgesetz ausdrücklich die Kompetenz für Bildungsaufgaben zuweist (Art. 74 Abs. 1 Nr. 13, Art. 75 Abs. 1 S. 1 Nr. 1 a, Art. 91 a und Art. 91 b GG)[503].

Der Kulturhoheit der Länder ist es vor allem zu verdanken, daß gerade im Bereich der Bildung einige Landesverfassungen sehr detaillierte Aussagen treffen. Diese Länderkompetenz stellt neben dem Kommunalrecht und dem Polizei und Ordnungsrecht die wohl wichtigste ausschließliche Länderkompetenz dar. Es ist

---

- Verfassung für das Land Nordrhein – Westfalen vom 28. Juni 1950, die Art. 7 – 18 beschäftigen sich mit Schule, Kunst und Wissenschaft, Religion und Religionsgemeinschaften; Art. 8 Abs. 1 gibt jedem Kind einen Anspruch auf Erziehung und Bildung.
- Verfassung für Rheinland – Pfalz vom 18. Mai 1947, die Art. 27 – 40 betreffen Schule, Bildung und Kulturpflege. Hier findet sich in Art. 37 das vom Staat und Gemeinden zu fördernde Volksbildungswesen.
- Verfassung des Saarlandes vom 15. Dezember 1947, es beziehen sich die Art. 26 – 42 auf Erziehung, Unterricht, Volksbildung und Kulturpflege.
- Verfassung des Landes Schleswig – Holstein vom 13. Dezember 1949, Die Art. 6 – 7 befassen sich mit dem Recht auf Bildung und Erziehung. Das Schulwesen ist in Art. 8 geregelt.

<u>Verfassungen der neuen Bundesländer</u>

- Verfassung des Landes Brandenburg vom 20. August 1992, im 6. Abschnitt werden Bildung, Wissenschaft und Sport behandelt. Nach Art. 29 Abs. 1 hat jeder das Recht auf Bildung.
- Verfassung des Landes Mecklenburg – Vorpommern vom 23. Mai 1993, zu den Grundrechten gehören nach Art. 8 die Chancengleichheit im Bildungswesen und nach Art. 15 und 16 das Schulwesen sowie die Förderung von Kultur und Wissenschaft und hier nach Art. 16 Abs. 4 die vom Land, Gemeinden und Kreisen zu fördernden Einrichtungen der Jugend- und Erwachsenenbildung.
- Verfassung des Freistaates Sachsen vom 27. Mai 1992, hier ist in Art. 29 das Recht auf Bildung, festgeschrieben. Es beinhaltet in Art. 29 Abs. 1 das Recht, die Ausbildungsplätze frei zu wählen und in Art. 29 Abs. 2 das Recht auf gleichen Zugang zu den öffentlichen Bildungseinrichtungen.
- Verfassung des Landes Sachsen – Anhalt vom 16. Juni 1992, ein direktes Recht auf Bildung findet sich in dieser Verfassung nicht. Der Bereich der Bildung, Schule, Ausbildung und Kultur ist aber in den Artikeln 25 – 31 unter den Einrichtungsgarantien geregelt.
- Verfassung des Freistaates Thüringen vom 25. Oktober 1993, der dritte Abschnitt befaßt sich mit der Bildung und Kultur. In Art. 20 S. 1 ist das Recht jedes Menschen auf Bildung gewährleistet.

[503] zB. Berufsbildungsgesetz vom 14.08.1969 (BGBl. I Nr. 75, S. 1112 ff.); Bundesausbildungsförderungsgesetz vom 09.04.1976 (BGBl. I Nr. 43, S. 989 ff.); Hochschulrahmengesetz vom 26.01.1976 (BGBl. I Nr. 10, S. 185 ff.); vgl. genauer: Faller, Hans Joachim, Bestand und Bedeutung der Grundrechte im Bildungsbereich in der Bundesrepublik Deutschland, EuGRZ 1981, S. 611 ff. (S. 612); Kämpfer, Walter, Bestand und Bedeutung der Grundrechte im Bildungsbereich, EuGRZ 1981, S. 721 ff. (S. 722).

hierbei auffällig, daß die getroffenen Regelungen in den Verfassungen der neuen Bundesländer ausführlicher sind als in den westdeutschen Länderverfassungen und daß sie insbesondere über die Regelungen des Grundgesetzes hinausgehen[504]. Dabei sind die Regelungen der Verfassung des Landes Brandenburg besonders umfassend.

Es muß jedoch auch berücksichtigt werden, daß dem Recht auf Bildung neben den übrigen klassischen Sozialverbürgungen eine besondere Stellung zukommt. Denn während Anspruchsobjekte, wie beispielsweise Arbeit und Wohnung, in einem freiheitlich gestalteten Gemeinwesen weitgehend der privaten Verfügungsgewalt unterliegen, erfolgt die Vermittlung von Bildung in modernen Staaten wie der Bundesrepublik Deutschland vorrangig in staatlicher Regie. Zentrale Bildungseinrichtungen wie Schulen und Hochschulen liegen zum weit überwiegenden Teil in staatlicher Hand oder stehen doch zumindest unter staatlicher Aufsicht. Eine damit verbundene, verstärkt subjektiv – rechtliche Akzentuierung der bildungsbezogenen Sozialgewährleistungen läßt sich auch in den Länderverfassungen und insbesondere in der Verfassung Brandenburgs feststellen[505].

Daneben spielten aber auch andere Beweggründe bei der Ausarbeitung des Bildungsbereiches in den Landesverfassung der neuen Bundesländer eine wichtige Rolle. Zunächst sind hier die Erfahrungen mit dem schulischen Bildungswesen der DDR zu sehen. Das Bildungsangebot der DDR war ideologisch stark geprägt. Einer derartigen Ausgestaltung des Bildungssystems im Land Brandenburg wollte man von Anfang an bereits auf Verfassungsebene entgegenwirken. Darüber hinaus sollten natürlich die Gedanken des demokratischen Aufbruchs, welche ja die Verfassungsgebung in den neuen Ländern stark beeinflußten, auch und gerade in diesem Bereich zum Ausdruck gebracht werden. Die Landesverfassungen mußten den Wünschen und Bedürfnissen eines neuen Bundeslandes gerecht werden.[506]

1.6. Das Recht auf Bildung im Rahmen der rawls´schen Gerechtigkeitstheorie

Es stellt sich die Frage, ob ausgehend von der rawls'schen Theorie ein Recht auf Bildung auf Verfassungsebene zu befürworten wäre und wenn ja, in welcher

---

504 Nina Grunsky, Konsens und Konkordanz, S. 72.

505 vgl. Art. 29 Bbg. Verf; für eine Ausdehnung dieser Bestimmung als echte subjektiv – öffentliche Rechte: Abelein, Manfred, Das Recht auf Bildung, DÖV 1967, S. 375 ff.(S. 378); ebenso für Art. 128 Abs. 1 Bay.Verfassung, Gallwas, Hans – Ulrich, Das Grundrecht auf Ausbildung gem. Art. 128 Abs. 1 der Bayrischen Verfassung, BayVBl. 1976, S. 385 ff. (S. 385).

506 Henke, Wilhelm, Das Ende der Revolution und die Verfassungsgebende Gewalt des Volkes, in: Der Staat 1992, S. 265 ff. (S. 276 ff.)

Form dies geschehen sollte. In Frage käme die Festschreibung als echtes soziales Grundrecht oder als Einrichtungsgarantie[507].

1.6.1. Der Gegenstand der Gerechtigkeit

Sieht man in der bevorzugten Möglichkeit, sich zu bilden, eine begünstigte Ausgangsposition, dann müssen nach den Grundsätzen der Theorie der Gerechtigkeit diese Ungleichheiten ausgeglichen werden. Diese Annahme ist gerechtfertigt, weil die bevorzugte Möglichkeit zur Bildung die Lebenschancen des Einzelnen erhöht, sei es durch bessere Berufsaussichten und den damit verbundenen sozialen Status, sei es im Rahmen der Persönlichkeitsentwicklung zum Zweck der anzustrebenden Selbstzufriedenheit oder sei es, um die notwendigen Kenntnisse zur Wahrnehmung der eingeräumten Freiheitsrechte zu erlangen.

1.6.2. Tendenzen zur Gleichheit / Unterschiedsprinzip

Im Hinblick auf Bildung besagt das Unterschiedsprinzip, daß bessere natürliche Begabungen oder anderer Ungleichheiten (z.B. finanzielle Ausgangssituationen) im Interesse einer wirklichen Chancengleichheit ausgeglichen werden müssen. Das Unterschiedsprinzip würde im Bildungswesen also dazu führen, daß die Anstrengungen auf die Verbesserung der langfristigen Aussichten der am wenigsten Bevorzugten zu lenken sind. Ist dieses Ziel beispielsweise dadurch zu erreichen, daß man sich mehr um die Begabteren kümmert, so ist das zulässig, anderenfalls nicht. Bezogen auf die sozialen Grundsätze hinsichtlich eines Rechts auf Bildung und eines Rechts auf Weiterbildung, kann das aber auch heißen, daß mehr für die Bildung der weniger Begabten als für die Bildung der Begabteren aufgewendet werden muß[508], wenn dies für die weniger Bevorzugten von Vorteil ist.

Dabei ist der Wert der Bildung nicht nur unter dem Gesichtspunkt der wirtschaftlichen Leistungen und der sozialen Wohlfahrt zu sehen. Ebenso wichtig ist, daß durch Bildung ein Mensch befähigt wird, sich die kulturellen Werte seiner Gesellschaft zu erschließen und daran teilzuhaben. Dies gibt dem Einzelnen ein sicheres Selbstwertgefühl[509]. Deshalb sind die Anstrengungen im Hinblick auf die Schaffung eines Bildungssystems nicht nur an ihrem voraussichtlichen Erfolg in Form produktiver Fähigkeiten auszurichten, sondern auch unter dem Gesichtspunkt, daß sie das persönliche und gesellschaftliche Leben der Bürger bereichern und zwar auch das der Schlechtergestellten. Je weiter eine Gesellschaft entwickelt ist, desto wichtiger wird dieser Gesichtspunkt[510].

---

[507] vgl. die Ausführungen unter B I 6.5.
[508] Rawls, John, Eine Theorie der Gerechtigkeit, S. 121.
[509] Rawls, John, Eine Theorie der Gerechtigkeit, S. 122.
[510] Rawls, John, Eine Theorie der Gerechtigkeit, S. 128.

Diese Aussagen sind auch unter dem Blickwinkel des von Rawls in Anlehnung an Aristoteles aufgestellten Grundsatzes zu betrachten, der besagt, daß unter sonst gleichen Umständen die Menschen gern ihre angeborenen oder erlernten Fähigkeiten einsetzen möchten, und ihre Befriedigung ist desto größer, je besser entwickelt oder je komplizierter die beanspruchte Fähigkeit ist[511]. Dabei bezieht sich die Anwendung dieses Grundsatzes immer auf einen bestimmten Menschen, also auf seine natürlichen Gaben und seine besondere Lage[512]. Für Rawls ist ein Lebensplan, der entwicklungsoffen ist und welcher der Ausbildung komplizierter Fähigkeiten und der Erlernung anspruchsvoller Tätigkeiten Raum gibt, vernünftigerweise einem anderen, der diese Entwicklungsoffenheit und interne Perfektionsdynamik nicht besitzt, vorzuziehen[513]. Dies resultiert daraus, daß Erziehung und Ausbildung und die dadurch gewonnenen Qualifikationen an sich einen Wert haben, selbst wenn man sie nicht beruflich verwerten kann, durch sie also nicht seine Indexposition verbessert. Durch die bessere Ausbildung liegt eine Qualifikation für mehr und bessere Stellen vor. Selbst wenn diese dann nicht erreicht werden, erhöht sich doch die Chance darauf. Da aber das Chancenprinzip dem Differenzprinzip lexikalisch vorgeordnet ist, muß das Positive auf jeden Fall das Negative überwiegen. Deshalb postuliert Rawls das Grundgut der "Chancen". Hier stellt sich aber die Frage, warum sollten Chancen so wichtig sein, wenn sie nur darin bestehen, daß man für höhere Stellen qualifiziert ist, nicht aber, daß man diese auch wirklich erreicht? Versteht man die Position der "Chance" aber im Sinne von Bildung und Qualifikation und bedenkt gleichzeitig, daß der Wert der Bildung nicht nur unter dem Gesichtspunkt der wirtschaftlichen Leistung und der Wohlfahrt gesehen werden kann, ist es ebenso wichtig, daß die Bildung einen Menschen befähigt, sich die kulturellen Werte seiner Gesellschaft zu erschließen und daran teilzunehmen und ihm dadurch ein sicheres Selbstwertgefühl zu verschaffen[514].

Es wird deutlich, daß Rawls Bildung auch als persönliche Bereicherung des Einzelnen auffaßt. Demzufolge unterscheidet sich sein Ansatzpunkt von dem der historischen Entwicklung eines Rechts auf Bildung, nach dem das Thema Bildung seine verfassungsrechtliche Relevanz erst erhielt, als Wert und Bedeutung des Bildungsstandes für den gesellschaftlichen Fortschritt und die ökonomische Entwicklung des Staatswesen relevant wurden. Auch deshalb finden sich Ansätze der Normierung einer Bildungsfürsorgepflicht erst in den liberalen Verfassungen des 19. Jahrhunderts. Insofern zeigen sich deutliche Parallelen zu der Bildungsdefinition, wie sie die Diskussion um ein Recht auf Bildung in den 70er

---

511 Kersting, Wolfgang, Die Gerechtigkeit zieht die Grenzen und das Gute setzt das Ziel, in: Höffe, Ottfried (Hrsg.), Eine Theorie der Gerechtigkeit, S. 220.

512 Rawls, John, Eine Theorie der Gerechtigkeit, S. 464.

513 Kersting, Wolfgang, Die Gerechtigkeit zieht die Grenzen und das Gute setzte das Ziel, in: Höffe, Ottfried (Hrsg.), Eine Theorie der Gerechtigkeit, S. 222.

514 Pogge, Thomas, John Rawls, S. 102 ff.

Jahren hervorbrachte und bei der man aus verfassungsrechtlicher Sicht "Bildungsanspruch als den Anspruch des Einzelnen gegen den Staat, in einer seiner Person entsprechenden Weise ausgebildet oder auf einen angemessen Bildungsstand gebracht zu werden", definierte.

1.6.3. Der Begriff der Freiheit

Anzuknüpfen ist an die Unterscheidung, die Rawls hinsichtlich der Sicherung seines Systems der Grundfreiheiten und dem Wert der einzelnen Freiheiten vornimmt.

Der Wert der Freiheit bemißt sich ja bekanntlich auch danach, welche Fähigkeiten der Einzelne hat, innerhalb des Freiheitssystems seine Ziele zu erreichen. Er besagt ausdrücklich, daß ein mehr an Macht, Reichtum oder Bildung des Einzelnen ausgeglichen werden muß und zwar nach den bekannten Kriterien des Unterschiedsprinzips.

Diese Feststellung ist wesentlich für die Bedeutung, welche Bildung im Rahmen der Theorie der Gerechtigkeit als Fairneß erlangt. Bildung ist insoweit in mehrfacher Hinsicht relevant. Zunächst ist sie für die Volkswirtschaft eine nicht zu verachtende Ressource, die ständig gefördert und weiterentwickelt werden muß, denn auch Rawls verschließt sich nicht der Erkenntnis, daß im modernen Staatsgefüge Wissen und die Umsetzung desselben wichtig für ein funktionierendes Wirtschaftssystem sind. Darüber hinaus ist Bildung aber auch für die vollständige Verwirklichung der Freiheitsrechte von Bedeutung. Denn der Wert der Freiheit hängt letztlich davon ab, wie sie genutzt werden kann. Bleiben einzelne Gesellschaftsschichten von vornherein von Bildungsmöglichkeiten ausgeschlossen, die letztlich Voraussetzung für die Inanspruchnahme der eingeräumten Freiheiten sind, ist der gleiche Wert der Freiheit nicht gewährleistet. Was nützen Freiheitsrechte, die aufgrund mangelnder Bildung nicht zu verstehen sind bzw. deren Inanspruchnahme nicht möglich ist, da die dafür notwendigen Voraussetzungen nicht erlangt werden können. Deshalb ist aus der Sicht der Theorie der Gerechtigkeit als Fairneß die Frage der Bildung zu klären. Es ist verständlich, daß sie einer Normierung auf Verfassungsebene bedarf, da sich hierin eine wesentliche Voraussetzung zur Durchsetzung des Systems der Grundfreiheiten zeigt.

An dieser Stelle bietet es sich an, über den Doppelcharakter des Rechts auf Bildung nachzudenken. Indem es der an das Individuum vermittelten Bildung obliegt, die freie Entwicklung der Persönlichkeit zu ermöglichen, ist daraus ein klassisches Freiheitsrecht abzuleiten. Zweifellos gehört auch für Rawls die freie Entfaltung der Persönlichkeit zu den Grundfreiheiten, die unter den besonderen Schutz des ersten Grundsatzes fallen. Insofern ist ein Abwehrrecht gegen den

Staat zu manifestieren, das einen ganz bestimmten Bereich an Bildung festlegt. Dieser Abwehranspruch müßte entsprechend dem ersten Grundsatz der Gerechtigkeit so ausgestaltet werden, daß ein unveränderlicher Kernbereich besteht, in den nur im Ausnahmefall und um anderer gleichwerter Freiheitsrechte willen eingegriffen werden kann. Hieraus ergibt sich dann die soziale Komponente des Rechts auf Bildung. So, wie nämlich andere Freiheitsrecht für ihre Umsetzung ein soziales Mindestmaß an Unterstützung brauchen, ist es auch bei dem Recht auf Bildung. Insofern vertritt die Theorie der Gerechtigkeit die Auffassung, daß dafür Sorge zu tragen sei, daß die notwendigen Einrichtungen zur Wahrnehmung eines Rechts auf Bildung vorhanden sind. Es müssen Ansprüche gegen den Staat festgelegt werden.

Nach der Theorie der Gerechtigkeit als Fairneß dürfte sich dabei nicht die Frage nach den tatsächlichen Möglichkeiten des Staates zur Durchsetzung dieser Ansprüche stellen, wie das in der heutigen Staatspraxis immer wieder im Zusammenhang mit der Frage der sozialen Grundrechte getan wird. Dies begründet sich aus dem "Schleier des Nichtwissens", den Rawls seinen Parteien bei der Aushandlung des Gesellschaftsvertrages auferlegt. Insofern werden die beiden Grundsätze der Gerechtigkeit frei von möglichen finanziellen Einschränkungen beschlossen. Erst in den weiteren Verhandlungsstufen lichtet sich dieses Nichtwissen Stück für Stück. Dennoch muß die Ausgestaltung der Verfassung nach den beiden unumstößlichen Gerechtigkeitsgrundsätzen erfolgen. Dieser Umstand, zusammen mit dem immer noch eingeschränkten Wissen um die tatsächlichen wirtschaftlichen Verhältnisse dürfte dazu führen, daß man hinsichtlich der finanziellen Durchsetzbarkeit sozialer Grundrechte unbefangener entscheiden wird, als dies im wirklichen Staatsleben der Fall ist. Die einzige Einschränkung, die Rawls diesbezüglich macht, wird deutlich, wenn er sich mit der Frage der Gerechtigkeit zwischen den Generationen beschäftigt. Hier schränkt er zugunsten kommender Generationen das Unterschiedsprinzip derart ein, daß in jeder Generation ihre Aussichten zu maximieren sind, nachdem die beschlossenen Ersparnisse für die kommenden Generationen beiseite gelegt wurden.

1.6.4. Gerechtigkeit zwischen den Generationen

Insbesondere bei der Frage der Bildung ist die Gerechtigkeit zwischen den Generationen ein brisantes Thema. Für die handelnden Vertragsparteien spielt die Frage der Bildung auch eine Rolle, aber wohl eher im Bereich der Möglichkeiten zur Weiterbildung, da für sie der erste Bildungsweg abgeschlossen ist. So stellt sich die Frage, ob sie die Notwendigkeit sehen, darüber hinaus ein Recht auf Bildung auszugestalten, um den kommenden Generationen die für die Durchsetzung der Freiheitsrechte notwendige Bildung zu ermöglichen. Da die Beteiligten Vertreter von Nachkommenlinien sind und ein positives Interesse an diesen Nachkommen haben, ist dies zu bejahen. Darüber hinaus sollen sie die

Grundsätze so ausgestalten, daß sie hoffen können, daß alle früheren Generationen diese auch so festgelegt hätten. Obwohl Rawls diese Gedanken im Zusammenhang mit dem Spargrundsatz zwischen den Generationen entwickelt, erscheint es legitim, sie auch auf die Bildungsfrage anzuwenden, weil die Bedeutung eines Rechts auf Bildung nicht nur für die jetzige Generation interessant ist, sondern insbesondere für kommende Generationen von Bedeutung ist. Bildung kann man nicht einfach in Besitz nehmen, sondern sie muß man erwerben, und das ist ein lebenslanger Prozeß. Insofern werden sich die Früchte eines solchen Rechts auch nicht sofort zeigen, sondern erst bei kommenden Generationen, welche die Bildungschancen wahrgenommen haben.

1.6.5. Verankerung eines speziellen Rechts auf Bildung

Aufgrund der Bedeutung, die Rawls der Bildung bei der Umsetzung seiner Freiheitsrechte einräumt, ist davon auszugehen, daß er die Verankerung eines speziellen Rechts auf Bildung auf Verfassungsebene für notwendig erachtet. Es wird klar, daß Bildung zu den elementaren Rechten zählt, deren Ausgestaltung notwendig ist, um die verbürgten Grundfreiheiten für alle gleichwert zu machen. Dies entspricht sehr wohl der gesellschaftlichen Wirklichkeit mit ihren Unterschieden hinsichtlich der Bildungschancen aus Gründen der Religion, des Standes oder der Herkunft. Um der Theorie der Gerechtigkeit treu zu bleiben, müssen diese Unterschiede ausgeglichen werden. Die Ableitung eines Rechts auf Bildung aus anderen Grundrechten ist daher nicht akzeptabel. Ein indirektes Zugangsrecht zu bestehenden Bildungseinrichtungen und eine finanzielle Unterstützung derselben reicht nach den Grundsätzen der Theorie der Gerechtigkeit nicht aus. Es ist vielmehr erforderlich, daß ein Recht auf Bildung konkret festgelegt wird, um eine Institutionsgarantie zu schaffen. Auch dürfte es kein Argument sein, daß für die Durchsetzung der Rechte des Einzelnen auf Bildung Staatszielbestimmungen bzw. andere kollektive Rechtsfiguren als angemessenes Instrument in Frage kämen. Aufgrund der Erkenntnis, daß Bildung eine wesentliche Voraussetzung ist, um den Wert der Freiheitsrechte zu erhöhen und für alle gleichwert zu machen, sind die Bildungschancen auf Verfassungsebene festzulegen.

1.6.5.1. Echtes soziales Grundrecht / Einrichtungsgarantie

Es ist davon auszugehen, daß Rawls die Ausgestaltung der sozialen Rechte als echte Grundrechte befürwortet, dies allerdings nur, solange es keine Kollisionen zum Nachteil der Freiheitsrechte gibt. Allerdings nimmt Bildung als Anspruchsobjekt durchaus eine Sonderstellung unter den sozialen Rechten ein, weil die Verfügungsgewalt über das Gut der Bildung weitgehend in öffentlicher Hand liegt. Es ist also Verfügungsgewalt von erheblichem Umfang vorhanden, ohne daß Freiheitsrechte Dritter beeinträchtigt werden.

Fraglich ist nunmehr noch, wie die Ausgestaltung dieses Rechts aussehen soll, denn es muß auch über die Voraussetzungen nachgedacht werden, welche die Wahrnehmung eines Rechts auf Bildung ermöglichen sollen.

1.6.5.2. Zugangsrecht

Das aus dem Zugangsrecht abzuleitende Diskriminierungsverbot fällt nach den Regeln der Theorie der Gerechtigkeit unter den ersten Grundsatz der Grundfreiheiten. Insofern muß die Ausgestaltung als Abwehrrecht gegen den Staat erfolgen. Der daraus resultierende Anspruch gegen den Staat auf Schaffung von Bildungseinrichtungen, zu denen dann der Zugang möglich sein soll, ist allerdings ein Leistungsanspruch gegen den Staat, der sich aus dem Zugangsrecht ableiten läßt. Aus Gründen der Klarheit und der Eindeutigkeit der Verfassungsaussagen wäre es allerdings eher im Sinne von Rawls, diesen Anspruch als Einrichtungsgarantie auszugestalten. Das heißt, der Kernanspruch, die Verpflichtung zur Schaffung von Bildungseinrichtungen, ist auf Verfassungsebene festzuhalten, die Ausgestaltung selbst bliebe aber dem Gesetzgeber vorbehalten.

1.6.5.3. Minimumrecht

Es ist zweifelhaft, ob im Rahmen der Theorie der Gerechtigkeit ein solches Minimum überhaupt festgelegt werden muß. In dem Bekenntnis zu einem Recht auf Bildung als echtes soziales Grundrecht ist dieses Minimum als Anspruch auf eine menschenwürdige Existenz in Form eines Mindestmaßes an Bildung und Erziehung, als Grundvoraussetzung bereits enthalten. Aus Gründen der Klarstellung würde sich eine Festschreibung dieses Minimums in Form einer Einrichtungsgarantie aber anbieten. Es bleibt allerdings offen, ob Rawls überhaupt für ein solches Minimumrecht plädieren würde, weil es zweifelhaft bleibt, ob nach den Regeln des Unterschiedsprinzips sich daraus auch wirklich die bestmöglichen Vorteile für die schwächsten Mitglieder der Gesellschaft ergeben. Insofern erscheint die Benennung dieses Minimums als äußert schwierig.

1.6.5.4. Entfaltungsrecht

Die Ausgestaltung als Entfaltungsrecht knüpft an die Zweiteilung in Abwehr- und Anspruchsrecht an. Dadurch soll die freie Entfaltung der Persönlichkeit als Kernstück des Rechts auf Bildung gewährleisten werden.

Das Abwehrrecht als Verpflichtung des Staates bei der Bildungsarbeit auf politische oder ideologische Parteinahme zu verzichten, ergibt sich aus dem als soziales Grundrecht verankerten Recht auf Bildung. Somit ist im Zusammenhang mit dem ersten Grundsatz der Gerechtigkeit und der ersten Vorrangregel eine Einschränkung nur zum Nutzen anderer gleichwerter Freiheitsrechte möglich.

Der Anspruch auf eine aktive Gestaltung des Erziehungs- und Unterrichtsprozesses ist dagegen neben dem Recht auf Bildung als Einrichtungsgarantie festzulegen.

1.7. Das Recht auf Bildung in der Verfassung des Landes Brandenburg

1.7.1. Art. 29 Abs. 1 Bbg Verf. "Jeder hat das Recht auf Bildung."

Nach dem Wortlaut des Art. 29 Abs. 1 Bbg Verf. wird jedem "das Recht auf Bildung" zugesichert. Dabei erinnert die gewählte Formulierung an die eines echten Grundrechtes, legt also den Schluß nahe, daß es sich hierbei um ein einklagbares subjektives Recht handeln soll. Dennoch ist das Recht auf Bildung als Staatszielbestimmung zu charakterisieren. Aus der recht wechselvollen Entstehungsgeschichte ergibt sich, daß die Ausgestaltung des Rechts auf Bildung in der Hand des Gesetzgebers bleiben und nicht von den Gerichten übernommen werden sollte[515]. Die so festzulegenden Verpflichtungen sind aber keine bloßen Deklamationen oder Programmsätze, durch sie wird Brandenburg auf eine sozialstaatliche Politik festgelegt, welche die Priorität der Gesetzgebung bestimmt[516].

Daß dem Art. 29 Abs. 1 Bbg Verf. kein wesentlicher eigenständiger normativer Gehalt zu entnehmen ist, liegt auch an der Unbestimmtheit des Anspruchsgegenstandes. Das Recht auf Bildung ist diesbezüglich sehr breit gefaßt[517]. Von der Regelung des Art. 29 Abs. 1 Bbg Verf. erfaßt sind zweifellos die berufliche und die schulische Ausbildung[518], darüber hinaus auch die Bildung im übrigen als lebenslang fortdauernder Prozess[519]. Als Minimum der Regelung werden auch die kulturellen Bildungsstätten der öffentlichen Hand, wie Bibliotheken, Museen, Theater, Oper usw., von Art. 29 Abs. 1 Bbg Verf. erfaßt[520].

Weiteres Indiz dafür, daß das Recht auf Bildung einer Staatszielbestimmung näher steht als einem echten sozialen Grundrecht, ist die vom Landesverfassungsgeber selbst vorgenommene Ausgestaltung. So erfolgt eine Präzisierung in den

---

515 vgl. zur Entstehungsgeschichte die Ausführungen unter B II 1.

516 Simon, Helmut, Wegweisendes Verfassungsmodell aus Brandenburg, in: PDS – LL (Hrsg.) Beiträge zur Verfassungsdiskussion im Land Brandenburg, S. 24 ff. (S.28 f.).

517 Stein, Ekkhart / Frank, Götz, § 56 Grundrechte auf staatliche Leistungen, in: Staatsrecht, S. 433 ff.

518 Iwers, Steffen, Johann, Entstehung, Bindung und Ziele der materiellen Bestimmungen der Landesverfassung Brandenburg, S. 494.

519 Dietlein, Johannes, Die Grundrechte in den Verfassungen der neuen Bundesländer, S. 151.

520 Huber, Peter, Gedanken zur Verfassung des Freistaats Thüringen, ThürVBl. 1993, Sonderheft, B 4 ff. (B 9); Iwers, Steffen, Johann, Entstehung, Bindung und Ziele der materiellen Bestimmungen der Landesverfassung Brandenburg, S. 494.

Art. 29 Abs. 2, 3; Art. 30 Abs. 3, 5; Art. 32 Abs. 3; Art. 33; Art. 35 und Art. 48 Abs. 2 Bbg Verf.[521].

Darüber hinaus folgt die Bestimmung des Art. 29 Bbg Verf. in ihrer Regelungsstruktur (Dreistufigkeit[522]) derjenigen, welche für die Staatszielbestimmungen entwickelt wurde. Das heißt, in Abs. 1 wird das Recht auf Bildung anerkannt. Im Abs. 2 werden Handlungspflichten des Landes festgelegt und im dritten Absatz werden die einklagbaren Rechte bestimmt. Das zu verwirklichende Staatsziel der Bildung wird so mit den nachfolgenden Einzelansprüchen verbunden.

Dennoch ist nicht zu verkennen, daß man mit der subjektiven Formulierung des Art. 29 Abs. 1 Bbg Verf. über die sonst üblichen Staatszielbestimmungen hinausgeht. Dieser Entschluß der verfassunggebenden Versammlung resultierte aus der Sonderstellung des Rechts auf Bildung unter den sozialen Grundrechten[523]. Dabei ließ man sich von der Überlegung leiten, daß Bildung heutzutage vorrangig staatlicherseits, vor allem in Schulen und Hochschulen, vermittelt wird, so daß es sich bei dem Recht auf Bildung damit, anders als im Bereich des Arbeits- und Wohnungsmarktes, um eine überwiegend staatlich besetzte Aufgabe nadelt[524].

Das Recht auf Bildung beinhaltet somit zwar kein subjektiv einklagbares Recht auf jede gewünschte Bildung, es verstärkt aber die Rechtsstellung der Betroffenen und findet seine wesentliche Ausprägung in dem in Art. 29 Abs. 3 S. 1 Bbg Verf. festgelegten Anspruch auf gleichen Zugang[525]. Daraus resultiert, daß ein Mindestmaß an einfachgesetzlichen Regelungen erforderlich ist, die ihrerseits den Anforderungen und Wertentscheidungen, insbesondere der negatorischen Freiheitsverbürgung des Grundgesetzes, Rechnung tragen[526].

---

[521] Iwers, Steffen, Johann, Entstehung, Bindung und Ziele der materiellen Bestimmungen der Landesverfassung Brandenburg, S. 494.

[522] vgl. UA I / 4 vom 12.04.1991, Dokumentation des Landtags Brandenburg über die Entstehung der Verfassung des Landes Brandenburg, Bd. II, S. 470.

[523] Dietlein, Johannes, Die Grundrechte in den Verfassungen der neuen Bundesländer, S. 150; Richter, Ingo, Überlegungen zur Kodifikation von Grundrechten auf Bildung, in: Böckenförde, Ernst – Wolfgang / Jekewitz, Jürgen / Ramm, Thilo (Hrsg.), Soziale Grundrechte, S. 119 ff. (S. 122).

[524] Iwers, Steffen, Johann, Entstehung, Bindung und Ziele der materiellen Bestimmungen der Landesverfassung Brandenburg, S. 493.

[525] Benstz, Ulrich / Franke, Dietrich, § 6 Schulische Bildung, Jugend und Sport, in: Simon, Helmut / Franke, Dietrich / Sachs, Michael (Hrsg.), Handbuch der Verfassung des Landes Brandenburg, S. 113.

[526] Schlink, Bernhard, Überlegungen zur Kodifizierung von Grundrechten auf Bildung, in: Böckenförde, Ernst – Wolfgang / Jekerwitz, Jürgen / Ramm, Thilo (Hrsg.), Soziale Grundrechte, S. 129 ff. (S. 135).

1.7.2. Art. 29 Abs. 2 Bbg Verf. "Das Land ist verpflichtet, öffentliche Bildungseinrichtungen zu schaffen und berufliche Ausbildungssysteme zu fördern."

In Art. 29 Abs. 2 Bbg Verf. werden die aus Art. 29 Abs. 1 Bbg Verf. resultierenden Handlungspflichten des Landes festgelegt. Die objektiv rechtliche Verpflichtung des Landes, sich im Rahmen seiner Leistungsfähigkeit um die Realisierung des Rechts zu bemühen[527], flankiert das Recht auf Bildung. Mit umfaßt von dieser Verpflichtung ist auch die berufliche Bildung[528]. Dabei ist vorgesehen, daß öffentliche Bildungseinrichtungen vom Land selbst geschaffen werden sollen, wohingegen für die beruflichen Ausbildungssysteme lediglich eine Förderung vorgesehen ist[529]. Damit stellt sich die Frage, in welchem Umfang das Land seinen Verpflichtungen nachkommen muß. Resultierend aus dem staatlichen Schulmonopol, ergibt sich die Verpflichtung des Landes, für eine ausreichende Zahl (sachliche und personelle Grundausstattung) an Schulplätzen Sorge zu tragen[530]. Diese Pflicht wird durch Art. 30 Abs. 5 Bbg Verf. spezialisiert. Die Verantwortung des Landes für die Entwicklung der Hochschulen wird in Art. 32 Bbg Verf. konkretisiert[531].

Zu den beruflichen Ausbildungssystemen, für die dem Land Handlungspflichten entstehen, dürften solche Ausbildungsstätten zählen, die nicht von dem dualen System der Berufsausbildung erfaßt sind, wie z.B. Verwaltungs- und Wirtschaftsakademien[532].

---

[527] Merten, Detlef, Über Staatsziele, DÖV 1993, S. 368ff. (S. 370).

[528] Benstz, Ulrich / Franke, Dietrich, § 6 Schulische Bildung, Jugend und Sport, in: Simon, Helmut / Franke, Dietrich / Sachs, Michael (Hrsg.), Handbuch der Verfassung des Landes Brandenburg, S. 114; beispielsweise die sächsische Verfassung beschränkt dies durch Art. 103 Abs. 1 auf die Schulbildung.

[529] BVerfGE, DVBl. 97, S. 1432 ff.; BVerfGE 34, Nr. 15, S. 165 ff. (S. 183 f.); BVerfGE 35, Nr. 10, S. 79 ff. (S. 114); BVerfGE 59, Nr. 59, S. 360 ff. (S. 377); Iwers, Steffen, Johann, Entstehung, Bindung und Ziele der materiellen Bestimmungen der Landesverfassung Brandenburg, S. 497.

[530] Iwers, Steffen, Johann, Entstehung, Bindung und Ziele der materiellen Bestimmungen der Landesverfassung Brandenburg, S. 497.

[531] Iwers, Steffen, Johann, Entstehung, Bindung und Ziele der materiellen Bestimmungen der Landesverfassung Brandenburg, S. 497.

[532] Iwers, Steffen, Johann, Entstehung, Bindung und Ziele der materiellen Bestimmungen der Landesverfassung Brandenburg, S. 497.

1.7.3. Art. 29 Abs. 3 Bbg Verf. "Jeder hat das Recht auf gleichen Zugang zu den öffentlichen Bildungseinrichtungen, unabhängig von seiner wirtschaftlichen und sozialen Lage und seiner politischen Überzeugung. Begabte, sozial Benachteiligte und Menschen mit Behinderungen sind besonders zu fördern."

a. Art. 29 Abs. 3 S. 1 Bbg Verf. – das Recht auf gleichen Zugang

Mit der h.M. ist davon auszugehen, daß in Art. 29 Abs. 3 S. 1 Bbg Verf. - in Verbindung mit den ersten beiden Absätzen des Art. 29 Bbg Verf. - ein spezieller Anspruch auf Gleichbehandlung fixiert ist, wodurch der allgemeine Gleichheitsgrundsatz des Art. 12 Abs. 1 S. 1 Bbg Verf. und das Recht auf freie Berufswahl gemäß Art. 49 Abs. 1 Bbg Verf. näher ausgestaltet werden. Den Auffassungen, welche in der Bestimmung lediglich die Wiederholung des sich bereits aus der Berufsfreiheit (Art. 12 Abs. 1 S. 1 GG) und dem allgemeinen Gleichheitssatz (Art. 3 Abs. 1 GG) i.V.m. dem Sozialstaatsgebot ergebenden derivativen Teilhaberechts[533] sehen, ist nicht zuzustimmen.

Einigkeit besteht jedoch darüber, daß auch diese Bestimmung keinen subjektiv – rechtlichen Anspruch auf Schaffung von Bildungsstätten in Form eines individuellen Teilhaberechts beinhaltet. Es liegt hierin die Verpflichtung des Landes bzw. der Kommunen, bei Bedarf neue Kapazitäten zu schaffen bzw. vorhandene Kapazitäten zu erweitern. Zu messen ist diese Verpflichtung an der finanziellen Leistungskraft. Einklagbar ist der Anspruch durch den Einzelnen jedoch nicht[534].

b. Art. 29 Abs. 3 S. 2 Bbg Verf. – spezielle Förderungsgebote

Im zweiten Satz sind spezielle Förderungsgebote festgelegt. Dadurch wird der Art. 29 Abs. 3 S. 1 Bbg Verf. modifiziert, der ein allgemeines Recht auf gleichen Zugang regelt. Inhaltlich heißt das, daß bei Wahrung des Rechts auf gleichen Zugang, Begabte, sozial Benachteiligte und Menschen mit Behinderungen besonders zu fördern sind.

aa. Begabtenförderung

Die Hervorhebung der Begabtenförderung weist eine gewisse bildungspolitische Brisanz auf. Die Frage, ob eine besondere Förderung hochbegabter Kinder und Jugendlicher sinnvoll erscheint, wird nicht einheitlich beantwortet. Es gibt die Auffassung, daß eine derartige Förderung ein Prozeß ist, der sich einem eindeu-

---

[533] Iwers, Steffen, Johann, Entstehung, Bindung und Ziele der materiellen Bestimmungen der Landesverfassung Brandenburg, S. 497; Riepe, Hilmar, Soziale Grundrechte in den Verfassungen der Länder Brandenburg usw., S. 210 f.

[534] grundlegend BVerfGE 33, Nr. 22, S. 303 ff. (S. 304), Numerus - clausus - Entscheidung.

tigen Erfolgskonzept verschließt. So wird denn auch teilweise die Spitzenförderung von Eliten abgelehnt und demgegenüber eine breit angelegte qualifizierende Förderung gefordert.

Als Staatszielbestimmung enthält die Förderpflicht für Begabte jedenfalls keine individuellen, einklagbaren Rechte. Der Einzelne kann sich auf diese Förderpflichten nicht gegenüber der öffentlichen Gewalt berufen. Ihre Bedeutung ist daher eher im Zusammenhang mit anderen Rechten zu sehen, weil sich dann abgeleitete Rechte, sogenannte Rechte der zweiten Stufe, aus ihnen ergeben können. So verhält es sich beispielsweise mit dem Grundsatz der Gleichbehandlung[535]. Aus Art. 12 Abs. 1 Bbg Verf. kann geschlußfolgert werden, daß eine, individuelle Fähigkeiten berücksichtigende, schulische Förderungsgleichheit zu verwirklichen ist. Es muß also für ein differenziertes Bildungsangebot Sorge getragen werden[536].

Insgesamt ist die Begabtenförderung in der Praxis schwer zu handhaben. Dies liegt zum einen daran, daß bereits bei der Begriffsbestimmung "Begabte" die wissenschaftliche Interpretation keineswegs zu einem einheitlichen Ergebnis kommt. Andererseits sind z.B. im Bereich der Förderung des Spitzensportes durch die Landesverfassung selbst Einschränkungen vorgenommen worden. In Art. 35 S. 2. Bbg Verf. verlangt sie für die Förderung des Sports ein ausgewogenes und bedarfsgerechtes Verhältnis zwischen Breitensport und Spitzensport. Darüber hinaus sind aus der Begabtenförderung resultierende Ungleichheiten, die nicht mit Art. 29 Bbg Verf. zu vereinbaren sind, zu vermeiden. Hierzu zählen z.B. die Benachteiligungen durch weit entfernte Schulstandorte[537] oder die Einschränkung der Bildungsfreizügigkeit im kooperativen Bundesstaat und die dadurch bedingte Einheitlichkeit der Lebensverhältnisse[538]. So war dann auch die Frage, wie eine Begabtenförderung überhaupt auszusehen habe, unter den Mitgliedern des Parlaments heftig umstritten.

bb. Soziale Benachteiligung

Hierin ist die Pflicht zu sehen, den sozial Benachteiligten zum Zwecke eines gleichberechtigten Bildungserwerbs eine besondere Förderung zu ermöglichen.

---

[535] Merten, Detlef, Über Staatsziele, DÖV 1993, S. 368 ff. (S. 370).

[536] Dürig, Günter, in: Maunz, Theodor / Dürig, Günter (Hrsg.), Grundgesetz Kommentar, Art. 3 GG, Rdnr. 95, 97, 107, 110, verweist in diesem Zusammenhang darauf, daß eine gewisse Bildungsbehinderung für bessere Schüler zugunsten des Durchschnitts hingenommen werden muß. Daneben sei aber auch die Förderung des "Hervorragenden" unverzichtbar, da sich hieraus ein Fortschritt für den allgemeinen Standart ergebe.

[537] Dürig, Günter, in: Maunz, Theodor / Dürig, Günter (Hrsg.), Grundgesetz Kommentar, Art. 3 GG, Rdnr. 99.

[538] Herzog, Roman, Die Verfassungsentscheidung für die Demokratie, in: Maunz, Theodor / Dürig, Günter (Hrsg.), Grundgesetz Kommentar, zu Art. 20 GG, Rdnr. 91 und 92.

Diese Pflicht wird maßgeblich durch das Bundesausbildungförderungsgesetz verwirklicht. Danach sind der Bund und das Land anteilig verpflichtet, die Mittel zur Verfügung zu stellen. Die Pflicht, ein eigenes Landesausbildungsförderungsgesetz zu schaffen und eigene Mittel bereitzustellen, ergibt sich hieraus jedoch nicht[539]. Eine Umsetzung findet dieses Gebot in § 3 Abs. 3 Bbg SchulG[540]. Danach sind Ganztags-, besondere Unterrichts- und Förderangebote und Lehrmittelfreiheit und Schülerfahrtkostenerstattung vorzusehen. Es soll mit den Trägern der Jugendhilfe und der sozialen Sicherung zusammengearbeitet werden.

cc. Menschen mit Behinderungen

Die Formulierung " Menschen mit Behinderungen" führte in der Verfassungsdiskussion zu erheblichem Diskussionsbedarf. Dies resultierte unter anderem daraus, daß eine Bevorzugung aus dem Grund der Behinderung verboten ist[541]. Im Gegensatz zu den anderen im Unterscheidungsverbot genannten Kriterien ist die Behinderung aber kein generell sachwidriger Differenzierungsgrund, sondern erfordert geradezu vielfältige, die Behinderung berücksichtigende Besserstellungen[542]. Dies wurde dann auch in Art. 29 Abs. 3 Bbg Verf. belegt. Als Ziel wurde es dabei angesehen, behinderte Menschen nicht auszusondern, sondern die Integration in einer Schule "für alle" zu erreichen, das heißt einen gemeinsamen Unterricht von Menschen mit und ohne Behinderungen zu gewährleisten. Dem trägt auch das Bbg SchulG in den Regelungen des dritten Teils (Schulaufbau) im sechsten Abschnitt, Rechnung. Aus diesem Grund wurde die ursprüngliche Formulierung der Förderung von Behinderten verworfen und Wert darauf

---

539 Benstz, Ulrich / Franke, Dietrich, § 6 Schulische Bildung, Jugend und Sport, in: Simon, Helmut / Franke, Dietrich / Sachs, Michael (Hrsg.), Handbuch der Verfassung des Landes Brandenburg, S. 116.

540 Iwers, Steffen, Johann, Entstehung, Bindung und Ziele der materiellen Bestimmungen der Landesverfassung Brandenburg, S. 499.

541 Dies belegt unter anderem die Diskussion im UA I / 15, wo auf einen möglichen Widerspruch zwischen dem Gebot des Gleichheitssatzes, der eine Bevorzugung wegen einer Behinderung verbiete und der Pflicht zur Förderung von Menschen mit Behinderungen hingewiesen wird. Dem wurde aber entgegengehalten, im Sozialstaat könne der Ausgleich bestehender Benachteiligungen nicht als Verletzung des Gleichheitssatzes angesehen werden. Es wäre dabei die Aufgabe der Gerichte, beiden Bestimmungen im Sinne einer praktischen Konkordanz Wirksamkeit zu verschaffen. Das Wort "wegen" im speziellen Gleichheitssatz werde in der Rechtsprechung eng ausgelegt. Jemand werde nicht wegen seiner Behinderung bevorzugt, sondern er werde wegen der Nachteile, die daraus entstehen, gefördert. UA / I vom 18.11.1991, Dokumentation des Landtags Brandenburg über die Entstehung der Verfassung des Landes Brandenburg, Bd. II, S. 744 ff.

542 Sachs, Michael, Zur Verfassung des Landes Brandenburg, LKV 1993, Heft 3, S. 241 ff. (S. 245).

gelegt, von Menschen mit Behinderungen zu sprechen[543]. Es soll dadurch der Zusammenhang mit der in Art. 7 Abs. 1 Bbg Verf. verankerten Menschenwürde herausgestellt werden. Das Gebot der Integration von Menschen mit Behinderungen läßt sich aber auch aus anderen Normen der Landesverfassung ableiten. Hierzu zählt das Diskriminierungsverbot des Art. 12 Abs. 2 Bbg Verf., welches eine bevorzugte Förderung von Menschen mit Behinderungen nicht ausschließt[544]. Auch Art. 12 Abs. 4 Bbg Verf. ist in diesem Zusammenhang zu erwähnen. Das Land und die Gemeinden haben danach dafür zu sorgen, daß gleichwertige Lebensbedingungen für Menschen mit und ohne Behinderungen geschaffen werden. Eine institutionelle Sonderung ist daher nur zu rechtfertigen, wo dies aufgrund der Besonderheit der Behinderung (Art und Schwere) notwendig ist und daraus für den Betroffenen eine bessere Förderung resultiert. Soweit aus der angestrebten gemeinsamen Förderung Kollisionen mit Förderansprüchen von Kindern ohne Behinderung resultieren, wird man auf Art. 7 Abs. 2 Bbg Verf. zurückgreifen müssen. Danach schuldet jeder jedem die Anerkennung seiner Würde. Demzufolge ist eine stigmatisierende Aussonderung zu verhindern, auch wenn dadurch eine freiheitsbeschränkende Inpflichtnahme des Kindes ohne Behinderung unter dem Vorbehalt einer möglichen Normenkollission steht[545].

1.8. Das Brandenburgische Schulgesetz (dritte Stufe)

1.8.1. Entwurf der Landesregierung für ein Gesetz über die Schulen im Land Brandenburg – Bbg SchulG vom 25. Oktober 1995

1.8.1.1. Problem

Nach den Landtagswahlen in Brandenburg im Oktober 1990 und der Arbeitsaufnahme der Landesregierung im November 1990 waren die Voraussetzungen für den Aufbau eines neuen Bildungswesens im Land Brandenburg gegeben. Man entschied sich mit dem Schulreformgesetz (1. SRG) zunächst für eine Übergangsregelung, welche in nur fünf Monaten ausgearbeitet wurde. Der Landtag selbst bezeichnete es als Vorschaltgesetz. Es war klar, daß die Ausarbeitung eines endgültigen Schulgesetzes mehr Zeit und eine systematische Auswertung der Erfahrungen bedurfte. Dennoch zeichnete sich dieses Schulreformgesetz dadurch aus, daß es sich an den Grundprinzipien der Demokratisierung, der Chancengleichheit und der Vermittlung einer vielseitigen, in die Zukunft

---

[543] UA I / vom 18.11.1991, Dokumentation des Landtags Brandenburg über die Entstehung der Verfassung des Landes Brandenburg Bd. II, S. 745 ff.

[544] Sachs, Michael, § 5 Die Grundrechte der brandenburgischen Landesverfassung, in: Simon, Helmut / Franke, Dietrich / Sachs, Michael (Hrsg.), Handbuch der Verfassung des Landes Brandenburg, S. 105 f.

[545] Benstz, Ulrich / Franke, Dietrich, § 6 Schulische Bildung, Jugend und Sport, in: Simon, Helmut / Franke, Dietrich / Sachs, Michael (Hrsg.), Handbuch der Verfassung des Landes Brandenburg, S. 117.

gerichteten Bildung orientierte. Diese Grundprinzipien aus der Zeit des demokratischen Umbruchs und der gesellschaftlichen Neuorientierung waren auch Grundvoraussetzung für den Entwurf des Brandenburgischen Schulgesetzes durch die Landesregierung. Anfang des Jahres 1993 holte das Ministerium für Bildung, Jugend und Sport von den Schulen und Mitwirkungsgremien Stellungnahmen zur Arbeit mit dem Schulreformgesetz ein. Darüber hinaus kam es im Sommer 1993 zu einer Anhörung von Gewerkschaften, Verbänden, Parteien und anderen Interessenvertretungen. Auf der Grundlage der Auswertungen dieser Erfahrungen arbeitete die Landesregierung dann ihren Gesetzvorschlag aus[546].

1.8.1.2. Lösung

Man entschied sich letztlich für eine gesetzliche Regelung über die Grundsätze und die Weiterentwicklung des Schulwesens im Land Brandenburg. Es sollten klare und handhabare Bestimmungen getroffen werden, um für alle notwendigen Maßnahmen auch eine gesetzliche Basis zu finden. Der vorgelegte neue Gesetzesentwurf ging deshalb über die Formulierungen des Ersten Schulreformgesetzes hinaus.

Für die vorliegende Untersuchung sind der erste Teil mit allgemeinen Vorschriften und der dritte Teil über den Schulaufbau des Gesetzes über die Schulen im Land Brandenburg von Bedeutung. Deshalb soll sich die nachfolgende Betrachtung der Gesetzesdokumentation auch auf die dort verankerten Bestimmungen beschränken. Nach der Darstellung der Landesregierung zu dem von ihr eingebrachten Gesetzesentwurf werden mit Teil eins des Entwurfs, ausgehend von Art. 28 Bbg Verf., die Ziele und Grundsätze der Erziehung und Bildung des Landes beschrieben. Diese Ziele und Grundsätze versteht die Landesregierung nicht als bloße Programmatik, sondern als Erläuterung der Philosophie des Gesetzesentwurfs, so daß sie für die Auslegung des Gesetzesentwurf von Bedeutung sind.

Im Teil drei des Gesetzesentwurfes wird die Schulstruktur des Landes Brandenburg bestimmt. Aus Gründen der klaren Trennung zwischen den Begriffen "Schulform" und "Bildungsgang" wird nunmehr eindeutig zwischen innerer und äußerer Organisation getrennt. Die innere Organisation betrifft die Bildungsgänge und die äußere Organisation die Schulform. Die Schulformen werden nach Schulstufen gegliedert. Schulformen als weiterführende Schulen sind die Gesamtschule, das Gymnasium und die Realschule. Die Gesamtschule soll ein gleichwertiges und regional ausgewogenes Angebot schulischer Bildungsgänge sichern, da sie die Bildungsgänge zum Erwerb der erweiterten Berufsbildungsreife, der Fachhochschulreife und der Allgemeinen Hochschulreife umfaßt. Das

---

[546] Landtag Brandenburg, Gesetzesdokumentation zum Gesetz über die Schulen im Land Brandenburg, Gesetzesentwurf der Landesregierung vom 25.10.1995, Drs. 2 / 1675.

Gymnasium beinhaltet den Bildungsgang zum Erwerb der Allgemeinen Hochschulreife. Dagegen soll durch die Realschulen die Möglichkeit eröffnet werden, neben dem Bildungsgang zum Erwerb der Fachhochschulreife unter bestimmten Voraussetzungen auch den Bildungsgang zum Erwerb der erweiterten Berufsbildungsreife anzubieten[547].

1.8.1.3. Begründung

Die Verfassung des Landes Brandenburg legt in Art. 28 die Grundsätze der Erziehung und Bildung fest. Bildung und Erziehung haben danach die Aufgabe,

- die Entwicklung der Persönlichkeit;
- selbständiges Denken und Handeln;
- Achtung vor der Würde, dem Glauben und den Überzeugungen anderer;
- Anerkennung der Demokratie und Freiheit;
- den Willen zu sozialer Gerechtigkeit;
- die Friedfertigkeit und Solidarität im Zusammenleben der Kulturen und Völker sowie die Verantwortung für Natur und Umwelt

zu fördern.

Das Schulgesetz verpflichtet sich diesen Grundsätzen. Es hat nach der Auffassung der Landesregierung den Rahmen dafür zu schaffen, daß alle Schüler und Schülerinnen, ihren Fähigkeiten, Leistungen und Neigungen entsprechend, so gut wie möglich unterrichtet und erzogen werden.

Darüber hinaus bezieht sich die Landesregierung in ihrer Begründung zum Gesetzesentwurf auf Art. 29 Abs. 1 Bbg Verf., der das Recht auf Bildung eines jeden festlegt. Dabei vertritt sie die Auffassung, daß die Verwirklichung des Rechts im Rahmen gesetzlicher Regeln zu erfolgen hat. Des weiteren sollen die Rechte und Pflichten der Eltern auf Pflege und Erziehung ihrer Kinder gem. Art. 6 Abs. 2 GG mit der Aufgabe des Staates gem. Art. 7 Abs. 1 GG das gesamte Schulwesen zu überwachen, in Einklang gebracht werden. Dabei sollen diesbezügliche wesentliche Entscheidungen nicht der Verwaltung überlassen, sondern vom Gesetzgeber selbst geregelt werden.

Der Begriff des Bildungsgangs wird unter Bezugnahme auf die Lernziele, die Art der Erschließung von Inhalten und die jeweiligen Abschlüsse bestimmt. Die Bedeutung der Schulform tritt damit im Vergleich zum Bildungsgang als äußeres Merkmal zurück.

[547] Landtag Brandenburg, Gesetzesdokumentation zum Gesetz über die Schulen im Land Brandenburg, Gesetzesentwurf der Landesregierung vom 25.10.1995, Drs. 2 / 1675.

Nach der Vorstellung der Landesregierung sollte die Sekundarstufe I drei Bildungsgänge umfassen, nämlich den Bildungsgang zum Erwerb der erweiterten Berufsbildungsreife, den Bildungsgang zum Erwerb der Fachhochschulreife und den Bildungsgang zum Erwerb der allgemeinen Hochschulreife in den Jahrgangsstufen sieben bis zehn. Die Gesamtschule sollte diese drei Bildungsgänge integrieren. Das Gymnasium enthält dagegen lediglich den Bildungsgang zum Erwerb der allgemeinen Hochschulreife. Die Realschule kann unter bestimmten Voraussetzungen den Bildungsgang zum Erwerb der erweiterten Berufsbildungsreife umfassen[548].

1.8.1.4. Einzelbegründungen

a. Teil 1 – Allgemeines / Abschnitt 2 - Auftrag der Schule

§ 3 Recht auf Bildung

Die Regelung des *Abs. 1* bezieht sich auf Artikel der Verfassung des Landes Brandenburg. Namentlich benennt die Begründung der Landesregierung hierbei Art. 29 Abs. 1 und Abs. 3 Bbg Verf. in Verbindung mit Art. 12 Abs. 2 Bbg Verf. Die Landesregierung geht für den Gesetzesentwurf davon aus, daß einzelne Ansprüche nicht global aus dem Recht auf Bildung abgeleitetet werden können, sondern daß sie der konkreten Ausformulierung von Ansprüchen im Gesetz bedürfen.

Für den Begriff der Begabten in *Abs. 2* nimmt die Landesregierung Bezug auf die Bestimmung des Art. 29 Abs. 3 S. 2 Bbg Verf. Darüber hinaus wird auf Art. 128 Abs. 2 der Bayrischen Verfassung verwiesen, wonach Begabten der Besuch der Schulen und Hochschulen, nötigenfalls aus öffentlichen Mitteln, zu ermöglichen ist.

Zu *Abs. 3* stellt die Landesregierung fest, daß es keine fest umrissene Definition des "sozial Benachteiligten" im Sinne des Art. 29 Abs. 2 S. 3 Bbg Verf. gibt. Sie bekennt sich aber zu der Aussage, daß im Rahmen der Chancengleichheit im Bildungswesen als Vorbereitung auf und Weichenstellung für den späteren Lebensweg solche Nachteile vermieden und beseitigt werden müssen, welche aus der gesellschaftlichen Stellung herrühren oder in besonderen Lebensumständen begründet sind. Beispielhaft wird der Neunte Jugendbericht unter dem Stichwort "Ausbildungsnotstand" in Anlehnung an § 40 c Arbeitsförderungsgesetz insbesondere bezüglich der lernbeeinträchtigten und benachteiligten Jugendlichen im Hinblick auf den Konkurrenzdruck des Ausbildungs- und Arbeitsmarktes benannt. Darüber hinaus nimmt man Bezug auf die Ausländer und Aussiedler mit

---

[548] Landtag Brandenburg, Gesetzesdokumentation zum Gesetz über die Schulen im Land Brandenburg, Gesetzesentwurf der Landesregierung vom 25.10.1995, Drs. 2 / 1675.

sprachlichen Schwierigkeiten. Gleichermaßen zählt die Landesregierung zu diesem Problemkreis die Verstärkung der Erziehungsaufgaben der Schulen, woraus sich die Notwendigkeit einer Integration schulischer und sozialer Arbeit (Schulsozialarbeit) ebenso wie die Förderung von Freizeitangeboten zur individuellen Selbstfindung im schulischen Bereich ableiten lassen. Maßnahmen zur allgemeinen strukturellen Vermeidung können eine Verstärkung von projektorientierten, fächerübergreifenden Unterricht ebenso sein, wie ein verbesserter Praxisbezug der Unterrichtsinhalte begleitet durch die Einbeziehung außerschulischer Personen und Institutionen. Der eigenständige Auftrag der Jugendhilfe zum Aufbau, zur Vermeidung von Benachteiligungen und zur Förderung der sozialen Entwicklung gemäß § 1 Abs. 3 des Kinder- und Jugendhilfegesetzes (SGB VIII) soll dadurch nicht eingeschränkt werden.

In *Abs. 4* wird der Anspruch für Menschen mit sonderpädagogischem Förderbedarf auf integrative Beschulung und besondere Förderung entsprechend dem bestehenden Verfassungsrecht festgeschrieben. Die Ergänzung des Art. 3 Abs. 3 GG um einen neuen zweiten Satz mit dem Wortlaut "Niemand darf wegen seiner Behinderung benachteiligt werden" mit Wirkung vom 15. November 1994 hat nach dem Inkrafttreten des Ersten Schulreformgesetzes und erstmals in der deutschen Verfassungsgeschichte ein eigenes Grundrecht zugunsten von Menschen mit Behinderungen geschaffen, nachdem bereits zuvor alle Verfassungen der neuen Bundesländer besondere Vorschriften zu deren Gunsten geschaffen haben, im Land Brandenburg niedergelegt in Artikel 12 Abs. 2 Bbg Verf.. Die danach gebotene Vermeidung einer zusätzlich belastenden rechtlichen oder sozialen Beeinträchtigung gebietet auch im schulischen Bereich ein Differenzierungsverbot und damit den Vorrang einer integrativen Beschulung mit Menschen ohne Behinderung.

b. Teil 3 - Schulaufbau / Abschnitt 1 - Schulstruktur

Der dritte Teil des Entwurfes der Landesregierung zum Brandenburgischen Schulgesetz befaßt sich mit dem Schulaufbau. Dieser Teil ist in sieben Unterabschnitte gegliedert, die sich mit der Schulstruktur, der Primarstufe, den Sekundarstufen I und II, der Fachhochschule, der Sonderpädagogischen Förderung und dem Zweiten Bildungsweg befassen.

§ 15 Innere Organisation nach Bildungsgängen

In *Abs. 1* wird der Begriff "Bildungsgang" durch die gemeinsamen Bildungsziele für alle Schülerinnen und Schüler bestimmt. Darüber hinaus erfolgt eine Differenzierung hinsichtlich der fortschreitenden Jahrgangsstufen und der Art der Erschließung, Erweiterung und Vertiefung der für Erziehung und Bildung relevanten Inhalte der Unterrichtsfächer, Lernbereiche und Aufgabenfelder. Soweit am Ende des jeweiligen Bildungsganges ein schulischer Abschluß steht, wird der Bildungsgang auch durch die Anforderungen an diesen Abschluß bestimmt. Allgemein hebt die Landesregierung noch einmal hervor, daß die Bedeutung der Schulform im Vergleich zum Bildungsgang als bloßes äußeres Merkmal zurücktritt.

Mit *Abs. 2* sieht die Landesregierung die Möglichkeit gegeben, neben dem Regelfall des Angebots von einem oder mehreren voneinander getrennten Bildungsgängen in einer Schule, die Unterrichtsorganisation auch bildungsübergreifend zu gestalten. Dies gilt für die Bildungsgänge der Sekundarstufe I in der integrierten Gesamtschule und soll im Einzelfall bei doppelqualifizierenden Bildungsgängen bedeutsam sein.

In der Begründung zum *Abs. 3* nimmt die Landesregierung Stellung zu den einzelnen im Schulgesetz vorgesehenen Bildungsgängen. So nennt Abs. 3 alle Bildungsgänge der Schulformen abschließend. Dabei wird die Form des Abschlusses in den Vordergrund der Beschreibung gestellt. Danach unterscheidet die Landesregierung in der Primarstufe den Bildungsgang der Grundschule, in der Sekundarstufe I werden dagegen drei Bildungsgänge, der Bildungsgang zum Erwerb der erweiterten Berufsbildungsreife, der Bildungsgang zum Erwerb der Fachhochschule und der Bildungsgang zum Erwerb der allgemeinen Hochschulreife in den Jahrgangsstufen sieben bis zehn unterschieden. Dabei ist der Bildungsgang der allgemeinen Hochschulreife schulstufenübergreifend gestaltet und endet mit dem Erwerb des Abiturs nach der Jahrgangsstufe 13.

In der Sekundarstufe II werden nach dem Entwurf der Landesregierung die verschiedenen vollzeitschulischen und teilzeitschulischen Bildungsgänge zum Erwerb oder der Vertiefung von Allgemeinbildung und dem Erwerb beruflicher Grundbildung in der Berufsschule oder der Berufsfachschule oder der Vermittlung des schulischen Teils einer Berufsausbildung nach dem Berufsbildungsgesetz oder der Handwerksordnung in der Berufsschule (duales System) oder zum Erwerb von Berufsabschlüssen nach dem Berufsbildungsgesetz oder der Handwerksordnung in schulischer Form oder berufsqualifizierende Abschlüsse oder Abschlüsse nach Landesrecht in der Berufsfachschule oder der Bildungsgang zum Erwerb der Fachhochschulreife der Fachoberschulen genannt. Darüber hinaus wird der Bildungsgang zum Erwerb der allgemeinen Hochschulreife in den Jahrgangsstufen elf bis 13 systematisch der Sekundarstufe II zugeordnet.

Die Förderschulen beinhalten den Bildungsgang der Grundschule, die Bildungsgänge der Sekundarstufe I, den Bildungsgang zum Erwerb der allgemeinen Hochschulreife in den Jahrgangsstufen elf bis 13 oder eigene Bildungsgänge zum Erwerb des Abschlusses der Allgemeinen Förderschule oder der Förderschule für Geistigbehinderte. Darüber hinaus führt die Allgemeine Förderschule ab der Jahrgangsstufe acht einen eigenen Bildungsgang zur Erteilung eines der Berufsbildungsreife gleichgestellten Abschlusses, der durch eine differenzierte Stundentafel und eine Streckung der Rahmenplaninhalte der Jahrgangsstufe neun der Sekundarstufe I auf das neunte und zehnte Schulbesuchsjahr sowie in der Regel dem Fehlen einer Fremdsprache bestimmt wird.

Nach dem Gesetzesentwurf der Landesregierung führt der Zweite Bildungsweg zwei Bildungsgänge. Dies sind der Bildungsgang zum nachträglichen Erwerb der Fachhochschulreife und der Bildungsgang zum nachträglichen Erwerb der allgemeinen Hochschulreife. Nach zwei Semestern kann bereits die Berufsbildungsreife erworben werden. Des weiteren kann derjenige, der nachweisen kann, daß er ausreichende Kenntnisse für eine erfolgreiche Teilnahme am Unterricht der Jahrgangsstufe zehn hat, in diese Jahrgangsstufe eintreten.

Die Bildungsgänge der Fachschule führen zu typenspezifischen Abschlüssen, die in der Regel mit dem Erwerb der Fachhochschulreife verbunden sind. Teilqualifikationen sollen für bestimmte Tätigkeiten in der Landwirtschaft durch den Besuch einjähriger Bildungsgänge erworben werden können.

Nach *Abs. 4* werden die möglichen Varianten doppelqualifizierender Bildungsgänge zugelassen.

1.8.2. Parlamentarische Debatte

1.8.2.1. Erste Lesung im Landtag Brandenburg zum Bbg SchulG

Die erste Lesung des Gesetzesentwurfes der Landesregierung für ein Brandenburgisches Schulgesetz am 8. Dezember 1995 wurde eröffnet durch die Ministerin für Bildung, Jugend und Sport. Die Ministerin brachte noch einmal zum Ausdruck, was bereits bei der Begründung des Gesetzesentwurfs der Landesregierung deutlich geworden war. Sie betonte, daß das Gesetz bewußt Fragen der Schulgestaltung vor Fragen des Schulaufbaus stellt. Ausgehend von dem Recht auf Bildung, seien Ziele und Grundsätze von Erziehung und Bildung ausführlich beschrieben worden. Im Anschluß erfolgte eine kontroverse Diskussion, die quer durch alle Parteien ging und sich unter anderem an Fragen über die Bildungsgänge und über die Fächer LER und Religionsunterricht entfachte.

Letztlich wird einstimmig beschlossen, den Gesetzesentwurf der Landesregierung an den Ausschuß für Bildung, Jugend und Sport federführend, an den Ausschuß für Haushalt und Finanzen sowie an den Ausschuß für Inneres zu überweisen[549].

---

[549] Landtag Brandenburg, Gesetzesdokumentation zum Gesetz über die Schulen im Land Brandenburg, Pl. Pr. 2 / 23 vom 08. November 1995.

1.8.2.2. Ausschußsitzungen

a. Ausschuß für Bildung, Jugend und Sport

Der Ausschuß für Bildung, Jugend und Sport führte zur Problematik des Schulgesetzes insgesamt sechs Sitzungen durch. Davon fanden fünf Sitzungen vor der zweiten Lesung im Landtag Brandenburg statt[550]. Insbesondere die 24. Sitzung, die 28. Sitzung und die 30. Sitzung befaßten sich mit inhaltlichen Fragen des Gesetzesentwurfs.

- 24. Sitzung vom 18. Januar 1996 (Anhörung)

Die 24. Sitzung des Ausschusses fand am 18. Januar 1996[551] statt. Tagesordnungspunkt war die Anhörung zum Gesetzesentwurf der Landesregierung für ein Gesetz über die Schulen im Land Brandenburg (Drs. 2 / 1675) sowie der Gesetzesentwurf der Fraktion PDS für ein Gesetz über die Schulen im Land Brandenburg (Drs. 2 / 1473).

An der Anhörung nahmen Interessenvertreter des Landesverbandes für Behindertenpädagogik, des Landesbehindertenbeirates, der Sonderpädagogischen Beratungsstellen, einer Förderschule für geistig Behinderte, des Verbandes Brandenburger Realschullehrer, der Hochschule für öffentliches Recht in Bremen, der Arbeitsgemeinschaft Freier Schulen im Land Brandenburg, des Grundschulverbandes e.V. Landesgruppe Brandenburg, des Landesschulbeirates, des Deutschen Gewerkschaftsbundes, des Landesverbandes der Gewerkschaft Erziehung und Wissenschaft, des Landesverbandes Brandenburg gemeinnützige Gesellschaft Gesamtschule e.V., des Landkreistags Brandenburg, des Städte – und Gemeindebundes, des Carl - Friedrich - Gauß - Gymnasiums, des Max - Steenbeck - Gymnasiums, der Schülerschaft des Carl - Friedrich - Gauß - Gymnasiums, des Deutschen Instituts für Internationale Pädagogische Forschung und der Universität Kiel teil.

Die Wiedergabe der geäußerten Meinungen soll hier nur beispielhaft erfolgen, da eine ausführliche Erläuterung der Anhörung zu weit führen würde. So wird ausdrücklich begrüßt, daß im § 29 Abs. 1 des Gesetzesentwurfs der Landesregierung das Recht auf sonderpädagogische Förderung für Kinder und Jugendliche

---

550 Landtag Brandenburg, Gesetzesdokumentation zum Gesetz über die Schulen im Land Brandenburg, Ausschußprotokoll 2 / 316 zur 22. Sitzung vom 07.12.1995; Ausschußprotokoll 2 / 364 zur 24. Sitzung vom 18.01.1996; Ausschußprotokoll 2 / 529 zur 27. Sitzung vom 15.02.1996; Ausschußprotokoll 2 / 520 zur 28. Sitzung vom 07.03.1996; Ausschußprotokoll 2 / 409 zur 30. Sitzung vom 18.03.1996.

551 Landtag Brandenburg, Gesetzesdokumentation zum Gesetz über die Schulen im Land Brandenburg, Ausschußprotokoll 2 / 366 vom 18.01.1996.

aller Behinderungsarten bekräftigt wird[552]. Der Landesbehindertenbeirat erklärt sich mit dem vorgelegten Schulgesetz einverstanden. Er hebt hervor, daß die Integration von Menschen mit Behinderungen Berücksichtigung gefunden habe. In diesem Zusammenhang sei es bemerkenswert, daß es eine Möglichkeit zur freiwilligen Aufnahme von Fremdsprachen gebe und daß im Begründungstext der Landesregierung die Gebärdensprache einer Fremdsprache gleichgestellt werde[553]. Es wird aber auch betont, daß im erreichbaren Maße verschiedene Schulformen vorhanden sein müssen, da nur so der Grundbedarf an Bildung abzudecken sei[554]. Die Vertreterin des Landesschulbeirats spricht sich dagegen im Bereich des Sekundarstufe I für einen einzigen Schultyp, nämlich den der Gesamtschule aus. Sie befürwortet die Abschaffung von Gymnasium und Realschule[555]. Von Seiten des Landesverbandes Brandenburg der Gewerkschaft Erziehung und Wissenschaft kommt der bemerkenswerte Vorschlag, grundsätzlich alle Haushaltsvorbehalte aus dem Gesetz zu streichen und das Recht auf Bildung in vollem Umfang durchzusetzen[556]. Die im Gesetzesentwurf gefundenen Regelungen zur Begabtenförderung werden ausdrücklich befürwortet. Es sei dort alles enthalten, was an Erfahrungen mit Profilschulen und in der Begabungsförderung gewonnen wurde[557].

Der Sprecher der Universität Kiel bemängelt, daß der Gesetzesentwurf der Landesregierung, in § 15 mit dem Begriff des Bildungsganges von einer für ein Gesetz befremdlichen Fiktion ausgeht. Er fordert für ein realitätsstiftendes Schulgesetz die Präzisierung des Begriffs Bildungsgang. Des weiteren übt er Kritik an der getroffenen Festlegung der sechsjährigen Grundschule. Er vertritt die Auffassung, daß in Anlehnung an die Erfahrungen anderer Bundesländer eine vierjährige Grundschulzeit zu befürworten sei. Zudem bringt er sein Bedauern über den Verzicht auf den Bildungsgang der Hauptschule zum Ausdruck. Diesen

[552] so die Vertreterin des Landesverbandes für Behindertenpädagogik Frau Scheil, in: Landtag Brandenburg, Gesetzesdokumentation zum Gesetz über die Schulen im Land Brandenburg, Ausschußprotokoll 2/ 364 zur 24. Sitzung des ABJS vom 18.01.1996, S. 2 ff.

[553] so der Vertreter des Landesbehindertenbeirats Herr Kluge, in: Landtag Brandenburg, Gesetzesdokumentation zum Gesetz über die Schulen im Land Brandenburg, Ausschußprotokoll 2 / 364 vom 18.01.1996, S. 6 ff.

[554] so der Vertreter des Verbandes Brandenburger Realschullehrer Herr Lindner, in: Landtag Brandenburg, Gesetzesdokumentation zum Gesetz über die Schulen im Land Brandenburg, Ausschußprotokoll 2 / 364 zur 24. Sitzung des ABJS vom 18.01.1996, S. 12 ff.

[555] so die Vertreterin des Landesschulbeirats Frau Blacke, in: Landtag Brandenburg, Gesetzedokumentation zum Gesetz über die Schulen im Land Brandenburg, Ausschußprotokoll 2 / 364 vom 18.01.1996, S. 23 ff.

[556] so der Vertreter des Landesverbandes Brandenburg der GEW Herr Fuchs, in: Landtag Brandenburg, Gesetzesdokumentation zum Gesetz über die Schulen im Land Brandenburg, Ausschußprotokoll 2 / 364 zur 24. Sitzung des ABJS vom 18.01.1996, S. 30 ff.

[557] so der Vertreter des Carl – Friedrich – Gauß – Gymnasiums Herr Dr. Weiß – Motz, in: Landtag Brandenburg, Gesetzesdokumentation zum Gesetz über die Schulen im Land Brandenburg, Ausschußprotokoll 2 / 364 des ABJS vom 18.01.1996, S. 54.

Verzicht hält er für unsozial. Darüber hinaus bemängelt er die Trennung des Bildungsganges des Gymnasiums und des Bildungsganges der gymnasialen Oberstufe. Diese Trennung sei strukturpolitisch bedenklich. Er bezieht sich dabei auf die auf Wilhelm v. Humboldt zurückgehende Idee des Gymnasiums als einheitliche Bildungsidee[558].

- 28. Sitzung vom 7. März 1996 (nicht öffentlich)

Die 28. Sitzung des Ausschusses für Bildung, Jugend und Sport[559] vom 7.März 1996 ist eine ganztägige Antragssitzung zum Landesschulgesetzentwurf (Drs. 2 / 1675). Ihr liegen eine Reihe von Änderungsanträgen vor. So gibt es zu *§ 3 Abs. 1 S. 3* des Gesetzesentwurfs der Landesregierung einen Änderungsantrag der PDS – Fraktion. Es soll ergänzt werden, daß die Schulen "jedes Kind zu fördern haben". Dies wird damit begründet, daß Art. 29 Abs. 3 Bbg Verf. den Rechtsanspruch jedes Einzelnen auf gleichen Zugang zu den öffentlichen Bildungseinrichtungen vorsieht. Man einigt sich schließlich einstimmig auf folgende Fassung:

"Es ist Aufgabe aller Schulen, jede Schülerin und jeden Schüler zu fördern. Begabte, sozial Benachteiligte und Menschen mit Behinderungen sind besonders zu fördern."

Dabei entscheidet man sich auf Vorschlag des Ministeriums für Bildung, Jugend und Sport bewußt dafür, den zweiten Satz entsprechend der Landesverfassung zu formulieren.

Zu *§ 3 Abs. 2* des Gesetzesentwurfs der Landesregierung liegt ebenfalls ein Änderungsantrag der PDS - Fraktion vor. Hierdurch soll erreicht werden, daß nicht nur Art. 29 Abs. 1 und 3 Bbg Verf. umgesetzt werden, sondern daß auch Art. 29 Abs. 2 Bbg Verf. durch den § 3 Abs. 2 ausgestaltet wird. Die PDS - Fraktion begründet ihren Antrag damit, daß in Art. 29 Bbg Verf. das Recht auf Bildung garantiert werde und das Land und Kommunen beauftragt seien, das öffentliche Schulwesen zu garantieren. Das Ministerium für Bildung Jugend und Sport wendet dagegen ein, daß in Schulgesetzen anderer Länder immer nur das Individualrecht beschrieben werde, wohingegen der Antrag der PDS – Fraktion eine darüber hinausgehende Absicherung beinhalte. Des weiteren verweist das Ministerium darauf, daß eine Verschiebung der Zuständigkeiten von Land und Kommunen erfolge. Die PDS – Fraktion verweist nochmals auf den Bezug zum

---

[558] so der Vertreter der Universität Kiel Herr Prof. Dr. Westphal, in: Landtag Brandenburg, Gesetzesdokumentation zum Gesetz über die Schulen im Land Brandenburg, Ausschußprotokoll 2 / 364 vom 18.01.1996, S. 66.

[559] Landtag Brandenburg, Gesetzesdokumentation zum Gesetz über die Schulen im Land Brandenburg, Ausschußprotokoll 2 / 520 des ABJS vom 18.04.1996.

Recht auf Bildung in der Landesverfassung. Die Grundphilosophie des § 3 Abs. 2 führe von der gesellschaftlichen Aufgabe zum Individualrecht. Durch Artikel 29 Bbg Verf. sei das Land ausdrücklich verpflichtet, öffentliche Bildungseinrichtungen zu schaffen und berufliche Ausbildungssysteme zu fördern. Dies müsse, ohne in die kommunale Selbstverwaltung einzugreifen, im Schulgesetz ausgestaltet werden. Dieser Antrag der PDS – Fraktion wird mit zwei zu sechs Stimmen ohne Stimmenthaltung abgelehnt.

Ein weiterer Änderungsantrag der PDS – Fraktion zu *§ 15* des Gesetzesentwurfs der Landesregierung bezieht sich auf die Schulstruktur. Die Fraktion ist der Auffassung, daß es bisher eine Organisation nach Schulstufen und dann nach Schulformen und Bildungsgängen gegeben habe. Dieses Prinzip werde mit dem neuen Schulgesetz umgedreht. Es erfolge nunmehr zuerst eine innere Organisation nach Bildungsgängen und erst danach die äußere Organisation nach Schulstufen und Schulformen.

Das Ministerium für Bildung, Jugend und Sport betont, der Antrag der PDS – Fraktion würde dazu führen, daß nicht mehr bildungsgangübergreifend unterrichtet werden könne. Mit dem Entwurf der PDS werde versucht, die Realschule dem Gymnasium und der Gesamtschule gleichzustellen. Der Antrag der PDS – Fraktion wird bei der Abstimmung mit einer zu sieben Stimmen bei keiner Stimmenthaltung abgelehnt.

Der Antrag der SPD – Fraktion zu *§ 15 Abs. 3* des Gesetzesentwurfs der Landesregierung bezieht sich darauf, die Durchlässigkeit zwischen den Bildungsgängen zu gewährleisten. Der Antrag wird mit sechs zu einer Stimme und einer Stimmenthaltung angenommen.

Am Ende der Ausschußsitzung wird festgelegt, daß das Ministerium für Bildung, Jugend und Sport an die Schulen und Mitglieder des Ausschusses eine altersgerechte Information über das Schulgesetz ausgibt. Die Mitglieder des Ausschusses sollen das Amtsblatt des Ministeriums rechtzeitig erhalten und die Rahmenpläne werden ebenfalls zur Verfügung gestellt. Letztlich nimmt der Ausschuß mehrheitlich den Schulgesetzentwurf der Landesregierung in der Fassung seiner Beschlüsse an[560].

---

[560] vgl. Anhang I (Änderungsanträge der PDS – Fraktion und der SPD Fraktion zum Gesetzesentwurf der Landesregierung), Drs. 2 / 1675 zur 28. Sitzung des ABJS.

- 30. Sitzung vom 18. März 1996 (nicht öffentlich)

Die 30. Sitzung des Ausschusses findet am 18. März 1996[561] statt. Verhandlungspunkte sind die Beschlußempfehlung des Ausschusses zum Landesschulgesetzentwurf, Drs. 2 / 1675, und die Beratung über die Gesetzesentwürfe der PDS über ein Schulverfassungsgesetz[562] und ein Landesschulgesetz[563].

Die Gesetzesentwürfe der PDS – Fraktion, Drs. 2 / 1472 und Drs. 2 / 1473, werden durch die Ausschußmitglieder mehrheitlich abgelehnt. Die Mitglieder des Ausschusses nehmen den Landesschulgesetzentwurf, Drs. 2 / 1675, in der Fassung seiner Beschlüsse, Drs. 2 / 2349, mehrheitlich an.

Daraufhin empfiehlt am 19. März 1996 der Ausschuß für Jugend, Bildung und Sport dem Landtag Brandenburg mit der Drs. 2 / 2349[564], den Gesetzentwurf der Landesregierung, Drs. 2 / 1675, in der vom Ausschuß für Bildung, Jugend und Sport beschlossenen Fassung anzunehmen und die Gesetzesentwürfe der PDS, Drs. 2 / 1472 und Drs. 2 / 1473, abzulehnen.

1.8.2.3. Zweite Lesung im Landtag Brandenburg zum Bbg SchulG

Am 27. März 1996 findet die zweite Lesung[565] des Brandenburgischen Schulgesetzes im Landtag statt. Als Tagesordnungspunkte werden das Gesetz über die Schulen im Land Brandenburg (Bbg SchulG), Gesetzesentwurf der Landesregierung, Drs. 2 / 1675; das Gesetz über die Mitbestimmung und Mitwirkung von Lehrkräften, Schülerinnen und Schülern sowie ihren Eltern im Schulwesen des Landes Brandenburg (Schulverfassungsgesetz – SchVerfG), Gesetzesentwurf der PDS – Fraktion, Drs. 2 / 1472, und das Gesetz über die Schulen im Land Brandenburg (Landesschulgesetz), Gesetzesentwurf der PDS – Fraktion, Drs. 2 / 1473, und die Beschlußempfehlung und der Bericht des Ausschusses für Bildung, Jugend und Sport, Drs. 2 / 2349, behandelt.

Die PDS bemängelt, daß das Schulgesetz ein Spargesetz sei. Es fehle an konkret einklagbaren und damit sicheren Regelungen zur Finanzierung des Schulwesens. Dabei nimmt sie Bezug auf die Pflicht des Landes, auf Grund der Landesverfas-

---

[561] Landtag Brandenburg, Gesetzesdokumentation über die Schulen im Land Brandenburg, Ausschußprotokoll 2 / 409 vom 18. März 1996.

[562] Gesetz über die Mitbestimmung und Mitwirkung von Lehrkräften, Schülerinnen und Schülern sowie ihren Eltern im Schulwesen des Landes Brandenburg (Schulverfassungsgesetz – SchVerfG), Drs. 2 / 1472.

[563] Gesetz über die Schulen im Land Brandenburg (Landesschulgesesetz), DS 2 / 1473.

[564] Landtag Brandenburg, Gesetzesdokumentation über die Schulen im Land Brandenburg, Beschlußempfehlung und Bericht des ABJS vom 19.03.1996, Drs. 2 / 2349.

[565] Landtag Brandenburg, Gesetzesdokumentation zum Gesetz über die Schulen im Land Brandenburg, Pl. Pr. 2 / 32 vom 27. März 1996.

sung öffentliche Bildungseinrichtungen und Schulen zu schaffen und zu fördern. Sie sieht in der bisherigen Ausgestaltung der Bildungsgänge eine Zergliederung und damit eine Verschärfung von Auslese und Selektion. Deshalb will die PDS – Fraktion den Bildungsgang der Realschule streichen, da diese Schulform eindeutig eine selektive Aufgabe habe. Eine solche Schulform trage nicht zur Chancengleichheit im Land Brandenburg bei. Darüber hinaus bewirke die Zergliederung des Schulwesens höhere Kosten und verhindere eine wirkliche Zusammenarbeit der Schulen[566].

Die Abgeordnete der SPD betont, daß mit dem neuen Schulgesetz die Schulpolitik kontinuierlich und ohne Brüche fortgesetzt werde. Deshalb habe man sich auch zu dem Prinzip der Stufenschule entschlossen. Darüber hinaus werde auch weiterhin die Durchlässigkeit der Bildungsgänge garantiert und somit der Zergliederung der Schullandschaft vorgebeugt und ein wesentlicher Schritt zur Verwirklichung der Chancengleichheit getan. Dies entspricht der allgemeinen Auffassung der SPD zu dieser Frage[567].

Die schwerpunktmäßige Kritik der CDU richtet sich gegen die Einführung des Faches Lebensgestaltung - Ethik - Religionskunde (LER). Befürwortet wird dagegen die Einführung des reinen Faches Religionskunde[568].

Die Ministerin für Bildung, Jugend und Sport verteidigt dagegen ausdrücklich die durch das neue Schulgesetz vertretene Schulstruktur[569].

Die abschließende Abstimmung über die Beschlußempfehlung des Ausschusses in Form der Drs. 2 / 2349 wird angenommen. Des weiteren wird der Gesetzesentwurf der Drs. 2 / 2349 an den Ausschuß für Bildung, Jugend und Sport zur Vorbereitung der dritten Lesung rücküberwiesen.

Verschiedene Änderungsanträge der CDU und der PDS, die im wesentlichen identisch mit den bereits in den Ausschußsitzungen beratenen Änderungsanträgen sind, werden abgelehnt.

---

[566] Landtag Brandenburg, Gesetzesdokumentation zum Gesetz über die Schulen im Land Brandenburg, Pl. Pr. 2 / 32, Abgeordneter Petzold (PDS).

[567] Landtag Brandenburg, Gesetzesdokumentation zum Gesetz über die Schulen im Land Brandenburg, Pl. Pr. 2 / 32, Abgeordnete Müller (SPD).

[568] Landtag Brandenburg, Gesetzesdokumentation zum Gesetz über die Schulen im Land Brandenburg, Pl. Pr. 2 / 32.

[569] Landtags Brandenburg, Gesetzesdokumentation zum Gesetz über die Schulen im Land Brandenburg, Pl. Pr. 2 / 32.

- 31. Sitzung des Ausschusses für Bildung, Jugend und Sport vom 27. März 1996 (nicht öffentlich); Ausschußprotokoll 2 / 513

Die 31. Sitzung des Ausschusses[570] findet am 27. März 1996 statt. Es geht um die abschließende Beratung des Landesschulgesetzes, Drs. 2 / 1675 in der Fassung nach der zweiten Lesung zur Vorbereitung der dritten Lesung. Im Ergebnis stimmen die Ausschußmitglieder mehrheitlich für die Annahme des Schulgesetzes in der Fassung zur zweiten Lesung unter Berücksichtigung des in der zweiten Lesung angenommenen Änderungsantrages, Drs. 2 / 2426 (Beschlußempfehlung Drs. 2 / 2350).

Die Beschlußempfehlung und der Bericht des Ausschusses für Bildung, Jugend und Sport zur dritten Lesung[571] wird am 27. März 1996 gegeben. Es wird lediglich eine Änderung des § 141 zur Einführung des Faches Lebensgestaltung – Ethik – Religionskunde empfohlen. Ansonsten entspricht die Empfehlung, Drs. 2 / 2350, der Empfehlung Drs. 2 / 2349 zur zweiten Lesung des BbgSchulG des federführenden Ausschusses. Der Ausschuß für Bildung, Jugend und Sport empfiehlt damit dem Landtag die Annahme des Gesetzesentwurfs in der Fassung zur zweiten Lesung Drs. 2 / 2349 – unter Berücksichtigung des in der zweiten Lesung beschlossenen Änderungsantrages Drs. 2 / 2426.

1.8.2.4. Dritte Lesung im Landtag Brandenburg vom 28. März 1996 zum Bbg SchulG

Zur dritten Lesung des Brandenburgischen Schulgesetzes[572] stehen unter anderem als Tagesordnungspunkte der Gesetzesentwurf der Landesregierung für ein Gesetz über die Schulen im Land Brandenburg (Bbg SchulG), Drs. 2 / 1675, der Gesetzesentwurf der PDS für ein Gesetz über die Mitbestimmung und Mitwirkung von Lehrkräften, Schülerinnen und Schülern sowie ihren Eltern im Schulwesen des Landes Brandenburg (Schulverfassungsgesetz – SchulVerfG), Drs. 2 / 1472, der Gesetzesentwurf der PDS für ein Gesetz über Schulen im Land Brandenburg (Landesschulgesetz), Drs. 2 / 1473, und die Beschlußempfehlung des Ausschusses für Bildung, Jugend und Sport zur zweiten Lesung, Drs. 2 / 2349, und die Beschlußempfehlung des Ausschusses zur dritten Lesung, Drs. 2 / 2350, auf der Tagesordnung.

---

[570] Landtag Brandenburg, Gesetzesdokumentation zum Gesetz über die Schulen im Land Brandenburg, Ausschußprotokoll 2 / 513 des ABJS vom 28.08.1996.

[571] Landtag Brandenburg, Gesetzesdokumentation zum Gesetz über die Schulen im Land Brandenburg, Drs. 2 / 2350 vom 27.03.1996.

[572] Landtag Brandenburg, Gesetzesdokumentation zum Gesetz über die Schulen im Land Brandenburg, 2. Wahlperiode, Pl. Pr. 2 / 33 vom 28. März 1996.

Die anschließende Diskussion bringt im Vergleich zu der vorausgegangen dritten Lesung keine neuen Erkenntnisse. Im Ergebnis wird der Gesetzesentwurf der Landesregierung in der Form der Beschlußempfehlung des Ausschusses für Bildung, Jugend und Sport, Drs. 2 / 2350, angenommen und verabschiedet[573].

1.8.3. Änderung zum Bbg SchulG nach dem 12. April 1996

Das Brandenburgische Schulgesetz vom 12. April 1996[574] wurde in den vergangenen fünf Jahren sechsmal geändert[575]. Dabei kommt zweifellos der jüngsten Änderung des Schulgesetzes durch das zweite Gesetz zur Änderung des Brandenburgischen Schulgesetzes[576] die größte Bedeutung zu. Da hierdurch eine umfangreiche Reform des bisherigen Schulgesetzes umgesetzt wurde.

Für die hier vorgenommene Betrachtung ergibt diese Reform dennoch keine wesentlichen neuen Gesichtspunkte. Das liegt daran, daß die Grundsätze der Bildungspolitik beibehalten worden sind. Die Reformen betrafen größtenteils solche Bereiche, in denen die Praxis gezeigt hatte, daß die bisherigen Regelungen nicht dazu beitrugen, die verfolgte Bildungspolitik optimal umzusetzen.

In der Begründung der Landesregierung zu ihrem Gesetzesentwurf[577] wird dies deutlich, wenn betont wird, daß in der Gesellschaft von morgen das Wissen über die Chancen der Einzelnen, der Gesellschaft und der Wirtschaft des Landes Brandenburg entscheidet und der Bildungspolitik daher eine Schlüsselrolle für die Gestaltung der Zukunft zukomme. Eine Gesellschaft, die sich den globalen Herausforderungen stellt und die Zukunft mitgestalten will, braucht deshalb Innovation im Schulwesen. Die Qualität der Bildung bestimmt immer mehr über die Entwicklung individueller Persönlichkeit, Teilhabe an der Gesellschaft und Beschäftigung, aber auch über die Entwicklung und Wettbewerbsfähigkeit des Landes und seiner Wirtschaft[578].

---

[573] vgl. Anhang II (Gesetzesentwurf der Landesregierung vom 25.10.1995 Drs. 2 / 1675 im Vergleich mit dem Gesetz über die Schulen im Land Brandenburg vom 12.04.1996).
[574] Bbg GVBl I, S. 102 ff.
[575] 17.12.1996, Bbg GVBl I, S. 358 ff.; 10.03.1998, Bbg GVBl I, S. 48 ff.; 21.12.1998, Bbg GVBl I S. 303 ff.; 20.05.1999, Bbg GVBl I S. 130 ff.; 28.06.2000, Bbg GVBl I, S. 90 ff.; 01.06.2001, Bbg GVBl I, S. 62 ff.
[576] Zweites Gesetz zur Änderung des Brandenburgischen Schulgesetzes vom 01.06.2001, Bbg GVBl I, S. 62 ff.
[577] Gesetzesentwurf der Landesregierung zum Zweiten Gesetz zur Änderung des Brandenburgischen Schulgesetzes, Landtag Brandenburg, Drs. 3 / 2371; der Entwurf der Fraktion der PDS für ein Gesetz zur Änderung des Gesetzes über die Schulen im Land Brandenburg, Drs. 3 / 2384, soll an dieser Stelle unberücksichtigt bleiben, da er abgelehnt wurde.
[578] Gesetzesentwurf der Landesregierung zum Zweiten Gesetz zur Änderung des Brandenburgischen Schulgesetzes, Landtag Brandenburg, Drs. 3 / 2371, S. 1.

Dies betont in seiner Regierungserklärung auch der Ministerpräsident Dr. Manfred Stolpe. Er sieht den Grund für eine notwendige Bildungsoffensive in der Vermittlung von Schlüsselqualifikationen, und zwar als wichtige Voraussetzung für eine umfassende Persönlichkeitsentwicklung und deshalb als Aufgabe für alle Bildungsbereiche[579].

Nach der Auffassung der Landesregierung sind die Zukunftschancen der Einzelnen, des Landes und der Wirtschaft nur langfristig gesichert durch die Verwirklichung von Chancengleichheit und die Ermöglichung der Leistung, die zukünftig gebraucht wird. Die Änderung des Brandenburgischen Schulgesetzes soll infolgedessen zur Stärkung und bestmöglichen Förderung des Einzelnen und seiner Fähigkeit zur Zusammenarbeit beitragen. Darin liege die beste Grundlage für die Verwirklichung der individuellen Lebenschancen und die verantwortliche Mitwirkung bei der Gestaltung unserer Gesellschaft[580].

Wie bereist erwähnt, fielen die für die Arbeit interessanten konkreten Änderungen nicht sehr umfangreich aus. So war der erste Teil des Schulgesetzes von Änderungen gar nicht betroffen. Im dritten Teil erfolgten zwar einige Änderungen, der hier maßgebliche § 15 Bbg SchulG, wurde aber nur aus sprachlicher Sicht konkreter gefaßt[581].

Allgemein ausgedrückt wurden die Grundpfeiler der Bildungsoffensive wie folgt verstanden:

- Selbständigkeit von Schule und Verlagerung von Entscheidungsbefugnissen;
- Qualitätsentwicklung – Aufgaben und Zuständigkeiten, Evaluation, Bildungsgänge und Schulformen;
- Bildungs- und Erziehungsauftrag;
- Schulzeit;
- Schule im ländlichen Raum.

Man änderte unter diesen Gesichtspunkten das Brandenburgische Schulgesetz punktuell, setzte Schwerpunkte, entwickelte Bewährtes weiter, gestaltete das Bildungsangebot noch vielfältiger und trug so den gesellschaftlichen Entwicklungen Rechnung. Deshalb betreffen die Änderungen auch vorrangig die Quali-

---

579 Gesetzesentwurf der Landesregierung zum zweiten Gesetz zur Änderung des Brandenburgischen Schulgesetzes, Landtag Brandenburg, Drs. 3 / 2371, S. 1.

580 Gesetzesentwurf der Landesregierung zum zweiten Gesetz zur Änderung des Brandenburgischen Schulgesetzes, Landtag Brandenburg, Drs. 3 / 2371, S. 1.

581 Gesetzesentwurf der Landesregierung zum Zweiten Gesetz zur Änderung des Brandenburgischen Schulgesetzes, Landtag Brandenburg, Drs. 3 / 2371, S. 3 und S. 14.

tätsentwicklung und Qualitätssicherung der Schulen, insbesondere durch interne und externe Evaluation von Schulen und Schülerleistungen[582].

Diese in der Erklärung der Landesregierung angesprochenen Tendenzen setzten sich auch in den drei Lesungen zum Gesetz zur Änderung des Brandenburgischen Schulgesetzes fort. In der ersten Lesung[583] wurde von allen Rednern auf die Notwendigkeit einer intensiveren Begabtenförderung hingewiesen. Dabei spielten insbesondere die Förderung von Fremdsprachen und die Möglichkeit zur differenzierteren Förderung eine Rolle. In der zweiten Lesung wird besonders in der Rede der Abgeordneten der Fraktion der PDS Große deutlich, daß Bildung im 21. Jahrhundert eine soziale Frage ist. In diesem Zusammenhang hebt sie die Wichtigkeit der Chancengleichheit im Bereich der Bildungspolitik hervor[584]. In bezug auf die bereits erläuterten Tendenzen brachte die dritte Lesung[585] des Gesetzesentwurfs keine Neuigkeiten. Am Ende der dritten Lesung wurde dann das Zweite Gesetz zur Änderung des Brandenburgischen Schulgesetzes mehrheitlich angenommen und verabschiedet. Es trat dann am 12. April 1996 in Kraft.

1.8.4. Aufbau der Schule und der Schulstruktur im Bbg SchulG

Die nachfolgenden Darstellungen zu § 3 Bbg SchulG und § 15 Bbg SchulG sollen sich auf Fragen zum Aufbau der Schule und der Schulstruktur beschränken

1.8.4.1. § 3 Bbg SchulG - Recht auf Bildung

a. § 3 Abs. 1 Bbg SchulG

In *Satz 1* nimmt § 3 Abs. 1 Bbg SchulG ausdrücklich Bezug auf Art. 29 Abs. 1 Bbg Verf. Der Art. 29 Abs. 1 Bbg Verf. "Jeder hat das Recht auf Bildung"; dies schließt entsprechend der Bestimmung des Art. 3 Abs. 1 Bbg Verf., alle Bürger und Einwohner des Landes Brandenburg ein. Deutschen aus anderen Bundesländern werden in Art. 3 Abs. 2 Bbg Verf. die gleichen Rechte eingeräumt, soweit kein gesetzlicher Vorbehalt seitens der Bürger Brandenburgs besteht. Ein solcher Vorbehalt könnte aus dem Grundsatz der Schulpflicht abgeleitet werden (§ 36 Abs. 1 S. 2 Bbg SchulG). Daraus ergibt sich eine besondere Pflicht des Staates gegenüber den im Land ansässigen jungen Menschen[586].

---

[582] Gesetzesentwurf der Landesregierung zum Zweiten Gesetz zur Änderung des Brandenburgischen Schulgesetzes, Landtag Brandenburg, Drs. 3 / 2371, S. 42.
[583] Landtag Brandenburg, Protokoll 3 / 31 vom 28.02.2001.
[584] Landtag Brandenburg, Protokoll 3 / 35 vom 16.05.2001.
[585] Landtag Brandenburg, Protokoll 3 / 36 vom 17.05.2001.
[586] Benstz, Ulrich, in: Hanßen, Klaus / Glöde, Harald (Hrsg.), Brandenburgisches Schulgesetz, Kommentar zu Teil 1, § 3 Bbg SchulG, S. 7.

Nach *Satz 2* sind die Schulen so zu gestalten, daß gleicher Zugang, unabhängig von der wirtschaftlichen und sozialen Lage, der nationalen Herkunft, der politischen oder religiösen Überzeugung und des Geschlechts, gewährleistet wird. Damit beinhaltet dieser Satz 2 eine wörtliche Wiedergabe des Art. 29 Abs. 3 S. 1 Bbg Verf., erweitert aber gleichzeitig die dort benannten Grundsätze hinsichtlich der Einbeziehung der nationalen Herkunft, der religiösen Überzeugung und des Geschlechts. Ein Recht aus Bildung leitet sich darüber hinaus aus dem Recht auf die freien Entfaltung der Persönlichkeit, also auf Bundesebene aus Art. 2 Abs. 1 GG und auf Landesebene aus Art. 10 Bbg Verf. ab. Mit seinem § 3 Abs. 1 S. 2 wird das Brandenburgische Schulgesetz der Auffassung gerecht, daß die Ausgestaltung des Rechts auf Bildung aus der Landesverfassung heraus nicht gewährleistet werden kann, sondern daß es einer näheren Ausgestaltung durch einfachgesetzliche Regelung bedarf. Dementsprechend enthält Satz 2 wesentliche Gewährleistungen für die Verpflichtung des Landes, ein Schulsystem zu organisieren, das Chancengleichheit gewährleistet[587].

Mit § 3 Abs. 1 *Satz 3* Bbg SchulG wird die Pflicht aller Schulen zum Ausdruck gebracht, jeden Schüler zu fördern. Der dritte Satz beinhaltet entgegen dem zweiten Satz, der ein Benachteiligungsverbot beinhaltet, das Gebot zur schulischen Förderung entsprechend den jeweils unterschiedlichen Bildungsvoraussetzungen und den angestrebten Abschlüssen. Das umfaßt individuelle Förderpflichten, abgestimmt auf den jeweiligen Einzelfall. Während eine solche Förderpflicht also in einem Fall bedeuten kann, daß durch besondere Unterrichtsangebote (§ 23 S. 1 Nr. 2 Bbg SchulG) sprachliche Schwierigkeiten oder besondere Neigungen der Schülerinnen und Schüler beachtet werden, kann sich in einem anderen Fall ergeben, daß der Besuch der Ganztagsschule mit besonderen außerunterrichtlichen Neigungsangeboten (§ 18 Abs. 2 S. 3 Bbg SchulG) dem Schüler die besten Möglichkeiten verspricht. Die Einbeziehung der Eltern wird durch entsprechende Informationen gewährleistet (z.B. §§ 46, 51 Abs. 3 S. 2 Bbg SchulG)[588].

Letztlich findet sich in § 3 Abs. 1 *Satz 4* Bbg SchulG mit der Formulierung, "Begabte, sozial Benachteiligte und Menschen mit Behinderungen sind besonders zu fördern" eine wörtliche Wiedergabe des Art. 29 Abs. 3 S. 2 Bbg Verf.. Diese Formulierung geht auf den Vorschlag des Ministeriums für Bildung, Jugend und Sport zurück[589]. Hier ist auch die Pflicht zur besonderen Förderung einzelner Gruppen vorgesehen. Die Förderung jedes Einzelnen entsprechend

---

587 Benstz, Ulrich, in: Hanßen, Klaus / Glöde, Harald (Hrsg.), Brandenburgisches Schulgesetz, Kommentar zu Teil 3, § 3 Bbg SchulG, S. 8.

588 Benstz, Ulrich, in: Hanßen, Klaus / Glöde, Harald (Hrsg.), Brandenburgisches Schulgesetz, Kommentar zu Teil 1, § 3 Bbg SchulG, S. 8.

589 Landtag Brandenburg, Gesetzesdokumentation zum Gesetz über die Schulen im Land Brandenburg, 28. Sitzung des ABJS vom 07.03.1996, Ausschußprotokoll 2 / 520.

seinen Bildungsvoraussetzung (§ 3 Abs. 1 S. 3 Bbg SchulG), schließt diese besondere Förderung nicht aus. Mit der Übernahme der Bestimmung des Art. 29 Abs. 3 S. 2 Bbg Verf. bekennt man sich eindeutig zu dieser Art der besonderen Förderung. Eine nähere Ausgestaltung erfolgt dann durch die folgenden Abs. 2 bis 4 des § 3 Bbg SchulG. Aus der Gegenüberstellung von S. 3 und S. 4 des § 3 Bbg SchulG wird abgeleitet, daß der Gesetzgeber davon ausging, daß auch Begabte eine Unterstützung beim Ausgleich einzelner Schwächen oder bestimmter Nachteile benötigen können. Andererseits sollten sozial Benachteiligte nicht von der Förderung als Begabte ausgeschlossen sein[590]. Darüber hinaus darf aber nicht übersehen werden, daß es bei der Begabtenförderung auch um die Herausbildung und Entwicklung besonderer Begabungen und Fähigkeiten Einzelner geht, und zwar unter dem Aspekt der Ausbildung von Eliten.

b. § 3 Abs. 2 Bbg SchulG

Der § 3 Abs. 2 Bbg SchulG bezieht sich wiederum auf die Verpflichtung des Art. 29 Abs. 3 S. 2 Bbg Verf., Begabte besonders zu fördern. Dies ist eine Ausgestaltung der bereits in § 3 Abs. 1 S. 4 Bbg SchulG benannten Verpflichtung zur Begabtenförderung. Das Schulgesetz setzt diese für den Auftrag der Schule maßgebliche und verbindliche Verpflichtung zur Begabtenförderung dadurch um, daß auf bestimmte geeignete Tatbestände verwiesen wird. Darüber hinaus sind aber auch andere, nicht ausdrücklich benannte Maßnahmen zur Begabtenförderung denkbar[591]. Beispielhaft sei die Weiterentwicklung der Partnerschaften der Schulen mit Sportvereinen und die Einleitung regelmäßig stattfindender Talentsichtungs- und fördermaßnahmen sowie die Ausschöpfung des Schulsports zur Neubelebung einer systematischen Talentsicherung und Talentförderung genannt[592].

Die in § 3 Abs. 2 Bbg SchulG verankerten Maßnahmen zur Begabtenförderung werden zum Teil aber auch als nicht weitgehend genug angesehen. So kommt beispielsweise Dr. Hans – Jürgen Sprengel nur zu einem verhaltenen positiven Fazit bezüglich der Möglichkeiten der Begabtenförderung aufgrund des Brandenburgischen Schulgesetzes[593]. Er sieht zwar für einzelne Maßnahmen zur Begabtenförderung im Brandenburgischen Schulgesetz weit bessere Grundlagen gegeben, als das in den Schulgesetzen anderer Bundesländer der Fall ist, den-

---

[590] Benstz, Ulrich, in: Hanßen, Klaus / Glöde, Harald (Hrsg.), Brandenburgisches Schulgesetz, Kommentar zu Teil 1, § 3 Bbg SchulG, S. 8f.

[591] Benstz, Ulrich, in: Hanßen, Klaus / Glöde, Harald (Hrsg.), Brandenburgisches Schulgesetz, Kommentar zu Teil 1, § 3 Bbg SchulG, S. 8a.

[592] so Mitteilung der Kultusministerkonferenz Nr. 3 / 96 vom 02. April 1996.

[593] Sprengel, Hans – Jürgen, Das neue Brandenburgische Schulgesetz und die Begabtenförderung, Der Verfassungsauftrag gem. Artikel 29 Landesverfassung Brandenburg, Schulverwaltung MO 4 / 97 S. 114.

noch sei aufgrund der Regelungen eine flächendeckende, für jeden erreichbare Begabtenförderung nicht machbar.

c. § 3 Abs. 3 Bbg SchulG

In § 3 Abs. 3 Bbg SchulG werden verschiedene Einzelmaßnahmen aufgezählt, die zu einer Förderung von "sozial Benachteiligten" führen sollen. Dabei wird der Begriff der "sozial Benachteiligten" im Gesetz selbst nicht definiert. Bereits bei der Begründung des Regierungsentwurfs zum Brandenburgischen Schulgesetz wurde auf die Schwierigkeiten hinsichtlich einer Definition sozialer Benachteiligung hingewiesen. Man bezog sich in der Begründung des Regierungsentwurfs auf Art. 29 Abs. 2 S. 3 Bbg Verf.. Unter dem Prinzip der Chancengleichheit im Bildungswesen als Vorbereitung auf die Weichenstellung für den späteren Lebensweg sollten jedenfalls solche Nachteile vermieden und beseitigt werden, die aus der gesellschaftlichen Stellung resultieren oder in besonderen Lebensumständen begründet sind[594].

d. § 3 Abs. 4 Bbg SchulG

Der § 3 Abs. 4 Bbg SchulG bezieht sich letztlich auf die Förderung von Menschen mit Behinderungen. Dabei wird im Hinblick auf Art. 29 Abs. 2 Bbg Verf. betont, daß vorrangig ein gemeinsamer Unterricht mit Schülern ohne sonderpädagogischen Förderbedarf anzustreben ist. In der Begründung zum Regierungsentwurf ist dazu ausgeführt, daß es wegen des Verbots gemäß Art. 12 Abs. 2 Bbg Verf., "einen Menschen wegen seiner Behinderung zu benachteiligen", auch im schulischen Bereich ein Differenzierungverbot zu beachten gibt und dies zum Vorrang einer gemeinsamem integrativen Beschulung mit Menschen ohne Behinderungen führt[595]. Diese in § 3 Abs. 4 Bbg SchulG beschriebene Zielsetzung der Priorität des gemeinsamen Unterrichts von Schülern mit und ohne sonderpädagogischen Förderbedarf soll zu verstärkten Integrationsbemühungen vor allem im Bildungsgang der Grundschule führen[596].

1.8.4.2. § 15 Bbg SchulG - Innere Organisation nach Bildungsgängen

Das Brandenburgische Schulgesetz stellt die innere Organisation der Schulen nach Bildungsgängen bewußt vor die Frage der äußeren Organisation nach Schulstufen und Schulformen. Damit wird man der Spezifik Brandenburgs als

[594] Benstz, Ulrich, in: Hanßen, Klaus / Glöde, Harald (Hrsg.), Brandenburgisches Schulgesetz, Kommentar zu Teil 1, § 3 Bbg SchulG, S. 8b.
[595] Benstz, Ulrich, in: Hanßen, Klaus / Glöde, Harald (Hrsg.), Brandenburgsiches Schulgesetz, Kommentar zu Teil 1, § 3 Bbg SchulG, S. 9.
[596] Oehrling, Klaus, in: Hanßen, Klaus / Glöde, Harald (Hrsg.), Brandenburgisches Schulgesetz, Kommentar zu Teil 3, § 15 Bbg SchulG, S. 2.

größtenteils dünn besiedeltes Flächenland gerecht. Diese besteht nämlich darin, daß in der integrierten Gesamtschule, in den beruflichen Bildungsgängen der Schulen der Sekundarstufe II und der Fachschule, in den Einrichtungen des Zweiten Bildungsweges sowie zunehmend auch im Bereich der sonderpädagogischen Förderung eine schulabschlußbezogene Bildung und Erziehung in erster Linie durch den Besuch von Bildungsgängen organisiert ist. Insoweit treten also die Bildungsgänge an die Stelle der entsprechenden Schulform und entwickeln eine eigenständige rechtliche Bedeutung[597].

a. § 15 Abs. 1 Bbg SchulG

In § 15 Abs. 1 Bbg SchulG wird betont, daß die innere Organisation der Schulen von den Bildungsgängen geprägt wird. Dabei werden die Bildungsgänge durch gemeinsame Bildungsziele für alle Schüler bestimmt. Diese Bildungsziele sollen mit dem Vorrücken in fortgeschrittene Jahrgangsstufen durch die Art der Erschließung, Erweiterung und Vertiefung der für Erziehung und Bildung relevanten Inhalte der Unterrichtsfächer, Lernbereiche und Aufgabenfelder ausgeglichen werden. Der Begriff "Bildungsgang" findet sich mittlerweile auch in den Gesetzen und Rechtsvorschriften anderer Bundesländer. Auch in den Empfehlung der Kultusministerkonferenz wird er zunehmend angewendet. Eine Definition des Begriffs des "Bildungsganges" findet sich allerdings nur in § 12 Abs. 2 des Hessischen Schulgesetzes. Danach haben die Bildungsgänge ihre Grundlage in für alle Schüler und Schülerinnen gemeinsamen Lernzielen, und sie werden mit deren Vorrücken in höhere Jahrgangsstufen nach inhaltlichen Schwerpunkten, der Art der Erschließung und der Erweiterung und Vertiefung der Gegenstandsbereiche ausdifferenziert[598].

Eine eigenständige rechtliche Bedeutung erlangen die Bildungsgänge allerdings nur in den Ländern, in denen Rechte und Pflichten von Schülern bei der Aufnahme, dem Besuch und der Beendigung der Ausbildung festgelegt werden. Im Brandenburgischen Schulgesetz finden sich vielfältige solcher Bestimmungen, so zum Beispiel:

- § 53 Abs. 1 Bbg SchulG zur Wahl des Bildungsganges an einer weiterführenden allgemeinbildenden Schule,
- § 54 Bbg SchulG zur Aufnahme in übernachgefragten Bildungsgängen des Oberstufenzentrums oder einer Einrichtung des Zweiten Bildungsweges,
- § 59 Abs. 7 Bbg SchulG zur Kurseinstufung in der integrierten Gesamtschule,
- § 102 Abs. 2 Bbg SchulG zur Schulentwicklungsplanung,

---

[597] Oehrling, Klaus, in: Hanßen, Klaus / Glöde, Harald (Hrsg.), Brandenburgisches Schulgesetz, Kommentar zu Teil 3, § 15 Bbg SchulG, S. 2.
[598] Hessisches Schulgesetz vom 17.06.1992, GVBl. I S. 233.

- § 104 Abs. 4 Bbg SchulG zur Einrichtung eines Bildungsganges an einem Oberstufenzentrums oder eines schulabschlußbezogenen Lehrgangs,
- § 106 Abs. 1 Bbg SchulG zur Festlegung von Schulbezirken für bestimmte Bildungsgänge,
- § 109 Abs. 1 Bbg SchulG zur Festlegung der Schüler – Lehrer Relation,
- § 112 Abs. 1 Bbg SchulG zur Festlegung der Schülerfahrtkosten.

Als Unterscheidungsmerkmal für die verschiedenen Bildungsgänge kommt dabei entweder die unterschiedliche Qualität des Abschlusses, die unmittelbar von den im jeweiligen Bildungsgang vermittelten Inhalten und dem Anforderungsniveau für den Erwerb des Abschlusses anhängig ist oder die verschiedenartige schulorganisatorische und inhaltliche innere Gestaltung des Bildungsganges, z.B. durch die Anforderungen an die Bewertung, die Dauer der Ausbildung, die unterschiedlichen Fächer, die Lernbereiche oder Schwerpunkte in den unterschiedlichen Stundentafeln usw. in Betracht[599].

b. § 15 Abs. 2 Bbg SchulG

Nach § 15 Abs. 2 Bbg SchulG sollen die Bildungsgänge je nach Unterrichtsorganisation einzeln oder bildungsübergreifend in einer Schulform angeboten werden. Dabei sind die integrierte Gesamtschule, das Oberstufenzentrum und die Einrichtungen des Zweiten Bildungsweges, Schulen mit mehreren Bildungsgängen. Die bildungsgangübergreifende Unterrichtsorganisation der integrierten Gesamtschule soll ein Höchstmaß an Durchlässigkeit innerhalb der drei Bildungsgänge der Sekundarstufe I gewährleisten. In den Oberstufen ist eine zeitweilige bildungsgangübergreifende Unterrichtsorganisation in den Bildungsgängen der Berufsschulen, auch in Verbindung mit doppelqualifizierenden Bildungsgängen, z.B. aus Gründen des Lehrkräfteeinsatzes oder der Fachklasssenbildung möglich. Bei der Organisation von doppelqualifizierenden Bildungsgängen ist die Anrechnung beruflicher Bildungsinhalte auf allgemeinbildende Bildungsgänge von besonderer Bedeutung. Die anderen Schulen führen nur einen Bildungsgang[600].

c. § 15 Abs. 3 Bbg SchulG

In diesem Absatz werden die einzelnen Bildungsgänge vollständig aufgezählt, die danach wie folgt unterschieden werden:

[599] Oehrling, Klaus, in: Hanßen, Klaus / Glöde, Harald (Hrsg.), Brandenburgisches Schulgesetz, Kommentar zu Teil 3, § 15 Bbg SchulG, S. 4.

[600] Oehhrling, Klaus, in: Hanßen, Klaus / Glöde, Harald, Brandenburgisches Schulgesetz, Kommentar zu Teil 3, § 15 Bbg SchulG, S. 5.

In der Primarstufe findet man den Bildungsgang der Grundschule, der in allen Grundschulen und in bestimmten Förderschulen geführt wird.

In der Sekundarstufe I gibt es drei Bildungsgänge: den Bildungsgang zum Erwerb der erweiterten Berufsbildungsreife, den Bildungsgang zum Erwerb der Fachoberschulreife und den schulstufenübergreifende Bildungsgang zum Erwerb der allgemeinen Hochschulreife in den Jahrgangsstufen sieben 7 bis zehn, der in der Regel in bestimmten Gesamtschulen und in Gymnasien bis zur Jahrgangsstufe 13 durchgeführt wird.

Der Bildungsgang zum Erwerb der allgemeinen Hochschulreife wird in der Sekundarstufe II fortgesetzt und endet mit dem Erwerb der allgemeinen Hochschulreife in der Jahrgangsstufe 13.

In der Sekundarstufe II werden die verschiedenen vollzeitschulischen und teilzeitschulischen beruflichen Bildungsgänge zum Erwerb oder der Vertiefung von Allgemeinbildung und dem Erwerb beruflicher Grundbildung in der Berufsschule oder in der Berufsfachschule oder der Vermittlung des schulischen Teils einer Berufsausbildung nach dem Berufsbildungsgesetz oder der Handwerksordnung in der Berufsschule (duales System) oder zum Erwerb von Berufsabschlüssen nach dem Berufsbildungsgesetz oder der Handwerksordnung in schulischer Form oder berufsqualifizierende Abschlüsse oder Abschlüsse nach Landesrecht in der Berufsfachschule oder der Bildungsgang zum Erwerb der Fachhochschulreife in der Fachoberschule genannt.

Die Förderschulen führen den Bildungsgang der Grundschule, die Bildungsgänge der Sekundarstufe I, den Bildungsgang zum Erwerb der allgemeinen Hochschulreife oder eigene Bildungsgänge zum Erwerb des Abschlusses der Allgemeinen Förderschule oder der Förderschule für Geistigbehinderte. Darüber hinaus führt die Allgemeine Förderschule ab Jahrgangsstufe acht einen eigenen Bildungsgang zur Erteilung eines der Berufsbildungsreife gleichgestellten Abschlusses, der durch eine differenzierte Stundentafel und eine Streckung der Rahmenplaninhalte der Jahrgangsstufe neun der Sekundarstufe I auf das neunte und zehnte Schulbesuchsjahr sowie in der Regel durch das Fehlen einer Fremdsprache bestimmt wird.

Der Zweite Bildungsweg führt zwei Bildungsgänge, den Bildungsgang zum nachträglichen Erwerb der Fachoberschulreife und den Bildungsgang zum nachträglichen Erwerb der Hochschulreife. Nach zwei Semestern soll es bereits möglich sein, die Berufsbildungsreife zu erwerben. Beim Nachweis, daß ausreichende Kenntnisse für eine erfolgreiche Teilnahme am Unterricht der Jahrgangsstufe 10 vorhanden sind, kann sofort in diese Jahrgangsstufe eingetreten werden.

Die Bildungsgänge der Fachschule führen zum Erwerb eines typenspezifischen Abschlusses. In der Regel ist damit der Erwerb der Fachhochschulreife verbunden. Nach dem Besuch nur einjähriger Bildungsgänge können bei Bedarf Teilqualifikationen für bestimmte Tätigkeiten in der Landwirtschaft erworben werden[601].

d. § 15 Abs. 4 Bbg SchulG

Nach § 15 Abs. 4 Bbg SchulG ist es möglich, den Bildungsgang zum Erwerb der allgemeinen Hochschulreife und den Bildungsgang zum Erwerb der Fachhochschulreife mit Bildungsgängen des § 15 Abs. 3 S. 1 Nr. 3 d – f Bbg SchulG zu doppelqualifizierenden Bildungsgängen mit entsprechenden Abschlüssen zu verbinden. Diese Verbindung eines Berufsabschlusses nach dem Berufsbildungsgesetz oder der Handwerksordnung und dem Erwerb der Fachhochschulreife in einem bis zu dreieinhalbjährigen Bildungsgang wird als Regelform in Brandenburg angestrebt[602].

1.8.5. Das Bbg SchulG im Vergleich mit der rawls´schen Gerechtigkeitskonzeption

Betrachtet man den Werdegang des Brandenburgischen Schulgesetzes, so zeigt sich deutlich die Berücksichtigung von Gerechtigkeitsaspekten. Dies liegt zunächst daran, daß es um die einfachgesetzliche Umsetzung des Art. 29 Bbg Verf. ging. Aber auch die letzte Änderung des Schulgesetzes macht deutlich, daß man durchaus auch weitergehende und andere Motive berücksichtigte, als dies bei der Verfassungsgebung zu Art. 29 Bbg Verf. der Fall war.

1.8.5.1. Gegenstand der Gerechtigkeit

Ein Bezug zum Gegenstand der Gerechtigkeit wird in der Einzelfallbegründung der Landesregierung zu § 3 Abs. 3 Bbg SchulG klar. Es sollen solche Nachteile vermieden werden, die aus der gesellschaftlichen Stellung oder besonderen Lebensumständen des Einzelnen herrühren[603]. Es zeigt sich, daß in der Möglichkeit, Bildung zu erlangen, eine bevorzugte Möglichkeit zur Erhöhung der Lebenschancen des Einzelnen erkannt wurde. Gleiches vertritt die Kommentierung zu § 3 Abs. 3 Bbg SchulG, wonach die Regelung als Umsetzung des Art. 29 Abs. 2 S. 3 Bbg Verf. verstanden wird. Das bedeutet, auch hier greift man auf

---

[601] Oehrling, Klaus, in: Hanßen, Harald / Glöde, Klaus (Hrsg.), Brandenburgisches Schulgesetz, Kommentar, zu Teil 3, § 15 Bbg SchulG, S. 6.

[602] Oehrling, Klaus, in: Hanßen, Harald / Glöde, Klaus, Brandenburgisches Schulgesetz, Kommentar zu Teil 3, § 15 Bbg SchulG, S. 6.

[603] Landtag Brandenburg, Gesetzesdokumentation zum Gesetz über die Schulen im Land Brandenburg, Gesetzesentwurf der Landesregierung vom 25.10.1995, Drs. 2 / 1675.

das Prinzip der Chancengleichheit im Bildungswesen zurück, und es sollen solche Nachteile ausgeglichen werden, die aus der gesellschaftlichen Stellung oder den besonderen Lebensumständen des Einzelnen begründet sind[604].

1.8.5.2. Tendenzen zur Gleichheit / Unterschiedsprinzip

Die Landesregierung betonte bereits in ihrer Begründung zum Gesetz über die Schulen im Land Brandenburg vom 25. Oktober 1995, daß die Aufgabe des Gesetzes auch darin liege, die Schüler und Schülerinnen entsprechend ihren Fähigkeiten, Leistungen und Neigungen zu fördern, und zwar unter Bezug auf die Grundsätze der Erziehung und Bildung des Art. 28 Bbg Verf.. Eindeutig wird beispielsweise auf die Entwicklung der Persönlichkeit und das selbständige Denken und Handeln verwiesen[605]. Genau darauf zielt aber auch das Unterschiedsprinzip ab. Der Wert der Bildung liegt danach unter anderem in der Ausprägung eines sicheren Selbstwertgefühl des Einzelnen, und zwar zur besseren Gestaltung der persönlichen und gesellschaftlichen Aussichten der Bürger. Diese Tendenz setzt sich dann in der Einzelfallbegründung zu § 3 Abs. 2 Bbg SchulG fort, und zwar unter dem Aspekt der Begabtenförderung zum individuellen Vorteil und zum allgemeinen Nutzen[606]. Gleiches bringt die Begründung der Landesregierung zum Gesetzesentwurf des zweiten Gesetzes zur Änderung des Brandenburgischen Schulgesetzes zum Ausdruck. Bildung wird ganz deutlich unter dem Aspekt der Entwicklung und Wettbewerbsfähigkeit des Landes und seiner Wirtschaft gesehen[607]. Der neue Gesetzesentwurf soll zur Chancengleichheit beitragen, um die Leistungen zu ermöglichen, die zukünftig gebraucht werden; Förderung des Einzelnen also unter dem Aspekt der bestmöglichen individuellen Entwicklung und damit gleichbedeutend die Verwirklichung individueller Lebenschancen und die verantwortliche Mitwirkung bei der Gestaltung der Gesellschaft[608].

1.8.5.3. Begriff der Freiheit

Der Doppelcharakter des Rechts auf Bildung wurde auch bei der Ausgestaltung des Schulgesetzes berücksichtigt. Die soziale Komponente in der Form der Sicherung notwendiger Einrichtungen, um das Recht auf Bildung überhaupt wahr-

---

[604] Benstz, Ulrich, in: Hanßen, Klaus / Glöde, Harald (Hrsg.), Brandenburgisches Schulgesetz, Kommentar zu Teil 1, § 3 Bbg SchulG, S. 8b.

[605] Landtag Brandenburg, Gesetzesdokumentation zum Gesetz über die Schulen im Land Brandenburg, Gesetzesentwurf der Landesregierung vom 25.10.1995, Drs. 2 / 1675.

[606] Landtag Brandenburg, Gesetzesdokumentation zum Gesetz über die Schulen im Land Brandenburg, Gesetzesentwurf der Landesregierung vom 25.10.1995, Drs. 2 / 1675.

[607] Gesetzesentwurf der Landesregierung zum Zweiten Gesetz zur Änderung des Brandenburgischen Schulgesetzes, Landtag Brandenburg, Drs. 3 / 2371, S. 1.

[608] Gesetzesentwurf der Landesregierung zum zweiten Gesetz zur Änderung des Brandenburgischen Schulgesetzes, Landtag Brandenburg, Drs. 3 / 2371, S. 1.

nehmen zu können, zeigt sich besonders in dem Änderungsantrag der PDS – Fraktion zu § 3 Abs. 1 S. 3 Bbg SchulG. Die daraufhin gewählte Fassung, welche die Förderpflicht der Schulen für alle Schüler und Schülerinnen festlegt[609], dürfte den diesbezüglichen Anforderungen der Theorie der Gerechtigkeit entsprechen. Damit wurde der von Art. 29 Abs. 3 Bbg Verf. gewährleistete Rechtsanspruch auf gleichen Zugang zu öffentlichen Bildungseinrichtungen einfachgesetzlich umgesetzt.

Daß aber auch ein Individualrecht auf Bildung in der Form der freien Entfaltung der Persönlichkeit berücksichtigt wurde, zeigt sich ebenfalls bei der Ausgestaltung des Schulgesetzes. Bemerkenswert ist dabei wiederum ein Antrag der PDS – Fraktion zu § 3 Abs. 2 Bbg SchulG[610], der den Charakter des Rechts auf Bildung auch als Individualrecht deutlich macht. So sieht es auch die Landesregierung in ihrem Entwurf zum Zweiten Gesetz zur Änderung des Brandenburgischen Schulgesetzes, wenn sie betont, daß Bildung immer mehr über die Entwicklung der individuellen Persönlichkeit entscheide[611]. Letztlich benennt auch Ministerpräsident Dr. Manfred Stolpe als Grund für die Bildungsoffensive die Vermittlung von Schlüsselqualifikationen als wichtige Voraussetzung für eine umfassende Persönlichkeitsentwicklung[612].

1.8.5.4. Echtes soziales Grundrecht / Einrichtungsgarantie

1.8.5.4.1. Zugangsrecht

In Bezug auf § 3 Abs. 1 Bbg SchulG geht die Landesregierung davon aus, daß der Art. 29 Abs. 1 und Abs. 3 Bbg Verf. einer konkreten Ausgestaltung einzelner Ansprüchen auf einfachgesetzlicher Ebene bedarf. So auch die Theorie der Gerechtigkeit, die im Hinblick auf ein Zugangsrecht die Verankerung des Kernanspruchs zwar auf Verfassungsebene will, aber trotzdem die Ausgestaltung selbst dem Gesetzgeber vorbehält. Diese Auffassung greifen ebenfalls die Änderungsanträge der PDS – Fraktion zu § 3 Abs. 1 S. 3 Bbg SchulG und zu § 3 Abs. 2 Bbg SchulG auf, indem sie darin die Ausgestaltung bzw. Umsetzung des Art. 29 Abs. 3 Bbg Verf. bzw. des Art. 29 Abs. 2 Bbg Verf. fordern[613].

---

609 Landtag Brandenburg, Gesetzesdokumentation zum Gesetz über die Schulen im Land Brandenburg, Ausschußprotokoll 2 / 520 des ABJS vom 18.04.1996.

610 Landtag Brandenburg, Gesetzesdokumentation zum Gesetz über die Schulen im Land Brandenburg, Ausschußprotokoll 2 / 520 des ABJS vom 18.04.1996.

611 Gesetzesentwurf der Landesregierung zum zweiten Gesetz zur Änderung des Brandenburgischen Schulgesetzes, Landtag Brandenburg, Drs. 3 / 2371, S. 1.

612 Gesetzesentwurf der Landesregierung zum zweiten Gesetz zur Änderung des Brandenburgischen Schulgesetzes, Landtag Brandenburg, Drs. 3 / 2371, S. 1.

613 Landtag Brandenburg, Gesetzesdokumentation zum Gesetz über die Schulen im Land Brandenburg, Ausschußprotokoll 2 / 520 des ABJS vom 18.04.1996.

1.8.5.4.2. Entfaltungsrecht

Bezüglich des vom Entfaltungsrecht beinhalteten Anspruchs auf eine aktive Gestaltung des Erziehungs- und Unterrichtsprozesses und der Umsetzung desselben auf einfachgesetzlicher Ebene zeigen sich ebenfalls Parallelen zur Theorie der Gerechtigkeit. So wird in der Kommentierung zum § 3 Abs. 1 S. 2 und S. 3 Bbg SchulG deutlich, daß die Regelung der Landesverfassung im Hinblick auf die Gewährleistung der Verpflichtung des Landes, ein Schulsystem zu organisieren, das Chancengleichheit gewährt und dem Bekenntnis zur individuellen Förderung, entsprechend dem jeweiligen Einzelfall, ausgestaltungsbedürftig ist[614].

1.9. Entscheidung des Landesverfassungsgerichts zum Recht auf Bildung (vierte Stufe)

Auf der vierten Stufe des Vier – Stufen Ganges hat das Landesverfassungsgericht Brandenburg in dem Verfassungsbeschwerdeverfahren VfG Bbg 41/ 98 eine Stellungnahme zum Recht auf Bildung abgegeben.

Die Beschwerdeführerin begehrte im Wege des einstweiligen verwaltungsgerichtlichen Rechtsschutzes die Aufnahme in ein Gymnasium. Nachdem dieses Begehren vom Verwaltungsgericht und dem Oberverwaltungsgericht abgewiesen worden war, erhob sie Verfassungsbeschwerde vor dem Verfassungsgericht des Landes Brandenburg.

Der Verfassungsbeschwerde lag folgender Sachverhalt zugrunde: Die Beschwerdeführerin absolvierte im Schuljahr 1997 / 1998 die 6. Klasse der Grundschule. Ihr Halbjahreszeugnis wies einen Notendurchschnitt von 2,0 auf. Im Grundschulgutachten der Klassenkonferenz vom 23. Februar 1998 wurde ihr bescheinigt, grundsätzlich für den Besuch des Gymnasiums geeignet zu sein. Es wurde aber festgestellt, daß sie teilweise Schwierigkeiten habe, Zusammenhänge selbständig zu erfassen und richtig umzusetzen. Im März 1998 beantragte die Beschwerdeführerin die Aufnahme in die städtischen Gymnasien I und II. Die Schulleiter beider Gymnasien teilten ihr mit, daß sie sie nicht in ihren Schulen aufnehmen könnten. Beide Entscheidungen waren damit begründet, daß sich mehr Schüler beworben hätten, als Plätze vorhanden seien. Die vorhandenen Plätze seien deshalb mit Schülern besetzt worden, die für den Besuch des Gymnasiums besser geeignet seien als die Beschwerdeführerin. Das staatliche Schulamt teilte ihr die beiden Bescheide der Gymnasien mit und benannte gleichzeitig mehrere Schulen mit freien Plätzen, darunter auch eine Gesamtschule mit gymnasialer Oberstufe. Da sich die Beschwerdeführerin bei keiner der Schulen anmeldete, wies das Schulamt sie der wohnortnächsten Schule, einer Gesamtschule

---

[614] Benstz, Ulrich, in: Hanßen / Klaus, Glöde, Harald (Hrsg.), Brandenburgisches Schulgesetz, Kommentar zu Teil 1, § 3 Bbg SchulG, S. 8.

ohne gymnasiale Oberstufe, zu. Nachdem ihr Widerspruch beim staatlichen Schulamt sowie der Antrag auf einstweiligen Rechtsschutz vom Verwaltungsgericht und vom Oberverwaltungsgericht abgewiesen worden waren, erhob sie Verfassungsbeschwerde.

Mit ihrer Verfassungsbeschwerde rügte sie die Verletzung ihres Grundrechts auf Bildung aus Art. 29 Abs. 1 i.V.m. Art. 30 Abs. 4 Bbg Verf., ihres Grundrechts auf Gleichbehandlung aus Art. 29 Abs. 3 S. 1 i.V.m. Art. 12 Bbg Verf., ihres Rechts auf freie Entfaltung des Persönlichkeit gem. Art. 10 Bbg Verf., des Rechts auf rechtliches Gehör aus Art. 52 Abs. 3 Bbg Verf. und ihres Anspruchs auf ein faires Verfahren nach Art. 52 Abs. 4 Bbg Verf..

Die Beschwerdeführerin begründete ihre Verfassungsbeschwerde in erster Linie damit, daß mit Hilfe der zum Schuljahr 1997 / 1998 erfolgten Reduzierung der Anzahl der Eingangsklassen im Gymnasium I Plätze für polnische Schüler freigehalten würden, die im Rahmen eines deutsch – polnischen Schulprojekts ab der Jahrgangsstufe elf das Gymnasium I besuchen würden. Sie sei der Ansicht, daß diese Kapazitäten derzeit ungenutzt seien und ihr zu Unrecht vorenthalten würden. Sie sehe sich dadurch in ihrem Recht auf Bildung verletzt. Dadurch, daß die Gerichte eine Prüfung der Kapazitäten nicht erwogen hätten, sei ihr Recht auf Gleichheit vor dem Gericht, rechtliches Gehör und faires Verfahren verletzt.

In der Sache trägt das staatliche Schulamt vor, daß die räumlichen Kapazitäten erschöpft seien und daß es nicht unüblich sei, daß die Zügigkeit einer Schule von Jahrgangsstufe zu Jahrgangsstufe schwanke, da sich die konkrete Situation an einer Schule von Jahr zu Jahr ändere. Zum Schuljahr 1997 / 1998 bestünde ein erhöhter Raumbedarf, da sechs Klassen von der Jahrgangsstufe zehn in das Kurssystem der Oberstufe wechseln würden. Polnische Schüler, die in die Jahrgangsstufe elf aufgenommen würden, stünden in keiner Konkurrenz zur Beschwerdeführerin, welche die Aufnahme in die Jahrgangsstufe sieben begehre.

Bezüglich der durch die Beschwerdeführerin gerügten Verletzung ihres Rechts auf Bildung und auf Gleichbehandlung beim Zugang zu den Gymnasien geht das Landesverfassungsgericht davon aus, daß eine Verletzung möglich und die Beschwerdeführerin hiervon unmittelbar und gegenwärtig betroffen sein könnte. Die Beschwerdebefugnis hinsichtlich des Rechts aus Art. 29 Abs. 1, Art. 29 Abs. 3 i.V.m. Art. 30 Abs. 4 Bbg Verf. wurde somit bejaht.
Hinsichtlich der anderen vorgetragenen Verletzungen lehnt das Verfassungsgericht hingegen bereits die Zulässigkeit der Verfassungsbeschwerde ab.

Letztlich hatte aber die Verfassungsbeschwerde auch keinen Erfolg, soweit sie die Verletzung des Rechts auf Bildung betraf. Das Verfassungsgericht stellte fest, daß die Beschwerdeführerin nicht in ihrem Recht auf Bildung und dem Recht auf gleichen Zugang zu den Bildungseinrichtungen in verfassungswidriger Weise verletzt ist.

Kritisch ist dabei anzumerken, daß das Gericht bei der näheren Begründung offen läßt, was unter der Formulierung in der Brandenburger Landesverfassung "Jeder hat das Recht auf Bildung" zu verstehen ist. Es nimmt aber ausführlich Stellung zu der Frage des Rechts auf gleichen Zugang. Insoweit führt das Gericht aus, daß Art. 29 Abs. 1 Bbg Verf. keinen Anspruch auf Zugang zu einer bestimmten Bildungseinrichtung gewähre. Das Recht auf Bildung beziehe sich auf das vorhandene Bildungsangebot und könne nicht losgelöst davon betrachtete werden. Auch die Verknüpfung mit Art. 30 Abs. 4 Bbg Verf. vermag Art. 29 Abs. 1 Bbg Verf. nicht zu einem einklagbaren Grundrecht auf Zugang zu einer bestimmten Bildungseinrichtung zu verdichten. Art. 30 Abs. 4 Bbg Verf. enthalte vielmehr ein Ordnungsprinzip, das bei der Aufnahme von Schülern in weiterführende Schulen zur Geltung komme. Diese Vorschrift lege die Kriterien fest, nach denen über die Aufnahme in weiterführende Schulen zu entscheiden sei. Sie gewähre jedoch kein individuelles Recht auf Aufnahme in eine bestimmte Schule. Die Vorschrift diene vielmehr dazu, die Rechtstellung der Schüler zu sichern, die sich aus Art. 29 Abs. 3 Bbg Verf. ergebe[615].

Auch eine Verletzung des Art. 29 Abs. 3 Bbg Verf. lehnt das Landesverfassungsgericht ab. Der Beschwerdeführerin werde hiernach ein Anspruch auf Aufnahme in eine bestimmte Schule oder einen bestimmten Bildungsgang verweigert. Art. 29 Abs. 3 Bbg Verf. stelle allein das Recht auf gleichen Zugang zu den öffentlichen Bildungseinrichtungen sicher. Ein Recht auf Zugang zu den vorhandenen Bildungseinrichtungen bedeute aber nicht, daß es einen Anspruch auf Schaffung erweiterter Kapazitäten gebe. In diesem Sinne beinhalte Art. 29 Abs. 3 Bbg Verf. kein individuelles Teilhaberecht in der Ausprägung eines subjektiv – rechtlichen Anspruchs auf Schaffung von Bildungsstätten[616]. Die Verfassungsbestimmung lehne sich damit an das Grundrechtssystem des Grundgesetzes an, das ebenfalls keinen einklagbaren Anspruch auf die Schaffung neuer und die Erweiterung vorhandener Kapazitäten gewähre[617]. Von daher gebe es auch kein Recht auf eine bestimmte Schulform. Zwar dürfe das den Eltern zustehende Wahlrecht zwischen den vom Staat zur Verfügung gestellten Schulformen nicht mehr als notwendig begrenzt werden, es ließe sich aber kein Recht

---

615 Benstz, Ulrich / Franke, Dietrich, § 6 Schulische Bildung, Jugend und Sport, in: Simon, Helmut / Franke, Dietrich / Sachs, Michael (Hrsg.), Handbuch der Verfassung des Landes Brandenburg, S. 113.

616 Benstz, Ulrich / Franke, Dietrich, § 6 Schulische Bildung, Jugend und Sport, in: Simon, Helmut / Franke, Dietrich / Sachs, Michael (Hrsg.), S. 114. ähnlich Iwers, Steffen, Johann, Entstehung, Bindung und Ziele der materiellen Bestimmungen der Landesverfassung Brandenburg, S. 498.

617 vgl. dazu BVerfGE 33, Nr. 22, S. 303 ff. (S. 334 – numerus clausus).

der Eltern gegen den Staat auf Schaffung einer bestimmten, an ihren Wünschen orientierten Schulform ableiten[618]. Grundsätzlich sei der Landesgesetzgeber bei der Ausgestaltung des Schulsystems frei[619]. Die organisatorische Gliederung der Schulen und die strukturellen Festlegungen des Ausbildungssystems, das inhaltliche und didaktische Programm der Lernvorgänge und die Festlegung der Lernziele sowie die Entscheidung darüber, ob und wie diese Ziele von dem Schüler erreicht worden seien, unterliegen dem staatlichen Gestaltungsbereich[620]. Es sei das Recht des Staates, die Voraussetzungen für den Zugang zur Schule, den Übergang von einem Bildungsweg zum anderen und die Versetzung innerhalb eines Bildungswegs zu bestimmen[621]. Gerade vor dem dargelegten bundesrechtlichen Hintergrund gewährleiste Art. 29 Abs. 3 Bbg Verf. nur einen Anspruch auf gleichen Zugang zu den vorhandenen Schulplätzen. Dieser Anspruch sei im vorliegenden Fall nicht verletzt worden. Die vorhandenen Plätze am Gymnasium I und am Gymnasium II seien gemäß den Festlegungen im verwaltungsgerichtlichen Verfahren nach für alle Bewerber gleichen objektiven Kriterien vergegeben worden. Die Vergabe erfolge unter Berücksichtigung des aus der Anmeldung ersichtlichen Elternwunsches und der Neigung des Schülers, wie sie in der Angabe der Wahlpflicht und Wahlfächer zum Ausdruck kämen, anhand der in den Grundschulgutachten und Halbjahreszeugnissen festgestellten Eignung und Befähigung der Schüler.

1.10. Entscheidung des Landesverfassungsgerichts zum Recht auf Bildung im Vergleich mit der Entwicklung der Brandenburger Verfassung und der rawls´schen Gerechtigkeitskonzeption

Der Entscheidung des Landesverfassung[622] ist zuzustimmen, daß weder aus Art. 29 Abs. 1 Bbg Verf., noch aus Art. 29 Abs. 3 Bbg Verf. ein Anspruch auf Zugang zu einer bestimmten Bildungseinrichtung abzuleiten sei. Insofern ist auf die Ausführungen des Landesverfassungsgerichtes zu verweisen.

Durch die Entscheidung wird allerdings m.E. nach nicht deutlich zum Ausdruck gebracht, daß sich aus Art. 29 Bbg Verf. ein Anspruch auf die Schaffung von Bildungseinrichtungen ergibt. Insbesondere wenn das Gericht ausführt, daß Art. 29 Abs. 3 Bbg Verf. kein individuelles Teilhaberecht in der Ausprägung eines subjektiv – rechtlichen Anspruchs auf Schaffung von Bildungseinrichtungen beinhalte, ist das mißverständlich. Ein solcher Leistungsanspruch gegen das Land läßt sich aus Art. 29 Abs. 1 Bbg Verf. ableiten. In dem dort festgelegten Recht auf Bildung ist ein Zugangsrecht bereits enthalten. Denn um die garan-

[618] BVerfGE 45, Nr. 16, S. 400 ff. (S. 415 f).
[619] BVerfGE 41, Nr. 3, S. 29 ff. (S. 46); BVerfGE S. 88 ff., (S. 107).
[620] BVerfGE 34, Nr. 15, S. 165 ff. (S. 182).
[621] BVerfGE 34, Nr. 15, S. 165 ff. (S. 182).
[622] VfGBbg 41 / 98.

tierte Bildung wahrnehmen zu können, müssen die notwendigen Bildungseinrichtungen vorhanden sein. Darüber hinaus bekennt sich die Brandenburger Verfassung in ihrem Art. 29 Abs. 2 noch einmal ausdrücklich zu der Verpflichtung des Landes, öffentliche Bildungseinrichtungen zu schaffen und öffentliche Ausbildungssysteme zu fördern. Hierzu entschloß man sich erstmals im Entwurf der Verfassung des Landes Brandenburg vom 9. April 1992. Vorher hatte diese Verpflichtung unter der Einschränkung der Leistungsfähigkeit des Landes gestanden. Der Verzicht auf diese Einschränkung wurde im parlamentarischen Verfassungsausschuß damit begründet, daß die daraus resultierenden Beschränkungen dazu führen könnten, daß die Bemühungen des Landes nicht mehr für alle ausreichen würden. Letztlich wird diese Argumentation auch durch Art. 29 Abs. 3 Bbg Verf. gestützt. Denn der dort festgelegte Anspruch auf gleichen Zugang kann nur verwirklicht werden, wenn es überhaupt Bildungseinrichtungen gibt, zu denen der Zugang möglich sein soll.

Es ist aus der Bestimmung des Art. 29 Bbg Verf. also sehr wohl eine Pflicht des Landes zur Schaffung von Bildungseinrichtungen abzuleiten. Das Zugangsrecht beinhaltet diesen Leistungsanspruch gegen das Land in der Weise, daß genügend Bildungseinrichtungen geschaffen werden müssen, um ein Recht auf freien Zugang überhaupt sinnvoll werden zu lassen. Aus meiner Sicht muß das Land deshalb ein Mindestmaß an Bildungseinrichtungen zur Verfügung stellen. Dieses Mindestmaß ist zu messen an den Notwendigkeiten für die Umsetzung des Rechts auf Bildung, und zwar ohne Berücksichtigung "der Kräfte des Landes" oder anderer Erwägungen. Dieses Minimum ist durch die in der Landesverfassung getroffenen Regelung des Art. 29 Bbg Verf. eindeutig als Leistungsanspruch ausgestaltet und als solcher auch durchsetzbar.

Darüber hinaus ergibt sich aus der Verfassung die Verpflichtung des Landes zur Schaffung optimaler Voraussetzungen in Bezug auf die Umsetzung des Rechts auf Bildung, hier aber unter Berücksichtigung der Leistungsfähigkeit des Landes und auch unter der Prämisse einer Abwägung von Nutzen und Aufwand. Insofern sind unter anderem die Belange der Allgemeinheit zu berücksichtigen.

Letztlich konnte das Landesverfassungsgericht in der vorliegenden Entscheidung davon ausgehen, daß die vorhanden Bildungseinrichtungen den Anforderungen des Art. 29 Bbg Verf. entsprachen. Entscheidungserheblich war vor allem das Diskriminierungsverbot. Diesbezüglich ist der Argumentation des Gericht zu folgen und eine Verletzung der Beschwerdeführerin nicht nachzuvollziehen.

In der rawls´schen Gerechtigkeitstheorie fällt das Diskriminierungsverbot unter den Grundsatz der Grundfreiheiten. Insofern ist auch unter dem Gesichtspunkt der Grundsätze der Theorie der Gerechtigkeit die vom Landesverfassungsgericht vorgenommenen Entscheidung nicht zu beanstanden. Es besteht ein Anspruch auf Gleichbehandlung, das heißt, ein Anspruch auf gleichen Zugang zu den vorhandenen Bildungseinrichtungen, aber kein Anspruch auf die Schaffung bestimmter, vom Einzelnen privilegierter Bildungseinrichtungen.

Wenn sich Rawls auf der Verfassungsebene zu einem Kernanspruch auf Schaffung von Ausbildungseinrichtungen im Rahmen des Zugangsrechts bzw. im Rahmen einer Einrichtungsgarantie bekennt und die weitere Ausgestaltung dem Gesetzgeber überläßt, befürwortet auch er einen Leistungsanspruch gegen das Land auf Schaffung von Bildungseinrichtungen. Da die Ausgestaltung des Art. 29 Bbg Verf. weitgehend den Grundsätzen der Theorie der Gerechtigkeit entspricht, kann auf die bereits gemachten Erläuterungen verwiesen werden.

2. Das Recht auf Weiterbildung

2.1. Definitionsversuch

Erwachsenenbildung, die teilweise auch als Weiterbildung bezeichnet wird, verfolgt als eigenständiger Hauptbereich des Bildungswesens das Ziel, zur Selbstverantwortung und Selbstbestimmung des Menschen beizutragen. Sie will durch Bildungsangebote Gelegenheit geben, die in der Schule, Hochschule oder Berufsausbildung erworbene Bildung zu vertiefen, zu erneuern und zu erweitern. Durch ihr Bildungsangebot, das sich auf persönliche, gesellschaftliche, politische und berufliche Bereiche erstreckt, soll sie den Erwerb von zusätzlichen Kenntnissen und Fähigkeiten ermöglichen[623]. Allgemeiner wird der Begriff der Erwachsenenbildung als Sammelbezeichnung für alle Initiativen zur Weiterbildung Erwachsener im Verlauf ihres Lebens, sei es in dafür geschaffenen Einrichtungen oder in selbstorganisierter Form[624], beschrieben.

2.2. Historische Entwicklung

Der Aufbau einer Erwachsenenbildung nach 1945 wurde wesentlich von den Alliierten geprägt. Trotz verschiedener Ansatzpunkte war man sich darin einig, daß flächendeckende Volkshochschulen wieder aufgebaut werden sollten. So wurden 1945 in allen vier Sektoren Berlins Volkshochschulen eröffnet. Dafür gab es im wesentlichen drei Gründe. Erstens: Die Volkshochschule war schon in der Weimarer Republik die weitverbreitetste Institution der Erwachsenenbildung gewesen. Zweitens: Sie war als demokratische Einrichtung politisch unverdächtig und drittens: Viele alte Volkshochschulleiter standen auch nach 1945 mit ihrer organisatorischen Erfahrung zur Verfügung.

---

623 Deutsches Rechts – Lexikon, Tilch, Horst (Hrsg.), Bd. 1, S. 1326.
624 Brockhaus – Enzyklopädie, S. 558.

Es zeichnete sich dann aber relativ früh ab, daß sich die Volkshochschulen in der sowjetischen Besatzungszone anders entwickelten als jene in den "Westzonen". In der sowjetischen Besatzungszone begann man bereits 1946, die Volkshochschulen wieder der staatlichen Aufsicht zu unterstellen. Es wurde ein einheitlicher Lehrplan vorgegeben und die Erziehung der Bevölkerung zum Antifaschismus als Lehrziel festgehalten. Daneben wurde das Prinzip der freiwilligen Teilnahme eingeschränkt und das sogenannte Delegierungsprinzip eingeführt. Das hieß, Betriebe und Oberschullehrgänge mußten Teilnehmer an die Volkshochschulen delegieren. Daraus entwickelten sich dann Volkshochschulaußenstellen in Betrieben und später die Betriebsakademien. Aus den Oberschullehrgängen wurden später die Arbeiter- und Bauernfakultäten.

Diese Verstaatlichung und Verschulung der Erwachsenenbildung fand in den Volkshochschulgesetzen der damals noch existierenden Länder seinen Ausdruck. So verabschiedete der Landtag Brandenburg am 5.Dezember 1947 das erste Volkshochschulgesetz. Danach hatte die Volkshochschule zur aktiven Teilnahme am demokratischen Wiederaufbau Deutschlands zu erziehen; über die Berufs- und Fachausbildung hinaus, der schulentwachsenen Bevölkerung eine gediegene wissenschaftliche, künstlerische und politische Weiterbildung zu ermöglichen und interessierten Werktätigen den Erwerb der zum Studium an einer Hochschule erforderlichen Kenntnisse, ohne Unterbrechung ihrer Berufstätigkeit, zu erleichtern.

Das Aufgabenverständnis der Erwachsenenbildung 1945 / 1946 war demnach geprägt vom Interesse der Militärverwaltung an einer politischen Umerziehung[625].

Die Erwachsenenbildung in den 50er Jahren war bemüht, eine eigene, staatlich subventionierte Erwachsenenbildung aufzubauen. Es kam zu Bestrebungen, die Monopolstellung der kommunalen Volkshochschulen zu brechen.

In der Bundesrepublik Deutschland hatte dies zur Folge, daß sich ein institutioneller Pluralismus entfaltete. Dadurch unterschied sich der "vierte Bildungssektor" nunmehr deutlich von dem einheitlichen Schul- und Hochschulsystem.

In der Deutschen Demokratischen Republik kam es in dieser Zeit zur Ausprägung weiterer Einrichtungen, denen neben der Vermittlung von Bildung die Erziehung nach sozialistischen Zielen übertragen wurde. Zu nennen sind insbesondere Klub- und Kulturhäuser, die eine sozialistische Freizeitgestaltung organisierten. Dazu zählten Zirkel schreibender Arbeiter, Theatergruppen, Neuererbewegungen, Fotozirkel, Ballettgruppen usw.. Im Jahre 1954 wurde die Gesell-

---

[625] Siebert, Horst, in: Tippelt, Rudolf (Hrsg.), Handbuch der Erwachsenenbildung / Weiterbildung, Erwachsenenbildung - Alte Bundesländer und Neue Bundesländer, S. 52 ff.

schaft zur Verbreitung wissenschaftlicher Kenntnisse gegründet. Aufgabe dieser Gesellschaft, die später in die Urania umbenannt wurde, war neben propagandistischen Zwecken vor allem die Verbreitung neuer wissenschaftlicher Erkenntnisse. Daneben wurde verstärkt ein staatlich gelenktes betriebliches Qualifizierungssystem ausgebaut. Die Betriebsvolkshochschulen wurden 1953 in technische Betriebsschulen, später dann in Betriebsakademien und Betriebsschulen umgewandelt.

Ende der 50er Jahre hatten die Deutsche Demokratische Republik und die Bundesrepublik Deutschland im Bereich der Erwachsenenbildung im wesentlichen die Struktur erreicht, die bis 1989 erhalten bleiben sollte. Das System der Bundesrepublik war geprägt von einem Pluralismus, der dem Kulturförderalismus Rechnung trug. Dagegen war die Erwachsenenbildung der Deutschen Demokratischen Republik zentralisiert, staatlich kontrolliert und mit der sozialen Ideologie eng verbunden. Man kann wohl sagen, daß in jener Zeit die Professionalisierung und Institutionalisierung der Erwachsenenbildung in der Deutschen Demokratischen Republik ausgeprägter war als in der Bundesrepublik. Es gab ein flächendeckendes System von hauptamtlich geleiteten Volkshochschulen, Betriebs- und Dorfakademien, Klub- und Kulturhäusern und Regionalbüros der Urania[626].

In den 60er Jahren verstärkten sich in der Bundesrepublik die Bemühungen um die Institutionalisierung und Professionalisierung der Erwachsenenbildung. Insbesondere auf dem Sektor der Volkshochschulen verstärkte man diese Bemühungen. Die ersten Lehrstühle, die sich mit der Erwachsenenbildung befaßten, wurden an der Freien Universität Berlin und an der Ruhr - Universität in Bochum gegründet. Bezeichnend für diese Entwicklung ist auch 1969 die Verabschiedung einer Diplomprüfungsordnung für Erwachsenenbildung in mehreren Bundesländern. Dadurch wurde dieser Bildungssektor als erziehungswissenschaftliche Disziplin anerkannt[627].

In der Deutschen Demokratischen Republik verabschiedete man 1965 das "Gesetz über das einheitliche sozialistische Bildungssystem". Damit schloß der Prozeß der Verstaatlichung und Zentralisierung der Erwachsenenbildung und die Integration in das öffentliche Bildungssystem ab. Hervorzuheben ist, daß in der Deutschen Demokratischen Republik bereits in den 60er Jahren der Zugang zur Hochschule über die Volkshochschule als vollwertiger Bildungsweg anerkannt wurde und daß die Frauenbildung besonders gefördert wurde[628].

---

[626] Siebert, Horst, in: Tippelt, Rudolf (Hrsg.), Handbuch der Erwachsenenbildung / Weiterbildung, Erwachsenenbildung – Alte Bundesländer und Neue Bundesländer, S. 56 f.
[627] Siebert, Horst, in: Tippelt, Rudolf (Hrsg.), Handbuch der Erwachsenenbildung / Weiterbildung, Erwachsenenbildung – Alte Bundesländer und Neue Bundesländer, S. 59.
[628] Siebert, Horst, in: Tippelt, Rudolf (Hrsg.), Handbuch der Erwachsenenbildung / Weiterbildung, Erwachsenenbildung - Alte Bundesländer und Neue Bundesländer, S. 59 f.

Es ist deutlich zu merken, daß nunmehr auch die Bundesrepublik Deutschland die Erwachsenenbildung nicht mehr als bloße „kulturvolle Freizeitgestaltung" verstand, sondern diese politisch aufgewertet und so in die staatliche Wirtschafts- und Sozialpolitik mit einbezogen wurde. Eine verbesserte finanzielle Ausstattung war verbunden mit der Hoffnung auf eine hohe ökonomische Effizienz[629].

Die 70er Jahre sind in der Bundesrepublik Deutschland davon geprägt, daß die sozialdemokratische Regierung dem Bildungssystem eine Schlüsselfunktion im Hinblick auf einen sozialen Wandel einräumte. Dieser stand für Chancengleichheit und Mitbestimmung. Damit verbunden, war eine deutliche Erhöhung staatlicher Ausgaben für das Bildungssystem[630].

Es kam in dieser Zeit in allen Bundesländern (außer in Schleswig - Holstein, Hamburg und Berlin) zur Verabschiedung von Erwachsenenbildungsgesetzen. Dadurch wurde eine Professionalisierung und Institutionalisierung der Erwachsenenbildung gefördert, ein flächendeckendes Programmangebot geschaffen und eine finanzielle Planungssicherheit erreicht. Damit verbunden, war die gesellschaftliche Aufwertung dieses Bildungssektors[631].

Neben den Erwachsenenbildungsgesetzen kam es auch zur Verabschiedung von Bildungsurlaubsgesetzen. Diese waren allgemein aber stark umstritten[632].

Bemerkenswert für die 70er Jahr ist darüber hinaus, daß sich auch die Erwachsenenbildung an den Universitäten organisierte. 1970 wurde der "Arbeitskreis universitäre Erwachsenenbildung" gegründet, dem die Kontaktstelle für wissenschaftliche Weiterbildung und die meisten Lehrstühle für Erwachsenenbildung angehörten. Innerhalb der Deutschen Gesellschaft für Erziehungswissenschaft etablierte sich eine eigene Kommission Erwachsenenbildung[633].

Im Weiterbildungssystem der DDR gab es in der 70er Jahren keine wesentlichen Veränderungen mehr. Es soll lediglich auf das 1977 verabschiedete neue Arbeitsgesetzbuch hingewiesen werden, in dem ein Kapitel der Erwachsenenbil-

---

[629] Siebert, Horst, in: Tippelt, Rudolf (Hrsg.), Handbuch der Erwachsenenbildung / Weiterbildung, Erwachsenenbildung – Alte Bundesländer und Neue Bundesländer, S. 60.
[630] Siebert, Horst, in: Tippelt, Rudolf (Hrsg.), Handbuch der Erwachsenenbildung / Weiterbildung, Erwachsenenbildung – Alte Bundesländer und Neue Bundesländer, S. 62.
[631] Siebert, Horst, in: Tippelt, Rudolf (Hrsg.), Handbuch der Erwachsenenbildung / Weiterbildung, Erwachsenenbildung – Alte und Neue Bundesländer, S. 63.
[632] näher dazu Siebert, Horst, in: Tippelt, Rudolf (Hrsg.), Handbuch der Erwachsenenbildung / Weiterbildung, Erwachsenenbildung - Alte Bundesländer und Neue Bundesländer, S. 63 ff.
[633] Siebert, Horst, in: Tippelt, Rudolf (Hrsg.), Handbuch der Erwachsenenbildung / Weiterbildung, Erwachsenenbildung – Alte Bundesländer und Neue Bundesländer, S. 64.

dung gewidmet war und das unter anderem die Freistellung für die Teilnahme an Qualifizierungskursen und Fernstudien regelte[634].

Die 80er Jahre waren in der Bundesrepublik Deutschland von einer Reduzierung der öffentlichen Verantwortung auf dem Bildungssektor gekennzeichnet. Es kam zu einer stärkeren Betonung der marktwirtschaftlichen Konkurrenz und zu einer Funktionalisierung der Weiterbildung als arbeitsmarktpolitisches Erfordernis. Die Erwachsenenbildungsgesetze verloren als Finanzierungsinstrument an Bedeutung. Die Finanzierung erfolgte immer stärker über Drittmittel und Zuschüsse der Arbeitsverwaltung. Es entstand ein gemischtwirtschaftliches System der Erwachsenenbildung. Ein Teil war in staatlicher Trägerschaft, der öffentlich subventioniert wurde, ein kleiner Sektor war marktwirtschaftlich organisiert, und ein Bereich lief intern in den Unternehmen und der Verwaltung.[635]. Das Aufgabenverständnis der Erwachsenenbildung in den 80er Jahren war durch zwei wesentliche Schwerpunkte gekennzeichnet. Zum einen wurde sie als Qualifizierungsinstanz und zum anderen als soziales Stützsystem verstanden.

In der Deutschen Demokratischen Republik waren in den 80er Jahren keine wesentlichen strukturellen Veränderungen auf dem Gebiet der Erwachsenenbildung zu verzeichnen.

Mit der politischen Einigung, die sich als Anschluß der ostdeutschen an die westdeutschen Bundesländer charakterisieren läßt, wurde das Bildungssystem der Deutschen Demokratischen Republik aufgelöst und nach westdeutschem Vorbild umstrukturiert. Im Bereich der Erwachsenenbildung hatte dies zur Folge, daß fast alle Betriebsakademien und Kulturhäuser geschlossen wurden. Die Volkshochschulen gliederte man in den Deutschen Volkshochschulverband ein. Die Urania blieb - regional bedingt - teilweise erhalten. Daneben entstand ein dichtes Netz an privaten, kommerziellen Bildungsanbietern, insbesondere für den Bereich der beruflichen Umschulung und Qualifizierung. Aus diesem Verständnis heraus ist es um so bemerkenswerter, daß sich einige der neuen Bundesländer, darunter auch Brandenburg, entschlossen, das Recht auf Weiterbildung in der Landesverfassung zu verankern. In Brandenburg fand diese verfassungsmäßige Festschreibung ihre gesetzgeberische Umsetzung unter anderem in dem Weiterbildungsgesetz vom 15. Dezember 1993[636].

---

[634] Siebert, Horst, in: Tippelt, Rudolf (Hrsg.), Handbuch der Erwachsenenbildung / Weiterbildung, Erwachsenenbildung - Alte Bundesländer und Neue Bundesländer, S. 64.
[635] Faulstich, Peter, in: Gewerkschaftliche Bildungspolitik, Situation und Perspektive der Weiterbildung in den alten und neuen Bundesländern, S. 262 ff. (S. 263).
[636] Bbg GVBl. I S. 498.

2.3. Das Recht auf Weiterbildung in der Verfassung des Landes Brandenburg

2.3.1. Einleitung

Die Bestimmung des Art. 33 Bbg Verf. ist als Staatszielbestimmung zu charakterisieren. Die Regelung folgt dem für die Staatszielbestimmungen in der Landesverfassung üblichen Aufbau. Im ersten Absatz werden die Förderpflichten des Landes bestimmt, und der zweite Absatz bezeichnet dann die individuellen Rechte. Auf eine Anerkennung des Rechts auf Weiterbildung in einem eigenen Absatz konnte verzichtet werden, da bereits Art. 29 Bbg Verf. ein allgemeines Recht auf Bildung enthält und Art. 33 Bbg Verf. als Erweiterung und Ergänzung der dort bestimmten Förderpflichten zu verstehen ist.

2.3.2. Art. 33 Abs. 1 Bbg Verf. "Die Weiterbildung von Erwachsenen ist durch das Land, die Gemeinden und Gemeindeverbände zu fördern. Das Recht auf Errichtung von Weiterbildungseinrichtungen in freier Trägerschaft ist gewährleistet."

Der Art. 33 Abs. 1 S. 1 Bbg Verf. verpflichtet im sogenannten tertiären Bildungsbereich das Land, die Gemeinden und Gemeindeverbände zur Förderung der Erwachsenenbildung. Damit wird eine Staatszielbestimmung festgelegt, die eine Ergänzung zu den Förderpflichten des Art. 29 Abs.1 und 2 Bbg Verf. darstellt.

In Art. 33 Abs. 1 S. 2 Bbg Verf. wird, entsprechend der Privatschulfreiheit, die Freiheit der Errichtung von Weiterbildungseinrichtungen gewährleistet. Insoweit verweist die Landesverfassung in Art. 30 Abs. 6 Bbg Verf. auf Art. 7 Abs. 4 GG. Dadurch ist festgeschrieben, daß der Staat selbst für Konkurrenz zu dem staatlichen Bildungssektor sorgen muß. Das heißt, um eine Entwicklung bzw. Förderung der Vielfalt im Bildungssektor zu erreichen, müssen Schulen in freier Trägerschaft zugelassen werden. Dabei gehört die Gründung und der Betrieb solcher Einrichtungen zu den individuellen Freiheitsrechten, insbesondere gem. Art. 10, Art. 20 Abs.1 und Art. 49 Bbg Verf.

Somit ist Art. 33 Abs. 1 Bbg Verf. als objektiv - rechtlicher Förderauftrag zu bezeichnen[637], dem subjektiv - rechtliche Leistungsmomente nur sehr bedingt zu entnehmen sind.

---

[637] Benstz, Ulrich / Franke, Dietrich, § 6 Schulische Bildung, Jugend und Sport, in: Simon, Helmut / Franke, Dietrich / Sachs, Michael (Hrsg.), Handbuch der Verfassung des Landes Brandenburg, S. 123.

2.3.3. Art. 33 Abs. 2 Bbg Verf. "Jeder hat das Recht auf Freistellung zu beruflichen, kulturellen oder politischen Weiterbildung. Das Nähere regelt ein Gesetz."

In Art. 33 Abs. 2 Bbg Verf. wird jedermann das Grundrecht auf berufliche, kulturelle oder politische Freistellung zugesprochen. Dabei bleibt die inhaltliche Ausgestaltung dem Gesetzgeber vorbehalten. In Brandenburg wurde diese Aufgabe durch das Weiterbildungsgesetz vom 15. Dezember 1993 wahrgenommen[638]. Die Bestimmung des Art. 33 Abs. 2 Bbg Verf. war bereits Gegenstand eines Verfahrens vor dem Landesverfassungsgericht. In diesem Verfahren stellte das Gericht den Charakter der Bestimmung als Grundrecht unmißverständlich fest[639].

Es ist allerdings zu beachten, daß der Spielraum des Landesgesetzgebers durch die vorrangige Zuständigkeit des Bundesgesetzgebers auf dem Gebiet der Arbeitsförderung und im Hinblick auf die Tarifautonomie beschränkt ist. Aber das Recht der Arbeitnehmerweiterentwicklung ist durch den Bund nicht abschließend geregelt worden[640]. Insoweit besteht die Kompetenz des Landesgesetzgebers, den Auftrag aus Art. 33 Abs. 2 S. 2 Bbg Verf. umzusetzen, unproblematisch.

Zusätzlich ist eine mögliche Verpflichtung der Privatwirtschaft durch landesgesetzliche Regelungen kritisch zu beurteilen. Insofern ist die in Art. 5 Abs. 1 Bbg Verf. festgelegte Drittwirkung und das ausdrückliche Bekenntnis in Art. 42 Abs. 2 Bbg Verf. für die sozial gerechte marktwirtschaftliche Ordnung heranzuziehen[641]. Diese Verfassungsnormen können dennoch nicht über die Problematik hinwegtäuschen, daß es hier um die Inpflichtnahme eines privaten Dritten geht, mithin um eine empfindliche Einschränkung seiner Rechte[642]. Es gibt aber auch Auffassungen, die davon ausgehen, daß eine solche Drittwirkung der Bestimmung vom Landesgesetzgeber nicht beabsichtigt war[643]. Dem ist entgegenzuhalten, daß sich die beratenden Ausschüsse sehr wohl der Auswirkungen der Bestimmung, insbesondere auf die Privatwirtschaft, bewußt waren. Es sei nur an den bis zur dritten Lesung im Landtag aufrecht erhaltenen Einwand der F.D.P.-Fraktion erinnert, die in der Bestimmung eine zu hohe Belastung der mittelstän-

---

[638] GVBl. I S. 498.

[639] LVerfGE Bbg, 2, S. 117 ff. (S. 122 f.).

[640] BVerfGE 77, Nr. 14, 308 ff. (S. 328 ff.).

[641] Kritisch zu einer derartigen Regelung aus ökonomischer Sicht: Zöllner, Wolfgang, Arbeitsrecht unter neuen verfassungsrechtlichen Vorgaben?, ZfA. 1991, S. 713 ff. (S. 717).

[642] Berlit, Uwe, § 9 Eigentum, Wirtschaft, Arbeit und soziale Sicherung, in: Simon, Helmut / Franke, Dietrich / Sachs, Michael, Handbuch der Verfassung des Landes Brandenburg, S. 159 u. S. 162.

[643] Iwers, Steffen Johannes, Entstehung, Bindung und Ziele der materiellen Bestimmungen der Landesverfassung, S. 533.

dischen Wirtschaft in Brandenburg sah. Auch die Landesregierung plädierte in ihrer Stellungnahme unter anderem deshalb für eine Streichung des Rechts auf Urlaub, weil die Kostentragungspflicht Dritter und der Kündigungsschutz problematisch seien.

Eine Ergänzung erfährt Art. 33 Abs. 2 Bbg Verf. durch die Bestimmung des Art. 48 Abs. 2 S. 2 Bbg Verf.. Hier wird ein Anspruch auf Umschulung, berufliche Weiterbildung und Unterhalt für den Fall gewährt, daß eine angemessene Arbeitsgelegenheit nicht zur Verfügung steht[644].

2.4. Das Recht auf Weiterbildung und seine Ausgestaltung im Bbg WBG (dritte Stufe)

2.4.1. Gesetzesentwürfe der PDS – LL

Die Fraktion der PDS – LL brachte am 20. Oktober 1992[645] einen eigenen Gesetzesentwurf zur Regelung der Weiterbildung im Land Brandenburg ein. Die Landesregierung hatte bis zu diesem Zeitpunkt noch keinen eigenen Gesetzesentwurf vorgelegt. Damit agierten die Weiterbildungseinrichtungen ohne ausreichende gesetzliche Grundlage. Der Entwurf der Fraktion der PDS – LL sollte die nötige Rechtssicherheit für die Träger und Einrichtungen der Weiterbildung bringen. Eine bedeutende Rolle maß der Entwurf den Volkshochschulen als zentrale Träger zur Absicherung der gesamten Palette der Weiterbildungsangebote bei. Ausdrücklich sollte dadurch an ostdeutsche Traditionen angeknüpft werden. Darüber hinaus sollte durch die Absicherung der Weiterbildungseinrichtungen in freier Trägerschaft ein plurales Weiterbildungsangebot in Brandenburg abgesichert werden[646].

Neben dem Gesetzesentwurf für ein Weiterbildungsgesetz brachte die Fraktion der PDS – LL einen weiteren Gesetzesentwurf[647] zur Freistellung von Arbeitnehmern zum Zwecke der allgemeinen, beruflichen und politischen Weiterbildung ein.

In der Begründung zu den beiden Gesetzesentwürfen betont die Fraktion der PDS – LL die Bedeutung der Weiterbildung aufgrund der Umbrüche in der ost-

---

644 Berlit, Uwe, § 9 Eigentum, Wirtschaft, Arbeit und soziale Sicherung, in: Simon, Helmut / Franke, Dietrich / Sachs, Michael, Handbuch der Verfassung des Landes Brandenburg, S. 168.

645 Gesetzesdokumentation, Landtag Brandenburg zum Gesetz zur Regelung und Förderung der Weiterbildung im Land Brandenburg, Drs. 1 / 1315 vom 20.10.1992.

646 Gesetzesdokumentation, Landtag Brandenburg zum Gesetz zur Regelung und Förderung der Weiterbildung im Land Brandenburg, Drs. 1 / 1315 vom 20.10.1992.

647 Gestzesdokumentation, Landtag Brandenburg zum Bildungsfreistellungsgesetz, Drs. 1 / 1316 vom 20.10.1992.

deutschen Gesellschaft und die damit verbundenen Anforderungen einer Neuorientierung in der wissenschaftlichen, kulturellen, politischen und beruflichen Bildung.

Auf eine Wiedergabe des Gesetzesentwurfs wird verzichtet, da dieser nach der Einbringung eines eigenen Entwurfs der Landesregierung zwar nicht unbeachtet blieb, aber doch im Vergleich zum Entwurf der Landesregierung eine untergeordnete Rolle spielte.

2.4.2. Erste Lesung im Landtag Brandenburg vom 28.Oktober 1992 zu den Gesetzesentwürfe der PDS – LL

In der ersten Lesung[648] der Entwürfe der Fraktion der PDS – LL vom 28. Oktober 1992 erläutert der Abgeordnete Petzold (PDS – LL) die Position seiner Partei. Er verwies darauf, daß Weiterbildung das ureigenste Streben jedes Menschen darstelle, beständig auf der Höhe seiner Zeit zu sein. Deshalb werde in der Ausgestaltung der Weiterbildung die Kultur- und die Gesellschaftsstruktur deutlich. Der Erwerb von Bildung stelle einen lebenslangen Prozeß dar. Es hätten sich hier jedoch im Zuge der Wiedervereinigung Regelungslücken aufgetan, beispielhaft verweist er auf die Abwicklung der Volkshochschulen.

Im Einzelnen werden folgende Argumente für den eingebrachten Gesetzesentwurf aufgezählt:

1. Weiterbildung sei innerhalb der Bildung ein gleichberechtigter und wichtiger Bestandteil, dem man inhaltliche und strukturelle Eigenständigkeit zu billigen müsse.
2. Weiterbildung habe primär dem Subjekt zu dienen. Erst danach seien Interessen Dritter, wie z.B. solche der Wirtschaft zu berücksichtigen.
3. Weiterbildung sei eine öffentliche Angelegenheit, die Anspruch auf staatliche Förderung habe.
4. Deshalb müsse die Grundversorgung in öffentlicher Trägerschaft bleiben.
5. Aufgrund gewachsener Strukturen biete es sich an, das gewachsene System der Volkshochschulen zu nutzen.
6. Darüber hinaus seien aber auch Weiterbildungseinrichtungen in freier Trägerschaft zu unterstützen.
7. Letztlich gehe es um demokratische Mitbestimmung, die Unabhängigkeit der Weiterbildung und ein Maß an Professionalität, welches durch eine entsprechende Personalausstattung zu gewährleisten sei.

---

[648] Gesetzesdokumentation, Landtag Brandenburg zum Gesetz zur Regelung und Förderung der Weiterbildung im Land Brandenburg, Pl. Pr. 1 / 55 vom 28.10.1992.

Die Stellungnahmen der anderen Fraktionen ähneln sich in ihrer Argumentation. So wird es allgemein begrüßt, daß die Fraktion der PDS – LL einen eigenen Gesetzesentwurf eingebracht hat und die Landesregierung wird aufgefordert, den eigenen Entwurf umgehend fertigzustellen[649]. Darüber hinaus stellen aber alle Fraktionen die Möglichkeit der Finanzierung des Weiterbildungsgesetzes auf der Grundlage des Entwurfs der PDS – LL in Frage, und es wird die zu starke Stellung der Volkshochschulen bemängelt. Einig ist man sich auch darüber, daß es ungünstig ist, die Frage der Bildungsfreistellung in einem eigenen Gesetz zu regeln, diese Frage müsse im Weiterbildungsgesetz selbst mit enthalten sein[650].

Letztlich überweist man die beiden Gesetzesentwürfe der Fraktion der PDS – LL zur weiteren Beratung an die Fachausschüsse.

2.4.3. Gesetzesentwurf der Landesregierung

Die Landesregierung stellte ihren Gesetzesentwurf für ein Gesetz zur Regelung und Förderung der Weiterbildung im Land Brandenburg dann am 20. April 1993, also sechs Monate später, vor[651]. Sie verweist ausdrücklich auf die Verankerung des Rechts auf Weiterbildung in Art. 33 der Verfassung des Landes Brandenburg. Danach seien neben einem Förderungsgebot die Grundsätze der pluralistischen Träger- und Angebotsstrukturen und das Recht auf Bildungsfreistellung zu berücksichtigen.

2.4.3.1. Gliederung

Der Gesetzesentwurf der Landesregierung zur Regelung und Förderung der Weiterbildung im Land Brandenburg mit insgesamt 31 Paragraphen gliedert sich in fünf Hauptabschnitte. Dabei befaßt sich der erste Abschnitt mit den Grundsätzen (§§ 1 – 6 Bbg WBG), der zweite Abschnitt mit der Anerkennung von Einrichtungen und Landesorganisationen (§§ 7 – 8 Bbg WBG), der dritte Abschnitt mit den Voraussetzungen einer Kooperation und Koordination (§§ 10 – 13 Bbg WBG), der vierte Abschnitt mit der Bildungsfreistellung (§§ 14 – 26 Bbg WBG)

---

649 so beispielsweise die Abgeordnete Blechinger für die Fraktion der CDU, in: Gesetzesdokumentation, Landtag Brandenburg zum Gesetz zur Regelung und Förderung der Weiterbildung, Pl. Pr. 1 / 55 vom 28.10.1992.

650 so beispielsweise der Abgeordnete Schneider für die Fraktion der F.D.P. und der Abgeordnete Schüler für die Fraktion Bündnis 90, in: Gesetzesdokumentation, Landtag Brandenburg zum Gesetz zur Regelung und Förderung der Weiterbildung, Pl. Pr. 1 / 55 vom 28.10.1992.

651 Gesetzesdokumentation, Landtag Brandenburg zum Gesetz zur Regelung und Förderung der Weiterbildung, Drs. 1 / 1901 vom 20.04.1993.

und der fünfte Abschnitt beinhaltet sonstige Vorschriften (§§ 27 – 31 Bbg WBG)[652].

2.4.3.2. Begründung des Entwurfs der Landesregierung

Die Landesregierung sieht in der Möglichkeit zur Weiterbildung eine Stärkung der gesellschaftlich erforderlichen Anpassungsfähigkeit des Einzelnen an die neuen Verhältnisse und gleichzeitig die Voraussetzung zur Realisierung von Chancengleichheit. Insofern zeigen sich Übereinstimmungen zur Begründung des Entwurfs der Fraktion der PDS – LL, denn auch sie betonte die Bedeutung der Weiterbildung für die Umbrüche der ostdeutschen Gesellschaft. Darüber hinaus greift man ein Argument auf, was auch in der Verfassungsdiskussion zu Art. 33 Bbg Verf. eine Rolle gespielt hat. Durch die Betonung des Prinzips der Chancengleichheit wird eine Verbindung zu dem übergeordneten Recht auf Bildung gemäß Art. 29 Bbg Verf. gezogen. Wichtigste Ziele der Weiterbildung sind die berufliche, politische und kulturelle Weiterbildung Erwachsener. Eine weitere Aufgabe der Weiterbildung ist die praktische Lebenshilfe und der Aufbau eines sozialen Netzwerkes. Es wird auf das in Art. 33 Bbg Verf. verankerte Förderungsgebot, die Grundsätze der pluralistischen Träger- und Angebotsstruktur und das Recht auf Bildungsfreistellung verwiesen. Das ausgearbeitete Gesetz zur Weiterbildung soll nach dem Willen der Landesregierung dazu beitragen, daß die Weiterbildung zum vierten gleichberechtigten und gleichwertigen Bereich des Bildungswesens ausgebaut wird. Das im Weiterbildungsgesetz normierte Recht auf Weiterbildung soll unabhängig von Alter, Geschlecht, Bildung, gesellschaftlicher und beruflicher Stellung, politischer oder weltanschaulicher Orientierung und Nationalität bestehen. Ein auf regionaler Ebene übersichtlich geordnetes, allseitig zugängliches und leistungsfähiges Weiterbildungssystem soll die Umsetzung der Regelungsziele gewährleisten. Trotzdem will man die rechtliche Selbständigkeit und Programmfreiheit der einzelnen Träger wahren und achten. Durch die Pflicht zur Mitarbeit in einem Weiterbildungsrat soll die Einhaltung der vorgegebenen Grundsätze der Kooperation der Weiterbildungsträger untereinander gefördert werden. Autonomie und Gleichberechtigung werden als unverzichtbare, ideale Voraussetzungen der angestrebten Kooperation gekennzeichnet. Die finanzielle Förderung der Weiterbildung wird auf die Grundversorgung begrenzt. Dabei bekommen die Kreise und kreisfreien Städte zur Erfüllung ihrer Pflichtaufgabe Weiterbildung eine anteilige Erstattung von Personal- und Sachkosten im Rahmen von Förderrichtlinien durch das Land zugesichert. Eine Förderung der einzelnen Einrichtungen wird davon abhängig gemacht, daß die antragstellenden Einrichtungen qualitative Mindeststandards erfüllen. Die dadurch angestrebte Qualitätssicherung soll im Rahmen von Anerkennungsverfahren, denen sich die Einrichtungen unterwerfen müssen, gesichert

---

652 Gesetzesdokumentation, Landtag Brandenburg zum Gesetz zur Regelung und Förderung der Weiterbildung, Drs. 1 / 1901 vom 20.04.1993.

werden. Dies soll zum Schutz der Weiterbildungsinteressenten geschehen und der Intention einer öffentlich verantworteten Weiterbildung Rechnung tragen.

Letztlich wird als wesentliches Konzept zur Förderung der Weiterbildung die Einführung eines Freistellungsanspruchs für Bildungsveranstaltungen charakterisiert. Ein Rechtsanspruch auf Freistellung von der Arbeit, unter Fortzahlung des Entgelts, soll dem einzelnen Arbeitnehmer die Chance erhalten, Weiterbildung auch währende des Berufslebens in Anspruch zu nehmen.

Die einzelnen Paragraphen werden von der Landesregierung wie folgt begründet[653]:

- Abschnitt 1 (§§ 1 – 6 Bbg WBG) Grundsätze

Der *§ 1 Bbg WBG* regelt den Begriff und die Stellung der Weiterbildung.

Nach *Abs. 1* umfaßt Weiterbildung im Sinne des Gesetzes alle Formen der Fortsetzung, Wiederaufnahme oder Ergänzung organisierten Lernens außerhalb der Bildungsgänge der allgemeinbildenden Schulen und der berufsbildenden Schulen. Die schulische Jugendbildung fällt unter den Regelungsbereich des Gesetzes, soweit es keine anderweitigen Regelungen gibt (dies bezieht sich auf die Regelungen des SGB VIII). Hochschulen und Berufsbildung werden ausdrücklich ausgeschlossen.

Damit lehnt sich die Landesregierung an die Definition des Deutschen Bildungsrates aus dem 1970 vorgelegten Strukturplan an. Diesem Ansatz folgte auch die Bestimmung des Art. 33 Bbg Verf. Es werden gleichrangig die Bereiche der beruflichen, kulturellen und politischen Weiterbildung erfaßt. Es wird aber betont, daß der Begriff der Weiterbildung weiter ist als der der Erwachsenenbildung. Weiterbildung sei nicht nur als ausschließlich berufliche – fachliche Qualifizierung zu sehen, es finde vielmehr eine Verknüpfung intellektueller, sozialer und emotionaler Lernprozesse und der obengenannten Inhaltsbereiche statt.

In *Abs.* 2 wird die Stellung der Weiterbildung als integrierter und gleichberechtigter Teil des Bildungswesens hervorgehoben. Dadurch erfolgt eine Aufwertung der Weiterbildung und eine Verpflichtung zur adäquaten Beachtung im Rahmen des gesamten Bildungssystems. Es wird die Entwicklung des Weiterbildungsbereichs als eigenständige "vierte Säule des Bildungswesen" neben Schule, Berufsausbildung und Hochschule angestrebt.

---

[653] die folgende Darstellung wird sich im wesentlichen auf die Vorschriften des 1. Abschnitts des Gesetzesentwurfs beschränken, da diese die im Zusammenhang mit der Auseinandersetzung der rawls`schen Theorie wesentlichen Bestimmungen sind.

Durch *Abs. 3* wird die Freiheit der Lehrplangestaltung gewährleistet, was den Verzicht des Staates auf Einflußnahme bedeutet. Hierin liegt neben der Eigenständigkeit der Einrichtungen und der selbständigen Auswahl des Personals eine wesentliche Voraussetzung für die Ausbildung einer pluralen Struktur der Weiterbildung.

Abs. 4 grenzt den Geltungsbereich des Gesetzes ein.

§ 2 Bbg WBG regelt Ziele, Aufgaben und Inhalte der Weiterbildung.

Weiterbildung stellt nach Auffassung der Landesregierung einen Beitrag zur Verwirklichung des Grundrechts auf freie Entfaltung der Persönlichkeit und des Rechts auf Bildung gem. Art. 29 Bbg Verf. dar.

Das Recht auf freie Entfaltung der Persönlichkeit (Art. 2 Abs. 1 GG) bedeutet, daß es für jeden Menschen die Möglichkeit gibt, die hierfür erforderlichen Kenntnisse, Fertigkeiten und Fähigkeiten durch Weiterbildung zu erwerben und zwar unabhängig von Geschlecht, Alter, Bildung, sozialer oder beruflicher Stellung, politischer oder weltanschaulicher Orientierung und Nationalität. Dies dürfe aber nicht dahingehend verstanden werden, daß es sozusagen ein Recht auf Weiterbildung nach Wunsch verankere. Ein Anspruch auf Organisation und Finanzierung von Weiterbildungsangeboten nach individuellen Wünschen und Fähigkeiten läßt sich hieraus nicht ableiten.

Nach *Abs. 1* dient die Weiterbildung der Verwirklichung des Rechts auf Bildung, welches allen Menschen im Land offen steht. Es wird also das Prinzip der Allgemeinzugänglichkeit hervorgehoben. Danach stehen die Angebote der Weiterbildung allen Erwachsenen, in Brandenburg lebenden Menschen, unabhängig von ihrer Nationalität, ihrem Geschlecht oder der Dauer ihres Aufenthalts, offen. Ausdrücklich wird hervorgehoben, daß Weiterbildung zur Herstellung von Chancengleichheit beitragen und bedarfsorientiert arbeiten soll.

Die Zielsetzung des *Abs. 2* ist es, durch die Vermittlung von Kenntnissen, Fähigkeiten, Fertigkeiten und sozialen Haltungen den Einzelnen durch die entsprechenden Weiterbildungsmaßnahmen in die Lage zu versetzen, die Bewältigung persönlicher, gesellschaftlicher und beruflicher Wandlungsprozesse zu meistern. Selbständiges und kritisches Handeln, gleichermaßen der Eigenverantwortlichkeit und dem Gemeinwohl verpflichtet, ist Ziel der Weiterbildung nach Abs. 2. *Abs. 3* zählt die Inhaltsbereiche der Weiterbildung auf. Erfaßt werden abschlußbezogene Lehrgänge, berufliche Bildung, kulturelle Weiterbildung und die politische Bildung.

§ 4 Bbg WBG legt die Aufgaben des Landes fest.

Dabei bezieht *Abs. 1* die Weiterbildung verbindlich in die staatliche Verantwortung ein. Damit wird Art. 33 Bbg Verf. entsprochen. Das verfassungsrechtlich angeordnete Förderungsgebot ist als Leistungsgebot zu verstehen, das sich auf eine übergeordnete, gleichberechtigte Unterstützung der anerkannten Weiterbildungseinrichtungen erstreckt. Die pluralistische Träger- und Angebotsstruktur wird ausdrücklich dem verfassungsrechtlichen Förderungsgebot zugeordnet.

In *§ 6 Bbg WBG* werden die Voraussetzungen für eine Grundversorgung an Weiterbildung unter quantitativen und qualitativen Gesichtspunkten genannt. Im Rahmen der Chancengleichheit soll dies eine flächendeckende Versorgung der Bevölkerung mit Weiterbildungsangeboten ermöglichen.

In *Abs. 1* sind die kommunalen Verpflichtungen zur Sicherstellung einer Grundversorgung beinhaltet. Der Umfang soll sich an der jeweiligen Einwohnerzahl des Kreises oder der kreisfreien Stadt messen.

Abs. 2 nennt die Bereiche, die von der Grundversorgung erfaßt sein müssen. Er bezieht sich auf die in § 2 Abs. 3 Bbg WBG genannten Gebiete der abschlußbezogenen Lehrgänge, der beruflichen, kulturellen und politischen Bildung. Durch die Bestimmung wird in den genannten Bereichen ein Elementarangebot gesichert. Die aktuelle Gestaltung erfolgt anhand der aktuellen Nachfrage und dem vermuteten Bedarf. Die Gewichtung soll sich nach den Empfehlungen des Landesbeirats für Weiterbildung (gem. § 12 Bbg WBG) richten.

Mit *Abs. 3* wird ein Negativkatalog definiert und er benennt Weiterbildungsangebote, die nicht zur Grundversorgung zählen.

Durch *Abs. 4* wird schließlich die Erbringung der Grundversorgung durch kommunale und anerkannte Einrichtungen freier Träger bestimmt und damit die pluralistische Verträglichkeit der Grundversorgung bekräftigt.

- Abschnitt 3 (§§ 10 – 13 BbG WBG) Kooperation und Koordination

§ 10 Bbg WBG regelt die Kooperation der Weiterbildungseinrichtungen auf der regionalen Ebene der Kreise und kreisfreien Städte. Das gewählte Kooperationsmodell soll die Koordinierung der Weiterbildungseinrichtung im Hinblick auf ein übersichtlich geordnetes, allgemein zugängliches und leistungsfähiges Weiterbildungssystem fördern.

Besonders hervorgehoben sei *§ 10 Abs. 3 Nr. 4 Bbg WBG*, welcher die Herausgabe von Weiterbildungsprogrammen festlegt. Dadurch soll eine bürgerfreundliche Information gewährleistet werden. Die Landesregierung geht davon aus, daß Chancengleichheit mittels Weiterbildung nur dann hergestellt werden kann, wenn Weiterbildungsinteressenten auch tatsächlich über bestehende Angebote Kenntnis erlangen.

- Abschnitt 4 (§§ 14 – 26 Bbg WBG) Bildungsfreistellung

§ 14 Bbg WBG regelt den Anspruch der Beschäftigten, einschließlich der arbeitnehmerähnlichen Personen auf Freistellung gegenüber der Beschäftigungsstelle. Ausdrücklich zum Kreis der Anspruchsberechtigten gehören die in der Berufsausbildung beschäftigten. Diesen soll durch die Teilnahme an Veranstaltungen der beruflichen, kulturellen oder politischen Bildung u.a. die Orientierung in Staat und Gesellschaft erleichtert werden.

Die Maßnahmen zur Bildungsfreistellung müssen sich auf berufliche, kulturelle oder politische Weiterbildung beziehen. Damit wird man der Regelung des Art. 33 Bbg Verf. gerecht. Dadurch sollte der besonderen Bildungsnachfrage infolge des Einigungsprozesses und den erforderlichen Qualifikationen im Berufsfeld, im demokratischen Gemeinwesen und bei der kulturellen Identitätsbestimmung Rechnung getragen werden.

- Abschnitt 5 (§§ 27 – 31 Bbg WBG) Sonstige Vorschriften

§ 30 Bbg WBG enthält Übergangsvorschriften, welche die besondere Aufbausituation des Landes und der Weiterbildungseinrichtungen berücksichtigen sollen. So wird in *Abs. 1* mit Rücksicht auf die wirtschaftliche Situation geregelt, daß die Vorschriften der Bildungsfreistellung (§§ 14 – 26 Bbg WBG) erst mit dem 1. Januar 1996 in Kraft treten. Diese Bestimmung sollte Anlaß zu einer Normenkontrollklage eines Teils der Mitglieder des Landtages Brandenburg geben[654].

2.4.3.3. Erste Lesung im Landtag Brandenburg vom 28. April 1993 zum Gesetzesentwurf der Landesregierung

Die erste Lesung[655] des Gesetzesentwurfs der Landesregierung wurde eröffnet durch den Minister für Jugend, Bildung und Sport, Herrn Resch. Dieser betont, daß der Gesetzesentwurf der Regierung eine pluralistische Weiterbildungsstruktur ermögliche, sich an Art. 33 Abs. 2 Bbg Verf. halte und die Freistellung der Arbeitnehmer und Arbeitnehmerinnen regele. Im Vergleich dazu würde der Entwurf der PDS – LL durch die einseitige Förderung der Volkshochschulen die Ausbildung eines pluralistischen Systems verhindern. Darüber hinaus garantiere Art. 33 Abs. 2 Bbg Verf. kein Recht auf allgemeine Weiterbildung, wie von der PDS vorgeschlagen. Im Rahmen der wirtschaftlichen Situation verteidigt er die

---

[654] LVerfGE Bbg. 2, S. 117 ff.

[655] Gesetzesdokumentation, Landtag Brandenburg zum Gesetz zur Regelung und Förderung der Weiterbildung, Pl. Pr. 1 / 67 vom 28.04.1993.

Regelung, daß die Freistellung erst zum 1. Januar 1996 in Kraft treten solle. Die Leistungen des Gesetzes sieht er in folgenden Punkten:

1. Durch das Gesetz werde das Recht auf Weiterbildung verankert, welches ein Bestandteil des Rechts auf freie Entwicklung der Persönlichkeit sei.
2. Weiterbildung werde für alle Bürger und Bürgerinnen des Landes zugänglich. Dies sei durch die Verpflichtung der Kommunen, eine Grundversorgung aufrechtzuerhalten, gewährleistet.
3. Die Pluralität der Angebote und Einrichtungen sei gewährleistet. Dadurch seien den Interessenten Wahlmöglichkeiten eröffnet.
4. Weiterbildung bleibe erschwinglich. Durch die Bezuschussung der Grundversorgung durch das Land werden die Kommunen bei der Aufgabe der Daseinsvorsoge entlastet.
5. Durch eine dezentrale Kooperation und Koordination seien bedarfsgerechte Angebote auch bei knappen Mitteln sichergestellt.

Von den Fraktionen wird im Anschluß die Finanzierung der Weiterbildung durch den Gesetzesentwurf bemängelt. Dabei geht es hauptsächlich um die Zuweisung der Weiterbildung als Pflichtaufgabe an die Kommunen. So kritisiert die Abgeordnete Blechinger der CDU - Fraktion[656], daß nach dem vorliegenden Entwurf nicht klar sei, was die Kommunen und was das Land an finanziellen Beiträgen leisten müssen. Dieser Kritik schließt sich der Abgeordnete der FDP – Fraktion Siebert[657] an. Er betont den großen Bedarf an Weiterbildung, der sich aus der Situation in Ostdeutschland ergibt. Deshalb sei von der Landesregierung zu fordern, daß sie darlege, wie sie sich die vorgeschriebene Grundversorgung durch die Kommunen vorstelle. Auch aus den Reihen der SPD – Fraktion gibt es diesbezügliche Kritik Die Abgeordnete Müller (SPD) nennt drei unverzichtbare Positionen der Sozialdemokraten im Hinblick auf die Ausgestaltung eines Weiterbildungsgesetzes:

1. garantierte Bildungsfreistellung ab 1994,
2. die Sicherung des Grundangebots,
3. finanzielle Förderung durch das Land.

Diese Punkte sieht sie in dem vorliegenden Gesetzesentwurf nicht ausreichend berücksichtigt. Insbesondere die Koppelung mit dem jeweiligen Haushaltsetat hält sie für nicht zweckdienlich.

---

656 Abgeordnete Blechinger, in: Gesetzesdokumentation, Landtag Brandenburg zum Gesetz zur Regelung und Förderung der Weiterbildung, Pl. Pr. 1 / 67.

657 Abgeordnete Siebert, in: Gesetzesdokumentation, Landtag Brandenburg zum Gesetz zur Regelung und Förderung der Weiterbildung, Pl. Pr. 1 / 67.

Ein weiterer wesentlicher Streitpunkt ist die Bildungsfreistellung. Der Entwurf der Landesregierung sieht eine bezahlte Bildungsfreistellung vor aber erst nach einer Übergangszeit zum 1. Januar 1996. Dies stößt auf heftige Kritik bei der Fraktion der PDS – LL. Diese sieht darin einen Verstoß gegen Art. 33 Bbg Verf. und fordert eine sofortige bezahlte Bildungsfreistellung. Diese Forderung ließ sie später vor dem Landesverfassungsgericht im Rahmen einer Normenkontrollklage prüfen[658]. Auch die Fraktion der F.D.P.[659] ist mit dieser Regelung nicht einverstanden, allerdings mit anderer Begründung. Ihr geht es darum, generell auf eine bezahlte Bildungsfreistellung zu Weiterbildungszwecken zu verzichten, weil dadurch die Unternehmen unzumutbar belastet würden.

Am Ende der Debatte wird die Überweisung des Gesetzesentwurfes der Regierung (Drs. 1 / 1901) an die Ausschüsse beschlossen[660].

2.4.3.4. Ausschußsitzungen

a. Ausschuß für Bildung, Jugend und Sport

Der Ausschuß für Bildung, Jugend und Sport führte zum Weiterbildungsgesetz insgesamt vier Sitzungen durch[661].

- 50. Sitzung des ABJS vom 17. Juni 1993

An der Sitzung des Ausschusses für Bildung, Jugend und Sport vom 17. Juni 1993 waren zur Anhörung Vertreter des Brandenburgischen Volkshochschulverbandes e.V., des URANIA – Landesverbandes Brandenburg e.V., des Ländliche Erwachsenenbildung im Land Brandenburg e.V., des Paritätischen Bildungswerk Landesverband Brandenburg e.V., des Verbands ländlicher Heimvolkshochschulen Deutschlands, des Städte- und Gemeindebunds Brandenburg e.V., des Landkreistags Brandenburg, des DGB Landesbezirk Berlin – Brandenburg, der Vereinigung der Unternehmensverbände Berlin – Brandenburg e.V., der IHK Potsdam, der Handwerkskammer Frankfurt / Oder, der Landesarbeitsgemeinschaft "Arbeit und Leben", des bischöflichen Ordinariats Berlin und der

---

[658] LVerGE Bbg, 2, S. 117 ff.

[659] Abgeordnete Siebert, Gesetzesdokumentation, Landtag Brandenburg zum Gesetz über die Regelung und Förderung der Weiterbildung, Pl. Pr. 1 / 67.

[660] Gesetzesdokumentation, Landtag Brandenburg zum Gesetz über die Regelung und Förderung der Weiterbildung, Pl. Pr. 1 / 67.

[661] Gesetzesdokumentation, Landtag Brandenburg zum Gesetz über die Regelung und Förderung der Weiterbildung, Ausschußprotokoll 1 / 775 zur 50. Sitzung des ABJS vom 17.06.1993; Ausschußprotokoll 1 / 852 zur 54. Sitzung des ABJS vom 14.10.1993; Ausschußprotokoll 1 / 861 zur 56. Sitzung des ABJS vom 04.11.1993; Ausschußprotokoll 1 / 872 zur 57. Sitzung des ABJS vom 11.11.1993.

Evangelischen Kirche in Berlin – Brandenburg sowie des Landesjugendrings Brandenburg anwesend.

Zur Beratung standen der Entwurf eines Weiterbildungsgesetzes (Drs. 1 / 1315) und der Entwurf zur Freistellung von Arbeitnehmern (Drs. 1 / 1316) der Fraktion der PDS – LL sowie der Entwurf eines Weiterbildungsgesetzes der Landesregierung (Drs. 1 / 1901). Wobei auf die Entwürfe der PDS – Fraktion nur in Einzelfällen eingegangen wurde. Man ging wohl davon aus, daß sich sowieso der Entwurf der Landesregierung durchsetzen würde bzw. man sah ein, daß die Vorschläge an der Finanzierbarkeit scheitern mußten[662].

Fast alle Diskussionsbeiträge[663] stimmten darin überein, daß es notwendig sei, die Ausgestaltung des Art. 33 Bbg Verf. durch ein Weiterbildungsgesetz so schnell wie möglich voranzutreiben. Insoweit war man auch mit den im Gesetzesentwurf verankerten Grundzügen und dem der Weiterbildung eingeräumten Stellenwert zufrieden. Besonders wurde begrüßt, daß die Weiterbildung durch den vorliegenden Entwurf der Landesregierung als gleichberechtigter Teil des Bildungswesens anerkannt wurde. Im übrigen war die Diskussion davon geprägt, daß jeder Vertreter versuchte, die Interessen seines Vereins, Verbandes usw. darzulegen und in das Gesetzgebungsverfahren einfließen zu lassen. Zusammenfassend ergaben sich im wesentlichen die folgenden Kritikpunkte:

1. Die Frage der Finanzierung wurde von allen Teilnehmern kritisch begutachtet. Es wurde beanstandet, daß bei einer Verpflichtung der Kreise und kreisfreien Städte zur Erbringung von Weiterbildungsmaßnahmen auch die Finanzierung klar sein müsse. Die Regelung des § 27 Bbg WBG, wonach die Höhe der Förderung an den Haushaltsmitteln zu messen sei, wurde heftig kritisiert, ebenso die diesbezügliche Richtlinienkompetenz der Landesregierung. Dadurch sei den Weiterbildungsträgern keine Planungssicherheit gewährleistet, und die Kreise und kreisfreien Städte hätten die hauptsächliche Kostenlast zu tragen[664].

---

[662] so der Vertreter des Brandenburgischen Volshochschulverbandes e.V., Herr Schneider, in: Gesetzesdokumentation, Landtag Brandenburg zum Gesetz über die Regelung und Förderung der Weiterbildung, Ausschußprotokoll 1 / 775 zur 50. Sitzung des ABJS vom 17.06.1993, S. 3 ff.

[663] anders der Vertreter der IHK, Herr Mulok, in: Gesetzesedokumentation, Landtag Brandenburg zum Gesetz über die Regelung und Förderung der Weiterbildung, Ausschußprotokoll 1 / 775 zur 50. Sitzung des ABJS vom 17.06.1993, S. 31 ff., nach seiner Überzeugung führe die Schaffung eines Weiterbildungsgesetzes dazu, daß die Flexibilität zu Lasten des Wirtschaftsstandorts Brandenburg eingeschränkt werde.

[664] vgl. z.B. den Beitrag des Vertreters des Städte- und Gemeindebundes Brandenburg e.V., Herrn Simon und der Vertreterin des Landkreistags Brandenburg, Frau Schlüter, Gesetzesdokumentation, Landtags Brandenburg zum Gesetz über die Regelung und Förderung der Weiterbildung, Ausschußprotokoll 1 / 775 zur 50. Sitzung des ABJS vom 17.06.1993, S. 15 ff.

2. Kritisiert wurde vor allem von den freien Bildungsträgern die bevorzugte Stellung der Volkshochschulen, deren Ursprung in § 5 Bbg WBG gesehen wurde[665].

3. Einen weiteren wesentlichen Kritikpunkt bildeten die Regelungen der Bildungsfreistellung. Während die Unternehmerverbände Berlin - Brandenburg[666], die IHK Potsdam[667] und die Handwerkskammer Frankfurt / Oder[668] Bildungsurlaub gänzlich ablehnten, fand er beim DGB[669] Zustimmung, und es wurde sogar die Forderung erhoben, die Übergangsfrist des § 26 Bbg WBG zu verkürzen.

- 56. Sitzung des ABJS vom 4. November 1993

Am 4. November 1993 fand die 56. Sitzung des Ausschusses für Bildung, Jugend und Sport statt.

Es lagen Änderungsanträge aller Fraktionen zu dem Gesetzesentwurf der Landesregierung (Drs. 1 / 1901) vor. Erfolgreich waren letztlich nur Anträger der Koalitionsfraktion. Das Ergebnis spiegelt sich in dem der Landesregierung unterbreitetem Gesetzesvorschlag des Ausschusses für Bildung, Jugend und Sport (Drs. 1 / 2436) wider.
Im Ergebnis wurden die Drs. 1 / 1305 und 1 / 1306 gegen die Stimmen der PDS – LL und bei Stimmenthaltung der CDU abgelehnt. Dem Landtag wurde damit die Ablehnung der Gesetzesentwürfe der Fraktion der PDS – LL empfohlen. Der Gesetzesentwurf der Landesregierung wurde mit den beschlossenen Änderungen gegen die Stimmen der Oppositionsparteien angenommen.

---

665 vgl. beispielhaft den Beitrag des Vertreters des URANIA – Landesverbandes Brandenburg e.V., Gesetzesdokumentation, Landtags Brandenburg zum Gesetz über die Regelung und Förderung der Weiterbildung, Ausschußprotokoll 1 / 775 zur 50. Sitzung des ABJS vom 17.06.1993, S. 7 und den Beitrag des Vertreters der Ländlichen Erwachsenenbildung im Land Brandenburg e.V., Herrn Schmidt – Ruhe, ebenda, S. 10.

666 Herr Teufel und Herr Schulz, Vereinigung der Unternehmerverbände Berlin – Brandenburg e.V., Gesetzesdokumentation, Landtags Brandenburg zum Gesetz über die Regelung und Förderung der Weiterbildung, Ausschußprotokoll 1 / 775 zur 50. Sitzung des ABJS vom 17.06.1993, S. 28 ff.

667 Herr Mulok, IHK Potsdam, Gesetzesdokumentation, Landtags Brandenburg zum Gesetz über die Regelung und Förderung der Weiterbildung, Ausschußprotokoll 1 / 775 zur 50. Sitzung des ABJS vom 17.06.1993, S. 32.

668 Herr Scheider, Handwerkskammer Frankfurt / Oder, Gesetzesdokumentation, Landtag Brandenburg zum Gesetz über die Regelung und Förderung der Weiterbildung, Ausschußprotokoll 1 / 775 zur 50. Sitzung des ABJS vom 17.06.1993, S. 36.

669 Herr Jäckel, DGB Landesbezirk Berlin – Brandenburg, Gesetzesdokumentation, Landtag Brandenburg zum Gesetz über die Regelung und Förderung der Weiterbildung, Ausschußprotokoll 1 / 775 zur 50. Sitzung des ABJS vom 17.06.1993, S. 23 f.

- 57. Sitzung des ABJS vom 11. November 1993

Die abschließende Sitzung des Ausschusses für Bildung, Jugend und Sport zur Thematik des Weiterbildungsgesetzes erfolgte am 11. November 1993.

Der Ausschußsitzung lag der Entwurf der Landesregierung für ein Weiterbildungsgesetz (Drs. 1 / 1901) in der Fassung der Beschlußempfehlung des Ausschusses für Bildung, Jugend und Sport (Drs. 1 / 2436) zugrunde.

Im Ergebnis fand eine Gesamtabstimmung über den Entwurf der Landesregierung (Drs. 1 / 1901) einschließlich der in der 56. und 57. Sitzung des Ausschusses für Bildung, Jugend und Sport beschlossenen Änderungen statt. Der Entwurf wurde mit fünf „Ja – Stimmen" und drei Gegenstimmen der Oppositionsfraktion angenommen.

In der Beschlußempfehlung des Bildungsausschusses werden die beiden Entwürfe der Fraktion der PDS – LL abgelehnt.

Der Gesetzesentwurf der Landesregierung (Drs. 1 / 1901) wird in der geänderten Fassung angenommen[670]. Die Einteilung des Entwurfs in die fünf Hauptabschnitte (1. Abschnitt: Grundsätze, §§ 1 – 6 Bbg WBG; 2. Abschnitt: Anerkennung von Einrichtungen und Landesorganisationen, §§ 7 – 8 Bbg WBG; 3. Abschnitt: Kooperation und Koordination, §§ 10 – 13 Bbg WBG; 4. Abschnitt: Bildungsfreistellung, §§ 14 – 26 Bbg WBG; 5. Abschnitt: Sonstige Vorschriften, §§ 27 – 31Bbg WBG) entspricht der der Landesregierung.

Veränderungen ergeben sich bei den inhaltlichen Bestimmungen der einzelnen Vorschriften. Die nachfolgende Wiedergabe wird sich auf die für die Thematik der Arbeit wesentlichen Normen beschränkt[671].

b. Ausschuß für Arbeit, Gesundheit, Soziales und Frauen (AAGSF)

Der Ausschuß für Arbeit, Gesundheit, Soziales und Frauen tagte insgesamt zweimal[672].

---

[670] Gesetzesdokumentation, Landtag Brandenburg, 1. Wahlperiode, Beschlußempfehlung und Bericht des ABJS vom 04.11.1993, Drs. 1 / 2436.

[671] Anhang III (Gesetzentwurf der Landesregierung DS 1 / 1901 im Vergleich mit der Beschlußempfehlung des Ausschusses BJS Drs. 1 / 2436)

[672] Gesetzesdokumentation, Landtag Brandenburg zum Gesetz über die Regelung und Förderung der Weiterbildung, Ausschußprotokoll 1 / 824 zur 49. Sitzung des AAGSF 1 / 824 vom 22.09.1993, Ausschußprotokoll 1 / 836 zur 50. Sitzung des AAGSF vom 13.10.1993.

- 49. Sitzung des AAGSF vom 22. September 1993

Am 22. September 1993 beriet der Ausschuß für Arbeit, Gesundheit, Soziales und Frauen unter TOP 3 zu den Gesetzesentwürfen über Weiterbildung / Berufsfreistellung (Drs. 1 / 1315; Drs. 1 / 1316; Drs. 1 / 1901).

Der Vorsitzende Wagner verweist darauf, daß ein Weiterbildungsgesetz für das Land Brandenburg grundsätzlich begrüßt werde. Dreh- und Angelpunkt seien aber die Fragen der Finanzierung und der Finanzierungsmodalitäten. Diskussionsgrundlage wird § 27 Bbg WBG des vorliegenden Entwurfes. Es wird kritisiert, daß sich die Finanzierung aufgrund von Richtlinien des Landes von Jahr zu Jahr ändern könne. Dies wird von dem Vertreter des Ministeriums für Bildung, Jugend und Sport, Herrn Richard, bestätigt, da nach § 27 Abs. 4 Bbg WBG des Entwurfs die Detailregelungen der Finanzierung durch innerhalb der Landesregierung abzustimmende Richtlinien erfolgen soll. Es sei aber dadurch nicht zu fürchten, daß die Finanzierung der Weiterbildung scheitere, weil sich die Landesregierung nicht auf Finanzierungsregelungen einigen könne. Für die nächsten Jahre sei die Finanzierung in Grundzügen gesichert.

Der Ausschuß beschließt, in der 50. Sitzung am 13. Oktober 1993 eine Antragssitzung zu den Weiterbildungsgesetzesentwürfen durchzuführen und im Anschluß dem federführenden Bildungsausschuß eine Stellungnahme vorzulegen.

- 50. Sitzung des AAGSF vom 13. Oktober 1993

Am 13. Oktober 1993 findet eine weitere Ausschußsitzung zur Thematik der Weiterbildung statt. Behandelt werden die Gesetzesentwürfe über Weiterbildung und Bildungsfreistellung (Drs. 1 / 1315, Drs. 1 / 1316, Drs. 1 / 1901).

Es lagen zwölf Änderungsanträge der Fraktion PDS – LL (wovon nach kurzer Debatte 10 Anträge zurückgezogen werden) und ein Änderungsantrag der Regierungskoalition vor.

Es wird beschlossen, die Gesetzesentwürfe der Fraktion der PDS – LL und der Landesregierung gleichberechtigt zu behandeln. Auf Antrag der Koalitionsfraktion wird § 25 Bbg WBG dahingehend ergänzt, daß eine Kinderbetreuung durch die Bildungsträger sicherzustellen ist und dabei auf die am Ort vorhandenen Kinderbetreuungseinrichtungen zurückgegriffen werden kann.

c. Ausschuß für Haushalt und Finanzen

- Sitzung des Ausschusses für Haushalt und Finanzen vom 12. Oktober 1993

Die 51. Sitzung des Ausschusses für Haushalt und Finanzen beschäftigte sich am 12.Oktober 1993[673] mit den Gesetzesentwürfen der PDS – LL Fraktion (Drs. 1 / 1315 und Drs. 1 / 1316) und dem Entwurf der Landesregierung (Drs. 1 / 1901).

Die Beratung des Ausschusses beschränkte sich ausschließlich auf Kostenfragen. Im Ausschuß war man sich darüber einig, daß die Weiterbildung eine kommunale Aufgabe sei. Die Förderung der Weiterbildung sei zwar durch die Verfassung verbürgt, dies könne aber nur nach den Möglichkeiten, die dem Land zur Verfügung stehen, erfolgen. Es wird betont, daß feste Beiträge nicht Inhalt des Gesetzes sein dürften. Diese Fragen sei durch Förderrichtlinien zu klären.

Im Ergebnis beschließt der Ausschuß die Annahme des Gesetzesentwurfs der Landesregierung (Drs. 1 / 1901) in der vorliegenden Fassung mit vier „Ja – Stimmen", keiner Gegenstimme und zwei Stimmenthaltungen.
Mit der Annahme des Gesetzesentwurfs der Landesregierung werden die Gesetzesentwürfe der PDS – LL Fraktion (Drs. 1 / 1315 und Drs. 1 / 1316) als erledigt angesehen.

d. Ausschuß für Inneres

- Sitzung des Ausschusses des Inneren vom 14. Oktober 1993

Die einzige Ausschußsitzung des Ausschusses des Inneren zur Thematik des Weiterbildungsgesetzes fand am 14. Oktober 1993[674] statt.

Man verzichtet auf eine tiefgreifende Diskussion und überläßt diese dem Bildungsausschuß. Man verweist in der Stellungnahme aber darauf, daß es dem Gesetzesentwurf an einer exakten Formulierung der Aufgabenzuweisungen mangele und der Nachweis einer angemessenen Finanzierung fehle. Ausdrücklich verweist man auf die Kollision des § 27 des Gesetzesentwurfs der Landesregierung (Drs. 1 / 1901) mit Art. 1 § 4 der Kommunalverfassung. Es wird empfoh-

---

673 Gesetzesdokumentation, Landtag Brandenburg zum Gesetz über die Regelung und Förderung der Weiterbildung, Ausschußprotokoll 1 / 833 zur 51. Sitzung des AHF vom 12. 10. 1993.

674 Gesetzesdokumentation, Landtag Brandenburg zum Gesetz über die Regelung und Förderung der Weiterbildung, Ausschußprotokoll 1 / 851 zur 82. Sitzung des AI vom 14. 10.1993.

len, die den Gemeinden in voller Höhe zu erstattenden Kosten detaillierter in der Begründung des Gesetzes aufzuschlüsseln[675].

e. Ausschuß für Wirtschaft, Mittelstand und Technologie

Der Ausschuß für Wirtschaft, Mittelstand und Technologie beschäftigt sich in drei Sitzungen mit dem Weiterbildungsgesetz[676].

- 34. Sitzung des Ausschusses für Wirtschaft, Mittelstand und Technologie vom 4. November 1992

In seiner 34. Sitzung am 4. November 1992 empfiehlt der Ausschuß für Wirtschaft, Mittelstand und Technologie dem federführenden Ausschuß für Bildung Jugend und Sport hinsichtlich der Drs. 1 / 1315 und der Drs. 1 / 1316 eine gemeinsame öffentliche Anhörung.

- 51. Sitzung des Ausschusses für Wirtschaft, Mittelstand und Technologie vom 20. Oktober 1993

In seiner 51. Sitzung vom 20. Oktober 1993 befaßte sich der Ausschuß erneut mit der Frage der Weiterbildung.

Im Ausschuß bestand Übereinstimmung darüber, die Beratung auf den Gesetzesentwurf der Landesregierung zu beschränken (Drs. 1 / 1901) und sich im wesentlichen auf die wirtschaftsrelevanten §§ 15 Bbg WBG, 17 Bbg WBG und 30 Bbg WBG zu beziehen. Es wurde abschließend empfohlen, die Bildungsfreistellung im § 15 Abs. 1 Bbg WBG auf zehn Arbeitstage zu begrenzen. Die Voranmeldung nach § 17 Abs. 1 Bbg WBG sollte auf sechs Wochen vor Beginn der Maßnahme erhöht werden. Mehrheitlich spricht sich der Ausschuß dafür aus, das Gesetz frühestens am 1. Januar 1996 in Kraft zu setzen.

2.4.3.5. Zweite Lesung im Landtag Brandenburg vom 24. November 1993 zum Gesetzesentwurf der Landesregierung und den Gesetzesentwürfen der PDS – LL

In der zweiten Lesung am 24. November 1993[677] kamen nochmals Vertreter aller im Landesparlament vertretenen Parteien zu Wort. Gegenstand der Debatte

---

[675] Gesetzesdokumentation, Landtag Brandenburg zum Gesetz über die Regelung und Förderung der Weiterbildung, Ausschußprotokoll 1 / 861 zur 56. Ausschußsitzung des ABJS vom 04.11.1993, Anlage 5.

[676] Gesetzesdokumentation, Landtag Brandenburg zum Gesetz über die Regelung und Förderung der Weiterbildung, Ausschußprotokoll 1 / 543 zur 34. Sitzung des AWMT vom 04.11.1992; Ausschußprotokoll 1 / 792 zur 48. Sitzung des AWMT vom 08.09.1993; Ausschußprotokoll 1 / 840 zur 51. Sitzung des AWMT vom 20.10.1993.

waren die Gesetzesentwürfe der Fraktion PDS - LL (Drs. 1 / 1315 und Drs. 1 / 1316), der Gesetzesentwurf der Landesregierung (Drs. 1 / 1901), die Beschlußempfehlung und der Bericht des Ausschusses für Bildung, Jugend und Sport (Drs. 1 / 2436). Darüber hinaus wurden diverse Änderungsanträge der Fraktion der PDS – LL, der Fraktion der CDU und der Koalitionsparteien abgestimmt, wobei lediglich die Anträge der Koalitionsparteien angenommen wurden[678].

Die Vertreter der Fraktionen der PDS – LL und der CDU lehnten den Gesetzesentwurf ab. In ihrer Kritik beziehen sie sich vorrangig auf die geschwächte Stellung der Volkshochschulen, die mangelnde Konkretisierung der Förderpflichten bezüglich einer Grundversorgung und die damit verbundene Planungsunsicherheit für Weiterbildungsträger.

Die Abgeordneten der SPD, der F.D.P. und des Bündnis 90 plädieren grundsätzlich für die Annahme des Gesetzes der Landesregierung, wobei aber auch kritische Bemerkungen laut werden. So betont der Abgeordnete Reiche (SPD – Fraktion), daß das Gesetz weder ein Ruhmesblatt für die Koalition noch das beste denkbare und hoffbare für Brandenburg sei, aber es sei das einzige, das mit den derzeitigen Mehrheiten machbar sei.. Er hebt ausdrücklich hervor, daß durch die Verpflichtung des Art. 33 Bbg Verf. ein Freistellungsanspruch zu gewährleisten sei. Die getroffene Regelung sei ein bezahlter Freistellungsanspruchs von zehn Tagen im Rahmen von zwei Jahren ab dem 1. Januar 1996. Diese Übergangszeit sei zwar ein Kompromiß, es müsse aber auch gesehen werden, daß Brandenburg das einzige neue Bundesland sei, welches einen derartigen Freistellungsanspruch gesetzlich verankere.

Der Vertreter der F.D.P., Herr Pracht, sieht die bezahlte Bildungsfreistellung ab dem 1. Januar 1996 als zu früh an. Er verweist auf die schwierige Lage der Wirtschaft in Brandenburg, die sich auch in zwei Jahren nicht stabilisiert haben werde. Bezahlte Freistellung müsse an die konkreten Verhältnisse im Land anknüpfen. Die Verfassung erteile nicht nur den Auftrag einer Bildungsfreistellung, sondern auch den der Sicherung und Schaffung von Arbeitsplätzen.

---

[677] Gesetzesdokumentation, Landtag Brandenburg zum Gesetz über die Regelung und Förderung der Weiterbildung, Pl. Pr. 1 / 80 vom 24.11.1993.

[678] Gesetzesdokumentation, Landtag Brandenburg zum Gesetz über die Regelung und Förderung der Weiterbildung, PDS – LL, 23.11.1993, Drs. 1 / 2490 (wird in der 2. Lesung abgelehnt); PDS – LL, 23.11.1993, Drs. 1 / 2495 (wird in der 2. Lesung abgelehnt); PDS – LL, 23.11.1993, DS 1 / 2491 (wird in der 2. Lesung abgelehnt); PDS – LL, 23.11.1993, Drs. 1 / 2492 (wird in der 2. Lesung abgelehnt); PDS – LL, 23.11.1993, Drs. 1 / 2493 (wird in der 2. Lesung abgelehnt); PDS – LL, 23.11.1993, Drs. 1 / 2494 (wird in der 2. Lesung abgelehnt); CDU, 24.11.1993, Drs. 1 / 2496 (gilt in der 2. Lesung als erledigt); SPD, F.D.P., Bü., 24.11.1993, Drs. 1 / 2489 (wird in der 2. Lesung angenommen), es ging um die Streichung des Worts "kommunalen" in § 11 Absatz1 BbG WBG.

Letztlich äußert sich in der Debatte noch der Minister für Bildung, Jugend und Sport, Herr Resch. Er hebt die Notwendigkeit hervor, nach den in der Landesverfassung getroffenen Versprechen nunmehr die öffentliche Verantwortung für diesen wichtigen Bereich des Bildungswesens mit der Verabschiedung des Gesetzes zu dokumentieren. Als Eckpunkte des Gesetzes sieht er die plurale Regelungsstruktur der Weiterbildung, die festgeschriebene Kooperation und Koordination, durch die auf der Ebene der Kreise eine Grundversorgung garantiert werde und das Bekenntnis als erstes der neuen Bundesländer zu einem Recht auf Bildungsfreistellung für die Arbeitnehmer und Arbeitnehmerinnen ab dem Jahre 1996. Er sieht die Aufgabe der Weiterbildung in der Förderung arbeits-, wirtschafts- und sozialpolitischer Interessen. Darüber hinaus diene sie aber auch zur Unterstützung des Einzelnen, in Situationen persönlicher Krisen und gesellschaftlichen Umbruchs.

Im Ergebnis wird in der zweiten Lesung der Gesetzesentwurf in der Fassung der Beschlußempfehlung des Ausschusses für Bildung Jugend und Sport, Drs. 1 / 2436, einbezogen den angenommenen Änderungsantrag, Drs. 1 / 2489, mehrheitlich verabschiedet.

2.4.4. Regelungsinhalte und Regelungsbereiche im Bbg WBG

2.4.4.1. Weiterbildung in der Verfassung des Landes Brandenburg

Durch die Aufnahme des Art. 33 Bbg Verf. (Recht auf Weiterbildung) in die Verfassung des Landes Brandenburg erlangte die Weiterbildung als Aufgabe des Landes Verfassungsrang. Dadurch wurde der Bereich der Weiterbildung verbindlich in die staatliche Verantwortung einbezogen[679]. Die Umsetzung der Regelung des Art. 33 Bbg Verf. erfolgte durch das Brandenburgische Weiterbildungsgesetz. In diesem - integrierend wirkenden - Gesetz sind die verschiedenen Bereiche der Weiterbildung und der Bildungsfreistellung geregelt[680].

2.4.4.2. Ziele und Regelungsinhalte des Bbg WBG

Das Brandenburgische Weiterbildungsgesetz ist als pluralistisches Weiterbildungsgesetz einzustufen. Es geht davon aus, daß Weiterbildungseinrichtungen in kommunaler und in freier Trägerschaft bei Erfüllung bestimmter Voraussetzungen gleichbehandelt werden[681].

---

679 vgl. die Ausführungen unter B III 2.4.

680 Weiterbildung für das Land Brandenburg, 1. Bericht der Landesregierung nach § 28 des BbG WBG, S. 7.

681 Weiterbildung für das Land Brandenburg,1. Bericht der Landesregierung nach § 28 des BbG WBG, S. 8.

Inhaltlich enthält das Brandenburgische Weiterbildungsgesetz Aussagen zu folgenden Punkten:

- Bildungs- und strukturpolitische Stellung und Aufgabe der Weiterbildung,
- Bedingungen für die staatliche Anerkennung von Einrichtungen der Weiterbildung, von Landesorganisationen und von Heimbildungsstätten,
- Sicherung der Kooperation von Weiterbildungseinrichtungen auf regionaler und überregionaler Ebene,
- Regelung des Rechtsanspruchs auf bezahlte Freistellung zu Bildungszwecken,
- Verfahren der Anerkennung von Veranstaltungen zur Bildungsfreistellung und
- Grundsätze der Förderung.

Zielsetzung der getroffenen Regelungen ist es, den in der Verfassung festgeschriebenen Anspruch auf Weiterbildung für die erwachsene Bevölkerung Brandenburgs zu sichern, zu fördern und auszugestalten.

2.4.4.3. Regelungsbereiche des Bbg WBG

Das Brandenburgische Weiterbildungsgesetz gliedert sich in fünf größere Regelungskomplexe[682]. Diese entsprechen - allgemein gesagt - den Zielen der Angebotssicherung, der Qualitätssicherung, der Kooperation und Koordination, dem Anspruch auf bezahlte Bildungsfreistellung und der Förderung.

a. Erster Regelungsbereich: Grundsätze

Der erste Abschnitt des Gesetzes widmet sich den grundsätzlichen Fragen, denen sich das Weiterbildungsgesetz annimmt.

So wird in *§ 1 Bbg WBG* der Begriff und die Stellung der Weiterbildung erläutert. In *Abs. 1* wird die Weiterbildung als ein integrierter und gleichberechtigter Teil des Bildungswesens beschrieben. Zur Weiterbildung werden alle Formen der Fortsetzung, der Wiederaufnahme und der Ergänzung organisierten Lernens gezählt. Ausgenommen sind Bildungsgänge der allgemeinbildenden und berufsbildenden Schulen. Darüber hinaus fallen die Hochschul- und die Berufsbildung nicht unter das Bbg WBG. Im *Abs. 2* wird das Recht auf selbständige Lehrplangestaltung der Träger und Einrichtungen der Weiterbildung gewährleistet.

§ 2 Bbg WBG befaßt sich mit den Zielen, Aufgaben und Inhalten der Weiterbildung. Es wird in *Abs. 1* ausdrücklich bestimmt, daß Weiterbildung die Verwirklichung des Rechts auf Bildung darstellt und diese allen Menschen im Land

---

[682] 1. Grundsätze, 2. Anerkennung von Einrichtungen und Landesorganisationen, 3. Kooperation und Koordination, 4. Bildungsfreistellung, 5. Sonstige Vorschriften.

Brandenburg offensteht. Die Weiterbildung soll nach *Abs. 2* durch bedarfsgerechte Angebote zur Chancengleichheit beitragen. Darüber hinaus soll durch sie die Vertiefung und Ergänzung vorhandener oder der Erwerb neuer Kenntnisse, Fähigkeiten und Qualifikationen ermöglicht werden. Des weiteren soll die Weiterbildung als Orientierung und Lebenshilfe dienen und zu einem selbständigen, eigenverantwortlichen und kritischen Handeln im persönlichen, sozialen, politischen, kulturellen und beruflichen Leben befähigen. Ausdrücklich hervorgehoben wird die Befähigung zum verantwortlichen Umgang mit der Natur und die Förderung der Gleichberechtigung von Mann und Frau. Nach *Abs. 3* zählen zur Weiterbildung neben abschlußbezogenen Lehrgängen auch Angebote der allgemeinen, beruflichen, kulturellen und politischen Bildung. Es ist auf eine integrative Vermittlung dieser Inhalte hinzuwirken. Diese hier genannten Bereiche sind im Rahmen der Grundversorgung nach § 6 Abs. 1 Bbg WBG zwingend zu berücksichtigen.

Im *§ 3 Bbg WBG* sind Träger, Einrichtungen und Landesorganisationen der Weiterbildung beschrieben. Diese müssen Veranstaltungen der Weiterbildung in eigener Verantwortung organisieren, öffentlich anbieten oder durchführen bzw. eine planmäßige und kontinuierliche Weiterbildung i.s.d. Bbg WBG gewährleisten.

In den *§§ 4 bis 6 Bbg WBG* werden die Aufgaben des Landes (§ 4 Bbg WBG), die Weiterbildung zu fördern und die Einrichtungen ihrer Arbeit zu unterstützen und die der Kreise bzw. kreisfreien Städte, ein Weiterbildungsangebot unter Berücksichtigung der Trägervielfalt (§5 Bbg WBG) zu sichern, festgeschrieben. Aus § 6 Bbg WBG ergibt sich für die Kreise und kreisfreien Städte die Aufgabe, eine Grundversorgung an Weiterbildung bereitzuhalten. Dies umfaßt Weiterbildungsangebote in den Bereichen der allgemeinen, beruflichen, kulturellen und politischen Bildung (§ 6 Abs. 2 i.V.m. § 2 Abs. 3 Bbg WBG). Ausgenommen von dieser Grundversorgung sind Veranstaltungen des Zweiten Bildungsweges, Bildungsveranstaltungen im Rahmen der Bildungsfreistellung, der Heimbildungsstätten, der außerschulischen Jugendbildung und solche, die aus anderen öffentlichen Mitteln gefördert werden (§ 6 Abs. 3 Bbg WBG). Durch diese Regelung soll der brandenburgischen Bevölkerung ein Mindestmaß an Weiterbildung durch verschiedene Träger gesichert werden. Erfaßt sind nur solche Veranstaltungen, die aus Gründen der Grundversorgung durchgeführt werden. Für die Durchführung der Grundversorgung ist aufgrund der Befugnis des § 6 Abs. 4 Bbg WBG die "Verordnung zur Grundversorgung und Förderung nach dem Brandenburgischen Weiterbildungsgesetz (Weiterbildungsverordnung - WBV)" erlassen worden[683]. Veranstaltungen die im Rahmen der Grundversorgung durchgeführt werden, werden durch die anteilige Erstattung der Sach- und Personalkosten durch das Land gefördert.

---

[683] Weiterbildungsverordnung vom 24.06.1994, GVBl. I, S. 608.

b. Zweiter Regelungsbereich: Anerkennung von Einrichtungen und Landesorganisationen

Im zweiten Abschnitt geht es um die Anerkennung von Weiterbildungseinrichtungen und Landesorganisationen zur Weiterbildung.

So können sich Einrichtungen in freier Trägerschaft und Landesorganisationen unter den in § 7 und § 8 Bbg WBG genannten Voraussetzung staatlich anerkennen lassen. Seit 1996 ist diese Anerkennung Voraussetzung für die Teilnahme an der Grundversorgung. Durch dieses Verfahren der Anerkennung wird es auch kleineren Einrichtungen ermöglicht - genauso wie Einrichtungen in kommunaler Trägerschaft - an der Grundversorgung i.S.d. § 6 Abs. 2 Bbg WBG teilzunehmen und somit auch an der staatliche Förderung beteiligt zu werden. Es sollen dadurch Träger- und Angebotsvielfalt gesichert werden. Darüber hinaus wird gewährleistet, daß die geförderten Einrichtungen eine gewisse Stabilität aufweisen und kontinuierlich und seriös arbeiten. Dadurch soll sich ein breites Weiterbildungsangebot im Land Brandenburg etablieren und stabilisieren. Die Durchführung des Anerkennungsverfahrens dient also in erster Linie der Qualitätssicherung. Hieraus ergibt sich logisch auch ein Teilnehmerschutz. Bei anerkannten Einrichtungen und Landesorganisationen können die Teilnehmer davon ausgehen, daß Qualität und Seriosität des Anbieters durch das für Bildung zuständige Ministerium und die anderen fachlich zuständigen Ministerien überprüft wurden. Heimbildungsstätten können im Rahmen des Anerkennungsverfahrens Landesorganisationen gleichgestellt werden[684]. Im § 9 Bbg WBG sind das diesbezügliche Anerkennungs- und Widerrufsverfahren geregelt.

c. Dritter Regelungsbereich: Kooperation und Koordination

Kooperation und Koordination werden in den §§ 10 - 13 Bbg WBG geregelt. Dabei beschränkt sich das Bbg WBG auf die Festlegung von Rahmenbedingungen. Die Eigenständigkeit der Weiterbildungseinrichtungen wird respektiert. Die Kooperation stellt die entscheidende Ergänzung zur Selbständigkeit der Einrichtung dar und eröffnet die Chance zu einem abgestimmten, bedarfsorientierten Weiterbildungsangebot.

Das Kooperationsprinzip des Bbg WBG soll eine Koordination der pluralistischen, jedermann zugänglichen, flächendeckenden Weiterbildungsarbeit gewährleisten. Durch die Einsetzung der regionalen Weiterbildungsbeiräte soll den Prinzipien der Selbstregulierung und des freien Marktes ein Instrument der Kooperation entgegengesetzt werden. Dabei sollen die Interessen der Einrichtungen und der Teilnehmenden Berücksichtigung finden. Die Weiterbildungsbeiräte als

---

[684] Weiterbildung für das Land Brandenburg, 1. Bericht der Landesregierung nach § 28 BbG WBG, S. 9 f.

Kooperationsgremium agieren auf regionaler Ebene und auf Kreisebene. Auf regionaler Ebene werden die Voraussetzungen einer Zusammenarbeit der Einrichtungen durch die Institution der regionalen Weiterbildungsbeiräte geschaffen (§§ 10 f. Bbg WBG). Die Bereitschaft zur Zusammenarbeit mit diesem Gremium muß durch die Einrichtungen bereits im Anerkennungsverfahren (§§ 7 - 9 Bbg WBG) verbindlich erklärt werden. Jeweils eine vertretungsbefugte Person einer anerkannten Einrichtung wird stimmberechtigtes Mitglied im Gremium des Weiterbildungsbeirates (§ 11 Abs. 1 Nr. 1 Bbg WBG). Um die Zusammenarbeit mit den Kreisen bzw. kreisfreien Städten zu gewährleisten, wird jeweils noch eine vertretungsbefugte Person der Kreise bzw. kreisfreien Städte, die keiner kommunalen Weiterbildungseinrichtung angehört, stimmberechtigtes Mitglied. Der § 10 Bbg WBG umreißt den Aufgabenbereich des regionalen Weiterbildungsbeirates in Form von Regelbeispielen. Es werden Fragenkomplexe, die zwingend im regionalen Weiterbildungsbeirat behandelt werden sollen, aufgeführt.

Übergeordnetes Kooperationsgremium ist der Landesbeirat für Weiterbildung (§§ 12 f. Bbg WBG). Dieser besteht aus je einer vertretungsbefugten Person der anerkannten Landesorganisation, vier Vertretern der regionalen Weiterbildungsbeiräte und Vertretern der kommunalen Spitzenverbände und des Landesausschusses für berufliche Bildung (§ 13 Bbg WBG). Nach § 12 Bbg WBG ist die Aufgabe des Landesbeirats definiert als Unterstützung und Beratungsfunktion gegenüber der Landesregierung in grundsätzlichen Fragen der Weiterbildung und ihrer Förderung.

d. Vierter Regelungsbereich: Bildungsfreistellung

In den §§ 14 ff. Bbg WBG ist der Landesgesetzgeber seinem Verfassungsauftrag nach Art. 33 Abs. 2 Bbg Verf. nachgekommen. Er hat in diesen Vorschriften den Rechtsanspruch der Arbeitnehmerinnen und Arbeitnehmer, der Auszubildenden und arbeitnehmerähnlichen Personen auf Bildungsfreistellung verankert.

Der in Art. 33 Abs. 2 Bbg Verf. allgemein festgesetzte Anspruch auf Bildungsfreistellung wurde dahingehend konkretisiert, daß ein Anspruch auf Bildungsfreistellung an zehn Tagen in zwei Jahren bei voller Entgeltfortzahlung besteht[685].

Durch die detaillierten Regelungen eines Anspruchs auf Bildungsfreistellung soll die Ausübung des in Art. 33 Abs. 2 Bbg Verf. festgeschriebenen Rechts für die Beschäftigten ermöglicht werden. Die Entgeltfortzahlung während der Bildungsfreistellung dient dazu, die Motivation der Anspruchsberechtigten, sich

---

[685] die Regelung einer solchen bezahlten Freistellung durch den Landesgesetzgeber ist zulässig, vgl. BVerfGE 77, Nr. 14, S. 308 ff. (S. 332 ff.).

weiterzubilden, zu erhöhen. Durch die Ermöglichung einer Weiterbildung ohne großen Freizeit- und Arbeitsentgeltverlust werden wesentliche Hindernisse für die Beteiligung an Weiterbildungsmaßnahmen beseitigt[686]. Ein einfacher Anspruch auf Teilnahme an Weiterbildungsmaßnahmen ohne Entgeltfortzahlung wurde für nicht geeignet gehalten, das Ziel einer höheren Beteiligung an Weiterbildungsveranstaltungen auch von Arbeitnehmerinnen und Arbeitnehmern zu erreichen[687].

Ein Anspruch auf Freistellung nach § 14 ff. Bbg WBG besteht allerdings nur für Veranstaltungen, die nach den Voraussetzungen des § 24 Bbg WBG anerkannt worden sind. Das heißt, eine Freistellung ist nur möglich, wenn es sich um Bildungsveranstaltungen im Sinne des Brandenburgischen Weiterbildungsgesetzes handelt. Anders als nach dem Anerkennungsverfahren der §§ 7 ff. Bbg WBG ist es nach § 24 Bbg WBG aber möglich, die einzelne Veranstaltung anzuerkennen. Neben den durch das Brandenburgische Weiterbildungsgesetz anerkannten Einrichtungen sind somit mögliche Veranstalter Heimbildungsstätten und Bildungseinrichtungen der Arbeitgeberorganisationen und der Gewerkschaften und sonstige Weiterbildungseinrichtungen.

e. Fünfter Regelungsbereich: Förderungen

Der letzte zentrale Regelungsbereich befaßt sich mit der Frage der Förderung der einzelnen Bildungsangebote. Grundsätzlich erfolgt die Förderung im Rahmen vorhandener Haushaltsmittel (§ 27 Abs. 1 Bbg WBG). Zwingend zu fördern ist aber die Grundversorgung nach § 6 Bbg WBG durch die anteilige Erstattung von Personal- und Sachkosten. Darüber hinaus können Maßnahmen im Rahmen der Bildungsfreistellung (§ 27 Abs. 3 Nr. 1 u. 2 Bbg WBG), Modellvorhaben mit aktueller Schwerpunktsetzung (§ 27 Abs. 3 Nr. 3 Bbg WBG) und Landesorganisationen (§ 27 Abs. 3 Nr. 4 Bbg WBG) gefördert werden.

Der Schwerpunkt der Förderung liegt deutlich auf der zwingend vorgeschriebenen Förderung der Grundversorgung. Dagegen liegt die Förderung der in § 27 Abs. 3 Bbg WBG genannten Maßnahmen im Ermessen des Landes. Dies entspricht der Zielsetzung des Gesetzes, im Land Brandenburg ein möglichst breit gefächertes, umfassendes und flächendeckendes sowie für alle zugängliches Weiterbildungsangebot zu etablieren. Das soll durch eine regelmäßige und damit verläßliche Förderung der an der Grundversorgung beteiligten Einrichtungen erreicht werden.

Für die Bildungsfreistellungsveranstaltungen gelten dagegen andere Kriterien. Eine solche Freistellung kann nach §§ 14 ff. Bbg WBG nur von Beschäftigten in

[686] BVerfGE 77, Nr. 14, S. 308 ff. (S. 333).
[687] BVerfGE 77, Nr. 14, S. 308 ff. (S. 333).

Anspruch genommen werden. Durch die garantierte Entgeltfortzahlung bleibt die finanzielle Belastung der Teilnehmer überschaubar. Die Stabilität der Anbieter wird dadurch gestärkt, daß sie anerkannte Maßnahmen zur Bildungsfreistellung anbieten und dadurch eine Teilnahme an den Veranstaltungen für den angesprochenen Teilnehmerkreis erleichtert wird.

2.4.5. Das Bbg WBG im Vergleich mit der rawls´schen Gerechtigkeitskonzeption

Auch bei der Betrachtung der Entwicklung des Weiterbildungsgesetzes zeigen sich Parallelen zur Theorie der Gerechtigkeit als Fairneß. Der Art. 29 Bbg. Verf. garantiert ein eigenständiges Recht auf Bildung, welches durch Art. 33 Bbg. Verf. eine Erweiterung und Ergänzung für den Bereich der Weiterbildung erfährt. Das Weiterbildungsgesetz ist nunmehr die einfachgesetzliche Umsetzung dieser beiden Bestimmungen. Dies war Voraussetzung für die tatsächliche Verwirklichung und praktische Handhabung des durch die Verfassung garantierten Rechts auf Weiterbildung. Entsprechend der dritten Stufe des von Rawls entwickelten *Vier – Stufen – Ganges* geht es um die einfachgesetzliche Umsetzung der Gerechtigkeitsgrundsätze und der verfassungsmäßigen Ordnung.

Weiterbildung als Bildung für Erwachsene ist ein eigenständiger Teil des Bildungswesens, mit dem Ziel durch Bildung die eigenen Chancen zu erhöhen. Die Möglichkeit zur Verbesserung der eigenen Positionen durch Bildung, sei es in Form von Berufsaussichten und der damit verbundenen sozialen Stellung, sei es durch die Persönlichkeitsentwicklung und Selbstzufriedenheit oder sei es durch die Wahrnehmung der Freiheitsrechte, entspricht dem rawls`schen Gerechtigkeitsdenken.

Auch die Begründung der Landesregierung[688] zu ihrem Gesetzesentwurf bezieht sich hierauf. Für sie liegt in der Chance zur Weiterbildung die Stärkung der erforderlichen Anpassungsfähigkeit an die gesellschaftlichen Verhältnisse. Dadurch bedingt ist eine Erhöhung der Lebenschancen des Einzelnen. Darüber hinaus versteht sie die Möglichkeit zur Weiterbildung als Realisierung der Voraussetzungen zur wirklichen Chancengleichheit unter dem Aspekt des Ausgleichs von Ungleichheiten. Die rawls´sche Gerechtigkeitskonzeption greift diesen Punkt ebenfalls auf. So sollen bessere Ausgangsbedingungen, wie zum Beispiel natürliche Begabungen oder finanzielle Ausgangspositionen im Interesse einer wirklichen Chancengleichheit ausgeglichen werden. Weiterbildung ist demnach die Möglichkeit, durch Bildung ein Leben lang seine Position und damit seine Lebenschancen zu verbessern.

---

[688] Gesetzesdokumentation, Landtag Brandenburg zum Gesetz über die Regelung und Förderung der Weiterbildung, 1. Wahlperiode, Drs. 1 / 1901 vom 20.04.1993.

Des weiteren stellt Weiterbildung nach der Auffassung der Landesregierung[689] einen Beitrag zur Verwirklichung des Grundrechts auf freie Entfaltung der Persönlichkeit dar. Hier wird der Bezug zum Recht auf Bildung besonders deutlich. In der Begründung zu § 2 Bbg WBG[690] sieht die Landesregierung die freie Entfaltung der Persönlichkeit dadurch verwirklicht, daß für jeden Menschen die Möglichkeit geschaffen wird, die hierfür erforderlichen Kenntnisse, Fertigkeiten und Fähigkeiten durch Weiterbildung zu erwerben, und zwar unabhängig von Geschlecht, Alter, Bildung, sozialer oder beruflicher Stellung, politischer oder weltanschaulicher Orientierung oder Nationalität. Damit wird an einen weiterern wesentlichen Gedanken der Theorie der Gerechtigkeit angeknüpft, nämlich Freiheit in der Form der *freien Entwicklung der Persönlichkeit*. Dies betont auch der Minister für Bildung, Jugend und Sport in seiner Rede anläßlich der ersten Lesung des Gesetzesentwurfs der Landesregierung[691], wenn er die Leistung des Gesetzes unter anderem darin sieht, daß das Recht auf Weiterbildung verankert wurde, welches ein Recht auf freie Entwicklung der Persönlichkeit beinhalte.

In dem Bekenntnis des § 2 Abs. 1 Bbg WBG zum Prinzip der Allgemeinzugänglichkeit zeigt sich die Verbindung zur *Chancengleichheit* unter dem Gesichtspunkt der Angleichung der unterschiedlichen Ausgangspositionen. Dadurch, daß die Möglichkeit zur Weiterbildung allen Menschen im Land Brandenburg gewährt wird, trägt man dem *Unterschiedsprinzip* Rechnung. Dieser Zusammenhang findet sich auch in der Regelung des § 2 Abs. 2 Bbg WBG, der ein bedarfsgerechtes Angebot sichert, um die *Chancengleichheit* zu wahren. Darüber hinaus bestimmt § 2 Abs. 2 Bbg WBG ausdrücklich, daß Weiterbildung zu selbständigem, eigenverantwortlichem und kritischem Handeln im persönlichen, sozialen, politischen, kulturellen und beruflichen Leben befähigen soll und bezieht sich damit auf die *Tendenzen der Gleichheit* und das *Unterschiedsprinzip*. Diese Interpretation vertritt auch die Landesregierung, wenn sie sich dafür ausspricht, [692], daß durch das Weiterbildungsangebot der Einzelne in die Lage versetzt werden soll, persönliche, gesellschaftliche und berufliche Wandlungsprozesse zu meistern. Es soll also selbständiges und kritisches Handeln gefördert werden, das der Eigenverantwortlichkeit und dem Gemeinwohlverständnis verpflichtet ist. Hier kommt die Bewertung der Bildung unter den Gesichtspunkten der wirtschaftlichen Leistung, der sozialen Wohlfahrt und des Selbstwertgefühls zum Ausdruck. Diese Prinzipien thematisiert die Theorie der Gerechtigkeit im

[689] Gesetzesdokumentation, Landtag Brandenburg zum Gesetz über die Regelung und Förderung der Weiterbildung, 1. Wahlperiode, Drs. 1 / 1901 vom 20.04.1993.
[690] Gesetzesdokumentation, Landtag Brandenburg zum Gesetz über die Regelung und Förderung der Weiterbildung, 1. Wahlperiode, DrsS. 1 / 1901 vom 20.04.1993.
[691] Gesetzesdokumentation, Landtag Brandenburg zum Gesetz über die Regelung und Förderung der Weiterbildung, 1. Wahlperiode, Pl. Pr. 1 / 67 vom 28.04.1993.
[692] Gesetzesdokumentation, Landtag Brandenburg zum Gesetz über die Regelung und Förderung der Weiterbildung, 1. Wahlperiode, Pl. Pr. 1 / 67 vom 28.04.1993.

Rahmen der Betrachtung zum *Unterschiedsprinzip* und mißt daran den Wert der Bildung.

Um diesen Forderungen des § 2 Bbg WBG gerecht zu werden, wird in § 6 Bbg WBG eine Grundversorgung an Weiterbildung vorgesehen. Dadurch soll eine flächendeckende Versorgung der Bevölkerung mit Weiterbildungsangeboten ermöglicht und die angestrebte Chancengleichheit verwirklicht werden. Auch hier wird das Bestreben deutlich, unterschiedliche Ausgangspositionen, nämlich die des Wohnortes bzw. der Zugangsmöglichkeiten, durch die Angleichung der Ausgangspositionen anzupassen und dadurch das von der rawls´schen Gerechtigkeitskonzeption vertretenen *Unterschiedsprinzips* widerzuspiegeln.

Problematischer wird die Betrachtung allerdings, wenn es um die Konkretisierung dieser Grundversorgung geht. In dem Bekenntnis zur Notwendigkeit der Grundversorgung überhaupt zeigt sich die soziale Komponente des Rechts auf Bildung. Damit garantiert man ein Mindestmaß an Weiterbildung, wie es zur Durchsetzung der Freiheitsrechte erforderlich ist. Im Rahmen der Theorie der Gerechtigkeit stellt sich allerdings die Frage, welchen Umfang dieses *Minimum* haben muß. Ausgehend vom Unterschiedsprinzip müßte es ja bekanntlich so stark wie möglich ausfallen. Indem das Weiterbildungsgesetz aber in § 6 Abs. 2 i.V.m. § 2 Abs. 3 Bbg WBG die Festlegung der Grundversorgung neben abschlußbezogenen Lehrgängen auf die allgemeine berufliche, kulturelle und politische Bildung begrenzt und eine weitere Konkretisierung unterläßt, umgeht es diese Problematik. Es bleibt die Frage nach konkreten Inhalten und dem entsprechenden Minimum an materieller Förderung offen. Diese Tendenz zeigt sich bereits in der ersten Lesung des Gesetzesentwurfs der Landesregierung bei der Stellungnahme des damaligen Ministers für Jugend, Bildung und Sport[693]. Er sieht in der Verpflichtung zur Grundversorgung lediglich ein Kriterium, welches die Zugänglichkeit der Weiterbildung für alle Bürger und Bürgerinnen des Landes ermöglicht, unterläßt aber eine Konkretisierung.

2.5. Entscheidung des Landesverfassungsgerichts zum Recht auf Weiterbildung (vierte Stufe)

Auf der vierten Stufe des Vier – Stufen – Ganges ist als einzige Entscheidung des Landesverfassungsgerichts zum Art. 33 Bbg Verf. bisher eine Entscheidung zu Art. 33 Abs. 2 Bbg Verf. ergangen[694].

Antragsteller waren 18 Abgeordnete des Brandenburger Landtages. Sie machten im Rahmen eines Normenkontrollantrages die Frage zum Gegenstand der ver-

---

693 Gesetzesdokumentation, Landtag Brandenburg zum Gesetz über die Regelung und Förderung der Weiterbildung, 1. Wahlperiode, Pl. Pr. 1 / 67 vom 28.04.1993.

694 Urteil vom 14. Juli 1994 – VfGBbg – LVerfGE Bbg. 2, S. 117 ff.

fassungsgerichtlichen Überprüfung, ob § 30 Abs. 1 Bbg WBG, der den Anspruch auf bezahlte Bildungsfreistellung erst ab dem 1. Januar 1996 gewährte, mit Art. 33 Abs. 2 Bbg Verf. vereinbar sei.

Die Antragsteller stützen ihren abstrakten Normenkontrollantrag auf folgende Begründung:

Der Art. 33 Abs. 2 Bbg Verf. gewährleiste für jedermann das Recht auf Freistellung zur beruflichen, kulturellen oder politischen Weiterbildung. Durch § 30 Abs. 1 Bbg WBG werde dieser verfassungsrechtlich verbürgte Anspruch unzulässigerweise bis zum 1. Januar 1996 aufgeschoben. Dies widerspreche dem durch die Verfassung gewährleisteten Grundrecht. Eine solche zeitliche Aussetzung taste den Wesensgehalt des Art. 33 Abs. 2 Bbg Verf. an und verletze damit Art. 5 Abs. 2 S. 2 Bbg Verf. Darüber hinaus bezogen sich die Antragsteller in der mündlichen Verhandlung auf die Entstehungsgeschichte des Art. 33 Abs. 2 Bbg Verf. Danach habe die Wahl der Formulierung "Freistellung" anstelle von "Urlaub" vermeiden sollen, daß die berufliche Weiterbildung in die Nähe von Erholung und Freizeit gerückt werde.

Die Landesregierung vertrat dagegen die Auffassung, daß § 30 Abs. 1 Bbg WBG im Einklang mit der Landesverfassung stehe. Es werde durch das Bbg WBG ein Anspruch auf bezahlte Arbeitsfreistellung zu Weiterbildungszwecken gewährleistet. Damit gehe man über die Garantie des Art. 33 Abs. 2 Bbg Verf., die nämlich lediglich ein Recht auf unbezahlte Freistellung von der Arbeit zum Zwecke der Weiterbildung verbürge, hinaus. Die Landesregierung verwies darauf, daß damit ein ausgewogener Ausgleich zwischen den Interessen der Arbeitnehmer einerseits und der wirtschaftlichen Situation in dem neuen Bundesland Brandenburg andererseits erreicht werden sollte. Es sei daneben zu berücksichtigen gewesen, daß gerade mittelständische Unternehmen in der Aufbauphase nicht über Gebühr belastet werden dürften.

Der Landtag machte von seiner Gelegenheit zur Stellungnahme keinen Gebrauch.

Das Landesverfassungsgericht hielt den Normenkontrollantrag auf Überprüfung des § 30 Abs. 1 Bbg WBG für zulässig, aber unbegründet. Insofern erklärte es den § 30 Abs. 1 Bbg WBG sowohl in formeller als auch in materieller Hinsicht für verfassungsgemäß. Nach der Auffassung des Gerichts verbürge Art. 33 Abs. 2 Bbg Verf. lediglich einen Anspruch auf Weiterbildungsfreistellung, aber ohne Fortzahlung des Arbeitsentgeldes. Zur Begründung verweist das Gericht auf die Entstehungsgeschichte dieses Artikels. Als maßgeblich sieht es dabei die Gründe an, welche die Wortwahl - es geht um die Unterscheidung zwischen der ursprünglichen Wortwahl "Urlaub" und der letztlich gewählten Formulierung

"Freistellung - des Verfassungsausschusses bestimmt hätten. Das Verfassungsgericht bezieht sich auf den Verfassungsausschuß II, der als parlamentarisches Gremium dem sogenannten Verfassungsausschuß I gefolgt sei. Im Verfassungsausschuß II habe Übereinstimmung darüber geherrscht, daß mit "Urlaub" eine bezahlte Freistellung gemeint sei, wohingegen "Freistellung" beide Möglichkeiten, also die Wahl zwischen bezahlter oder unbezahlter Freistellung zu Weiterbildung, dem Landesgesetzgeber offenließe[695]. Bei dieser Auffassung sei der Ausschuß auch geblieben, als angeführt worden sei, daß durch diese Formulierung ein Teil der Bürger des Landes Brandenburg von vornherein von der Inanspruchnahme des Art. 33 Abs. 2 Bbg Verf. ausgeschlossen seien.

Diese Formulierung sei auch bei der Schlußabstimmung des Landtags über den Verfassungsentwurf beibehalten worden und durch die Volksabstimmung über die Verfassung, geltendes Verfassungsrecht.

Damit gewähre nach der Auffassung des Gerichts, Art. 33 Abs. 2 Bbg Verf. lediglich einen grundrechtlichen Anspruch auf unbezahlte Freistellung zur Weiterbildung in den genannten Bereichen. Insoweit verweist es auch auf den allgemeinen Sprachgebrauch der Worte "Urlaub" und "Freistellung". Assoziiere man mit dem Begriff "Urlaub", daß der Anspruch auf Gehalt „weiterlaufe", so lege sich der Begriff "Freistellung" nicht fest. Damit ginge das Bbg WBG, welches eine Weiterbildung unter Fortzahlung des Arbeitsentgeltes regele, über die Landesverfassung hinaus. Es bestünden deshalb von Seiten der Verfassung keine Bedenken dagegen, daß diese Bestimmungen erst zum 1. Januar 1996 in Kraft treten.

Anders verhält es sich nach Auffassung des Gerichts allerdings mit der Verpflichtung des Gesetzgebers, das in Art. 33 Abs. 2 Bbg Verf. gewährleistete Recht auf unbezahlte Freistellung durch entsprechende gesetzliche Regelungen umzusetzen. Es sehe ein gesetzgeberisches Versäumnis darin, wenn dieser Handlungspflicht durch den Gesetzgeber nicht nachgekommen werde, da das Recht auf unbezahlte Freistellung zur Weiterbildung ohne einfachgesetzliche Ausgestaltung nicht wahrgenommen werden könne. Art. 33 Abs. 2 Bbg Verf. begründe insoweit einen Handlungsauftrag an den Gesetzgeber. Ob und wann er diesem nachkomme, stehe dabei nicht in seinem Ermessen[696]. Es sei vielmehr aufgrund seiner Grundrechtsbindung (Art. 5 Abs. 1 Bbg Verf.) gehalten, ein unbedingt gewährleistetes Grundrecht unverzüglich durchsetzbar zu gestalten.

Die Entscheidung erging mit einem Minderheitenvotum von Prof. Dr. K. - H. Schöneburg, der während der Arbeiten an der Verfassung Brandenburgs selbst

---

[695] VA II / 2 vom 13.03.1992, Dokumentation des Landtags Brandenburg über die Entstehung der Verfassung des Landes Brandenburg, Band III, S. 496.
[696] BVerfGE 47, Nr. 3, S. 85 ff. (S. 94).

Mitglied beider Verfassungsausschüsse war. Er verweist darauf, daß die ursprünglich durch den Verfassungsausschuß I gewählte Formulierung des damaligen Art. 34 Bbg Verf. das Recht auf Weiterbildung eindeutig als Weiterbildung unter Fortzahlung des Arbeitsentgeltes regele. Die Entscheidung des Verfassungsausschusses II, den Begriff "Urlaub" in Art. 33 Abs. 2 Bbg Verf. durch den der "Freistellung" zu ersetzen, sei deshalb erfolgt, um das Recht auf Weiterbildung nicht in die Nähe von Erholung und Freizeitgestaltung zu rücken. Er vertritt die Auffassung, daß es dem Verfassungsausschuß II darum gegangen sei, durch die Grundrechtsgarantie der Verfassung auf Weiterbildung sowohl die bezahlte als auch die unbezahlte Freistellung zu ermöglichen. Des weiteren führt Schöneburg an, daß auch der Landesgesetzgeber durch das im Dezember 1993 in Kraft getretene Bbg WBG dieser Auffassung gefolgt sei. Das Weiterbildungsgesetz enthalte nur Regelungen, die eine bezahlte Freistellung beträfen. Durch die Begründung der Landesregierung, mit ihrem Gesetzesentwurf Art. 33 Abs. Bbg Verf. zu erfüllen, sei klar, daß sie von einem verfassungsrechtlich verankerten Recht auf bezahlte Weiterbildunsgfreistellung ausgegangen sei. Mit der Aussetzung der Regelung auf bezahlte Freistellung zur Weiterbildung durch § 30 Abs. 1 Bbg WBG verstoße man eklatant gegen den Wesensgehalt des Art. 33 Abs. 2 Bbg Verf., der dadurch als "unmittelbar geltendes Recht" für zwei Jahre außer Kraft gesetzt werde. Damit verletze der Gesetzgeber Art. 5 Abs. 1 und 2 der Bbg Verf.

Insofern liege in dem Versäumnis der Regelung unbezahlter Freistellung zur Weiterbildung ein gesetzgeberisches Versäumnis des Landesgesetzgebers vor, das gegen die Landesverfassung verstoße (Art. 5 Abs. 1 und Abs. 2 Bbg Verf.). Das jetzige Weiterbildungsgesetz befasse sich nur mit Fragen der bezahlten Freistellung zur Weiterbildung und setzte diesen Anspruch bis zum 1. Januar 1996 aus. Somit habe man in der Zwischenzeit gar keine einfachgesetzliche Umsetzung des Art. 33 Abs. 2 Bbg Verf..

Interessant ist neben der Frage, ob ein Recht auf bezahlte oder unbezahlte Freistellung durch den Verfassungsgeber in Art. 33 Abs. 2 Bbg Verf. verankert wurde, auch die Feststellung des Verfassungsgerichts, daß es sich bei Art. 33 Abs. 2 Bbg Verf. um ein Grundrecht handele. Hieraus ergibt sich eine Konsequenz, die eine weitere Besonderheit der Verfassung des Landes Brandenburg aufzeigt. Ein solches Grundrecht auf Weiterbildung hat notwendig Eingriffe in den ebenfalls grundrechtlich geschützten Rechtskreis anderer zur Folge. Zu nennen ist beispielsweise der grundrechtlich geschützte Rechtskreis der Arbeitgeber. Art. 33 Abs. 2 Bbg Verf. erscheint somit als eines der in Art. 5 Abs. 1 Bbg Verf. erwähnten Grundrechte mit unmittelbarer Drittwirkung.

2.6. Entscheidung des Landesverfassungsgerichts zum Recht auf Weiterbildung im Vergleich mit der Entwicklung der Brandenburger Verfassung und der rawls´schen Gerechtigkeitskonzeption

Die durch das Landesverfassungsgericht gegebene Bewertung zu Art. 33 Abs. 2 Bbg Verf. als Grundrecht entspricht der von der Theorie der Gerechtigkeit vertretenen Auffassung. Die dadurch geschaffene Möglichkeit zur Bildungsfreistellung ist eine wesentliche Voraussetzung für die von der rawls´schen Konzeption vertretene *Chancengleichheit* unter dem Aspekt der Angleichung unterschiedlicher Ausgangspositionen. Es wird nunmehr jedem die Möglichkeit eröffnet, Zeit für Weiterbildung einzusetzen und zwar unabhängig von seiner Position in der Arbeitswelt.

Aus der Charakterisierung des Art. 33 Abs. 2 Bbg Verf. als Grundrecht ergibt sich ein weiterer wesentlicher Punkt, nämlich die Verpflichtung des Landesgesetzgebers zur einfachgesetzlichen Umsetzung der Bestimmung. Insofern findet das Landesverfassungsgericht deutliche Worte, wenn es die Untätigkeit der Landesregierung rügt und die Grundrechtsbindung (Art. 5 Abs. 1 Bbg Verf.) auch für Art. 33 Abs. 2 Bbg Verf. eindeutig festlegt. Dies entspricht auch dem rawls`schen Gerichtigkeitsdenken, denn auch für die Theorie der Gerechtigkeit als Fairneß ist die Umsetzung der auf der zweiten Stufe des Vier - Stufen - Gangs festgelegten Werte auf der folgenden dritten Stufe der Gesetzgebung Voraussetzung für die Umsetzung der Gerechtigkeitsgrundsätze.

Die Auffassung des Landesverfassungsgerichts und der Landesregierung, daß Art. 33 Abs. 2 Bbg Verf. lediglich einen Anspruch auf unbezahlte Freistellung sichere, ist für die rawls`sche Gerechtigkeitskonzeption allerdings problematisch. Zunächst gilt dies aus der Sicht der bereits angesprochenen *Angleichung der Ausgangsbedingungen.* Es ist ein Manko, wenn nunmehr die Frage der Weiterbildung unmittelbar mit der Frage des damit verbundenen Einkommensverlustes verbunden ist. Daß dieser Punkt durch die Regelung des § 30 Bbg WBG ab dem 1. Januar 1996 entschärft wurde, ändert nichts an der Abschwächung des Rechts auf Weiterbildung auf Ebene der Landesverfassung. Aber auch unter dem Gesichtspunkt der *Gerechtigkeit zwischen den Generationen* dürften die Vorstellungen der rawls´schen Gerechtigkeitstheorie mit der Entscheidung für eine unbezahlte Freistellung kollidieren. Wie bereits dargelegt, ist das Interesse der Vertragsparteien an einer möglichst starken Ausgestaltung der Weiterbildung sehr groß. Einer Einschränkung würden sie nur dann zustimmen, wenn es um Mittelrücklagen für kommende Generationen ginge. Dieser Gedanke spielte aber für die Entscheidung des Landesverfassungsgerichts keine Rolle.

Letztlich ergibt sich aus der Einstufung des Art. 33 Abs. 2 Bbg Verf. als Grundrecht auf unbezahlte Freistellung das Problem, daß die nunmehr vorgenommenen Regelung einer bezahlten Bildungsfreistellung ab dem 1. Januar 1996 nur eine einfache Regelung des Landesgesetzgebers darstellt. Hier kommt die Frage der Inpflichtnahme Dritter und der damit verbundene Eingriff in den ebenfalls grundrechtlich geschützten Rechtskreis anderer zum tragen. Es ist zu beurteilen, ob der Arbeitgeber durch eine einfachgesetzliche Regelung des Landes, welche über die verfassungsmäßige Garantie des Art. 33 Abs. 2 Bbg Verf. hinausgeht, verpflichtet werden kann.

In der Verfassungswirklichkeit Brandenburgs sind hierbei neben Art. 5 Abs. 1 Bbg Verf. und Art. 42 Abs. 2 Bbg Verf. die allgemeinen Persönlichkeitsrechte jedes Einzelnen zu berücksichtigen. Es erscheint zumindest als problematisch, wenn durch eine einfachgesetzliche Regelung eine Verpflichtung zur bezahlten Freistellung geschaffen wird, die über die Garantie des Art. 33 Abs. 2 Bbg Verf. hinausgeht. Der dadurch bedingte Anspruch gegen den Arbeitgeber auf Entgeltfortzahlung stellt eine empfindliche Einschränkung seiner Rechte dar.

Im Hinblick auf die Theorie der Gerechtigkeit ist diesbezüglich zu fragen, ob der Anspruch auf bezahlte Freistellung nicht unrechtmäßig in andere Grundfreiheiten eingreift. So käme ein Eingriff in das Eigentum oder die Selbstbestimmung anderer unter dem Gesichtspunkt der freien Entfaltung der Persönlichkeit in Betracht. Auch in der Verfassungsdiskussion ist diese Problematik angeklungen, wenn darauf hingewiesen wurde, daß durch die bezahlte Freistellung die Arbeitgeber und insbesondere der Mittelstand zu Gunsten der Allgemeinheit übermäßig belastet würden. Insofern ist wohl davon auszugehen, daß beide Positionen den Grundfreiheiten des ersten Grundsatzes zugeordnet werden müssen. Eine Einschränkung ist dann bekanntlich nur zugunsten gleichwerter Rechte möglich. Unter diesem Gesichtspunkt ist eine Einschränkung der Rechte der Arbeitgeber, vertretbar, da es um die Umsetzung des – gleichwerten - Rechts auf Bildung ging. Allerdings muß durch die Einschränkung das Gesamtsystem der Freiheiten gestärkt werden und die Einschränkung muß für die davon Betroffenen annehmbar sein. Diese Argumentation ist aber nur schlüssig wenn man davon ausgeht, daß Art. 33 Abs. 2 Bbg Verf. auch eine bezahlte Freistellung als anerkanntes Grundrecht deckt. Dies ist aufgrund der Entscheidung des Landesverfassungsgerichts nicht unbedenklich, denn es spricht sich zwar dafür aus, daß eine Möglichkeit zur bezahlten Weiterbildungsfreistellung durch den Landesgesetzgeber geschaffen werden könne, aber sich dieser Anspruch aus Art. 33 Abs. 2 Bbg Verf. nicht direkt ergebe. Danach müßte die Interessenkollision zugunsten der Arbeitgeber ausfallen und eine bezahlte Freistellung wäre auf der Grundlage des Art. 33 Abs. 2 Bbg Verf. nach der rawls´schen Theorie nicht mehr möglich.

Das Landesverfassunsgericht ist somit durch seine Entscheidung hinter den Möglichkeiten zurückgeblieben, welche die Regelung des Art. 33 Abs. 2 Bbg Verf. bot. Daß aufgrund des Wortlauts der Bestimmung und der historischen

Entwicklung auch eine andere Entscheidung möglich gewesen wäre, zeigt das Minderheitenvotum von Prof. Dr. K. - H. Schöneburg und die letztlich von der Landesregierung ab dem 1. Januar1996 getroffene einfachgesetzliche Regelung.

C. Zusammenfassung

I. Befürwortet die Theorie der Gerechtigkeit als Fairneß das Institut der sozialen Grundrechte?

1. Die Rolle der Gerechtigkeit

Nach der Theorie der Gerechtigkeit ist unmittelbare Voraussetzung für die Entfaltung der Freiheitsrechte die Verankerung eines sozialen Grundstandards. Maßgeblich hierfür ist die Festlegung sozialer Grundrechte, Grundpflichten und die Verteilung derselben. Es wird dabei die Zielstellung verfolgt, willkürliche Unterschiede zu vermeiden. Diese Tendenz findet sich auch bei der Betrachtung der ursprünglichen Idee der sozialen Grundrechte wieder. Sozialstaat und Gesellschaft sollen verpflichtet werden, die notwendigen sozialen Rahmenbedingungen zu schaffen, um die grundrechtlich gesicherte Freiheit auch tatsächlich zu realisieren.

2. Der Gegenstand der Gerechtigkeit

Für die Theorie der Gerechtigkeit als Fairneß bilden die soziale Grundstruktur der Gesellschaft und die Verteilung bestimmter Güter den Gegenstand der Gerechtigkeit. Diese hat die Aufgabe, bestimmte Ausgangspositionen anzugleichen und Ungleichheiten auszugleichen. Das Erreichen sozialer Gerechtigkeit ergibt sich aus der Bestimmung der Grundrechte und Grundpflichten, den wirtschaftlichen Möglichkeiten und den sozialen Verhältnissen. Auch die sozialen Grundrechte nehmen Einfluß auf die Verteilung der Grundrechte, der Grundpflichten und die gesellschaftliche Zusammenarbeit. Sie wollen einen Ausgleich für bestimmte Unterschiede wie individuelle, physische und soziale Möglichkeiten schaffen. Die Entwicklung der sozialen Grundrechte beruht auf der Erkenntnis, daß die Verankerung der Freiheitsrechte genauso wichtig ist, wie die Möglichkeit einer entsprechenden Ausbildung der Persönlichkeit und die Gewährleistung eines Mindeststandards an ökonomischer Sicherheit. Aus der Notwendigkeit der Sicherung der Freiheitsrechte wurde die Verpflichtung des Sozialstaates abgeleitet, einen Ausgleich für gesellschaftlich bedingte Unterschiede zu schaffen. Hieraus ergab sich als Konsequenz, daß die sozialen Grundrechte, die Einfluß auf die Lebenschancen jedes Einzelnen haben, auf Verfassungsebene verankert werden müssen.

3. Die beiden Grundsätze der Gerechtigkeit

Für die rawls´sche Gerechtigkeitskonzeption sind Ungleichheiten zwischen den verschiedenen Gesellschaftsmitgliedern akzeptabel. Das Ziel ist keine Gesellschaft völliger Gleichheit, sondern es geht darum, Ausgangsbedingungen und

Chancen anzugleichen. Auch die sozialen Grundrechte sind geeignet, soziale Unterschiede so auszugleichen, daß sie jedermann zum Vorteil gereichen und vor allem den schwächsten Mitgliedern der Gesellschaft einen Anspruch auf ein Grundmaß an sozialer Teilhabe sichern.

Allerdings ergibt sich aus der ersten Vorrangregelung der Theorie der Gerechtigkeit, welche den Vorrang der Freiheit bestimmt, das Problem der unmittelbaren Drittwirkung, das auch im Zusammenhang mit den sozialen Grundrechten diskutiert wird. Rawls trifft hierzu die klare Aussage, daß ein Eingriff in die Freiheitsrechte nur in dem Maße zulässig ist, wie dadurch die Grundfreiheiten jedes Gesellschaftsmitglieds gleichermaßen geachtet werden. Die Freiheit des Einzelnen geht zunächst allen anderen Erwägungen vor. Das ist eine wesentliche Voraussetzung für die Akzeptanz der rawls´schen Gerechtigkeitsstruktur.

Die Aufnahme sozialer Grundrechte auf Verfassungsebene streicht ihren Stellenwert heraus und trägt zu ihrer stärkeren Präsens und Anerkennung bei. Soziale Grundrechte sind ein Instrument zur Zusammenarbeit und zur Manifestierung der Verfahrensgerechtigkeit. In ihnen spiegelt sich der zweite Teil der zweiten Grundsatzes der Theorie der Gerechtigkeit wieder, nämlich der liberale Grundsatz der fairen Chancengleichheit, der Verfahrensgerechtigkeit herstellen soll.

4. Der Begriff der Freiheit

Für Rawls ist Freiheit das Gesamtsystem der gleichen bürgerlichen Freiheiten. Der Wert der Freiheit liegt in der Möglichkeit des Einzelnen, sich im Rahmen der Grundfreiheiten zu bewegen. Der Entwicklung der sozialen Grundrechte ging die Entwicklung der Freiheitsrechte voraus, und es folgte die Erkenntnis, daß die Wahrnehmung der Freiheitsrechte von weiteren Faktoren abhängt. Diese Faktoren bilden den tatsächlichen Wert der Freiheitsrechte. Sie ermöglichen es dem Einzelnen erst in den tatsächlichen Genuß derselben zu kommen. Die Erkenntnis, daß die menschliche Persönlichkeit nicht nur unter dem Aspekt der persönlichen Freiheit zu betrachten ist, sondern auch als soziales Wesen, das der Förderung durch die Gemeinschaft bedarf, stimmt mit dem Ansatz des rawls´schen Unterschiedsprinzips überein.

Es stellt sich dennoch die Frage nach dem Maß der Realisierbarkeit. Unumstritten ist wohl ein Anteil an Sozialstaatlichkeit zur Sicherung des freiheitlich - demokratisch - funktionalen Kerns. Einen Ausgleich darüber hinaus beinhaltet die Frage nach der Leistungsfähigkeit des Staates und die Frage nach der Verfügungsgewalt über soziale Güter, also auch die Frage nach der Einschränkbarkeit der verfassungsmäßig garantierten Grundfreiheiten. Dabei hat die rawls´sche Theorie den Vorteil des „Schleiers des Nichtwissens". Diese Unwissenheit der

Vertragsparteien macht der verfassunggebenden Versammlung die Entscheidung im Hinblick auf die sozialen Grundrechte leichter.

Als Ergebnis ist festzuhalten, daß die Theorie der Gerechtigkeit als Fairneß die Verankerung sozialer Grundrechte auf Verfassungsebene befürwortet. Aufgrund der unmittelbaren Drittwirkung ist dies aber nur unter Berücksichtigung des Vorrangs des Systems der Grundfreiheiten möglich.

II. Gibt es zwischen den Hauptargumenten für die beiden Grundsätze der Gerechtigkeit als Fairneß und der Herausbildung der brandenburgischen Verfassungsstaatlichkeit Gemeinsamkeiten?

Die Theorie der Gerechtigkeit als Fairneß nennt zwei wesentliche Argumente zur Rechtfertigung der im Urzustand aufgestellten Grundsätze der Gerechtigkeit. Diese beiden Voraussetzungen sind die Vertragstreue, wonach es eine ursprüngliche öffentliche Übereinkunft gibt, die für die Zukunft festgeschrieben ist, und die Öffentlichkeit des Vertragschlusses selbst. Eine Gerechtigkeitsvorstellung ist dann stabil, wenn das allgemeine Wissen, daß sie in dem gesellschaftlichen System auch tatsächlich verwirklicht wird, zur Bildung des Gerechtigkeitssystems beiträgt. Darüber hinaus hat sich Rawls des Vier – Stufen - Ganges als Arbeitsgrundlage zur Entwicklung seiner Gerechtigkeitskonzeption bedient. Er läßt die Beteiligten unter dem Schleier des Nichtwissens agieren.

Aufgrund der besonderen Situation, unter der die Brandenburger Verfassung entstand, lassen sich diesbezüglich bemerkenswerte Gemeinsamkeiten feststellen. Aufgrund der neuartigen Situation, wie sie sich nach 1989 darstellte, war die Verfassungsdiskussion geprägt von vielfältigen zeitgeschichtlichen Erfahrungen. Zu nennen sind z.B. die friedliche Revolution von 1989, der Umgang mit dem sozialistischen System der DDR, die plötzliche Konfrontation mit einer Vielzahl von Neuerungen und eine erhebliche soziale Ungewißheit. Diese besondere Stimmung der Umbruchzeit spiegelte sich auch unmittelbar im Verfassungsgebungsprozeß wider, da die Arbeiten an den Verfassungsentwürfen früh aufgenommen wurden. In der Verfassung des Zentralen Runden Tisches für eine neue DDR vom 4. April 1990 wurde versucht, soziale Gerechtigkeitsideale mit aktuellen verfassungspolitischen Strömungen westlicher Länder zu verbinden und eine plebiszitär geprägte, nachdrücklich um die Werte der Gerechtigkeit und Solidarität bemühte moderne Verfassung zu schaffen. Der Entwurf des Zentralen Runden Tisches und die Vorentwürfe des Koordiniertenausschusses und der Regierungsbevollmächtigten beeinflußten unmittelbar die Entwicklung der Brandenburger Verfassung. Der Entwurf der Regierungsbevollmächtigten diente sogar als direkte Vorlage für die Ausgestaltung der Brandenburger Verfassung. Damit vollzog sich die Entwicklung der Brandenburger Verfassung in der Umbruchzeit zweier Gesellschaftssysteme, nämlich vom real existierenden Sozialismus hin zur sozialen Marktwirtschaft.

Weiterhin erwähnenswert ist die angestrebte parteiübergreifende Zusammenarbeit. Es wurde in Brandenburg von Anfang an an einem parteiübergreifenden Kompromiß gearbeitet, da der Verfassung eine wesentliche integrative Bedeutung beigemessen wurde.

In diesem Zusammenhang ist auch die Einbeziehung der Bevölkerung in den Verfassungsgebungsprozeß zu sehen. Die dadurch geschaffenen Öffentlichkeit sollte die Integrationsfunktion der Verfassung hervorheben und stärken. Indizien hierfür sind, daß bereits der Entwurf der Regierungsbevollmächtigten der Bevölkerung zur Diskussion vorgestellt wurde, daß der Verfassungsausschuß I sich zur Hälfte aus Nichtparlamentariern zusammensetzte, daß die Sitzungen der Ausschüsse größtenteils öffentlich waren, die breite öffentliche Diskussion des ersten Entwurfs des nichtparlamentarischen Verfassungsausschusses, die Verabschiedung der Verfassung durch eine Zweidrittelmehrheit im Parlament und der Volksentscheid über die Verfassung selbst. Darüber hinaus zeigt die Entscheidung für eine Vollverfassung den Willen zur Schaffung eines eigenen Staatswesens, mit eigener Identität und auf der Grundlage einer wertorientierten Rechtsordnung.

Letztlich war das im Zuge des Umbruchs anzutreffende breite Einvernehmen in der Bevölkerung über die Ablösung der alten Ordnung und die Sehnsucht nach Überparteilichkeit ein Indiz für ein impliziertes Gemeinwohlverständnis. Hierbei spielten die Frage des wirtschaftlichen Wiederaufbaus verbunden mit Forderungen nach sozialer Absicherung, die besonderen Erwartungen an die Zukunft und die Forderungen nach einem breiten Mitspracherecht eine entscheidende Rolle.

Es ist festzustellen, daß das Argument der Vertragstreue und auch das der Öffentlichkeit bei der Verfassungsgebung im Land Brandenburg eine wichtige Rolle gespielt haben.

III. Zeigen sich bei der Heranziehung der rawls'schen Gerechtigkeitsgrundsätze als unabhängiger Prüfungsmaßstab Gemeinsamkeiten im Hinblick auf die Umsetzung der sozialen Rechte auf Bildung und Weiterbildung in der Brandenburger Verfassung?

1. Der Gegenstand der Gerechtigkeit

1.1. Vorparlamentarische Entwürfe

Bei der Debatte um die vorparlamentarischen Entwürfe wurde die Möglichkeit, sich zu bilden, als wesentlich für die Persönlichkeitsentwicklung anerkannt. Daraus resultierte die Erkenntnis, daß eine gesellschaftliche Verantwortung zur Schaffung gleicher Ausgangsbedingungen für die Erlangung eines akzeptablen Bildungsstandes besteht. Auch nach der Theorie der Gerechtigkeit als Fairneß ist die Möglichkeit zur Bildung der freien Berufswahl, der freien Persönlichkeitsentwicklung und der Selbstzufriedenheit förderlich.

1.2. Erster Vorentwurf des nichtparlamentarischen Verfassungsausschusses

Im nichtparlamentarischen Verfassungsausschuß hat man dem eine erhebliche Bedeutung beigemessen, was sich beispielsweise darin äußert, daß im Unterausschuß I eine eigene Arbeitsgruppe zur Thematik der Bildung und Weiterbildung eingesetzt wurde. Das Recht auf Bildung sollte im Rahmen des Modells der Dreistufigkeit der sozialen Grundrechte ausgestaltet werden. In den sozialen Grundrechten sah man ein Instrument zur Umsetzung der Freiheitsrechte und zur Erlangung der notwendigen Fähigkeiten, um von den eingeräumten Freiheitsrechten Gebrauch machen zu können. Das entsprach dem rawls'schen Gerechtigkeitsdenken, das in der Möglichkeit zur Bildung ebenfalls eine begünstigte Ausgangsposition des Einzelnen sieht und es als erforderlich erachtet, die daraus resultierenden Ungleichheiten aus- bzw. anzugleichen.

1.3. Zweite Lesung im Landtag Brandenburg

In der parlamentarischen Debatte kommen die unterschiedlichen Positionen zur Verankerung sozialer Rechte zum Ausdruck. Sie werden als Staatszielbestimmungen ohne subjektiven Anspruch, als leere Versprechungen, aber auch als echte Anspruchsnormen bezeichnet. Allgemein aber wird die Bedeutung der sozialen Rechte als existentiell für die Befindlichkeiten der Brandenburger Bevölkerung anerkannt und es herrscht Konsens darüber, daß die Verankerung sozialer Rechte auf Verfassungsebene sinnvoll und notwendig ist. Teilhabe und Akzeptanz werden mit der Frage der sozialen Rechte verbunden. Den Beteiligten war klar, daß durch soziale Mindeststandards die unterschiedlichen Ausgangsbedingungen angeglichen werden müssen.

2. Tendenzen zur Gleichheit / Unterschiedsprinzip

2.1. Vorparlamentarische Entwürfe

Die vorparlamentarischen Entwürfe folgten einem breiten Verständnis des Bildungsbegriffs. Bildung wurde unter dem Aspekt der sozialen Wohlfahrt, der wirtschaftlichen Leistungskraft und der Neutralität und Toleranz den unterschiedlichen Interessen gegenüber gesehen. Dieses breite Verständnis entspricht der rawls´schen Gerechtigkeitskonzeption, die unter Bildung die Möglichkeit zur Erlangung von Selbstzufriedenheit in der Form der Auslotung und Ausbildung besonderer Fähigkeiten versteht. Die dadurch erreichte Selbstzufriedenheit soll zur Stabilität des entworfenen Gesellschaftssystems beitragen.

2.2. Erster Vorentwurf des nichtparlamentarischen Verfassungsausschusses

In dieser Phase wurde in Art. 29 Abs. 2 Bbg Verf. anerkannt, daß Begabte, sozial Benachteiligte und behinderte Menschen besonders zu fördern sind. Damit wurden im Sinne von Rawls Personengruppen benannt, die einer besonderen Förderung bedürfen. Dabei steht sowohl die Förderung von besonders Schwachen als auch von Eliten unter dem Aspekt des Wohls der gesamten Gesellschaft. Allerdings mit dem Gedanken, daß Vorteile Einzelner nur dann legitim sind, wenn dadurch die Aussichten der am wenigsten Bevorzugten am meisten gefördert werden.

Schließlich wurde ein Zugangsrecht unabhängig von der wirtschaftlichen und sozialen Lage gewährt. Hier findet sich der Gedanke, daß unverdiente Ungleichheiten auszugleichen sind. Eine weitere Tendenz zur Angleichung unterschiedlicher Ausgangspositionen findet sich in dem Recht auf Urlaub zur beruflichen, kulturellen oder politischen Weiterbildung.

2.3. Erste Lesung im Landtag Brandenburg

Die Bedeutung des Rechts auf Bildung wurde nicht nur im Zusammenhang mit der wirtschaftlichen und sozialen Wohlfahrt gesehen. Genauso wichtig war es, dem Einzelnen die Möglichkeit zu eröffnen, sich die kulturellen Werte seiner Gesellschaft zu erschließen und ihm so zu einem sicheren Selbstwertgefühl zu verhelfen. Auch Rawls sieht in der Möglichkeit zur Bildung die Chance glücklich zu sein. Bildung ist ein grundlegendes Lebensbedürfnis und Grundvoraussetzung für die Wertigkeit einer Gesellschaftsform.

3. Der Begriff der Freiheit

3.1. Vorparlamentarische Entwürfe

Da sich in den Vorentwürfen keine eindeutige Aussage zu einem Recht auf Bildung findet, verkannte man die Bedeutung der Bildung für den Wert der Freiheit. Im Sinne der rawls´schen Konzeption ist das nicht akzeptabel, da das Recht auf Bildung selbst Teile eines klassischen Freiheitsrechts beinhaltet und nach dem ersten Grundsatz der Gerechtigkeit jedermann einen Anspruch auf das umfangreichste Gesamtsystem der gleichen Grundfreiheiten hat, welches für jedermann möglich ist.

3.2. Erster Vorentwurf des nichtparlamentarischen Verfassungsausschusses

Die Durchsetzung bzw. Umsetzung der Freiheitsrechte sollte auch durch die Garantie von Bildungsmöglichkeiten erreicht werden. Es gab im ersten Entwurf des nichtparlamentarischen Verfassungsausschusses ein eindeutiges Bekenntnis zu einem Recht auf Bildung, allerdings in Form einer Staatszielbestimmung. Diese Einschränkung auf ein nicht einklagbares und nur im Rahmen der finanziellen Möglichkeiten durchsetzbares Recht, ist eine für die Theorie der Gerechtigkeit nicht akzeptable Lösung. Die Grundfreiheiten stehen an primärer Stelle und es ist nicht erkennbar, warum die Vertragsparteien einer solche Einschränkung bei der Verfassungsgebung zustimmen sollten.

Dennoch wurde bei diesem Entwurf die soziale Komponente des Rechts auf Bildung berücksichtigt. Es finden sich Bestimmungen, welche das Recht auf Bildung ausgestalten, wie z.B. die Verpflichtung zur Schaffung von Ausbildungseinrichtungen, die Festlegung des allgemeinen Zugangsrechts und die Gewährleistung eines Urlaubsanspruches zur Erwachsenenbildung.

3.3. Erste Lesung im Landtag Brandenburg

An dieser Stelle findet sich die schwächste Ausgestaltung eines Rechts auf Bildung während der gesamten parlamentarischen Verfassungsdebatte. Dadurch wurde der dem Recht auf Bildung innewohnende Kern der freien Entwicklung der Persönlichkeit verkannt. Aus der Sicht der Theorie der Gerechtigkeit ist deshalb das Recht auf Bildung nicht ausreichend abgesichert. Es mangelt an der Manifestierung des unveränderlichen Kernbereichs, der das Recht auf Bildung als echtes Freiheitsrecht bestimmt.

3.4. Zweite Lesung im Landtag Brandenburg

Nunmehr wurde das Recht auf Bildung als echtes subjektives Recht umgesetzt. Damit wurde die Bedeutung des Rechts auf Bildung entsprechend den Forderungen der Theorie der Gerechtigkeit anerkannt, Bildung als notwendige Voraussetzung um den Wert der Grundfreiheiten für alle anzugleichen.

4. Gerechtigkeit zwischen den Generationen

Nach den Bedingungen der Theorie der Gerechtigkeit haben die Vertragsparteien ein starkes Interesse an der Ausgestaltung der Erwachsenenbildung. Dies begründet sich daraus, daß sie zwar unter dem Schleier des Nichtwissens agieren, aber sie wissen, daß sie bereits gesellschaftliche Positionen bekleiden und somit in den Genuß der Erwachsenenbildung kommen werden.

4.1. Vorentwürfe

In den Vorentwürfen ist die Ausgestaltung eines Rechts auf Erwachsenenbildung unter dem Aspekt der Gerechtigkeit zwischen den Generationen zu schwach. Es mangelt an einem allgemeinen Recht auf Bildung und die Erwachsenenbildung beschränkt sich auf Förderpflichten.

4.2. Erster Entwurf des nichtparlamentarischen Verfassungsausschusses

Im ersten Entwurf des nichtparlamentarischen Verfassungsausschusses gibt es keinen eigenen Anspruch auf Erwachsenenbildung. Aus dem nunmehr aber anerkannten Recht auf Bildung läßt sich ein solcher Anspruch jedoch ableiten. Ein weiterer wesentlicher Punkt ist die Garantie eines Rechts auf Bildungsurlaub.

4.3. Erste Lesung im Landtag Brandenburg

In Bezug auf die Garantie des Bildungsurlaubs vollzieht sich aus Sicht der Theorie der Gerechtigkeit eine negative Veränderung, indem es dem Gesetzgeber überlassen wird, zwischen bezahlter oder unbezahlter Freistellung zu wählen.

Es ist festzustellen, daß sich in Bezug auf den Gegenstand der Gerechtigkeit, die Tendenz zur Gleichheit, das Unterschiedsprinzip, den Begriff der Freiheit und die Gerechtigkeit zwischen den Generationen Gemeinsamkeiten und Unterschiede im Vergleich mit der Umsetzung der Rechte auf Bildung und Weiterbildung in der Brandenburger Verfassung zeigen

IV. Inwieweit wurde durch die Umsetzung der Rechte auf Bildung und Weiterbildung in der Brandenburger Verfassung die soziale Grundstruktur der Gesellschaft beeinflußt?

1. Brandenburgisches Schulgesetz

1.1. Der Gegenstand der Gerechtigkeit

In Bezug auf den Gegenstand der Gerechtigkeit finden sich Anhaltspunkte in der Einzelfallbegründung zu § 3 Abs. 3 Bbg Schul, der formuliert, daß solche Nachteile vermieden werden sollen, die aus der gesellschaftlichen Stellung oder den besonderen Lebensumständen des Einzelnen resultieren. Es wird damit anerkannt, daß in der Möglichkeit zur Bildung gleichzeitig eine Möglichkeit zur Erhöhung der individuellen Lebenschance liegt. Durch § 3 Abs. 3 Bbg SchulG wird Art. 29 Abs. 1 Bbg Verf. umgesetzt. Die Chancengleichheit im Bildungswesen wird durch den Ausgleich von Nachteilen, welche aus der gesellschaftlichen Stellung oder besonderen Lebensumständen begründet sind, gewährleistet.

1.2. Tendenzen zur Gleichheit

Die Begründung der Landesregierung zum Gesetzesentwurf vom 25. Oktober 1995 weist auf die Notwendigkeit der Entwicklung der Persönlichkeit, des selbständigen Denkens und Handelns hin. Die Landesregierung sieht in der Begabtenförderung (§ 3 Abs. 2 Bbg SchulG) sowohl einen individuellen Nutzen als auch einen Vorteil für die Allgemeinheit. Das entspricht dem rawls´schen Unterschiedsprinzip, wonach der Wert der Bildung auch in der Ausprägung eines sicheren Selbstwertgefühls zur besseren Gestaltung der persönlichen und gesellschaftlichen Aussichten liegt.

Auch die Begründung der Landesregierung zum Gesetzesentwurf des Zweiten Gesetzes zur Änderung des Brandenburgischen Schulgesetzes zeigt Bezugspunkte zur Theorie der Gerechtigkeit als Fairneß. Die Chancengleichheit im Bildungswesens soll dazu beitragen, die Leistungen zu ermöglichen, welche zukünftig gebraucht werden. Die Förderung des Einzelnen steht unter dem Aspekt der bestmöglichen individuellen Lebenschancen und der verantwortlichen Mitwirkung bei der Gestaltung der Gesellschaft.

1.3. Der Begriff der Freiheit

Indem das Recht auf Bildung als soziales Recht und als Individualrecht umgesetzt wird, findet auch der rawls´sche Freiheitsbegriffs Berücksichtigung. Die soziale Komponente zeigt sich beispielsweise in der Garantie von Einrichtungen, welche erforderlich sind, um das Recht auf Bildung überhaupt wahrnehmen zu können. Hier ist z.B. auf § 3 Abs. 3 Bbg SchulG zu verweisen, durch den der in Art. 29 Abs. 3 Bbg Verf. gewährleistete Rechtsanspruch auf gleichen Zugang zu öffentlichen Bildungseinrichtungen umgesetzt worden ist.

Bildung als Individualrecht in der Form der freien Entfaltung der Persönlichkeit spiegelt sich dagegen in § 3 Abs. 2 Bbg SchulG wider. Dies wird auch durch die Begründung der Landesregierung zum Zweiten Entwurf des Zweiten Gesetzes zur Änderung des Bbg SchulG unterstützt, wonach Bildung einen Faktor darstellt, der immer mehr über die individuelle Entwicklung der Persönlichkeit entscheidet. Eine Bildungsoffensive steht daher unter dem Aspekt der Vermittlung von Schlüsselqualifikationen als wichtige Voraussetzung zur umfassenden Persönlichkeitsentwicklung.

2. Brandenburgisches Weiterbildungsgesetz

2.1. Der Gegenstand der Gerechtigkeit / Tendenzen zur Gleichheit / Unterschiedsprinzip

Weiterbildung stellt nach dem Bbg WBG die Möglichkeit dar, im Erwachsenenalter durch Bildung die eigenen Lebenschancen zu erhöhen. Auch Rawls sieht in der Möglichkeit zur Bildung die Verbesserung der eigenen Positionen, sei es in der Form von Berufsaussichten und der damit verbundenen sozialen Stellung, sei es durch die Persönlichkeitsentwicklung und Selbstzufriedenheit oder durch die ermöglichte Wahrnehmung der Freiheitsrechte. Diese Argumentation findet sich auch in der Begründung der Landesregierung. Sie sieht in der Erwachsenenbildung die Stärkung der erforderlichen Anpassungsfähigkeit an die gesellschaftlichen Verhältnisse. Damit verbunden ist die Erhöhung der Lebenschancen. In der Möglichkeit zur Weiterbildung liegt die Verwirklichung der Chancengleichheit unter dem Aspekt des Ausgleichs von Ungleichheiten. Weiterbildung ist sowohl nach der Tendenz des Weiterbildungsgesetzes als auch nach der rawls´schen Gerechtigkeitskonzeption die Garantie, ein Leben lang seine Chancen zu verbessern

2.2. Der Begriff der Freiheit

Auch beim Weiterbildungsgesetz vertritt die Landesregierung die Auffassung, daß mit Weiterbildung auch die Verwirklichung des Grundrechts auf freie Entfaltung der Persönlichkeit einhergeht. Dies entspricht dem im Recht auf Bildung enthaltenen klassischen Freiheitsrecht. Durch § 2 Bbg WBG wird jedem die Möglichkeit gegeben, die diesbezüglich erforderlichen Kenntnisse, Fertigkeiten und Fähigkeiten unabhängig von Geschlecht, Alter, Bildung, sozialer oder beruflicher Stellung, politischer oder weltanschaulicher Orientierung und Nationalität zu erwerben. Dies spiegelt den von Rawls vertretenen Gedanken der freien Entwicklung der Persönlichkeit wider.

Mit § 2 Abs. 1 Bbg WBG wird das Prinzip der Allgemeinzugänglichkeit und der Chancengleichheit unter dem Gesichtspunkt der Angleichung unterschiedlicher Ausgangspositionen umgesetzt. Indem man die Möglichkeit zur Weiterbildung allen Menschen im Land Brandenburg eröffnet, wird das Unterschiedsprinzip der Theorie der Gerechtigkeit verwirklicht.

In § 2 Abs. 2 Bbg WBG wird ein „bedarfsgerechtes" Angebot abgesichert: d.h. Chancengleichheit, Tendenzen der Gleichheit und das Unterschiedprinzip werden anerkannt. Darüber hinaus wird Bildung im Sinne der Theorie der Gerechtigkeit nach den Gesichtspunkten der wirtschaftlichen Leistung, der sozialen Wohlfahrt und des Selbstwertgefühls bewertet.

Durch § 6 Bbg WBG wird eine flächendeckende Grundversorgung an Weiterbildung und damit Chancengleichheit im Sinne des Unterschiedsprinzip garantiert. Es ist allerdings aus der Sicht der Theorie der Gerechtigkeit problematisch, daß es an einer Konkretisierung fehlt. Ausgehend vom Unterschiedsprinzip müßte die Garantie für eine Grundversorgung so stark wie möglich ausfallen

3. Landesverfassungsgericht / Recht auf Bildung

Die Untersuchung konnte sich lediglich auf eine Entscheidung des Landesverfassungsgerichts beziehen und ist insofern nur bedingt aussagekräftig. Das Landesverfassungsgericht leitete aus der Bestimmung des Art. 29 der Bbg Verf. keinen Anspruch auf Zugang zu einer bestimmten Bildungseinrichtung ab. Soweit das Verfassungsgericht sich auf das Diskriminierungsverbot bezog ist der Entscheidung zuzustimmen. Auch Rawls vertritt das Diskriminierungsverbot. Nach dem Grundsatz der Grundfreiheiten besteht ein Anspruch auf Gleichbehandlung, daß heißt auf gleichen Zugang zu den vorhandenen oder zu schaffenden Bildungseinrichtungen. Ein darüber hinausgehender Anspruch auf Schaffung bestimmter, vom Einzelnen bevorzugter Bildungseinrichtungen besteht auch nach der Theorie der Gerechtigkeit als Fairneß nicht.

Aber im Hinblick auf einen allgemeinen Anspruch auf Schaffung von Bildungseinrichtungen bleibt die Entscheidung, gemessen an den Maßstäben der Theorie der Gerechtigkeit, zu allgemein. Das in Art. 29 Bbg Verf. enthaltene Zugangsrecht beinhaltet gleichzeitig einen Leistungsanspruch gegen das Land auf Schaffung von genügend Bildungseinrichtungen, um das Recht auf freien Zugang auch abzusichern. Es muß also eine Garantie für ein Mindestmaß an Bildungseinrichtungen, unabhängig von der Leistungsfähigkeit des Landes geben. Ein darüber hinaus gehender Anspruch kann dagegen unter der Einschränkung der

Leistungsfähigkeit des Landes stehen, soweit die Beschränkung sich aus der Abwägung mit den Belangen der Allgemeinheit ergibt.

4. Landesverfassungsericht / Recht auf Weiterbildung

Auch bezüglich des Rechts auf Weiterbildung ist die vorgenommene Untersuchung nicht repräsentativ, da nur auf eine einschlägige Entscheidung des Landesverfassungsgerichts zurückgegriffen werden konnte. Wesentlich ist, daß Art. 33 Abs. 2 Bbg Verf. und damit der Anspruch auf Freistellung zur Weiterbildung als Grundrecht bewertet wurde. Insoweit besteht Übereinstimmung mit der Theorie der Gerechtigkeit.

Leider bekannte sich das Verfassungsgericht nur zu einem Anspruch auf unbezahlte Freistellung. Dies ist unter Heranziehung der Theorie der Gerechtigkeit als Vergleichsmaßstab problematisch, da sowohl das Unterschiedsprinzip als auch das Prinzip der Chancengleichheit grundsätzlich einen Anspruch auf bezahlte Freistellung befürworten. Diese Frage wurde allerdings durch die seit dem 1. Januar 1996 geltende Regelung der bezahlten Freistellung des Weiterbildungsgesetzes entschärft. Dennoch beinhaltet die Einschränkung eine Abschwächung auf der höherrangigen Ebene der Landesverfassung. Die Entscheidung des Gerichts für eine unbezahlte Freistellung ist auch unter dem Gesichtspunkt der Gerechtigkeit zwischen den Generationen fraglich. Die Vertragsparteien hätten eine solche Einschränkung wohl nur unter dem Aspekt des Spargrundsatzes für zukünftige Generationen befürwortet. Diese Überlegungen spielten aber bei der Entscheidung des Verfassungsgerichts keine Rolle. Durch die nunmehr durch einfachgesetzliche Regelung gewährleistete bezahlte Freistellung ergibt sich ein weiterer Konfliktpunkt, nämlich die Inpflichtnahme Dritter. Eine Einschränkung von Grundfreiheiten ist nach der Theorie der Gerechtigkeit nur unter Beachtung der ersten Vorrangregelung möglich. Mit der Einschränkung muß eine Stärkung des Gesamtsystems der Grundfreiheiten verbunden sein und es muß sich um gleichwerte Freiheiten handeln. Die Konsequenz hieraus ist, daß im Sinne der Theorie der Gerechtigkeit als Fairneß eine Regelung für eine bezahlte Freistellung auf Verfassungsebene hätte getroffen werden müssen. Durch die bloße einfachgesetzliche Umsetzung wird aufgrund der ersten Vorrangregelung unrechtmäßig in die Rechte Dritter eingegriffen.

V. Ergebnis

Bei der Umsetzung der sozialen Rechte auf Bildung und Weiterbildung im Brandenburgischen Schulgesetz und in der Brandenburger Verfassung werden die von der rawls´schen Gerechtigkeitskonzeption vertretenen Positionen zum Gegenstand der Gerechtigkeit, zur Tendenz der Gleichheit und zum Begriff der Freiheit berücksichtigt. Es zeigt sich aber gleichzeitig, daß sich die Ideale der verfassungsgebenden Versammlung relativierten und von der Wirklichkeit eingeholt wurden. Beide Gesetze enthalten im Hinblick auf die rawls´sche Gerechtigkeitskonzeption keine außergewöhnlichen Bestimmungen und auch das Gesetzgebungsverfahren war zunehmend von politischer Routine geprägt. Von den ursprünglichen Idealvorstellungen und dem Willen eigene Wege zu gehen, welche noch die Verfassungsgebung begleitet hatten, war nichts mehr zu spüren. Insofern zeichnet sich eine Abkehr von den Grundsätzen der Theorie der Gerechtigkeit ab, da beide Gesetze hinter den Möglichkeiten zurückblieben, welche die Brandenburger Verfassung bot.

Auch die Haltung des Landesverfassungsgerichts ist als zurückhaltend zu charakterisieren. In beiden zitierten Urteilen wurden lediglich bereits allgemein anerkannte Grundsätze zu den sozialen Rechten auf Bildung und Weiterbildung bestätigt. Eine Fortbildung des Rechts zugunsten der sozialen Gerechtigkeit fand bisher nicht statt.

Abschließend lassen sich die folgenden Feststellungen treffen:

Erstens sind zwischen dem Ansatz der Theorie der Gerechtigkeit und der Entwicklung und Zielrichtung der sozialen Rechte deutliche Gemeinsamkeiten zu erkennen.

Zweitens hat man in der Diskussion um die Brandenburger Verfassung die Ideen der Theorie der Gerechtigkeit aufgegriffen, erörtert und unter anderem in dem Bekenntnis zu einem sozialen Recht auf Bildung und Weiterbildung umgesetzt.

Drittens ist deutlich zu erkennen, daß viele Idealvorstellungen von der Wirklichkeit eingeholt wurden. Es hat sich gezeigt, daß die Umsetzung der Ideale durch die wirklichen Gegebenheiten erschwert wird. In Brandenburg sind trotz der weitgehenden in der Verfassung verankerten sozialen Rechte auf Bildung und Weiterbildung keine blühenden Bedingungen im Bildungsbereich vorzufinden. Auch im Vergleich zu anderen Bundesländern der Bundesrepublik Deutschland nimmt Brandenburg keine im positiven Sinne herausragende Rolle auf diesem Gebiet ein.

Anhang I – Gegenüberstellung der Änderungsanträge der PDS – Fraktion und der SPD – Fraktion zum Gesetzesentwurf der Landesregierung

Änderungsanträge zum Gesetzesentwurf der Landesregierung Drs. 2 / 1675 zur 28. Sitzung des Ausschusses für Bildung, Jugend und Sport der Fraktion der PDS - Fraktion	Änderungsantrag zum Gesetzesentwurf der Landesregierung Drs. 2 / 1675 zur 28. Sitzung des Ausschusses zur 28. Sitzung des Ausschusses für Bildung, Jugend und Sport der SPD - Fraktion
Teil 1 Allgemeines **Abschnitt 2 Auftrag der Schulen** **§ 3 Recht auf Bildung** § 3 Abs. 1 Satz 3 Es ist Aufgabe aller Schulen jedes Kind zu fördern, insbesondere Begabte, sozial Benachteiligte und Menschen mit Behinderungen. § 3 neuer Absatz 2 Das Land ist verpflichtet, Aufbau und Förderung des öffentlichen Schulwesens zu garantieren. Dies geschieht insbesondere durch die Übernahme der Kosten für das pädagogische Personal der Schulen nach 110, durch Zuschüsse an die Schulträger für Schulbaumaßnahmen, Lehrmittelfreiheit, Schülertransporte, Schülerspeisung, Internate, Mitwirkungsgremien sowie durch einen finanziellen Nachteilsausgleich für Schulträger im dünnbesiedelten ländlichen Raum zur Unterhaltung der Schulanlagen. Das Land fördert Schulen in freier Trägerschaft nach Maßgabe dieses Gesetzes. Die nachfolgenden Absätze 2, 3 und 4 werden 3, 4 und 5.	
Teil 3 Schulaufbau **Abschnitt 1 Schulstruktur** **§ 15 Organisation nach Schulstufen, Schulformen und Bildungsgängen** 1.) Das Schulwesen wird nach Schulstufen gegliedert. Schulstufen sind die Primarstufe, die Sekundarstufe I und die Sekundarstufe II. Die Primarstufe umfaßt die Jahrgangsstufen 1 bis 6, die Sekundarstufe I umfaßt die Jahrgangsstufen 7 bis 10 und die Sekundarstufe II umfaßt in der Regel die Jahrgangsstufen 11 bis 13.	**Teil 3 Schulaufbau** **Abschnitt 1 Schulstruktur** **§ 15 Innere Organisation nach Bildungsgängen** 1.) Unverändert
2.) Die innere Organisation der Schulform wird durch die Bildungsgänge geprägt. Diese sind jeweils durch gemeinsame Bildungsziele für alle Schülerinnen und Schüler bestimmt. Die Bildungsgänge können mit dem Vorrücken in fortschreitende Jahrgangsstufen durch die Art der Erschließung und Vermittlung der für Bildung und Erziehung relevanten Inhalte der Unterrichtsfächer, Lernbereiche und Aufgabenfelder ausdifferenziert werden, wobei in	2.) Satz 1 unverändert

den Sekundarstufen I und II sowie in den Bildungsgängen der Förderschule für Geistigbehinderte, der Allgemeinen Förderschule, der Fachschule und des Zweiten Bildungsweges die Bildungsziele auch durch die Abschlüsse gem. § 17 bestimmt werden. Die Bildungsgänge werden in der Primarstufe einzeln, in der Sekundarstufe I bildungsübergreifend und in der Sekundarstufe II einzeln oder bildungsübergreifend in einer Schulform angeboten. Bildungsgänge sind: 1. In der Primarstufe der Bildungsgang der Grundschule 2. In der Sekundarstufe I a. Der Bildungsgang zum Erwerb der erweiterten Bildungsreife, b. Der Bildungsgang zum Erwerb der Fachhochschulreife und c. Der Bildungsgang zum Erwerb der allgemeinen Hochschulreife in den Jahrgangsstufen 7 bis 10 3. In der Sekundarstufe II (an dieser Stelle Übernahme der Ziffer 3 aus § 15 Abs. 3) 4. In der Förderschule (an dieser Stelle Übernahme der Ziffer 4 aus § 15 Abs. 3) 5. Im zweiten Bildungsweg (an dieser Stelle Übernahme der Ziffer 5 aus § 15 Abs. 3) 6. Die Bildungsgänge der Fachhochschule zum Erwerb eines typenspezifischen Abschlusses	
Die Durchlässigkeit zwischen den Bildungsgängen ist zu wahren. Die Bildungsgänge nach Nr. 3 Buchstabe g und h können nach Nr. 3 Buchstabe d bis f zu doppelqualifizierenden Bildungsgängen mit entsprechenden Abschlüssen verbunden werden.	Satz 2: Die Durchlässigkeit zwischen den Bildungsgängen ist zu wahren.
3) Die äußere Organisation der Schulstufen wird durch die Schulformen geprägt. Die Schulform der Primarstufe ist die Grundschule. Schulformen der Sekundarstufe I sind die Gesamtschule, die Realschule oder das Gymnasium als weiterführende allgemeinbildende Schulen. Schulformen der Sekundarstufe II sind die Gesamtschule oder das Gymnasium als weiterführende allgemeinbildende Schulen. Die die Bildungsgänge nach Abs. 2 Nr. 3 Buchstabe g und h zusammenfassen oder das Oberstufenzentrum als berufliche und weiterführende allgemeinbildende Schule, das die Berufsschule, die Berufsfachschule, die Fachoberschule und die Fachschule sowie die Bildungsgänge nach Abs. 2 Nr. 3 zusammenfaßt. Weitere Schulformen sind die Förderschule als Einrichtung des Zweiten Bildungsweges, die Abendschule und das Kolleg sowie das Studienkolleg. Fachschulen können im Ausnahmefall als eigenständige Schulen errichtet werden. Oberstufenzentren werden in Abteilungen gegliedert.	3.) Unverändert

Anhang II – Gegenüberstellung des Gesetzesentwurfs der Landesregierung und der endgültigen Fassung des Bbg SchulG

Gesetzesentwurf der Landesregierung vom 25.10.1995 Drs. 2 / 1675	Gesetz über die Schulen im Land Brandenburg (Bbg SchulG) vom 12.04.1996
Teil 1 Allgemeines **Abschnitt 2 Auftrag der Schulen** **§ 3 Recht auf Bildung**	**Teil 1 Allgemeines** **Abschnitt 2 Auftrag der Schulen** **§ 3 Recht auf Bildung**
1.) Die Bestimmungen dieses Gesetzes dienen der Verwirklichung des Rechts auf Bildung gemäß Artikel 29 Abs. 1 der Verfassung des Landes Brandenburg. Die Schulen sind so zu gestalten, daß gleicher Zugang, unabhängig von der wirtschaftlichen und sozialen Lage, der nationalen Herkunft, der politischen oder religiösen Überzeugung und des Geschlechts gewährleistet wird. Es ist Aufgabe aller Schulen, Begabte, sozial Benachteiligte und Menschen mit Behinderungen besonders zu fördern.	1.) Die Bestimmungen dieses Gesetzes dienen der Verwirklichung des Rechts auf Bildung gemäß § 29 Absatz 1 der Verfassung des Landes Brandenburg. Die Schulen sind so zu gestalten, daß gleicher Zugang, unabhängig von der wirtschaftlichen und sozialen Lage, der nationalen Herkunft, der politischen oder religiösen Überzeugung und des Geschlechts gewährleistet wird. Es ist Aufgabe aller Schulen, jede Schülerin und jeden Schüler zu fördern. Begabte, sozial Benachteiligte und Menschen mit Behinderungen sind besonders zu fördern.
2.) Begabte sollen besonders durch eine Zusammenarbeit mit Hochschulen gemäß § 9 Abs. 1, Schulen mit besonderer Prägung gemäß § 8 Abs. 4 und § 144, die Möglichkeit des Überspringens oder der Vorversetzung gemäß § 59 Abs. 6, die Berücksichtigung des besonderen Unterrichtsbedarf gemäß § 110 Abs. 1 Satz 2 Nr. 5 und durch individuelle Hilfen gemäß § 116 Satz 2 Nr. 2 gefördert werden.	2.) Begabte sollen besonders durch eine Zusammenarbeit mit den Hochschulen gemäß § 9 Abs. 1, Schulen mit besonderer Prägung gemäß § 8 Abs. 4 und § 143, die Möglichkeit des Überspringens oder der Vorversetzung gemäß § 59 Abs. 6, die Berücksichtigung des besonderen Unterrichtsbedarfs gemäß § 109 Abs. 1 Satz 2 Nr. 5 und durch individuelle Hilfen gemäß § 115 Satz 3 Nr. 1 gefördert werden.
3.) Soziale Benachteiligte sollen besonders durch eine Zusammenarbeit mit Trägern der Jugendhilfe und Trägern der sozialen Sicherung gemäß § 9 Abs. 1, die Schaffung von Ganztagsangeboten gemäß § 18, besondere Unterrichtsangebote und Fördermaßnahmen gemäß § 23 Nr. 2, die Berücksichtigung des Unterrichtsbedarfs gemäß § 110 Abs. 1 Satz 2 Nr. 2 und durch individuelle Hilfen im Rahmen der Lernmittelfreiheit gemäß § 112 und der Schülerfahrtkostenerstattung gemäß § 113 gefördert werden.	3.) Sozial Benachteiligte sollen besonders durch eine Zusammenarbeit mit Trägern der Jugendhilfe und Trägern der sozialen Sicherung gemäß § 9 Abs. 1, die Schaffung von Ganztagsangeboten gemäß § 18, besondere Unterrichtsangebote und Fördermaßnahmen gemäß § 23 Nr. 2, die Berücksichtigung des Unterrichtsbedarfs gemäß § 109 Abs. 1 Satz 2 Nr. 2 und durch individuelle Hilfen im Rahmen der Lernmittelfreiheit gemäß § 111 und der Schülerfahrtkostenerstattung gemäß § 112 gefördert werden.
4.) Menschen mit Behinderungen sollen gemäß § 29 Abs. 2 vorrangig im gemeinsamen Unterricht mit Schülerinnen und Schülern ohne sonderpädagogischen Förderbedarf oder in Schulen oder Klassen mit einem entsprechenden Förderschwerpunkt gemäß § 30 Abs. 4 und 5, durch Ganztagsangebote oder Ganztagsschulen gemäß § 18 Abs. 4, durch die Berücksichtigung des besonderen Unterrichtsbedarfs gemäß § 110 Abs. 1 Satz 2 Nr. 7 und durch individuelle Hilfen gemäß § 116 Satz 2 Nr. 3 besonders gefördert werden.	4.) Menschen mit Behinderungen sollen gemäß § 29 Abs. 2 vorrangig im gemeinsamen Unterricht mit Schülerinnen und Schülern ohne sonderpädagogischen Förderbedarf oder in Schulen oder Klassen mit einem enstprechenden Förderschwerpunkt gemäß § 30 Abs. 4 und 5, durch Ganztagsangebote oder Ganztagsschulen gemäß § 18 Abs. 4, durch die Berücksichtigung des besonderen Unterrichtsbedarfs gemäß § 109 Abs. 1 Satz 2 Nr. 7 und durch individuelle Hilfen gemäß § 115 Satz 3 Nr. 2 besonders gefördert werden.

Teil 3 Schulaufbau **Abschnitt 1 Schulstruktur**	**Teil 3 Schulaufbau** **Abschnitt 1 Schulstruktur**
§ 15 Innere Organisation nach Bildungsgängen	**§ 15 Innere Organisation nach Bildungsgängen**
1.) Die innere Organisation der Schulen wird durch die Bildungsgänge geprägt. Die Bildungsgänge werden jeweils durch gemeinsame Bildungsziele für alle Schülerinnen und Schüler bestimmt, die mit dem Vorrücken in fortschreitende Jahrgangsstufen durch die Art der Erschließung, Erweiterung und Vertiefung der für Erziehung und Bildung relevanten Inhalte der Unterrichtsfächer, Lernbereiche und Aufgabenfelder ausdifferenziert werden. In den Sekundarstufen I und II sowie in den Bildungsgängen der Förderschule für geistig Behinderte, der Allgemeinen Förderschule, der Fachschule und des Zweiten Bildungsweges werden die Bildungsziele auch durch die Abschlüsse gemäß § 17 bestimmt.	1.) Die innere Organisation der Schulen wird durch die Bildungsgänge geprägt. Die Bildungsgänge werden jeweils durch gemeinsame Bildungsziele für alle Schülerinnen und Schüler bestimmt, die mit den Vorrücken in fortschreitende Jahrgangsstufen durch die Art der Erschließung, Erweiterung und Vertiefung der für Erziehung und Bildung relevanten Inhalte der Unterrichtsfächer. Lernbereiche, und Aufgabenfelder ausdifferenziert werden. In den Sekundarstufen I und II sowie in den Bildungsgängen der Förderschule für geistig Behinderte, der Allgemeinen Förderschule, der Fachschule und des Zweiten Bildungsweges werden die Bildungsziele auch durch die Abschlüsse gemäß § 17 bestimmt.
2.) Die Bildungsgänge werden je nach Unterrichtsorganisation der Schule einzeln oder bildungsübergreifend in einer Schulform angeboten.	2.) Unverändert
3.) Bildungsgänge sind	3.) Bildungsgänge sind
1. in der Primarstufe der Bildungsgang der Grundschule	1. Unverändert
2. in der Sekundarstufe I a. der Bildungsgang zum Erwerb der erweiterten Berufsbildungsreife, b. der Bildungsgang zum Erwerb der Fachhochschulreife, c. der Bildungsgang zum Erwerb der allgemeinen Hochschukreife in den Jahrgangsstufen 7 bis 10,	2. Unverändert
3. in der Sekundarstufe II a. die Bildungsgänge zur Vertiefung der Allgemeinbildung und zur Berufsorientierung oder Berufsvorbereitung, b. einjährige oder zweijährige Bildungsgänge zum Erwerb beruflicher Grundbildung und von gleichgestellten Abschlüssen der Sekundarstufe I, c. der einjährige Bildungsgang zum Erwerb beruflicher Grundbildung, d. die Bildungsgänge zum Erwerb von Berufsabschlüssen nach dem Berufsbildungsgesetz oder der Handwerksordnung in schulischer Form, e. der Bildungsgang zur Vermittlung des schulischen Teils einer Berufsbildung nach dem Berufsbildungsgesetz oder der Handwerksordnung, f. die Bildungsgänge zum Erwerb von Berufsabschlüssen nach Landesrecht,	3. Unverändert

g. die Bildungsgänge zum Erwerb der Fachhochschulreife und h. der Bildungsgang zum Erwerb der allgemeinen Hochschulreife in den Jahrgangsstufen 11 bis 13,	
4. in der Förderschule	4. in der Förderschule
a. der Bildungsgang gemäß Nummer 1,	a. Unverändert
b. die Bildungsgänge der Sekundarstufe I gemäß Nummer 2,	b. Unverändert
c. der Bildungsgang gemäß Nummer 3 Buchstabe h,	c. Unverändert
d. der Bildungsgang zur Erteilung eines der Berufsbildungsreife entsprechenden Abschlusses,	d. Unverändert
e. der Bildungsgang zum Erwerb des Abschlusses der Allgemeinen Förderschule	e. Unverändert
f. der Bildungsgang zum Erwerb des Abschlusses der Förderschule für geistig Behinderte,	f. der Bildungsgang zum Erwerb des Abschlusses der Förderschule für geistig Behinderte,
5. im Zweiten Bildungsweg	5. Unverändert
a. der Bildungsgang zum Erwerb der Fachoberschulreife und b. der Bildungsgang zum Erwerb der allgemeinen Hochschulreife und	
6. die Bildungsgänge der Fachschule zum Erwerb eines typenspezifischen Abschlusses	6. Unverändert
Die Durchlässigkeit zwischen den Bildungsgängen ist soweit wie möglich zu wahren.	Die Durchlässigkeit zwischen den Bildungsgängen ist zu wahren.
4.) Der Bildungsgang zum Erwerb der allgemeinen Hochschulreife und die Bildungsgänge zum Erwerb der Fachhochschulreife können mit Bildungsgängen gemäß Absatz 3 Satz 1 Nr. 3 Buchstabe d bis f zu doppelqualifizierenden Bildungsgängen mit entsprechenden Abschlüssen verbunden werden.	4.) Unverändert

Anhang III – Gegenüberstellung des Gesetzesentwurfs der Landesregierung und der Beschlußempfehlungen des Ausschusses für Bildung, Jugend und Sport zum Bbg WBG

Gesetzesentwurf der Landesregierung Drs. 1 / 1901 Gesetz zur Regelung und Förderung der Weiterbildung im Land Brandenburg (Brandenburgischen Weiterbildungsgesetz – Bbg WBG)	**Beschlußempfehlung des Ausschusses für Bildung, Jugend und Sport Drs. 1 / 2436**
§ 1 Begriff und Stellung der Weiterbildung	**§ 1 Begriff und Stellung der Weiterbildung**
1.) Weiterbildung im Sinne dieses Gesetzes umfaßt alle Formen der Fortsetzung, Wiederaufnahme oder Ergänzung organisierten Lernens außerhalb der Bildungsgänge der allgemeinbildenden Schulen und der berufsbildenden Schulen. Soweit die außerschulische Jugendbildung nicht anderweitig geregelt ist, gehört sie zur Weiterbildung im Sinne dieses Gesetzes. Die Hochschul- und Berufsbildung fallen nicht unter dieses Gesetz.	1.) Die Weiterbildung ist ein integrierter und gleichberechtigter Teil des Bildungswesens. Weiterbildung im Sinne dieses Gesetzes umfaßt alle Formen der Fortsetzung, Wiederaufnahme oder Ergänzung organisierten Lernens außerhalb der Bildungsgänge der allgemeinbildenden Schulen und der berufsbildenden Schulen. Soweit die außerschulische Jugendbildung nicht anderweitig geregelt ist, gehört sie zur Weiterbildung im Sinne dieses Gesetzes. Die Hochschul- und Berufsbildung fallen nicht unter dieses Gesetz. Absatz 2 entfällt
2.) Die Weiterbildung ist ein integrierter und gleichberechtigter Teil des Bildungswesens.	2.) Unverändert (Absatz 3 wird Absatz 2)
3.) Die Träger und Einrichtungen der haben das Recht auf selbständige Lehrplangestaltung.	3.) Unverändert (Absatz 4 wird Absatz 3)
4.) Die durch besondere Gesetze und Rechtsvorschriften geregelte Weiterbildung einzelner Berufsgruppen bleibt von diesem Gesetz unberührt, ebenso die arbeitsmarktbezogene berufliche Weiterbildung aufgrund von Gesetzen, Rechtsvorschriften und öffentlichen Förderprogrammen.	4.) Die Förderung von politischer Bildung durch die Landeszentrale für politische Bildung bleibt unberührt.
§ 2 Ziele, Aufgaben und Inhalte der Weiterbildung	**§ 2 Ziele, Aufgaben und Inhalte der Weiterbildung**
1.) Weiterbildung dient der Verwirklichung des Rechts auf Bildung. Sie steht allen Menschen im Land offen.	1.) Unverändert
2.) Weiterbildung soll durch bedarfsgerechte Angebote zur Chancengleichheit beitragen, die Vertiefung und Ergänzung vorhandener oder den Erwerb neuer Kenntnisse, Fähigkeiten und Qualifikationen ermöglichen, zur Orientierung und Lebenshilfe dienen, zu selbständigem, eigenverantwortlichem und kritischem Handeln im persönlichen, sozialen, politischen, kulturellen und beruflichen Leben befähigen. Dazu gehört auch die Fähigkeit zum verantwortlichen Umgang mit der Natur. Mit der Weiterbildung ist die Gleichstellung von Frau und Mann zu fördern.	2.) Unverändert
3.) Weiterbildung umfaßt neben abschlußbezogenen Lehrgängen insbesondere Angebote der beruflichen, kulturellen und politischen Bildung. Auf die integrative Vermittlung der jeweiligen Inhalte ist	3.) Weiterbildung umfaßt neben abschlußbezogenen Lehrgängen insbesondere Angebote der allgemeinen, beruflichen, kulturellen und politischen Bildung. Auf die integrative Vermittlung der jeweili-

hinzuwirken.	gen Inhalte ist hinzuwirken.
4.) Für Lehrgänge zum nachträglichen Erwerb von Schulabschlüssen an Volkshochschulen gelten die Bestimmungen des Ersten Schulreformgesetzes für das Land Brandenburg.	4.) Für Lehrgänge und Prüfungen zum nachträglichen Erwerb von Schulabschlüssen an kommunalen Weiterbildungseinrichtungen sind die für Abendschulen geltenden Vorschriften anzuwenden. Die Weiterbildungseinrichtungen unterliegen mit diesen Bildungsangeboten der Schulaufsicht durch die zuständigen staatlichen Schulämter. Für Lehrgänge zum nachträglichen Erwerb von Schulabschlüssen an anerkannten Einrichtungen der Weiterbildung in freier Trägerschaft sind die für Ergänzungsschulen geltenden Vorschriften anzuwenden.
§ 3 Träger, Einrichtungen und Landesorganisationen der Weiterbildung	**§ 3 Träger, Einrichtungen und Landesorganisationen der Weiterbildung**
1.) Träger der Weiterbildung sind juristische Personen des öffentlichen oder privaten Rechts, die durch ihre Einrichtungen Veranstaltungen der Weiterbildung in eigener Verantwortung organisieren, öffentlich anbieten und durchführen lassen.	1.) Unverändert
2.) Einrichtungen der Weiterbildung sind Bildungseinrichtungen, die in öffentlicher oder privater Trägerschaft oder als juristische Personen des öffentlichem oder privaten Rechts eine planmäßige und kontinuierliche Weiterbildungsarbeit im Sinne dieses Gesetzes gewährleisten.	2.) Unverändert
3.) Landesorganisationen der Weiterbildung sind Zusammenschlüsse von Trägern der Weiterbildung auf Landesebene. Sie fördern und koordinieren die Weiterbildungsarbeit ihrer Mitglieder.	3.) Unverändert
§ 4 Aufgaben des Landes	**§ 4 Aufgaben der Landes**
1.) Die Weiterbildung ist nach Maßgabe dieses Gesetzes durch das Land zu fördern.	1.) Die Weiterbildung ist nach Maßgabe dieses Gesetzes durch das Land zu fördern. Dazu gewährt das Land finanzielle Unterstützung gemäß § 27.
2.) Die obersten Landesbehörden und ihre nachgeordneten Behörden und Einrichtungen unterstützen die Arbeit der nach diesem Gesetz anerkannten Einrichtungen der Weiterbildung.	2.) Unverändert
§ 5 Aufgaben der Kreise und kreisfreien Städte	**§ 5 Aufgaben der Kreise und kreisfreien Städte**
1.) Kreise und kreisfreie Städte sind verpflichtet, für ihr Gebiet eine Einrichtung der Weiterbildung, in der Regel eine Volkshochschule, zu errichten und zu unterhalten.	1.) Die Kreise und kreisfreien Städte sichern für ihr Gebiet ein Weiterbildungsangebot gemäß § 6 unter Berücksichtigung der Trägervielfalt. In der Regel bedienen sie sich dazu einer Weiterbildungseinrichtung.
2.) Kreise und kreisfreie Städte können zur gemeinsamen Erfüllung der Aufgaben nach Absatz 1 Zweckverbände bilden oder öffentlich – rechtliche Vereinbarungen nach Maßgabe des Gesetzes über kommunale Gemeinschaftsarbeit im Land Brandenburg schließen.	2.) Unverändert

§ 6 Grundversorgung	§ 6 Grundversorgung
1.) Die Kreise und kreisfreien Städte haben als Mindestangebot eine Grundversorgung sicherzustellen. Der Umfang der Grundversorgung bemißt sich an der Einwohnerzahl der Kreise und kreisfreien Städte.	1.) Unverändert
2.) Die Grundversorgung umfaßt die in § 2 Absatz 3 aufgeführten Bereiche.	2.) Unverändert
3.) Nicht zur Grundversorgung gehören: 1. Veranstaltungen des Zweiten Bildungsweges gemäß §§ 17 und 18 des Ersten Schulreformgesetzes, 2.Bildungsveranstaltungen im Rahmen der Bildungsfreistellung gemäß § 24 Absatz1, 3. Bildungsveranstaltungen der Heimbildungsstätten, 4.Bildungsmaßnahmen, die aus sonstigen öffentlichen oder privaten Förderprogrammen finanziert werden, 5.Bildungsveranstaltungen der außerschulischen Jugendbildung.	3.) Unverändert
4.) Die Grundversorgung wird durch kommunale und anerkannte Einrichtungen erbracht. Das für Bildung zuständige Mitglied der Landesregierung wird ermächtigt, durch Rechtsverordnung die Durchführung der Grundversorgung, insbesondere den Anteil der kommunalen und der anerkannten Einrichtungen an der Grundversorgung zu regeln.	4.) Die Grundversorgung wird von anerkannten Einrichtungen in kommunaler oder freier Trägerschaft erbracht. Das für Bildung zuständige Mitglied der Landesregierung wird ermächtigt, durch Rechtsverordnung die Durchführung der Grundversorgung zu regeln. Die Rechtsverordnung bedarf der Zustimmung des für Bildung zuständigen Ausschusses des Landtages.

Kolibri 360 GmbH
Ferdinand-Jühlke-Straße 7
99095 Erfurt, Deutschland
produktsicherheit@kolibri360.de

Druck:
CPI Druckdienstleistungen GmbH
im Auftrag der
Kolibri 360 GmbH
Ferdinand-Jühlke-Str. 7
99095 Erfurt